합 격 에 자 신 있 는 무 역 시 리 즈

합격자

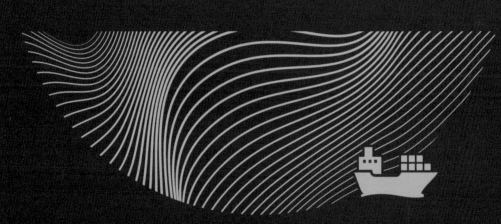

원산지관리사

최종모의고사

SD에듀
(주)시대고시기획

머리말

편저자의 말

FTA(Free Trade Agreement)는 현재 수출입비중이 현저히 높은 우리나라에 있어 빼놓을 수 없는 중요한 외교정책 중 하나입니다. FTA는 Free라는 용어에서 느껴지듯 자유무역을 추구하는 국제정세에 맞추어 관세장벽뿐만 아니라 비관세장벽도 철폐하고자 하는 의지가 담겨 있습니다.

바야흐로 세계는 무역장벽이 철폐되는 FTA 시대에
진입하고 있으며 이런 추세는 점차 가속화될 것입니다.

현재 한국은 역내포괄적경제동반자협정(RCEP)이 발효되며 2022년도 11월 기준 18개 협정이 발효되어 있습니다. 뿐만 아니라 최근 타결된 캄보디아 협정까지 포함하면 발효예정인 협정 또한 4개가 있고, 협상 중인 국가를 포함하면 우리나라는 명실상부 FTA운영에 있어서는 최선진국에 해당합니다.

이러한 추세에 맞춰 원산지관리사 자격은 기업의 FTA 활용도를 높이고,
원산지를 관리하는 전문인재를 양성하기 위해 시작되었습니다.

원산지관리사는 국제원산지정보원에서 민간자격증으로 출발하였으며, 자격기본법 제19조에 따라 2012년에는 관세청으로부터 국가공인자격으로 승인받았습니다. 이로서 해당 직무분야나, 일반 기업의 인사에서 우대를 받는 대표 무역 자격증으로 부상하였습니다.

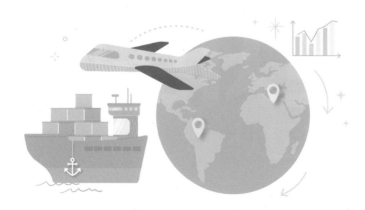

2010년 5월 제1회 시험으로 시작된 원산지관리사 자격시험은 현재까지 무수히 많은 원산지관리사를 배출하였고, 이들은 각 기업에서 FTA혜택을 위한 주요 업무를 수행하고 있습니다. 이에 원산지관리사 자격시험을 확실히 대비하기 위하여 다음과 같은 특징을 지닌 본서를 출간하게 되었습니다.

첫 째 최근 출제경향을 반영하여 최종모의고사와 해설을 구성하였습니다.

사례형 문제 등 날로 어려워지는 최근 원산지관리사 시험의 출제경향을 면밀히 분석하고, 실제 시험에 출제될만한 이론들을 엄선하여 최종모의고사를 집필하였습니다. 특히 이번 개정판에서는 매년 새롭게 실시되는 협정, 암기계산식 등 빈출유형을 중심으로 문제를 재편하였습니다. 부족한 이론학습은 상세한 해설을 통해 보완할 수 있도록 해설에도 개념 설명을 충실히 하였습니다.

둘 째 2023년 시험을 완벽히 대비할 수 있도록 최신 개정법령을 반영하였습니다.

본서에서는 HS 2022, FTA특례법 등 최신 개정법령을 기준으로 문제를 구성하고, 학습하는 데 일일이 법령을 대조하며 확인하는 수고로움을 덜 수 있도록 해설에 그 근거를 명확히 들었습니다. 참고한 법령의 반영기준일은 본서의 310쪽에서 확인하실 수 있습니다. 이처럼 수시로 개정되는 법령을 가장 최신으로 반영하였기 때문에 안심하고 학습할 수 있습니다.

이제 수출입기업에 있어서는 FTA가 선택이 아닌 필수로 자리매김하고 있습니다. FTA의 활성화로 무역장벽이 점차 완화되어간다면, 그만큼 원산지관리항목이 많아질 수밖에 없으므로 이를 담당하게 될 적임자인 원산지관리사의 전망은 밝다고 볼 수 있습니다.

모쪼록 수험생 여러분이 본서를 통해 원산지관리사의 자격을 취득하여, 무역기업의 중추적인 역할을 수행하게 되기를 진심으로 기원합니다.

김성표 올림

시험정보

FTA 전문가, 원산지관리사

원산지관리사는 FTA 활용을 위한 물품의 원산지 충족여부 확인 및 관리, 원산지 증빙서류 발급 등을 담당하여 원산지 인증수출자 등의 제조·수출기업에서 원산지관리전담자로서 역할을 할 수 있는 FTA 전문가이다. 원산지관리사는 자격 기본법 제17조에 의거한 민간자격이며, 동법 제19조에 의거하여 2012년 12월 27일 관세청으로부터 국가공인을 획득하였다(공인번호 : 관세청 제2012-1호).

수행직무

▶ 원산지인증수출자 제도의 원산지관리 전담
▶ 원산지 판정, 증명, 자율발급 및 관리에 필요한 원산지관리시스템 구축
▶ 원산지 구매에서 수출까지의 전반적인 원산지관리 업무 담당
▶ 생산관리 및 원가개선을 위한 전략기획
▶ 전략적 수출지역 선정 및 체약국별 원가개선 효과 분석

기본정보

▶ **자격분류** : 국가공인 민간자격
▶ **시행기관** : 국제원산지정보원
▶ **응시자격** : 제한 없음
▶ **원서접수** : KIOI FTA원산지아카데미(www.ftaedu.or.kr) 온라인 접수

시험일정

구 분	원서접수	시험일자	합격자 발표
제30회	2022.03.25(금) ～ 2022.04.06(수)	2022.04.23(토)	2022.05.20(금)
제31회	2022.10.14(금) ～ 2022.10.26(수)	2022.11.12(토)	2022.12.09(금)

※ 2023년 시험일정이 공지되지 않은 관계로, 2022년 시험일정을 수록하였습니다. 자세한 자격시험 시행계획 공고는 KIOI FTA원산지 아카데미 홈페이지(www.ftaedu.or.kr)를 확인하시기 바랍니다.

시험과목 및 검정방법

▶ **시험시간** : 11:00 ~ 13:00(120분)
▶ **합격기준** : 과목당 100점 만점 기준 40점 이상, 평균점수 60점 이상
▶ **시험과목**

구 분	세부내용	출제형태
FTA협정 및 법령	FTA관세특례법, 원산지증명 제도, FTA 및 원산지 관련 제도	객관식 100문항 (4지선다형) ※ 과목별 25문항
품목분류	품목분류 제도, 관세율표 해석에 관한 통칙, 관세율표 해설	
원산지결정기준	원산지 규정, 일반 기준, 품목별 기준	
수출입통관	관세법 일반 및 수출입통관, 보세 제도 및 무역조건	

※ 시험에서 법률 등을 적용하여 정답을 구하는 문제는 시험공고일 기준으로 적용합니다.

자격취득현황

검정연도	검정횟수	응시자(명)	합격자(명)	합격률(%)
2020	1	1,377	746	54.18
2019	2	1,556	752	48.33
2018	3	1,922	655	34.08

※ 취득현황은 해당기관에서 관리하고 있으며, 입력시점에 따라 실제 수치와 차이가 있을 수 있습니다.
※ 코로나19 사태로 2020~2021년은 원산지관리사 시험이 연 1회 실시되었고, 2022년부터 다시 연 2회 시행으로 변경되었습니다.
　2021년 합격률 추이는 공식적으로 발표되지 않았습니다.

특전사항

▶ 원산지인증수출자 신청기업의 인증심사 시에 '원산지증명능력보유' 요건을 충족한 것으로 평가
▶ FTA특례법령에 의해 직간접적으로 FTA를 활용하는 기업 내에서 '원산지관리전담자' 역할의 자격 부여(FTA특례법령 제7조 및 동법 시행규칙 제17조 제2항 제2호)
▶ 기업의 입사지원 및 인사고과에서 가점 부여(기업별 자율시행)
▶ 학점인정 등에 관한 법률에 따라 자격취득 및 자격취득에 필요한 교육과정이수에 대하여 학점은행제 학점으로 인정

종 목	대분류	중분류	학 위	전 공	인정학점
원산지관리사	경영 / 회계 / 사무	회 계	전문학사	무 역	9학점
			학 사	무역학	

※ 국가평생교육진흥원 고시 제2020-2호(학점인정 등에 관한 법률 제7조 제2항 제4호 및 동법 시행령 제9조 제2항, 제11조)

도서 미리보기

최종모의고사

실제 원산지관리사 시험처럼 시간을 재서 풀어볼 수 있도록 총 5회분 최종모의고사로 구성하였습니다. 시험 직전 최종모의고사를 풀어보면서 자신의 실력을 마지막으로 점검해 볼 수 있습니다. 또한 문제를 풀면서 자연스럽게 자주 나오는 유형을 체득하며 주요 개념을 복습할 수 있습니다.

제1회 최종모의고사

시험시간 : 120분
정답 및 해설 p.159

제1과목 FTA협정 및 법령

01 자유무역협정의 이행을 위한 관세법의 특례에 관한 법률(이하 "FTA특례법")에 대한 설명으로 옳지 않은 것은?

① FTA특례법은 우리나라가 체약상대국과 체결한 자유무역협정의 이행을 위하여 필요한 관세의 부과, 징수 및 감면, 수출입물품의 통관 등 관세법의 특례에 관한 사항과 자유무역협정에 규정된 체약상대국과의 관세행정협조에 필요한 사항을 규정한 것이다.

② 관세법과 상충되는 경우 FTA특례법을 우선하여 적용한다.

③ FTA협정과 FTA특례법이 상충되는 경우 FTA특례법을 우선하여 적용한다.

④ FTA특례법 시행령 및 시행규칙에서는 각 협정별로 적용할 협정관세율 및 원산지결정기준을 별표로 규정하고 있다.

02 한 · 중 FTA 협정에 대한 양허유형의 설명으로 옳지 않은 것은?

① 단계별 양허유형 "0"으로 규정된 원산지 상품에 대한 관세는 완전히 철폐되며, 이 협정 발효일에 그 상품에 대하여 무관세가 적용된다.

② 단계별 양허유형 "10-A"로 규정된 원산지 상품에 대한 관세는 이행 1년차부터 이행 8년차까지 기준세율이 유지된다. 관세는 이행 9년차 1월 1일을 시작으로 2단계에 걸쳐 매년 균등하게 철폐되어 이행 10년차 1월 1일부터 그 상품에 대하여 무관세가 적용된다.

③ 단계별 양허유형 "PR-20"으로 규정된 원산지 상품에 대한 관세는 이 협정 발효일을 기준으로 20년간 기준관세율의 10퍼센트를 인하한다.

④ 단계별 양허유형 "E"로 규정된 원산지 상품에 대한 관세는 기준관세율이 유지된다.

03 FTA협정에 대한 설명으로 옳지 않은 것은?

① FTA는 협정의 해석 및 적용에 있어 당사자 또는 당사국 간의 분쟁이 있는 경우 WTO에서 중재를 하도록 하고 있다.

② FTA는 상품에 대한 협정뿐만 아니라 서비스나 투자에 대한 규제완화 부분도 포함하고 있다.

정답 및 해설

문제와 해설을 분리하여 학습 중 해설에 눈길이 가는 것을 방지하고, 실제 시험처럼 대비할 수 있도록 구성하였습니다. 해설은 관세법 등 최신 개정법령에 기반을 두고 오답해설까지 기술하였으며, '알아두기'와 '관련 법령'을 통해 그 근거를 명확하게 확인할 수 있습니다.

제1회 정답 및 해설

제1과목 FTA협정 및 법령

01	02	03	04	05	06	07	08	09	10
③	③	①	④	①	④	④	④	③	④
11	12	13	14	15	16	17	18	19	20
③	①	③	④	⑤	④	④	④	④	②
21	22	23	24	25					
②	③	③	④	④					

⚖️ **관련 법령**

FTA특례법 제3조(다른 법률과의 관계)
① 이 법은 관세법에 우선하여 적용한다. 다만, 이 법에서 정하지 아니한 사항에 대해서는 관세법에서 정하는 바에 따른다.
② 이 법 또는 관세법이 협정과 상충되는 경우에는 협정을 우선하여 적용한다.

02 정답 ③

단계별 양허유형 "PR-20"으로 규정된 원산지 상품에 대한 관세는 이 협정의 발효일을 시작으로 기준관세율의 20퍼센트를 5단계에 걸쳐 매년 균등하게 인하하고, 이행 5년차 1월 1일부터 기준관세율의 80퍼센트가

📢 **알아두기**

한 · 중국 FTA 부속서 2-가 관세 인하 또는 철폐
1. 이 부속서의 당사국 양허표에 달리 규정된 경우를 제외하고, 다음의 단계별 양허유형이 제2.4조제1항에 따른 각 당사국의 관세 인하 또는 철폐에 적용된다.
   아. 당사국 양허표상의 단계별 양허유형 "PR-20"으로 규정된 원산지 상품에 대한 관세는 이 협정의 발효일을 시작으로 기준관세율의 20퍼센트를 5단계에 걸쳐 매년 균등하게 인하하고, 이행 5년차 1월 1일부터 기준관세율의 80퍼센트가 유지된다.

합격수기

2022년 제30회 합격자

김＊＊ 님

안녕하세요. 먼저 원산지관리사 시험 합격 후 이렇게 합격후기를 남길 수 있어 너무 행복합니다. 저는 경단녀로 5년 정도 지내다 복직한지 1년도 되지 않은 30대 워킹맘입니다. 전공자는 아니지만, 수출입과 관련된 업무를 하고 있어 회사동료와 함께 도전하게 되었습니다. 처음에는 혼자 해보려고 합격자 책을 먼저 구입하고 공부하다 효과적인 공부를 위해 바로 수강 신청했습니다.

책이 〈원산지관리사 한권으로 끝내기〉, 〈원산지관리사 최종모의고사〉 2권이라 문제풀기에 좋았습니다. 일단 강의시간이 길거나 개수가 많지 않아 강사님들이 핵심부분을 요약해주셔서 더 효율적으로 공부할 수 있었던 것 같습니다. 어쩔 수 없이 암기를 해야 하는 것들은 암기식들을 외울 수 있게 해주시는 부분들도 너무 도움 되었습니다! SD에듀 강의를 들은 회사동료와 저 모두 합격하였으니 다 설명이 될 거라 생각됩니다! 합격률이 그리 높지 않음에도 아기 둘 키우는 아줌마도 할 수 있다는 걸 보여줄 수 있어 더욱 기쁩니다.

2022년 제30회 합격자

이＊＊ 님

안녕하세요! 저는 현재 무역을 전공하고 있는 대학생입니다. 점점 고학년이 될수록 취업이 걱정되어 전공을 살린 자격증을 취득하기로 마음먹고 도전한 자격증이 바로 원산지관리사입니다. 학교 전공 수업 때 원산지관리사 시험에 포함되는 내용을 배운 적이 있어서 "조금 쉽겠지"라는 생각을 하고 겁 없이 도전했습니다. 하지만 제가 생각했던 것보다 내용이 훨씬 방대하고 어려워 처음 시작할 때는 포기하고 싶었고 굉장히 막막했습니다.

그러나 강의에서 강사님들께서 "처음 들었을 때에는 당연히 어렵고 모를 수 있다", "반복해서 암기하면 가능하다"라고 하셔서 그 말을 믿고 끝까지 완강할 수 있었습니다. 완강 후 내용을 저의 것으로 만들기 위하여 〈원산지관리사 한권으로 끝내기〉를 총 3회독하였는데, 교재의 내용이 핵심만 딱 나와 있기 때문에 빠른 시간에 많은 회독이 가능했던 것 같습니다!! 지레 겁먹고 포기하고 싶었던 저를 합격으로 이끈 것은 강사님들의 재미있고 귀여운 암기법과 핵심 내용만 정리가 되어있는 교재 덕분인 것 같습니다.

원산지관리사를 꿈꾸고 계신 모든 분들, SD에듀 강의와 교재를 통해 꼭 합격하시길 바라겠습니다. 감사합니다!

※ 본 수기는 SD에듀 홈페이지(www.sdedu.co.kr)에 남겨주신 합격수기를 바탕으로 재구성하였습니다. 다음 '합격자'는 바로 여러분입니다. SD에듀에서는 여러분들의 합격수기를 기다리고 있겠습니다.

이 책의 목차

최종모의고사

합격자 원산지관리사 최종모의고사

관련법령은 수시로 개정될 수 있으니 법제처 국가법령정보센터(www.law.go.kr)의 내용을 필수적으로 참고하여 학습하시기를 바랍니다.

제1회 최종모의고사

🕐 시험시간 : 120분
정답 및 해설 p.159

제1과목 FTA협정 및 법령

01 자유무역협정의 이행을 위한 관세법의 특례에 관한 법률(이하 "FTA특례법")에 대한 설명으로 옳지 않은 것은?

① FTA특례법은 우리나라가 체약상대국과 체결한 자유무역협정의 이행을 위하여 필요한 관세의 부과, 징수 및 감면, 수출입물품의 통관 등 관세법의 특례에 관한 사항과 자유무역협정에 규정된 체약상대국과의 관세행정협조에 필요한 사항을 규정한 것이다.

② 관세법과 상충되는 경우 FTA특례법을 우선하여 적용한다.

③ FTA협정과 FTA특례법이 상충되는 경우 FTA특례법을 우선하여 적용한다.

④ FTA특례법 시행령 및 시행규칙에서는 각 협정별로 적용할 협정관세율 및 원산지결정기준을 별표로 규정하고 있다.

02 한-중 FTA 협정에 대한 양허유형의 설명으로 옳지 않은 것은?

① 단계별 양허유형 "0"으로 규정된 원산지 상품에 대한 관세는 완전히 철폐되며, 이 협정 발효일에 그 상품에 대하여 무관세가 적용된다.

② 단계별 양허유형 "10-A"로 규정된 원산지 상품에 대한 관세는 이행 1년차부터 이행 8년차까지 기준관세율이 유지된다. 관세는 이행 9년차 1월 1일을 시작으로 2단계에 걸쳐 매년 균등하게 철폐되어 이행 10년차 1월 1일부터 그 상품에 대하여 무관세가 적용된다.

③ 단계별 양허유형 "PR-20"으로 규정된 원산지 상품에 대한 관세는 이 협정 발효일을 기준으로 20년간 기준관세율의 10퍼센트를 인하한다.

④ 단계별 양허유형 "E"로 규정된 원산지 상품에 대한 관세는 기준관세율이 유지된다.

03 FTA협정에 대한 설명으로 옳지 않은 것은?

① FTA는 협정의 해석 및 적용에 있어 당사자 또는 당사국 간의 분쟁이 있는 경우 WTO에서 중재를 하도록 하고 있다.

② FTA는 상품에 대한 협정뿐만 아니라 서비스나 투자에 대한 규제완화 부분도 포함하고 있다.

③ FTA협정에 따른 원산지기준을 충족하는 경우에 한하여 협정상의 혜택을 받을 수 있다.

④ FTA체결로 인해 관세장벽이 낮아질 경우 비협정국가에서 수입되던 원재료 또는 상품이 협정국가 간의 거래로 변경될 수 있으며 이를 무역전환효과라 한다.

04 협정관세 적용신청에 대한 설명으로 옳지 않은 것은?

① 협정관세 적용 신청 시에는 유효기간이 남은 원산지증명서를 제출하여야 한다.

② 유효기간이 지나기 전에 물품이 수입항에 도착한 경우, 물품이 수입항에 도착한 날의 다음 날부터 해당 물품에 대한 협정관세 적용을 신청한 날까지의 기간은 제외하고 유효기간을 계산한다.

③ 수입신고의 수리 전까지 협정관세의 적용을 신청하지 못한 수입자는 해당 물품의 수입신고 수리 일부터 1년 이내에 협정관세의 적용을 신청할 수 있다. 단, 협정에서 정한 원산지증명서 유효기간 이 경과하지 않은 원산지증명서를 제출하여야 한다.

④ 세관장은 50만원 상당의 체납액이 5일째 미납 중인 수입자가 협정관세의 적용신청을 하는 경우 수입신고 수리 전에 심사 후 협정관세를 적용하여야 한다.

05 FTA 체약상대국과의 협의사항으로 옳지 않은 것은?

① 체약상대국을 원산지로 하는 특정 농산물에 대하여 특별긴급관세조치를 적용하고자 하는 경우 조치 60일 전 체약상대국에게 서면으로 통보하여야 한다.

② RCEP협정에 의해 수입된 물품에 대하여 덤핑방지관세의 부과를 위한 조사를 시작할 경우 조사시 작 전 체약상대국에 협의 기회를 제공하여야 한다.

③ 무역위원회는 유럽자유무역연합 회원국으로부터 수입된 물품에 대하여 상계관세 부과에 필요한 조사신청이 접수되면 조사를 시작하기 30일 전까지 상대국에 그 내용을 서면으로 통보하고, 조사 를 시작하기 전에 협의하여야 한다.

④ 캐나다 수입물품에 대한 덤핑방지관세, 상계관세에 대한 약속의 제의가 있는 경우 그와 관련된 협의 기회를 제공하여야 한다.

06 한-튀르키예 FTA협정 적용에 대한 설명으로 옳지 않은 것은?

① 한-튀르키예 FTA의 원산지증명서는 별표 19에서 정한 원산지증명서식에 물품에 대한 원산지정 보를 기재하여야 한다.

② 튀르키예에서 수입된 물품에 대한 원산지 검증을 하고자 하는 경우 간접적으로 튀르키예세관에 검증을 요청하되, 당사국의 세관원이 검증절차에 참관할 수 있다.

③ 한-튀르키예 FTA 원산지증명서의 유효기간은 발급일로부터 1년이다.

④ 우리나라에서 수출된 물품에 대하여 우리나라 세관이 튀르키예 세관으로부터 원산지 조사 요청을 받은 경우 조사 요청일로부터 10개월 이내 조사결과를 통지하여야 한다.

07 원산지증명서류의 보관과 관련한 설명으로 옳지 않은 것은?

① 수출자가 생산자에게 제공받은 원산지확인서를 보관하는 것과는 별개로 생산자는 원산지확인서 발급을 위한 기초자료의 보관의무가 있다.

② FTA협정에서 정한 기간이 5년을 초과하는 경우에는 FTA특례법상의 규정에 불구하고 협정상의 기간 동안 서류를 보관하여야 한다.

③ 수입자는 협정관세의 적용을 위해 필요한 원산지증명서 사본과 수입거래와 관련된 서류 일체를 보관하여야 한다.

④ FTA특례법상 수출자의 서류보관 기간은 3년이다.

08 세관에서 원산지증명서 발급 시 신청인의 주소, 거소, 공장 또는 사업장을 방문하여 원산지의 적정 여부를 확인할 수 있는 경우가 아닌 것은?

① 국내 생산시설이 없는 자가 원산지증명서 발급을 최초로 신청한 경우

② 해당 물품을 직접 생산하지 아니하는 자가 원산지증명서 발급을 최초로 신청한 경우

③ 체약상대국의 관세당국으로부터 원산지의 조사를 요청받은 수출자 또는 생산자가 신청한 경우

④ 신청자가 제출한 서류가 미비한 경우

09 업체별 원산지인증수출자의 인증요건으로 옳지 않은 것은?

① 전산처리시스템은 없으나 그 밖의 방법으로 수출하는 물품이 원산지기준을 충족한다는 것을 증명할 수 있는 자

② 인증신청일 이전 최근 2년간 원산지 조사를 거부한 사실이 없는 자

③ 원산지 판정대상물품에 대하여 인증신청일 이전 최근 2년간 수출실적이 있는 자

④ 인증신청일 이전 최근 2년간 원산지증빙서류를 허위로 발급한 사실이 없는 자

10 국내제조포괄확인서 및 국내제조확인서에 대한 설명으로 옳지 않은 것은?

① 국내제조(포괄)확인서를 제공받은 생산자 또는 수출자는 이를 기초로 원산지증명서의 발급을 신청하거나 자율적으로 원산지증명서를 작성할 수 있다.

② 국내제조확인서는 원산지인증수출자 신청 시 제출하는 원산지소명서의 기재사항을 입증하기 위한 서류로 인정된다.

③ 국내제조포괄확인서는 수출물품의 원재료를 동일한 수출자에게 장기간 반복적으로 공급하는 경우 물품 공급일로부터 12개월을 초과하지 아니하는 범위에서 최초의 국내제조확인서를 반복하여 사용할 수 있는 확인서를 말한다.

④ 국내제조(포괄)확인서는 수출자가 완제품을 제조하는 경우 수출자도 발급자가 될 수 있다.

11 관세청장 또는 세관장은 원산지인증수출자에 대하여 일정 사유가 발생하면 30일 이상의 기간을 주고 시정하도록 할 수 있다. 그 사유로 옳지 않은 것은?

① 원산지증명서 작성대장을 비치하고 있지 않거나, 관리하고 있지 않는 경우

② 원산지관리전담자가 지정되어 있지 않음을 확인한 경우

③ 원산지 서명카드에 등록되지 않은 자가 원산지증명서에 서명하고 있음이 확인된 경우

④ 업체별 인증수출자로서 전산시스템이 인증받은 때와 달리 원산지 판정의 기능이 없음이 확인된 경우

12 원산지증명서를 발급한 수출자가 보관하여야 하는 서류로 옳지 않은 것은?

① 수출물품에 대한 원산지증명서 원본

② 수출신고필증

③ 수출물품의 원재료내역서 및 구입증빙 서류

④ 수출물품의 원재료에 대한 재고관리대장

13 다음 협정 중 원산지증명서의 발급방식이 다른 것은?

① 한-칠레 FTA

② 한-미국 FTA

③ 한-중국 FTA

④ 한-영국 FTA

14 원산지확인서에 대한 설명으로 옳지 않은 것은?

① 원산지확인서는 원재료 또는 반제품을 수출자에게 공급하는 자가 발행하는 서류이다.

② 원산지확인서 발급 시 공급하는 물품이 역내산 판정을 받지 못하는 경우 원산지증명서를 발급하는데 있어서는 원산지확인서를 발급하지 않는 것과 같은 효과를 발생시킨다.

③ 원산지확인서는 12개월을 초과하지 않는 범위 내에서 반복하여 사용할 수 있도록 포괄하여 발급할 수 있다.

④ 원산지확인서는 물품을 공급하는 자가 자신의 사업장이 소재한 세관에 신청하여 발급할 수 있다.

15 인증수출자 자격을 취득할 경우 협정별로 완화되는 사항에 대한 설명으로 옳지 않은 것은?

① EU FTA에서는 6,000유로를 초과하는 수출물품에 대하여도 원산지증명서를 발급할 수 있다. 단, 인증수출자 자격번호를 인보이스상 원산지문구와 함께 기재하여야 한다.

② 다른 FTA와 달리 중국 FTA에서는 원산지소명서를 제외한 원산지확인을 위한 증빙서류의 제출이 생략된다.

③ EFTA FTA에서는 인증수출자가 인보이스를 관세청장 또는 세관장에게 사전에 제출한 경우 원산지증명서의 서명을 생략할 수 있다.

④ 싱가포르 FTA에서는 수출물품을 직접 생산하지 않는 자가 최초로 신청하는 원산지증명서에 대하여도 현지확인을 생략할 수 있다.

16 FTA협정을 적용 시 원산지증빙자료를 거짓으로 제출하는 등 위법이 있는 경우 협정관세를 적용 제한하는 조치에 대한 설명으로 옳지 않은 것은?

① 원산지의 확인을 위해 세관에서 요구한 자료를 체약상대국의 수출자 또는 생산자가 정당한 사유 없이 제출하지 않은 경우 협정관세의 적용을 하지 않을 수 있다.

② 체약상대국의 서면조사 결과 세관장에게 신고한 원산지가 실제와 다른 것으로 확인된 경우 협정관세를 적용 제한할 수 있다.

③ 협정관세를 적용 제한하는 경우 통지는 서면으로 한다.

④ 원산지증빙서류의 기재사항을 단순 착오로 잘못 기재한 경우에는 그 원산지가 달라진다 하더라도 적용제한을 하지 않을 수 있다.

17 원산지사전심사 제도에 대한 설명으로 옳지 않은 것은?

① 대상물품의 품목분류, 가격 및 원가결정에 관한 사항을 신청할 수 있다. 이때 대상물품의 생산에 사용된 재료의 동일한 사항도 신청 가능하다.

② 관세청장은 제출된 서류가 미비하여 원산지결정기준의 충족 여부 등의 신청사항을 사전심사하기가 곤란하다고 인정될 때에는 20일 이내의 기간을 정하여 보정을 요구할 수 있다. 보정기간 내에 보정을 하지 않는 경우 신청이 반려될 수 있으며, 보정에 소요된 만큼의 기간은 사전심사 결과통지를 위한 기간에 더해진다.

③ 관세청장이 사전심사의 신청을 받은 때에는 사전심사의 신청을 받은 날부터 90일 이내에 이를 심사하여 사전심사서를 신청인에게 통지하여야 한다.

④ 사전심사의 결과에 이의가 있는 자는 그 결과를 통지받은 날부터 60일 이내에 관세청장에게 이의를 제기할 수 있다.

18 직접운송원칙을 위배하여 원산지가 인정되지 않는 경우는?

① 캐나다에서 수출되어 싱가포르에서 운송경로상 단순 경유 후 우리나라에 입항하는 화물로써 선하증권상 캐나다의 수출지와 한국의 입항지가 확인되는 경우

② 운송경로상 태국에서 수입되는 물품이 싱가포르를 경유하고 통관절차 없이 일시보관 후 한국에 수입되는 경우

③ 중국에서 홍콩을 경유해 한국으로 수입되는 물품으로써 가공되거나, 컨테이너 번호 및 봉인번호가 변경되지 않았음이 비가공증명서에 의해 증명되고, 선하증권에 의해 홍콩에서 한국으로의 경로가 증명되는 경우

④ 프랑스에서 미국으로 수출된 물품이 미국에서의 통관이 불가능하여 통관을 거치지 않고 한국으로 3국반송된 경우

19 FTA특례법의 위반에 대한 처벌수위가 다른 것은?

① FTA협정 및 FTA특례법에 따른 원산지증빙서류를 속임수 또는 그 밖의 부정한 방법으로 신청하여 발급받았거나 작성·발급한 경우

② 정당한 사유 없이 원산지증빙 관련 서류를 보관하지 아니한 경우

③ 세관장의 원산지 서면조사 또는 현지조사를 거부하거나 방해한 경우

④ 원산지증빙서류 제출요구에 따라 세관장이 요청한 서류를 거짓으로 제출한 경우

20 협정관세의 적용제한에 대한 설명으로 옳지 않은 것은?

① 협정관세 적용제한의 경우 납부하여야 할 세액 또는 납부하여야 할 세액과 납부한 세액과의 차액은 대통령령으로 정하는 날로부터 5년이 지나면 부과할 수 없다.

② 체약상대국 수출자가 최근 5년간 2회 이상 반복적으로 원산지증빙서류의 주요내용을 거짓으로 작성한 경우 3년의 범위에서 해당 수출자가 수출하는 동종동질 물품 전체에 대하여 협정관세를 적용하지 아니할 수 있다.

③ 협정관세 적용제한자를 지정하려면 30일의 기간을 정하여 그 적용제한자에게 구술 또는 서면에 의한 의견진술 기회를 부여하여야 한다. 이 경우 지정된 기일까지 의견을 진술하지 아니하면 의견이 없는 것으로 본다.

④ 세관장은 적용제한의 해제신청을 받았을 때에는 그 내용을 심사하여 원산지증빙서류를 성실하게 작성하였다고 인정되는 경우 적용제한자 지정의 해제를 할 수 있다. 적용제한의 해제를 한 경우 결정일로부터 7일 이내 지정정보통신망에 게시하여야 한다.

21 다음은 수입물품 원산지 조사에 대한 설명이다. 빈칸에 들어갈 내용으로 옳은 것은?

> • 관세청장 또는 세관장은 체약상대국에 거주하는 수출자를 대상으로 현지조사를 하는 경우에는 그 조사를 (ㄱ)하기 전에 체약상대국의 조사대상자에게 조사 사유, 조사 예정기간 등을 통지하여 동의를 받아야 한다.
>
> • 관세청장 또는 세관장은 통지를 받은 체약상대국의 조사대상자가 (ㄴ) 이상의 기간으로서 기획재정부령으로 정하는 기간 이내에 그 동의 여부를 통보하지 아니하거나 동의하지 아니한 경우에는 현지조사를 할 수 없다.
>
> • 서면조사 또는 현지조사를 마치면 조사 결과와 그에 따른 결정 내용을 체약상대국에 거주하는 조사대상자(수입자 포함) 및 체약상대국의 관세당국에 서면으로 통지하여야 한다. 이 경우 통지 내용에 이의가 있는 수입자는 조사 결과를 통지받은 날부터 (ㄷ) 이내에 관세청장 또는 세관장에게 이의를 제기할 수 있다.

	(ㄱ)	(ㄴ)	(ㄷ)
①	결 정	20일	15일
②	시 작	20일	30일
③	결 정	30일	35일
④	시 작	30일	60일

22 세관장은 원산지 조사 기간 중 협정관세의 적용을 보류하고자 할 때 조사대상 수입자에게 보류통지서를 통보하여야 하는데, 이때 통지서에 포함되지 않아도 되는 것은?

① 보류 대상물품의 수출자
② 대상물품의 품명, 규격, 모델, 품목번호 및 원산지
③ 수입물품의 B/L번호
④ 적용 보류기간 및 법적 근거

23 관세청장 또는 세관장이 수출물품에 대하여 체약상대국의 관세당국에 원산지의 확인을 요청받은 경우 협정별로 정해진 기간 이내에 조사결과를 회신하여야 한다. 다음 중 협정별 회신기간이 잘못 연결된 것은?

① 한–튀르키예 FTA – 조사 요청일부터 10개월
② 한–EU FTA – 조사 요청일부터 10개월
③ 한–ASEAN FTA – 조사 요청을 접수한 날부터 3개월. 다만, ASEAN 회원국의 관세당국과 협의하여 조사 요청을 접수한 날부터 6개월의 범위에서 그 기간을 연장할 수 있다.
④ 한–페루 FTA – 조사 요청을 접수한 날부터 150일

24 관세청장 또는 세관장은 협정별 체약상대국을 상대로 원산지 조사를 할 수 있다. 그 방법으로 옳지 않은 것은?

① 한–인도 CEPA에서는 인도의 증명서 발급기관에 조사를 요청한다. 단, 조사가 적절하다고 판단되지 않거나, 조사의 회신에 필요한 정보를 포함하지 않는 경우에는 인도의 수출자 또는 생산자를 대상으로 현지조사를 할 수 있다.
② 한–미국 FTA에서는 조사대상자를 직접 서면조사하거나 현지조사 할 수 있다. 단, 섬유 관련 물품과 자동차에 대하여는 미합중국의 관세당국에 조사를 요청하거나 미합중국 관세당국과 함께 조사대상 사업장에 방문할 수 있다.
③ 한–ASEAN FTA에서는 회원국의 증명서발급기관에 조사를 요청하여야 한다. 단, 조사가 적절하다고 판단되지 않거나, 조사의 회신에 필요한 정보를 포함하지 않는 경우에는 인도의 수출자 또는 생산자를 대상으로 현지조사를 할 수 있다.
④ 한–EFTA FTA에서는 상대국의 관세당국에 조사를 요청한다. 이때 필요한 경우 EFTA 관세당국의 동의를 얻어 조사절차에 우리나라 공무원을 참관하게 할 수 있다.

25 협정관세를 적용받는 데 있어 부당한 처분을 받았을 때 국내 수입자가 할 수 있는 내용으로 옳지 않은 것은?

① 수입자가 심사청구를 하고자 하는 경우 청구대상이 되는 처분이 있는 것을 안 날부터 90일 이내에 해야 한다.
② 수입자가 심판청구를 하고자 하는 경우 청구대상이 되는 처분이 있는 것을 안 날부터 90일 이내에 해야 한다.
③ 심사청구와 심판청구는 중복청구가 불가능하다. 또한 행정소송을 하고자 하는 경우 심사청구 또는 심판청구를 거친 후에 가능하다.
④ 행정소송은 심사청구 또는 심판청구의 신청 후 90일 이내에 해야 한다.

01 HS 품목분류표상 용어에 대한 설명으로 옳지 않은 것은?

① 절은 류를 세분화하는 분류구분으로 각 류의 주에서 규정한 절은 품목분류의 기초가 된다.

② 부는 제1부부터 제21부까지 21개로 구분되어 있으며, 부는 분류의 참조상 부여된 것일 뿐 법적인 구속력을 갖지는 않는다.

③ 류는 제1류부터 제97류까지 구성되어 있고 제77류는 분류를 유보함으로써 총 96개의 류가 있다. 류의 표제는 부와 마찬가지로 분류의 참조상 부여된 것일 뿐 법적인 구속력을 갖지는 않는다.

④ 호는 류에서 보다 세분화된 분류로 4단위의 분류번호로 구성되어 있다. 호의 용어는 분류 통칙 1에 의거 법적인 구속력을 가지며 최우선적인 품목분류의 기준이 된다.

02 HS 품목분류를 위한 통칙 제2호 가목에 대한 설명으로 옳지 않은 것은?

① 통칙 제1호의 규정을 적용할 수 없는 경우에 한하여 적용될 수 있다.

② 불완전한 물품이나 미완성 물품에 대한 통칙 규정은 특정한 호에 열거한 반가공품에도 적용한다.

③ 불완전한 물품에 대한 통칙규정은 일반적으로 제1부의 물품에는 적용되지 않는다.

④ 완성물품의 본질적인 특성을 지니고 있으면 운송의 편의를 위해 미조립한 상태로 운송된 경우에도 완성품으로 분류한다.

03 플라스틱 필라멘트와 스트립 및 스테이플 섬유의 분류에 대한 설명으로 옳지 않은 것은?

① 플라스틱 모노필라멘트로 횡단면이 1mm 이하인 경우에는 제11부에 분류한다.

② 플라스틱 스트립으로 횡단면이 5mm 이하인 경우 제11부에 분류한다.

③ 합성필라멘트 토우는 길이가 2미터를 초과하는 경우에는 제5501호 또는 제5502호의 토우로서 분류할 수 없다.

④ 플라스틱 스트립으로 횡단면이 5mm 초과인 경우 제39류에 분류한다.

04 랍스터가 제3류에 분류되는 경우로 옳지 않은 것은?(단, 보기에 제시된 가공 이외의 것은 없는 것으로 한다)

① 냉동한 랍스터
② 냉장한 랍스터를 염장한 것
③ 랍스터를 훈제한 후 밀폐용기에 담은 것
④ 랍스터의 껍질을 벗긴 후 삶은 것

05 제11부의 주규정에 따라 둘 이상의 방직용 섬유재료로 구성된 물품의 중량비에 따른 분류로 옳은 것은?

① 양모 40%, 아마 30%, 합성스테이플 30%로 직조된 직물 – 제55류
② 면 45%, 양모 35%, 섬수모 20%로 직조된 직물 – 제51류
③ 면 50%, 폴리아미드 25%, 비스코스레이온 25%로 직조된 직물 – 제52류
④ 황마 50%, 아크릴 20%, 나일론 30%로 직조된 직물 – 제53류

06 제2류에 분류되는 "설육"에 대한 설명으로 옳지 않은 것은?

① 주로 식용에 쓰이는 것으로 머리와 그 절단된 육은 제2류에 분류한다.
② 의료용품의 조제에 사용되는 담낭, 태반은 제2류에 분류할 수 없다.
③ 식용 또는 의료용품의 조제에 사용될 수 있는 간, 콩팥, 허파 등은 제2류에 분류할 수 없다.
④ 껍질부분이 식용으로 사용될 수 있다면 이 부분도 제2류에 분류한다.

07 플라스틱 일차제품의 형상에 옳지 않은 것은?

① 페이스트
② 웨이스트
③ 플레이크
④ 불규칙한 모양의 블록

08 제11부 주규정에 의거한 "제품으로 된 것"의 정의로 옳지 않은 것은?

① 간사를 절단하고 단순히 끝단을 봉제하여 사용할 수 있는 것

② 가장자리를 접어 감치거나 단을 댄 물품이나 가장자리에 결절술을 댄 물품

③ 특정 모양의 메리야스 편물

④ 일정한 크기로 재단한 물품으로서, 최소한 하나의 가장자리를 눈에 뜨일 정도로 끝을 가늘게 한 것으로 다른 가장자리들을 접어 감친 것

09 귀금속 및 귀금속을 입힌 금속에 대한 분류 내용으로 옳지 않은 것은?

① 관세율표의 귀금속에는 문맥상 달리 해석되지 않는 한 귀금속의 합금도 포함한다. 다만, 귀금속을 입힌 금속, 귀금속을 도금한 비금속(卑金屬)이나 비(非)금속은 제외한다.

② 관세율표에서 "귀금속을 입힌 금속"이란 금속을 기본으로 한 재료의 한 면 이상에 땜접·납접·용접·열간압연이나 이와 유사한 기계적 방법으로 귀금속을 입힌 것을 말하며, 비금속(卑金屬)에 귀금속을 박아 넣은 것은 제외하고 각 비금속이 분류되는 호에 분류한다.

③ 관세는 수입되는 물품에만 부과되며 우리나라에서 수출되는 물품 및 재수출될 물품에는 부과되지 않는다.

④ 백금의 함유량이 전 중량의 100분의 2 이상인 것은 백금의 합금으로 본다.

10 물품과 류의 연결이 옳지 않은 것은?

① 티타늄제 치과용 임플란트에 사용되는 나사(스크루) – 제81류

② 철강제 시계용 스프링 – 제91류

③ 비금속으로 만든 틀 – 제83류

④ 철강제 관 – 제73류

11 제16부에 분류될 수 없는 물품은?

① 5kg 중량의 핸드그라인더

② 가정용 소화기

③ 휴대전화에 연결해서 사용하는 선풍기

④ 사무용 복사기

12 국가 간 교역상품의 분류에 있어 국가 간의 이견이 있는 경우 분쟁에 대한 해결방안으로 올바른 것은?

① 체약국 사이에 분쟁이 발생하는 경우 WCO 가이드라인에 따라 각 국가가 지정한 관할법원에서 이를 조정하여 해결한다.
② 체약국 사이의 분쟁은 당사자간의 협의가 최우선적으로 진행되어야 한다.
③ 국가 간의 분쟁에 대한 판결이 필요할 경우 WCO가 소재하는 브뤼셀에서 수행한다.
④ HS위원회가 해결하지 못한 분쟁사안에 대하여 이사회가 권고를 하는 경우 당사자 간의 사전협의가 없는 한 이사회 권고의견은 분쟁해결에 대한 구속력을 갖는다.

13 제40류로 분류하는 고무제품에 해당되지 않는 것은?

① 가황한 컨베이어용 벨트
② 고무줄
③ 천연고무로 만든 의류 부속품
④ 경질고무로 만든 기계 부분품

14 비금속에 해당되지 않는 것은?

① 카드뮴
② 베릴륨
③ 팔라듐
④ 바나듐

15 제85류에 분류될 수 없는 물품은?

① 컴퓨터 그래픽카드
② 솔리드스테이트 기억장치
③ 하이브리드 집적회로
④ 배전용 보드

16 합성고무에 대한 설명으로 옳지 않은 것은?

① 황으로써 가황하여 비열가소성 물질로 변형되어 원상태로의 회복이 불가능하게 되고, 섭씨 18도와 29도 사이의 온도에서 원래의 길이의 3배로 늘려도 끊어지지 않고, 원래의 길이의 2배로 늘린 후 5분 이내에 원래의 길이의 1.5배 이하로 되돌아가는 불포화 합성물질

② 티오플라스트

③ 플라스틱과 그라프팅이나 혼합으로 변성된 천연고무, 해중합된 천연고무, 포화 합성고중합체와 불포화 합성물질의 혼합물(섭씨 18도와 29도 사이에서 3배로 늘려도 끊어지지 않고, 원래길이의 2배로 늘린 후 5분 이내 원래의 1.5배 이하로 되돌아가는 특성이 있는 것으로 한정한다)

④ 천연고무에 안료나 그 밖의 착색제를 첨가한 것

17 제61류에 분류되는 의류와 의류 부속품에 대한 분류기준으로 옳지 않은 것은?

① 제61류에는 메리야스 편물이나 뜨개질 편물만 분류된다.

② 중고의류는 제61류에 분류될 수 없다.

③ 외과용 벨트의 경우 제61류가 아닌 제90류에 분류된다.

④ 제6113호와 제61류의 다른 호에 분류될 수 있는 경우 제6113호에 최우선 분류한다.

18 코코아의 함량에 따른 분류로 옳지 않은 것은?

① 분·분쇄물·조분·전분 또는 맥아엑스의 조제식료품으로 완전히 탈지한 상태에서 측정한 코코아의 함유량이 전중량의 40% 미만의 것은 제19류에 분류한다.

② 제0401호 내지 제0404호에 해당하는 물품의 조제식료품으로 완전히 탈지한 상태에서 측정한 코코아의 함유량이 전중량의 5% 미만의 것은 제18류에 분류한다.

③ 코코아가 함유된 의약품은 어떠한 경우에도 제18류에 분류되지 않고 제30류에 분류한다.

④ 코코아에서 추출한 알카로이드인 테오브로민은 제18류에 분류되지 않고 제29류에 분류한다.

19 범용성 부분품에 대한 설명으로 옳지 않은 것은?

① 라미네이션 설비의 철강으로 만든 연선 및 스크루는 라미네이션 설비의 부분품으로 분류하는 것이 아닌 제73류에 분류한다.
② 비금속으로 만든 틀과 거울은 범용성 부분품의 정의에 해당한다.
③ 구리로 만든 못과 압정은 제74류에 분류한다.
④ 비금속으로 만든 스프링과 스프링판은 모두 범용성 부분품으로 제73류에 분류한다.

20 제8509호에 분류되는 가정용 전기기기로 옳지 않은 것은?

① 바닥광택기
② 식품용 믹서
③ 야채즙 추출기
④ 접시세척기

21 물품과 분류 호의 연결이 옳은 것은?

① 엔진과 운전실을 갖춘 섀시 - 제8706호
② 자전거 - 제8711호
③ 손수레 - 제8716호
④ 트랙터 - 제8705호

22 제85류의 분류에 대한 설명으로 옳지 않은 것은?

① 제8507호의 축전지에는 접속자, 온도조절장치, 회로보호장치와 같이 충격으로부터 보호하는 부수적 구성요소를 포함하며, 특정한 장치와 함께 사용하도록 만들어진 경우에도 제8507호에 분류한다.
② 제8521호의 영상재생기기의 부분품은 8521호의 물품에 주로 또는 전용으로 사용되는 경우 제8521호에 함께 분류한다.
③ 제8539호의 램프에는 LED램프를 포함한다.
④ 제8542호에는 집적회로(IC)는 복합부품 집적회로를 포함한다.

23 통칙에 대한 설명으로 옳지 않은 것은?

① 통칙 1에 의거, 부, 류 및 절에 의해 상품을 최우선 분류하되 이들로 분류할 수 없는 경우 각 부 또는 류의 주규정에 따라 분류하도록 한다.

② 통칙 2(가)에 의거, 미완성된 물품이라 하더라도 물품이 본질적 특성을 지니고 있다면 해당 물품은 완제품이 분류되는 세번에 분류 되어야 한다.

③ 통칙 2(나)에 의거, 특정한 재료 또는 물질로 구성된 물품에는 전부 또는 일부가 해당 재료 또는 물질로 구성된 물품이 포함되는 것으로 본다.

④ 통칙 3(나)에 의거, 서로 다른 재료로 구성된 소매용 세트 물품은 통칙 3(가)에 의거 분류할 수 없는 경우 가능한 이들 물품에 본질적 특성을 부여하는 재료나 구성요소로 이루어진 물품으로 보아 분류한다.

24 제72류 용어의 정의로 옳지 않은 것은?

① "반제품"이란 횡단면에 중공이 없는 연속주조제품(일차 열간압연공정을 거친 것인지에 상관없다)과 일차 열간압연공정이나 단조에 따른 거친 성형보다 더 가공하지 않은 중공이 없는 그 밖의 제품을 말한다.

② "평판압연제품"이란 제72류 주1의 반제품 정의에 해당하지 않고 횡단면에 중공이 없는 직사각형(정사각형은 제외한다)의 압연제품으로서 그 모양이 연속적 적층 모양인 코일인 것을 포함한다.

③ "형강"이란 그 횡단면이 전체를 통하여 균일하고, 중공이 없는 제품으로서 반제품, 평판압연제품, 불규칙적으로 감은 코일 모양의 열간압연한 봉, 그 밖의 봉 및 선의 정의에 해당하지 않는 제품을 말한다.

④ "선"이란 그 횡단면(횡단면의 모양은 상관없다)이 전체를 통하여 균일하고 중공이 있는 코일 모양의 냉간성형제품으로서 평판압연제품의 정의에 해당하지 않는 것을 말한다.

25 전분 함유량 47%, 회분 함유량 3%, 315 마이크론 체망 통과율 90%, 500마이크론 체망 통과율 99.9%인 귀리가 분류될 수 있는 호로 옳은 것은?

① 제1101호

② 제1102호

③ 제1103호

④ 제1104호

01 우리나라가 체결한 FTA에서 규정하고 있는 당사국에 대한 설명으로 옳지 않은 것은?

① 한-ASEAN FTA에서 당사국이란 한국 또는 동남아시아국가연합 회원국을 말한다.
② 한-EU FTA에서 당사국은 대한민국과 유럽연합의 개별회원국과 유럽연합 자체를 각각 규정한다.
③ 한-EFTA FTA에서 당사국은 대한민국과 유럽자유무역연합의 각 개별회원국과 유럽자유무역연합 자체를 각각 규정하고 있다.
④ 한-베트남 FTA에서 당사국은 대한민국 정부와 베트남사회주의공화국 정부를 말한다.

02 원산지에 대한 설명으로 옳지 않은 것은?

① FTA를 위한 원산지결정기준을 적용하여 판단한 원산지는 반드시 원산지표시를 위한 국가와 일치하지 않을 수 있다.
② 원산지는 특정국가와의 혜택을 적용하기 위한 판단을 하기도 하지만 덤핑, 세이프가드 등 특혜가 아닌 오히려 규제를 위한 판단도 한다.
③ FTA를 적용하지 않을 경우 수출국과의 협정문에 따른 원산지 판정은 필요하지 않다.
④ FTA협정에 따라 상대국의 원산지 지위를 획득한 물품에 대하여는 특혜세율을 적용하며 보호를 위한 규제는 불가능하다.

03 우리나라가 체결한 FTA협정 중 세번변경기준이 적용되는 물품의 최소허용기준에 대한 설명으로 옳지 않은 것은?

① 한-ASEAN FTA에서는 품목에 관계없이 생산에 사용된 모든 비원산지재료의 가격이 그 상품의 FOB가격 10%를 초과하지 아니한 경우에는 원산지상품으로 인정한다.
② 베트남 FTA에서는 가격기준 10%까지 최소허용기준을 적용한다.
③ 한-미 FTA에서 섬유류는 총 중량의 7%를 초과하지 아니하는 경우 원산지상품으로 간주할 수 있다.
④ RCEP협정에서는 FOB가격 10%를 초과하지 않는 비원산지재료에 대해서는 최소허용기준을 적용할 수 있으나 1~24류 농수산물의 경우 CTSH기준을 충족해야 최소허용기준을 적용한다.

04 우리나라가 체결한 FTA협정 중 역외가공에 대한 설명으로 옳지 않은 것은?

① 칠레 FTA협정은 역외가공을 허용하지 않는다.
② EFTA FTA는 지역의 제한 없이 역외가공을 허용한다.
③ 싱가포르 FTA는 개성공단 생산품에 한정하여 역외가공을 허용하고 있다.
④ 중국 FTA는 개성공단 생산품에 한하여 역외가공비율 40% 이하까지만 허용한다.

05 다음은 중국에서 수입되는 인형완구(9503.00)에 대한 원산지결정기준이다. 플라스틱제 구체관절인형으로서 플라스틱 사출공정부터 중국에 생산라인이 있는 경우, 아래 원산지기준을 적용한 내용으로 옳지 않은 것은?

> 4단위 세번변경기준 또는 체약당사국 내에서 발생한 부가가치가 40퍼센트 이상일 것 – CTH or RVC(40)

① 중국에서 인형의 각 부분을 생산한 후 국내에서 단순 조립만 하여 판매하고자 하는 경우 한–중 FTA 적용을 받을 수 없다.
② 중국에서 선적까지 발생된 가격(FOB)에서 중국 내에서 생산되거나 구매한 것을 증빙한 역내산 자재의 사용비중이 40% 이상이면 중국산으로 판정 가능하다.
③ 중국에서 선적까지 발생된 가격(FOB)에서 역외산 자재를 제외한 비율이 40% 이상이면 중국산으로 판정 가능하다.
④ 우리나라에서 중국으로 수출된 한국산인 인형에 부착되는 부품은 중국의 생산공정에 해당 부착공정이 포함되고 수입 시 제품에 부착되어 수입되는 경우라면 중국 내 부가가치를 계산하는 때 포함하여야 한다.

06 특혜관세 적용을 위한 원산지의 판정기준에 대한 설명으로 옳지 않은 것은?

① 원산지 판정은 체약국가간에 거래되는 상품으로서 각 체약국 내에서 생산된 제품에 한하여 특혜관세를 적용하기 위함이다.
② 원산지 판정을 하는 방법에는 완전생산기준, 세번변경기준 및 부가가치기준 등을 적용하여 판단할 수 있다.
③ 원산지 판정을 위한 기준은 거래되는 품목별로 설정하고 있으며, 품목별로 둘 이상의 결정기준을 두어 선택하도록 하기도 한다.
④ 부가가치기준 판정 시에는 최소허용기준을 두어 전체 상품에 대하여 최소한의 역외산 사용을 허용하고 있다.

07 다음은 한국에서 생산된 설비에 대한 내역이다. 이에 대한 설명으로 옳지 않은 것은?

> • 설비가격 10,000원 – 국내생산
> • 설비 유지보수용 공구 2,000원 – 중국산
> • 생산에 사용되는 작업복 500원 – 이탈리아산

① 설비를 미국으로 수출할 때 설비에 직접 결합되지 않고 세트를 구성하는 유지보수용 공구는 세번변경기준 적용 시 원산지 판정을 할 때 고려되어야 한다.
② 중국과의 FTA에서는 생산에 사용되는 작업복은 재료로 간주하지 않는다.
③ 원산지 결정 시 부가가치기준을 적용하는 경우 ASEAN FTA에서는 공구에 대한 부분은 원산지 판정 시 고려하지 않는다.
④ 원산지 결정 시 칠레FTA에서는 간접재료인 생산에 사용되는 작업복은 원산지재료로 간주할 수 있다.

08 수출물품에 대한 원가내역서가 다음과 같을 때 원산지 판정에 대한 설명으로 옳지 않은 것은?(판단에 있어 국내산을 제외한 나머지 국가의 원재료는 역외산으로 간주한다)

> • 최종제품 – 8418.10(FOB 200,000원)
> • 원재료목록
>   – 3917.23(7,000원) / 중국산
>   – 7318.15(3,000원) / 중국산
>   – 7212.20(60,000원) / 중국산
>   – 8415.81(110,000원) / 국내산
> • 기타내역
>   – 이윤 및 기타경비(12,000원)
>   – 국내운송비(8,000원)
> • 원산지결정기준 : CTH기준 또는 RVC 40%인 것(협정별로 동일한 기준인 것으로 간주한다)

① 원산지결정기준에 따라 CTH기준과 RVC기준을 모두 충족하여야 한다.
② 부가가치 계산 시 집적법에 따라 계산한 RVC는 55%이므로 해당 기준을 충족한다.
③ 부가가치 계산 시 공제법에 따라 계산한 RVC는 65%이므로 해당 기준을 충족한다.
④ 위 제품은 CTH기준을 충족한다.

09 수입자가 원산지물품을 수입할 때 운송상의 이유로 제3국에서 환적을 하는 경우, 이에 대한 FTA협정별 설명으로 옳지 않은 것은?

① 한-중국 FTA에서는 지리적 또는 운송상의 이유에 한정하여 제3국에서 운송목적의 분리까지 허용한다.

② 한-미국 FTA에서는 직접운송에 대한 요건을 규정하지 않고 있으므로 제3국을 경유하는 것과 관계없이 원산지 지위가 유지된다.

③ 한-페루 FTA에서는 제3국을 경유하는 경우 재포장에 대한 작업은 허용된다.

④ 한-콜롬비아 FTA에서는 제3국에서 운송목적의 분리를 하는 것까지는 허용된다.

10 다음의 한-ASEAN FTA 원산지결정기준에 대한 설명으로 옳지 않은 것은?

접철식 우산(6601.91)
다음 각 호의 어느 하나에 해당하는 것으로 한정한다.
1) 다른 호에 해당하는 재료로부터 생산된 것
2) 40% 이상의 역내부가가치가 발생한 것

---

① 베트남에서 생산한 반제품을 인도네시아에서 수입하여 최종제품 생산 후 우리나라에 수출하는 때, 베트남 생산에 대한 부분은 역내부가가치 계산 시 역내산으로 포함되지 않는다.

② 역내부가가치를 계산하는 때에 공제법과 집적법 중 더 유리한 쪽을 선택할 수 있다.

③ 제품생산 시 사용되는 원재료가 제6601호가 아닌 다른 호에만 해당된다면 최종제품은 역내산으로 판정할 수 있다.

④ 세번변경기준 시 역외산 재료의 사용 10% 이하까지는 허용될 수 있다.

11 다음 사례에 해당하는 제품의 원산지 판정에 대한 설명으로 옳지 않은 것은?

> 우리나라에서 제작된 설비가 이탈리아로 수출된 후 현지에서 제품상의 결함으로 인해 다시 우리나라에 수입되었다. 수출된 후 중국에서는 제품을 확인한 것 외에는 어떠한 사용이나 변형을 하지 않았으며, 재수입된 물품은 제품에 대한 점검 후 인도로 재수출된다.

① 해당 제품은 이탈리아에 수출된 후 우리나라로 재수입된 것으로, 인도에 재수출 시 국내의 제품점검과정에서 인정될만한 부가가치가 없는 경우 한-인도 CEPA에서 한국산으로 인정받을 수 없다.

② 이탈리아에서 제품의 점검 외에 다른 행위가 없으므로 동일한 제품으로 보아 해당 제품은 한국산의 원산지 지위가 재수입 시 인정된다.

③ 해당 제품을 이탈리아에서 인도로 직접 인도하는 경우에는 인도와의 CEPA에 따라 한국산이 될 수 없다.

④ 제품의 확인을 위해 해체, 시험작업 및 기타 가공을 한 경우 또는 확인과정에서 제품이 수출당시의 형상과 다른 경우에는 재수입 시 원산지 지위가 인정될 수 없다.

12 협정별로 원산지 판정 시 중간재를 취급하는 내용으로 옳지 않은 것은?

① 싱가포르 FTA는 자가 생산품에 대한 중간재를 인정하며 중간재를 활용하고자 하는 경우 중간재에 해당하는 재료는 지정을 하여야 한다.

② ASEAN FTA는 중간재에 대한 규정은 없으나 FTA특례법 시행규칙 별표에서 중간재를 인정하고 있으므로 역내 생산품에 대한 중간재가 인정된다.

③ 미국 FTA는 중간재를 지정할 필요는 없으며, 자가 생산품에 대하여만 중간재를 인정한다.

④ RCEP협정에서는 중간재 지정의무를 두고 있지 않으며, 자가 생산품에 대하여만 중간재를 인정한다.

13 다음은 한국에서 인도로 수출하려고 하는 자동자료처리기계의 메인부품 가격내역이다. 한-인도 CEPA에 따른 부가가치기준 계산 시 역내부가가치 비율로 옳은 것은?(소수점 이하는 버린다. 원산지증빙서류는 모두 갖춘 것으로 간주한다)

> **원재료 내역**
> • 중국산 부품 A – 35,000원
> • 인도산 부품 B – 12,000원
> • 한국산 부품 C – 30,000원
> • 이탈리아산 부품 D – 25,000원
> **이윤 및 일반경비** – 30,000원
> **수출국 내 선적지까지의 운송비** – 15,000원(본선 선적비용 3,000원 포함)

① 58%
② 29%
③ 59%
④ 28%

14 운송용 용기에 대한 설명으로 옳지 않은 것은?

① 한-칠레 FTA에서 수입물품의 운송을 위해 컨테이너 적입 전 화물을 적재한 나무팔렛트는 원산지 판정 시 팔렛트의 유무를 고려하지 않는다.

② 한-미 FTA에서 항공운송을 위해 나무박스에 화물을 적입하는 경우 나무박스의 가격은 원산지 판정 시 고려하지 않는다.

③ 한-인도 CEPA에서 부가가치기준을 적용하는 경우 수출자가 운송용기에 물품을 넣어 수출한다면 운송용기 비용은 FOB가격에 포함하여야 한다.

④ 한-인도 CEPA에서 운송 중 내용물을 보호하기 위해 사용하는 팔레트 및 비닐랩핑에 대한 비용은 부가가치기준 적용 시 고려되지 않는다.

15 다음과 같이 생산된 제품의 원산지 판정에 대한 설명으로 옳지 않은 것은?

> 한국의 A사는 수출물품을 다음의 BOM(원재료명세서)에 따라 제품을 제조한다(8407.34).
> **BOM**
> • 원재료 a – 30,000원 / 한국산(3926.90)
> • 원재료 b – 10,000원 / 일본산(3917.29)
> • 원재료 c – 6,500원 / 중국산(7317.00)
> • 원재료 d – 6,000원 / 중국산(8409.91)
> **공장도가격** – 60,000원
> **조정가치(FOB)** – 65,000원
> **원산지결정기준**
> • EU – 해당 물품의 생산에 사용된 모든 비원산지재료의 가격이 해당 물품의 공장도가격의 50%를
> 　초과하지 아니한 것
> • 미국 – 1. 다른 호에 해당하는 재료로부터 생산된 것
> 　　　　2. 집적법 또는 순원가법의 경우 35%, 공제법의 경우 55% 이상의 역내 부가가치가 발생
> 　　　　　한 것
> • ASEAN – 1. 다른 호에 해당하는 재료로부터 생산된 것
> 　　　　　 2. 40% 이상의 역내부가가치가 발생한 것

① 한–EU FTA 적용 시 원산지기준을 충족한다.
② 한–미 FTA 적용 시 세번변경기준을 충족한다.
③ 한–미 FTA 적용 시 부가가치기준은 충족하지 않는다.
④ 한–ASEAN FTA 적용 시 세번변경기준 및 부가가치기준 모두 충족한다.

16 다음의 거래관계에 대한 설명으로 옳지 않은 것은?

> 한국의 수입자는 수출자와 수입계약을 체결하였는데, 실제 물품이 제조되어 선적되는 곳은 제3국가
> 이다. 이러한 경우 원산지국가 외의 수출자가 발행한 상업송장을 수취하게 된다.

① 페루 FTA에서는 비당사국에서 발행된 상업송장을 사용하는 경우 원산지증명서상에 송장의 발행
　인(법인)을 명기하여야 한다.
② 중국 FTA에서는 제3국송장이 사용되는 경우의 원산지증명서도 허용되며, 원산지증명서 비고란
　에 실제 수출자(송장발행인)의 명칭을 기재하여야 한다.
③ EU FTA에서는 제3자가 송장을 재발행하는 거래 등으로 B/L상의 화주와 송장의 발행인이 다른
　경우 송장에서 원산지문구를 확인할 수 없으므로 원칙적으로 협정의 적용이 불가능하다.
④ ASEAN FTA에서는 제3국에서 발행된 송장은 원산지증명서에 3국발행 송장의 발행인이 기재되
　는 것을 전제로 허용한다.

17 수입원재료를 사용하여 최종제품을 생산하는 경우 재료비를 계상하는 방법에 대한 설명으로 옳지 않은 것은?

① 칠레 FTA는 실제지급가격에서 국제운송비를 가산하여 계상한다. 다만, 이미 포함되어 있는 경우에는 가산하지 않는다.
② 호주 FTA는 운임보험료가 포함된 CIF가격으로 계상한다. 실제지급가격에 동 금액이 포함되지 않은 경우 이를 가산하여 계상한다.
③ 미국 FTA는 실제지급가격에서 국제운송비를 공제하여 계상한다.
④ 싱가포르 FTA는 실제지급가격에서 국제운송비를 가산하여 계산한다. 다만, 이미 포함되어 있는 경우에는 가산하지 않는다.

18 다음 물품의 원산지 판정에 대한 설명으로 옳지 않은 것은?

> ㄱ. 한국에 등록되어 한국 국기를 게양하고, 한국의 회사가 선박지분의 55%를 소유한 선박이 태평양 공해상에서 참치를 잡아서 부산항으로 입항하였다.
> ㄴ. 한국의 수산업체에서 파나마에 등록한 선박을 임차하여 우리나라 국기를 게양하고 대서양 공해에서 오징어를 잡아서 인천항으로 입항하였다.

① ㄱ의 참치를 이탈리아에 수출하는 경우 완전생산품으로 인정되어 한–EU FTA를 적용받을 수 있다.
② ㄴ의 오징어를 스위스로 수출하는 경우 완전생산품으로 인정되어 한–EFTA FTA를 적용받을 수 있다.
③ ㄱ의 참치를 ASEAN국가에 수출하는 경우 완전생산품으로 인정되어 한–ASEAN FTA를 적용받을 수 있다.
④ ㄴ의 오징어를 페루로 수출하는 경우 완전생산품으로 인정되어 한–페루 FTA를 적용받을 수 있다.

19 한–중국 FTA협정에서 정의하는 용어에 대한 설명으로 옳지 않은 것은?

① 운임보험료포함가격이란 수입국으로 들어오는 항구 또는 반입지까지의 보험비용 및 운임을 포함한 수입된 상품의 가격을 말한다. 평가는 각 국가의 관세법령에 따라 이루어진다.
② 대체가능재료란 상업적 목적으로 호환가능하고 그 특성이 본질적으로 동일하며 단순히 시각적인 검사만으로는 구별하기 불가능한 재료를 말한다.
③ 재료란 다른 상품에 물리적으로 결합되거나 다른 상품의 생산의 대상이 되는 원료, 부품, 구성요소, 하위조립품 또는 상품을 말한다.
④ 중립재란 다른 상품의 생산, 시험 또는 검사에 사용되나 그 다른 상품에 물리적으로 결합되지는 아니하는 상품을 말한다.

20 현재 체결된 FTA협정에서 역내부가가치비율을 계산할 때 사용할 수 있는 방법으로 옳지 않은 것은?

① 한–미국 FTA – 공제법, 집적법, 자동차에 한하여 순원가법
② 한–호주 FTA – 공제법, 집적법
③ 한–싱가포르 FTA – 공제법, 집적법
④ 한–인도 CEPA – 공제법

21 한–미국 FTA에서 규정하고 있는 섬유에 대한 원산지결정기준 설명으로 옳지 않은 것은?

① 한–미 FTA는 의류의 공통 기본원칙으로 원사기준(yarn forward rule)을 채택하고 있어, 이 기준을 충족하려면 우리나라 원산지의 실로 직물을 제직하고, 섬유 완제품을 재단, 봉제하여야 한다.
② 견사나 비스코스레이온 등의 원사는 섬유의 완제품을 생산할 때 비역내산을 사용해도 원산지의 인정이 가능하다.
③ 6205.30호에 분류되는 남성용 셔츠는 원사기준(yarn forward rule)을 적용하지 않으므로 비역내산 실을 사용해도 원산지의 인정이 가능하다.
④ 섬유 세트를 구성하는 비원산지 상품의 총가치가 세트의 관세가격의 20퍼센트 이하인 경우에는 원산지 상품으로 간주한다.

22 다음의 사례에 대한 설명으로 옳지 않은 것은?

> 우리나라에서 안경을 제조하고 있는 A는 이를 수출하기 위한 준비를 하고 있다. 이때 수출하는 안경은 안경을 보관하기위한 케이스와 함께 포장되어 수출된다. 케이스는 안경을 보관하기 위해 특별히 고안된 것이고, 보관을 목적으로 반복사용이 가능하다.

① 해당 제품을 캐나다로 수출하는 경우 안경의 케이스는 원산지 결정 시 고려대상이 아니다.
② 해당 제품을 미국으로 수출하는 경우 세번변경기준을 적용한다면 케이스는 원산지 판정 시 고려하지 않는다.
③ 해당 제품을 인도로 수출하는 경우 세번변경기준을 적용할 때 케이스는 원산지 판정 시 고려하지 않는다.
④ 해당 제품을 싱가포르로 수출하는 경우 부가가치기준을 적용할 때에는 케이스를 고려하지 않지만 세번변경기준을 적용할 때는 고려하여야 한다.

23 FTA협정에서 규정하고 있는 불인정공정에 대한 설명으로 옳지 않은 것은?

① 현재 발효 중인 모든 FTA에서는 불인정공정 규정을 두고 있다.
② 한-ASEAN FTA에서는 불인정공정을 열거하고 있다.
③ 한-칠레 FTA에서는 불인정공정의 주요항목은 열거하고, 그 밖의 공정은 예시로 규정하고 있다.
④ 한-싱가포르 FTA에서는 불인정공정의 예시를 제시하고 있다.

24 FTA협정에서 규정하는 대체가능물품에 대한 설명으로 옳지 않은 것은?

① 칠레 FTA는 대체가능물품 규정 적용범위를 상품 및 재료로 규정하고, 한번 지정한 재고관리기법은 동일 회계연도에 계속 적용하도록 하고 있다.
② 대체가능물품 규정은 물품을 물리적으로 구분하여 보관하는데 소요되는 비용을 줄일 수 있어 효과적인 원산지관리가 가능하다.
③ FTA협정에서는 대체가능한 물품에 대한 기준이나 종류를 규정하지 않아 대체가능성에 대한 판단에 주의가 필요하다. 통상적으로 대체가능하다라는 것은 물품의 기능, 특성 및 소비자평판 등을 복합적으로 고려하여 상업적 대체사용이 가능한 상품 또는 재료를 말한다.
④ ASEAN FTA에서는 대체가능물품의 적용대상을 상품으로만 한정하고 있다.

25 세트물품의 원산지에 대한 판정기준으로 옳지 않은 것은?

① 세트물품은 소매용으로 하기 위하여 세트로 한 물품으로서 서로 다른 호에 분류될 수 있는 둘 이상의 다른 물품이 함께 구성된 것을 말한다.
② 한-미국 FTA에서 섬유를 제외한 일반물품은 조정가치를 기준으로 비원산지 구성품이 10% 이하인 경우 전체를 원산지 상품으로 인정한다.
③ 한-콜롬비아 FTA에서는 품목의 구분없이 조정가치의 15% 이하가 비원산지 구성물품이라면 전체를 원산지 상품으로 인정한다.
④ RCEP협정에서는 세트물품을 하나의 물품으로 보아 원산지기준을 적용한다.

01 관세법상 외국물품으로 옳은 것을 모두 고른 것은?

> ㄱ. 외국의 선박 등이 공해에서 포획한 수산물
> ㄴ. 보세구역에서 장치된 물품의 보수작업 결과 외국물품에 부가된 내국물품
> ㄷ. 수입신고 수리 전 반출승인을 받아 반출된 물품
> ㄹ. 외국으로부터 우리나라에 도착한 물품으로서 수입신고 수리 전의 물품
> ㅁ. 수출신고 수리 전 국제무역선에 적재된 물품

① ㄱ, ㄴ, ㄹ   ② ㄴ, ㄷ, ㄹ
③ ㄴ, ㄷ, ㅁ   ④ ㄴ, ㄹ, ㅁ

02 관세법상 과세물건 확정의 시기로 옳지 않은 것은?

① 보수작업에 따라 관세를 징수하는 물품 – 보세구역 밖에서 하는 보수작업을 승인받은 때
② 보세운송기간 경과 시의 징수 – 수입된 때
③ 장치물품의 폐기 – 해당 물품이 멸실되거나 폐기된 때
④ 보세공장 외 작업 허가 – 보세공장 외 작업, 보세건설장 외 작업 또는 종합보세구역 외 작업을 허가받거나 신고한 때

03 관세법상 가격신고에 대한 설명으로 옳지 않은 것은?

① 가격신고는 납세의무자가 수입신고를 하는 때 하여야 한다.
② 수입물품의 실제지급가격에 관세법상 가산요소가 없는 경우에만 가격신고 시 과세자료의 제출을 생략하도록 할 수 있다.
③ 수출용 원재료에 대하여는 가격신고를 하지 않아도 된다.
④ 과세가격 미화 1만불 이하의 물품은 가격신고를 생략할 수 있다.

04 관세의 부과와 징수에 대한 설명으로 옳지 않은 것은?

① 관세는 납세의무자가 신고 납부하도록 하며, 과세관청은 사후세액심사를 원칙으로 한다.
② 수입신고 수리 전 반출된 보세화물에 대하여는 부과고지를 한다.
③ 납부고지서는 납세의무자의 주소, 거소 및 영업소 등 송달처가 불명인 경우 공시송달 할 수 있으며, 공시일로부터 14일이 지나면 납부고지서가 송달된 것으로 본다.
④ 관세의 납부는 수입신고일로부터 15일 이내에 하여야 한다.

05 관세의 부족세액이 있는 경우 가산세 등에 대한 설명으로 옳지 않은 것은?

① 수정신고 또는 경정에 따라 부족세액을 징수하는 경우 부족세액의 10%와 부족세액에 경과기간을 곱하여 이자율 1일 10만분의 22을 적용하여 산출한 금액을 가산세로 징수한다.
② 허위신고에 따른 과소신고의 경우 부족세액의 10%를 대신하여 40%를 적용한다.
③ 보정기간에 부족세액을 신고하고 납부하는 경우 보정이자만을 추가하여 납부한다.
④ 부족세액에 대하여 부과하는 가산세는 500만원을 초과할 수 없다.

06 관세부과의 제척기간에 대한 설명으로 옳지 않은 것은?

① 부정한 방법으로 관세를 포탈한 경우에 해당된 때에는 관세를 부과할 수 있는 날로부터 5년이 경과하면 부과할 수 없다.
② 관세부과의 제척기간은 수입신고한 날의 다음 날부터 기산한다.
③ 경정청구가 있는 때에는 관세부과 제척기간에 불구하고 경정청구일로부터 2개월 이내 필요한 처분을 할 수 있다.
④ 수입신고 수리 전 사용소비한 물품에 대하여는 사용소비한 다음 날부터 제척기간을 기산한다.

07 관세법상 관세의 납부기한으로 옳지 않은 것은?

① 관세의 납부기한이 일요일인 경우 돌아오는 월요일까지 관세를 납부하면 된다.

② 수입신고 수리 전 반출승인을 받은 때에는 반출신고일로부터 15일 이내 관세를 납부하여야 한다.

③ 국가관세종합정보망, 연계정보통신망의 오류가 발생하여 납부가 불가능한 때에는 장애복구일의 다음 날을 관세의 납부기한으로 한다.

④ 관세의 납부기한 계산은 관세법의 규정이 있는 경우 그에 따르며 이를 제외하고는 민법 규정을 따라야 한다.

08 관세법상 국제항에 해당되지 않는 것은?

① 대산항   ② 고현항
③ 보령항   ④ 진도항

09 수입자 A는 수입신고 후 3년 6개월이 지난 시점에 회계결산 도중 신고가격에 오류가 있음을 확인하였다. 이때 수입자 A가 할 수 있는 사항에 대한 설명으로 옳지 않은 것은?

① 과세가격을 과소하게 신고함에 따라 부족세액이 있는 것을 안 경우 수정신고를 통해 부족세액을 납부할 수 있다.

② 과세가격을 과다하게 신고함에 따라 납부세액이 과다했음을 알게 된 경우 과다세액에 대한 경정청구를 통해 과다납부세액을 환급받을 수 있다.

③ 수정신고를 하는 경우 가산세 10%와 경과기간에 대한 이자를 부족세액에 추가하여 납부하여야 한다.

④ 수정신고를 한 경우 수정신고한 날까지 해당 관세를 납부하여야 한다.

10 관세법상 납세의무자에 대한 설명으로 옳은 것은?

① 수입신고 전 즉시반출신고를 하고 반출한 물품에 대하여는 해당 물품을 즉시 반출한 자를 납세의무자로 한다.

② 우편으로 수입되는 물품에 대하여는 우편물에 대한 신고를 한 자를 납세의무자로 한다.

③ 납세의무자가 관세의 납부를 하지 못하는 경우 납세보증인은 납세의무자의 체납액에 대한 납세의무자가 된다.

④ 양도담보권자는 체납된 관세에 대하여 납부고지일 전의 담보목적이 된 양도담보재산에 대한 납세의무를 진다.

11 세관장의 역할에 대한 설명으로 옳지 않은 것은?

① 세관장은 관세법 이외의 법령에 따라 수입 후 특정용도로 사용하여야 하는 등의 의무가 부가되어 있는 물품에 대하여서도 의무이행을 요구할 수 있다.

② 세관장은 관세감면을 받아 수입하는 물품에 통관표지를 첨부할 것을 명할 수 있다.

③ 납세의무자가 FTA협정의 적용을 받지 않는 경우에는 세관장은 원산지증명서를 요구할 수 없다.

④ 세관장은 수출·수입 또는 반송에 관한 신고서의 기재사항에 보완이 필요한 경우 통관을 보류할 수 있다.

12 관세법상 납세의무의 소멸에 대한 설명으로 옳지 않은 것은?

① 어떠한 경우에도 납부하여야 할 관세를 납부한 경우에는 납세의무가 소멸된다.

② 관세징수권의 소멸시효가 완성된 경우에는 납세의무가 소멸된다.

③ 관세부과의 제척기간이 경과된 경우에는 부과되지 않는 관세에 대하여는 더 이상 관세를 부과할 수 없으므로 그 납부의무는 발생하지 않고 소멸된다.

④ 잠정가격신고 후 확정된 가격을 기한 내 신고한 경우 관세의 납세의무는 소멸한다.

13 관세의 환급에 대한 설명으로 옳은 것은?

① 신고사항의 오류에 의해 과다납부한 관세에 대하여는 이의신청을 통해 환급받을 수 있다.

② 관세의 과오납에 대하여 세관장이 확인하였더라도 납세의무자가 신청을 하지 않는 경우는 환급을 할 수 없다.

③ 수입 후 수입계약과 상이한 물품을 수취한 것이 확인되는 경우 재수출 또는 폐기를 전제로 환급을 신청할 수 있다.

④ 납세의무자가 변제해야 할 금액이 있는 경우 환급금은 변제금에 먼저 지급될 수 있다.

14 관세부과의 요건에 대한 설명으로 옳지 않은 것은?

① 관세는 수입신고를 하는 때에 적용되는 법령에 따라 부과한다.
② 과세표준이란 수입물품의 관세를 산출하기 위한 가격이며, 종량세가 부과되는 물품에 대하여는 수량 또는 길이 등의 정량적 요소도 과세표준이 된다.
③ 관세는 수입되는 물품에 부과되며 우리나라에서 수출되는 물품 및 재수출 예정인 일시수입물품에는 부과되지 않는다.
④ 과세환율은 수입신고일이 속하는 주의 전주의 기준환율 또는 재정환율을 평균하여 관세청장이 정한다.

15 관세의 감면제도 중 사후관리가 없는 감면으로 모두 옳은 것은?

① 세율불균형 물품의 면세, 해외임가공물품 등의 감면, 소액물품 등의 면세
② 학술연구용품의 감면, 종교·자선·장애인용품 등의 면세, 재수입 면세
③ 정부용품 등의 면세, 여행자 휴대품·이사물품 등의 감면, 재수출 면세
④ 외교관용 물품 등의 면세, 재수입 면세, 손상물품에 대한 감면

16 수입물품의 지식재산권 보호와 관련된 내용으로 옳지 않은 것은?

① 지식재산권 침해물품이라고 인정되는 신고사항에 대하여 세관장은 지식재산권자에게 해당 신고사실을 통보하여야 한다.
② 지식재산권의 침해가 명백한 경우 세관장은 지식재산권자의 요청이 없어도 직권으로 통관을 보류하거나 유치할 수 있다.
③ 지식재산권자가 통관보류를 요청하는 경우에는 과세가격에 상당하는 담보를 제공하여야 한다.
④ 통관보류 물품은 통관이 허용될 때까지 세관장이 지정한 장소에 보관하여야 한다.

17 관세법의 조사에 대한 설명으로 옳지 않은 것은?

① 관세법에 따라 수색·압수를 하는 경우에도 지방법원 판사의 영장을 받아야 한다.
② 관세범 조사시 발견한 물품이 범죄사실을 증명하기에 충분하거나 몰수하여야 하는 것으로 인정될 때 해당물품은 압수할 수 있다.
③ 관세범에 대한 조사결과 범죄의 확증을 얻은 경우 죄에 해당하는 금액이나 물품을 납부하도록 통고하는 것을 통고처분이라 한다.
④ 관세범이 속한 법인에 대하여 내부통제규정을 마련한 법인인 경우 양벌규정을 적용하지 않는다.

18 보세구역에 대한 설명으로 옳지 않은 것은?

① 보세구역에 장치된 물품에 대하여 일부를 견본품으로 반출하고자 할 때에는 세관장의 허가를 받아야 한다.

② 보세구역 장치물품이 부패되는 경우 세관장의 승인을 받아 물품의 폐기를 할 수 있다.

③ 보세창고에서 수입물품에 대한 한글표시사항 부착을 위한 라벨작업을 위해서는 세관장에게 보수작업 승인을 받아야 한다.

④ 해체용 선박을 보세구역에서 절단 후 해체하려는 경우 세관장의 승인을 받아야 한다.

19 수입물품의 관세납부에 대한 설명으로 옳지 않은 것은?

① 즉시반출규정에 따라 반출신고 후 10일 이내에 수입신고를 하여야 하며, 수입신고일로부터 15일 이내 관세를 납부하여야 한다.

② 우리나라에서 주최되는 올림픽경기에 참가하는 운동선수가 사용하는 운동용구는 관세를 면세할 수 있다.

③ 국가나 지방자치단체에 납품하기 위해 수입하는 물품에는 납부지연 가산세가 부과되지 않는다.

④ 여행자 휴대품에 대하여 검사한 공무원은 검사현장에서 관세를 수납할 수 있다.

20 통관이 제한되는 물품으로 옳지 않은 것은?

① 정부기밀이 기록된 보고서류

② 음란서적 및 비디오

③ 기념화폐

④ 위조된 브랜드 가방

21 수입물품의 과세가격 중 실제지급가격에 대한 설명으로 옳지 않은 것은?

① 수입물품의 과세가격은 원칙적으로 당사자간에 합의된 실제지급가격으로 한다.

② 실제지급가격은 수입 후 확정될 수 있다.

③ 구매자와 판매자 간에 특수관계가 있는 경우에는 이들 간의 합의된 실제지급가격은 과세가격으로 사용할 수 없다.

④ 우리나라의 재해복구를 위해서만 사용될 수 있도록 수입된 무상물품은 1평가방법상 실제지급가격을 과세가격으로 사용할 수 없다.

22 관세법상 처벌규정에 대한 설명으로 옳지 않은 것은?

① 수입에 필요한 허가사항을 갖추지 않은채 수입한 경우 3년 이하의 징역 또는 3천만원 이하의 벌금에 처한다.

② 수입신고를 허위로 한 자에 대하여는 1천만원 이하의 과태료를 부과한다.

③ 사실과 다른 품목분류로 관세율을 허위적용한 경우 관세포탈죄로 3년 이하의 징역 또는 포탈관세액의 5배와 물품원가 중 높은 금액 이하에 상당하는 벌금에 처한다.

④ 미수범에 대하여도 본죄에 준하여 처벌한다.

23 수출입통관절차에 대한 설명으로 옳지 않은 것은?

① 수출물품은 원칙적으로 물품검사를 생략한다.

② 수입신고 수리전 반출승인을 받아 반출된 물품은 내국물품이다.

③ 판매목적의 물품이 우편물로 우리나라에 도착한 경우 우편물이더라도 일반 수입신고를 하여야 한다.

④ 미화 150달러 이하의 물품은 세관에 등록된 특송업자가 통관목록을 세관장에게 제출함으로써 수입신고를 생략할 수 있다.

24 수출입통관에 대한 설명으로 옳지 않은 것은?

① 세관공무원은 수출입 물품에 대하여 검사할 수 있다.

② 수입신고는 입항 전에도 할 수 있으며, 선박의 경우 입항 5일전 항공의 경우 1일 전에 할 수 있다.

③ 수입물품은 보세창고 반입 후 30일 이내에 수입신고를 하여야 한다.

④ 수출신고가 수리된 물품은 수리일로부터 15일 이내 운송수단에 선적되어야 한다.

25 국제무역선 · 기에 대한 설명으로 옳지 않은 것은?

① 국제무역선은 국제항에 입항하기 전 입항보고를 하여야 한다.

② 입항 후 24시간 이내 출항하는 경우 하역물품의 목록제출을 생략할 수 있다.

③ 국제항이 아닌 지역에 출입할 경우 지역관할 세관장에게 허가를 받아야 한다.

④ 국제무역선 · 기에 선박용품 또는 항공기용품을 하역하거나 환적하려면 세관장의 허가를 받아야 한다.

제2회 최종모의고사

⏱ 시험시간 : 120분
정답 및 해설 p.186

제1과목 **FTA협정 및 법령**

01 세계무역기구(WTO) 체제의 기본 원칙에 대한 설명으로 옳지 않은 것은?

① 최혜국 대우 – 무역거래에 있어 부여되는 혜택은 수혜가 가장 큰 국가와 동일한 조건의 혜택을 다른 국가에도 부여해야 하는 차별금지 원칙

② 내국민 대우 – 여러 교역조건 중 가장 유리한.조건을 다른 국가와의 수입품에 동일하게 적용해야 한다는 원칙

③ 시장접근성 보장 – 관세나 조세를 제외한 재화와 용역의 공급에 대한 제한을 전부 철폐하도록 하는 방해금지 원칙

④ 투명성 원칙 – 법률 및 제도의 운용이 합리적으로 예견 가능해야 하고 결정이 있는 경우, 충분한 요지의 고지와 해당 자료의 공개를 원칙으로 하는 공정운용 원칙

02 직접운송원칙을 위배하여 원산지가 인정되지 않는 경우는?

① 미국에서 수출되어 홍콩에서 환적 후 우리나라에 입항하는 화물로서 통선하증권에 의해 미국의 수출지와 한국의 입항지가 확인되는 경우

② 직항운송로가 없어 콜롬비아에서 수입되는 물품이 싱가포르를 경유하고 일시보관 후 한국에 수입될 때 싱가포르 세관에서 일시보관에 대한 확인서류를 받는 경우

③ 이탈리아에서 제조된 물품이 노르웨이에서 상품보존을 위한 방청작업 후 한국으로 수입된 경우

④ 중국에서 홍콩을 경유해 한국으로 수입되는 물품으로서 홍콩 해관에서 비가공증명서를 발급받는 경우

03 연결원산지증명서에 대한 설명으로 옳지 않은 것은?

① 단일국가와의 FTA협정을 제외하고는 연결원산지증명서 발급이 가능하다.

② 한-ASEAN FTA협정에서는 최초 수출국에서 발급한 유효한 원산지증명서 원본이 제시되어야 연결원산지증명서 발급이 가능하다.

③ RCEP협정에서는 분할선적된 경우라 하더라도 제시된 원산지증명서 원본의 수량을 초과하지 않는 경우 발급 가능하다.

④ 한-ASEAN FTA협정에서 연결원산지증명서를 발급하고자 하는 대상물품이 국내에서 양수도 된 경우에는 이를 발급할 수 없다.

04 원산지증빙서류의 범위에 해당하지 않는 것은?

① 부가가치기준 적용 시 최종제품 생산을 위한 원재료의 원산지 확인서
② 부가가치기준 적용 시 최종제품 생산을 위한 원재료 구매내역서
③ 세번변경기준 적용 시 원재료 명세서(BOM)
④ 세번변경기준 적용 시 원재료 구매처 사업자등록증

05 원산지증명서의 유효기간으로 옳지 않은 것은?

① 한-ASEAN FTA의 경우 발급일로부터 1년간 유효하다. 다만, 잘못 발급된 원산지증명서를 대체하기 위해 재발급되는 경우 당초 발급된 원산지증명서의 발급일부터 1년으로 한다.
② 한-칠레 FTA의 경우 원산지증명서상의 발급일로부터 1년간 유효하다.
③ 한-미 FTA의 경우 발급일로부터 4년간 유효하다.
④ 한-캐나다 FTA의 경우 서명일로부터 2년간 유효하다.

06 인증수출자의 인증신청에 대한 설명으로 옳지 않은 것은?

① 인증수출자는 인증신청 시 법인 또는 사업장의 주소지를 관할하는 본부 세관장에게 사업장별로 또는 법인별로 인증을 신청하여야 한다.
② 인증신청 시에는 사업자등록번호가 다른 다수의 사업장을 보유한 경우 주된 사무소를 관할하는 세관에 일괄하여 인증을 신청할 수 있다.
③ 인증의 신청은 관세청 전자통관시스템을 통한 전자제출로만 신청하여야 한다.
④ 제출서류의 보정이 필요한 경우 5일 이상 10일 이내의 기간을 정하여 보정을 요구할 수 있다.

07 협정별 원산지증명서 발급방식으로 옳지 않은 것은?

① 칠레 FTA - 자율발급방식
② EFTA FTA - 기관발급방식(스위스 치즈 제외)
③ EU FTA - 자율발급방식
④ 중미 FTA - 자율발급

08 FTA특례법령상 원산지인증수출자 제도에 대한 설명으로 옳지 않은 것은?

① 원산지인증수출자의 인증업무는 본부세관뿐만 아니라 평택세관에서도 수행한다.

② 원산지인증수출자라 하더라도 원산지증빙서류 보관의무를 면제되지 않는다.

③ 품목별 원산지인증수출자는 품목번호 6단위를 기준으로 신청하며, 인증 받은 해당 품목은 인증신청서에 기재된 신청협정에만 적용한다.

④ 업체별 원산지인증수출자로 인증 받은 업체가 인증을 취소하려는 경우, 관세청장 또는 세관장이 원산지증명능력 등을 충족하는 수출자를 원산지인증수출자로 인증해준 것이므로 별도의 청문절차가 면제된다.

09 FTA특례법령에 따라 미합중국과의 협정 제7.7조를 수용한 특송물품의 통관특례를 적용하는데 있어 수입신고가 생략 가능한 금액 한도 기준으로 옳은 것은?

① 물품가격 미화 150달러 이하

② 물품가격 미화 200달러 이하

③ 물품가격 미화 300달러 이하

④ 물품가격 미화 500달러 이하

10 원산지사전심사 대상에 해당하지 않는 것은?

① 해당 물품의 생산에 사용된 재료의 원산지에 관한 사항

② 해당 물품의 원산지 표시에 관한 사항

③ 해당 물품의 관세환급 및 감면에 관한 사항

④ 해당 물품의 품목별 인증수출자 신청에 관한 사항

11 원산지증명서 발급절차에 대한 설명으로 옳지 않은 것은?

① 수출물품의 원산지증명서의 발급은 수출신고가 수리된 후에 신청한다.

② 원산지증명서는 수출물품의 선적 전에 발급하여야 한다. 다만 수출자의 과실, 착오 또는 그 밖의 부득이한 사유로 선적 전 발급신청을 하지 못한 경우 선적일로부터 1년 이내에 소급발급을 신청하여 원산지증명서를 발급할 수 있다.

③ 중국 FTA에서의 원산지증명서는 선적 후(선적일 포함) 7일 이내에 신청하는 경우 소급원산지증명서가 아닌 일반원산지증명서가 발급된다.

④ 베트남 FTA에서는 선적 후(선적일 포함) 3일 이내 신청하는 경우 소급원산지증명서가 아닌 일반원산지증명서가 발급된다.

12 협정관세 적용제한의 사유로 옳지 않은 것은?

① 정당한 사유 없이 수입자, 체약상대국의 수출자 또는 생산자가 관세청장 또는 세관장이 요구한 자료를 기간 이내에 제출하지 아니하거나 거짓으로 또는 사실과 다르게 제출한 경우

② FTA협정에 따른 협정관세 적용의 거부·제한 사유에 해당하는 경우

③ 현지조사 일정상의 문제로 원산지증빙서류를 확인하지 못한 경우

④ 세관장이 체약상대국의 관세당국에 원산지의 확인을 요청한 사항에 대하여 체약상대국의 관세당국이 정해진 기간 이내에 그 결과를 회신하지 아니하거나, 회신받은 자료에 원산지의 정확성을 확인하는 데 필요한 정보가 포함되지 아니한 경우

13 협정관세의 적용을 위한 원산지결정기준의 충족여부 등에 대하여 관세청장에게 미리 심사를 요청하는 원산지사전심사 제도의 신청 후 통지받은 결과 변경에 대한 내용으로 옳지 않은 것은?

① 사전심사서의 근거가 되는 사실관계 또는 상황이 변경된 경우 사전심사서의 내용을 변경할 수 있다.

② 사전심사서의 내용이 변경되는 경우에는 변경일 후에 수입신고되는 물품에 대하여 적용한다.

③ 칠레와의 FTA에서는 사전심사 내용을 신뢰한 수입자가 변경된 내용을 적용받아 손해가 발생함이 명백한 경우로서 그 입증을 하는 때, 사전심사서 변경일로부터 90일을 초과하지 않는 범위 내에서 변경 전 사전심사서 내용을 적용할 수 있다.

④ 자료제출 누락 또는 거짓자료 제출 등 신청인의 귀책에 의한 내용변경인 경우에는 변경일 이후 수정신고된 물품에 대하여 사전심사서 내용변경에 대한 유예를 적용하지 않는다.

14 원산지증명서의 재발급 및 정정발급에 대한 설명으로 옳지 않은 것은?

① 증명서발급기관은 원산지증명서를 발급받은 자가 분실·도난·훼손 및 그 밖의 부득이한 사유로 원산지증명서의 재발급을 신청하는 경우 재발급 사유서를 제출하여야 한다.

② 원산지증명서의 기재내용에 잘못이 있어 원산지증명서의 정정을 신청하는 경우에는 원산지증명서 원본, 정정발급 신청사유서 및 사유입증 서류를 제출하여야 한다.

③ ASEAN FTA협정에 따라 수출자가 잘못 발급된 원산지증명서를 대체하기 위한 원산지증명서의 재발급을 신청한 경우 증명서발급기관은 당초 발급한 원산지증명서의 발급일자를 확인하여 재발급하는 원산지증명서에 기재하여야 한다.

④ 자율발급방식을 채택한 FTA협정의 경우에도 원산지증명서의 재발급 및 정정발급의 경우 재발급과 정정발급에 대한 사유서를 관할지 세관에 제출하여야 한다.

15 원산지확인서에 대한 설명으로 옳지 않은 것은?

① 수출자와 생산자가 다른 경우, 수출물품에 대한 원산지증명서를 발급받기 위해서는 수출자가 생산자로부터 공급받는 물품의 정보를 전달받아 원산지확인서로 작성하고, 원산지증명서 발급 시 원산지 증빙자료로 제출하여야 한다.

② 수출물품의 생산에 사용되는 재료 또는 최종물품을 동일한 생산자 또는 수출자에게 장기간 계속·반복적으로 공급하는 경우 원산지포괄확인서를 작성하여 제공할 수 있다.

③ 원산지포괄확인서는 물품 공급일부터 12개월을 초과하지 아니하는 범위에서 최초의 원산지확인서를 반복하여 사용할 수 있는 것을 말한다.

④ 원산지확인서는 전자문서 방식으로도 교부할 수 있다.

16 다음의 빈칸에 들어갈 내용으로 옳은 것은?

세관장은 협정관세를 적용받은 물품에 대하여 부족한 관세액(이하 "부족세액"이라 한다)을 징수할 때에는 다음의 금액을 합한 금액을 가산세로 징수한다.

• 부족세액의 100분의 (ㄱ)에 상당하는 금액. 다만, 수입자가 원산지증명서를 위조 또는 변조하는 등 부당한 방법으로 협정관세의 적용을 신청하여 부족세액이 발생한 경우에는 해당 부족세액의 100분의 (ㄴ)에 상당하는 금액으로 한다.

• 수정신고일 또는 납부고지일까지의 경과일수와 이자율을 곱하여 계산한 금액

	(ㄱ)	(ㄴ)			(ㄱ)	(ㄴ)
①	10	40		②	20	30
③	20	40		④	10	20

17 비밀유지의무를 위반하여 비밀취급자료를 타인에게 제공 또는 누설하거나 목적 외의 용도로 사용한 자에 대한 처벌로 옳은 것은?

① 3년 이하의 징역 또는 3천만원 이하의 벌금

② 2천만원 이하의 벌금

③ 1천만원 이하의 과태료

④ 300만원 이하의 벌금

18 관세청장 또는 세관장은 수입물품에 대하여 필요한 경우 체약상대국의 수출자 또는 생산자를 대상으로 원산지 조사를 할 수 있다. 이때 그 방법으로 옳지 않은 것은?

① 인도의 수출자에게 원산지증명서 발급 증빙자료의 사본을 요청하는 경우

② 베트남의 원산지증명서 발급기관에 발급을 위해 수출자 또는 생산자로부터 수취한 자료의 사본을 요청하는 경우

③ 캐나다의 생산자 사업장을 방문하는 경우

④ 프랑스의 관세당국에 수출자에 대한 조사를 요청하는 경우

19 원산지 조사를 하는 경우 조사를 시작한 날부터 조사결과의 통지일까지 조사대상 수입자가 추가로 수입하는 동종동질의 물품에 대하여 수입하는 물품의 협정관세의 적용을 보류할 수 있다. 이때의 설명으로 옳지 않은 것은?

① 수입자에게 서면조사를 통지한 날로부터 협정관세의 적용을 보류한다.

② 수입자가 원산지 조사 대상물품의 동종・동질물품을 추가 수입하는데 있어 협정관세 적용 보류를 해제 요청하고자 하는 경우, 납부하여야 할 세액의 100분의 120에 상당하는 담보를 제공하여야 한다.

③ 조사결과 원산지결정기준을 충족하는 것으로 판단되는 경우 소급하여 협정세율로 세액을 경정하고 관세를 환급받을 수 있다.

④ 협정관세 적용 보류는 원산지 조사 결과를 통지한 날까지로 한다.

20 한-미 FTA에서 섬유 관련 물품에 대한 설명으로 옳지 않은 것은?

① 무역위원회는 긴급관세조치를 위한 조사에 착수하기 전 미합중국에 조사절차를 통지하고, 조사 결과에 따라 긴급관세조치를 한다.

② 협정관세에 따른 세율의 연차적인 인하 적용을 중지하고, 그 중지한 날에 적용되는 협정관세의 세율을 계속하여 적용하는 조치를 할 수 있다.

③ 세관장은 미합중국에서 수입된 섬유 관련 물품에 대하여 수입자가 제출한 원산지가 조사결과 확인된 원산지와 달라 협정관세의 적용을 제한하는 경우 그 내용을 미리 미합중국의 관세당국에 통보하여야 한다.

④ 섬유 관련 물품에 대한 조사를 하는 경우 미합중국 관세당국과 함께 조사대상자의 사업장을 방문 하고 조사할 수 있다.

21 체약상대국에 거주하는 수출자 등을 대상으로 현지조사를 하는 경우에 대한 설명으로 옳지 않은 것은?

① 체약상대국의 조사대상자는 수출자와 생산자 뿐만 아니라 생산에 사용될 재료를 공급하거나 생산 한 자를 모두 포함한다.

② FTA특례법상 체약상대국에 대한 조사는 수입자를 대상으로 조사를 한 후 추가확인이 필요한 때 로 한정한다.

③ 체약상대국의 조사대상자를 현지조사 하고자 하는 때는 동의를 받아야 한다. 체약상대국의 조사 대상자가 동의요청을 받은 후 30일 이내 동의여부를 통보하지 않는 경우, 체약상대국의 관세당국 에 통지 후 현지조사를 할 수 있다.

④ 체약상대국의 조사대상자는 예정 조사기간에 조사를 받기 곤란한 경우 조사의 연기를 신청할 수 있다. 단, 조사의 연기신청은 1회에 한정하여 조사통지를 받은 날부터 60일을 초과할 수 없다.

22 한-중국 FTA에 대한 원산지조사의 설명으로 옳지 않은 것은?

① 중국으로부터 우리나라의 수출자가 발행한 원산지증명서의 조사요청을 받은 경우에는 요청을 받은 날부터 60일 이내 결과를 회신하여야 한다.

② 중국에서 발급한 원산지증명서에 대한 확인이 필요한 경우 수입자에게 원산지증명서의 진위여부 를 확인할 수 있다.

③ 중국에서 발급한 원산지증명서에 대한 증빙자료를 중국 내 거주하는 수출자로부터 수취하고자 하는 경우 중국의 관세당국에 요청하여야 한다.

④ 중국에서 발급한 원산지증명서에 대하여 조사결과 신청받은 원산지와 다르다고 확인된 경우, 협 정관세의 적용을 배제하고 이미 적용받은 협정관세에 대하여 적용배제된 실정세율을 적용한 세액 과의 차액을 징수할 수 있다.

23 다음의 빈칸에 들어갈 내용으로 옳은 것은?

> ㄱ. 정당한 사유 없이 원산지 증빙 관련 서류를 보관하지 아니한 자에게는 (   )의 벌금을 부과한다.
> ㄴ. 원산지증빙서류의 오류 내용을 통보받고도 부족세액에 대한 세액정정, 세액보정신청 또는 수정신고를 하지 아니한 자에게는 (   )의 과태료를 부과한다.

　　　　　　(ㄱ)　　　　　　　(ㄴ)
① 3천만원 이하　　　300만원 이하
② 2천만원 이하　　　500만원 이하
③ 2천만원 이하　　　1천만원 이하
④ 300만원 이하　　　500만원 이하

24 협정관세 적용 신청 시 수입자가 원산지 증빙자료를 제출하지 않아도 되는 경우가 아닌 것은?

① 과세가격이 미화 1천달러 이하(협정에서 금액을 달리 정하는 경우 그에 따름)인 물품
② 관세율표 제3823호에 분류되는 공업용 지방산 및 이와 동종·동질관계의 물품이 말레이시아로부터 반복적으로 수입하는 경우로서 해당 물품의 수입거래 특성상 원산지 변동이 없다고 인정되는 물품
③ 관세청장으로부터 원산지에 대한 사전심사를 받은 물품으로서 사전심사 시의 조건과 관세법상 유사물품관계에 있는 물품
④ 물품의 종류·성질·형상·상표·생산국명 또는 제조자 등에 따라 원산지를 확인할 수 있는 물품

25 협정관세의 적용제한에 대한 설명으로 옳지 않은 것은?

① 협정관세 적용제한의 사유가 있으나 아직 협정관세를 적용하지 않은 경우에는 단지 협정관세 적용신청을 받지 않고 관세법에 따른 관세율 적용순위에 따라 관세를 부과 징수한다.
② 적용제한자로 지정된 자의 수입물품이라 하더라도 신고된 물품이 협정관세 적용요건을 충족함이 심사를 통해 확인되는 경우 협정관세를 적용할 수 있다.
③ 한-ASEAN FTA의 경우 적용배제 처분을 하는 때에는 3개월 이내 적용배제 절차를 체약상대국의 관세당국에 전달하고, 적용배제의 해제를 위한 계획서를 요구하여야 한다.
④ 단순한 오기재로 증빙서류가 작성된 경우라도 원산지 결정에 실질적인 영향을 미친 경우에는 적용배제 사유에서 제외할 수 없다.

01 통칙에 대한 설명으로 옳지 않은 것은?

① 통칙 2(가)에 의거, 미완성된 물품이라 하더라도 물품이 본질적 특성을 지니고 있다면 해당 물품은 완제품이 분류되는 세번에 분류 되어야 한다.

② 통칙 2(나)에 의거, 특정한 재료 또는 물질로 구성된 물품에는 전부 또는 일부가 해당 재료 또는 물질로 구성된 물품이 포함되는 것으로 본다.

③ 통칙 3(나)에 의거, 혼합물, 서로 다른 재료로 구성되거나 서로 다른 구성요소로 이루어진 복합물과 소매용으로 하기 위하여 세트로 된 물품으로서 통칙 3(가)에 의거 분류할 수 없는 경우 분류가 능한 마지막 호에 이를 분류한다.

④ 통칙 4에 의거, 통칙 1 내지 3에 따라 분류할 수 없는 물품은 그 물품과 가장 유사한 물품이 해당되는 호에 분류한다.

02 다음의 ㄱ~ㄷ에 해당하는 류로 옳은 것은?

> 회사원 Y는 다이어트를 위해 아침식사 대신 (ㄱ) 신선한 사과 반 개만 챙겨먹는다.
> 출근 후 2시간 업무를 본 후에는 (ㄴ) 설탕이나 프림이 첨가되지 않은 커피믹스를 타서 마시고 다시 업무에 집중한다. 퇴근 후에는 운동을 하고 (ㄷ) 훈제닭가슴살 80%에 훈제연어 15%가 배합된 조제 식품을 섭취한다.

	(ㄱ)	(ㄴ)	(ㄷ)
①	제8류	제9류	제16류
②	제8류	제21류	제16류
③	제20류	제9류	제2류
④	제20류	제19류	제21류

03 고무제품 분류에 대한 설명으로 옳지 않은 것은?

① 불규칙한 모양의 블록·럼프·베일·가루·알갱이·부스러기와 이와 유사한 벌크모양은 일차제품으로 분류한다.

② 제4001호 및 제4002호의 천연고무 또는 합성고무에는 응고 전후로 가황제, 가황촉진제를 배합한 것을 포함한다.

③ 고무의 제조나 가공공정에서 발생하는 것과 절단·마모나 그 밖의 이유로 명백히 고무제품으로서는 사용할 수 없는 것은 웨이스트, 페어링 또는 스크랩이라 하며 제4004호에 분류한다.

④ 고무제의 공기타이어는 신품과 중고품을 각각 구분하여 다른 호에 분류한다.

04 HS품목분류표에 관한 설명으로 옳지 않은 것은?

① HS품목분류표 해석에 관한 통칙은 HS분류를 위한 분류원칙을 제시하는 것으로 총 6개의 항목으로 구성되어 있다. 통칙은 규정된 순서대로 적용하며 제5, 6항은 순서에 구애받지 않고 적용된다.

② HS해설서는 WCO에서 공식채택한 보조자료로서 HS의 체계 순서에 따라 포함되는 것과 제외되는 것의 열거와 관련된 물품의 적정한 기술적 설명을 제공한다.

③ HS협약국 간의 분쟁 발생시에는 우선 당사자간의 협의를 통해 해결하여야 한다. 당사자간에 분쟁을 해결할 수 없는 경우 HS위원회 및 이사회의 조정을 받아 분쟁을 해결한다.

④ HS품목번호 체계는 총 6단위로 HS협약 가입국은 이를 수용하여 국내 법체계화하여야 한다. 우리나라는 국내 호를 더하여 총 10자리의 HSK를 사용하고 있다.

05 제61류의 슈트 분류규정에 대한 설명으로 옳지 않은 것은?

① 슈트는 겉감이 동일 직물로 제조된 두 부분이나 세 부분으로 구성된 세트의류로서 상반신용 슈트 코트나 재킷 한 점과 봉재된 조끼를 추가로 포함할 수 있다.

② 슈트에 포함되는 하반신용 의류는 한 점만 허용되며 긴 바지, 짧은 바지와 반바지만 허용되고 수영복은 포함될 수 없다.

③ 슈트의 구성 부분이 되는 의류는 직물의 조직·색채·조성이 모두 동일하여야 한다.

④ 슈트의 구성요소는 치수가 서로 적합하거나 조화를 이루어야 한다.

06 다음에 제시된 물품이 분류될 호로 옳은 것은?

아래 구성품으로 조합된 주방용 식기세트
• 날이 스테인레스제이고 손잡이가 목재인 주방용 칼 2개
• 작용면이 스테인레스제이고 손잡이가 폴리프로필렌인 국자 1개
• 손잡이와 작용면이 모두 스테인레스제인 집게
• 작용면이 스테인레스제이고 손잡이가 실리콘재질인 뒤집개 1개

---

① 제7326호
② 제8210호
③ 제8211호
④ 제8215호

07 다음 중 제16부의 기계류 및 전기기기의 부분품 분류에 대한 설명으로 옳지 않은 것은?

① 제84류 및 제85류에는 특정 기계의 부분품이 분류될 수 있는 특게호가 있다. 이에 해당하는 경우에는 각 부분품이 우선 해당 호에 분류된다.

② 제84류 또는 제85류에 기계류 및 전기기기에 주로 또는 전용으로 사용되는 부분품으로서 특게된 부분품 호가 없는 경우 부분품은 그 기계가 속하는 호에 분류할 수 있다.

③ 주로 제8517호와 제8525호부터 제8528호까지의 물품에 공통적으로 사용되는 부분품은 제8525호부터 제8528호까지의 물품과 함께 분류한다.

④ 제16부 부분품 분류규정에 따라 특별히 분류되는 호가 없는 경우 부분품은 제8487호나 제8548호로 분류한다.

08 다음 중 통칙 5(나)에 의거한 분류 설명으로 옳지 않은 것은?

① 재사용될 수 있는 것은 제외된다.

② 내용물의 포장용으로 사용되지 않았으나 함께 제시되는 경우라면 통칙 5(나)를 적용한다.

③ 어떠한 경우에도 함께 제시되지 않는 포장재료는 내용물과 함께 분류할 수 없다.

④ 별도의 포장재료 없이 제품의 보관을 위한 용기가 최종포장인 경우라면 통칙 5(나)를 적용할 수 없고 통칙 5(가)를 적용해야 한다.

09 제71류의 신변장식용품에 대한 분류기준으로 옳지 않은 것은?

① 신변장식용품의 범위에는 반지, 팔찌, 목걸이 뿐 아니라 브로치나 회중시계, 펜던트도 포함된다.

② 일반적으로 주머니, 핸드백이나 신변에 휴대하여 사용하는 개인용품인 화장갑, 돈지갑 및 묵주도 신변장식용품에 포함된다.

③ 신변에 휴대하는 개인용품은 천연의 진주, 귀석, 호박 등과 결합되어 있거나 세트로 되어있는지 불문하고 분류된다.

④ 제7117호에 분류되는 모조신변장식용품은 귀금속을 도금하거나 미미한 구성물로 사용한 경우 제7117호에 분류할 수 없다.

10 다음 중 통칙 1이 적용된 것은?

> ㄱ. 제7218호에 분류하는 스테인레스강의 일차제품
> ㄴ. 제9608호에 분류하는 볼펜과 형광펜이 세트로 구성된 학용품 세트
> ㄷ. 제4012호에 분류되는 재생타이어
> ㄹ. 제1902호에 분류되는 스파게티 면, 치즈 및 토마토소스가 포장된 세트

① ㄱ, ㄴ   ② ㄱ, ㄷ

③ ㄴ, ㄹ   ④ ㄷ, ㄹ

11 플라스틱 일차제품의 형상에 해당되지 않는 것은?

① 페이스트
② 정사각형 블록
③ 플레이크
④ 럼프

12 제15부에 분류되는 범용성 부분품에 해당되지 않는 것은?

① 철강으로 만든 관 연결구류
② 구리로 만든 못
③ 비금속으로 만든 사인판과 명판
④ 시계용 스프링

13 다음의 제품이 분류될 수 있는 류로 옳은 것은?

> 건조한 과실로서 보존을 위해 소르빈산칼륨을 첨가한 것

① 제8류   ② 제15류

③ 제20류   ④ 제21류

14 관세율표 제17부에 분류되는 운송수단에 대한 설명으로 옳지 않은 것은?

① 수륙양용으로 설계된 자동차는 제89류에 분류한다.
② 사람이 탑승하지 않고 운행하는 무인항공기도 제88류에 분류한다.
③ 물위를 주행하도록 설계된 공기완충식 차량은 제89류에 분류한다.
④ 철도 또는 궤도 선로의 유지용 또는 보수용 차량은 제86류에 분류한다.

15 다음 중 재봉사에 해당되지 않는 것은?

① 면사를 실패에 감은 것으로 실패의 중량을 포함한 500그램 이하의 것
② 드레스한 폴리아미드사
③ 재생 비스코스레이온사의 최종 꼬임을 제트꼬임으로 한 것
④ 양모사를 실패에 감은 것으로 실패의 중량을 포함한 1천그램 이하의 것

16 제8486호에 분류되는 반도체디바이스, 전자집적회로 또는 평판디스플레이 제조용 기기와 관련된 내용으로 옳지 않은 것은?

① 평판디스플레이의 제조는 평판으로 기판을 제조하는 기기를 포함한다. 그러나 유리 제조용 기기나 인쇄회로나 평판상에 그 밖의 전자부품을 조립하는 기기는 포함하지 않는다.
② 평판디스플레이는 음극선관 기술을 포함한다.
③ 반도체디바이스 또는 전자집적회로의 조립용 장비는 제8486호에 분류한다.
④ 제84류 주 제9호 및 제8486호의 목적에 따라 반도체디바이스는 감광성 반도체디바이스와 발광다이오드를 포함한다.

17 동·식물성 지방의 분류로 옳지 않은 것은?

① 돼지나 가금류의 비계 – 제15류
② 수지박 – 제23류
③ 코코아지방 – 제18류
④ 올리브에서 추출하여 얻은 기름 – 제15류

18 다음의 합금이 분류되는 류로 옳은 것은?

> 선철 45% + 구리 30% + 니켈 20% + 나트륨 5%
> * 비율은 함유중량의 비율임

① 제28류
② 제72류
③ 제74류
④ 제75류

19 벽 피복재의 분류로 옳지 않은 것은?

① 플라스틱의 벽 피복재로 종이 이외의 재료에 영구부착 시킨 것 중 폭 45센티미터 이상의 롤 모양 제품은 제39류에 분류한다.
② 종이나 판지를 기본재료로 한 벽 피복재는 제48류에 분류한다. 이때 한쪽 면에 보호용 투명 플라스틱의 도포 피복여부는 분류에 영향을 미치지 않는다.
③ 플라스틱의 벽 피복재로 한쪽 면에 접착재질을 도포한 것도 제39류에 분류할 수 있다.
④ 플라스틱의 벽 피복재 한편에 디자인인쇄가 된 것은 제39류에 분류할 수 없다.

20 제40류 주규정에서 정의하는 합성고무에 대한 설명으로 옳지 않은 것은?

① 황으로써 가황하여 비열가소성 물질로 변형되어 원상태로의 회복이 불가능하게 되어야 한다.
② 섭씨 18도와 29도 사이의 온도에서 원래의 길이의 3배로 늘려도 끊어지지 않고, 원래의 길이의 2배로 늘린 후 5분 이내에 원래의 길이의 1.5배 이하로 되돌아가는 성질이 있어야 한다.
③ 플라스틱과 그라프팅이나 혼합으로 변성된 천연고무, 해중합된 천연고무, 포화 합성고중합체와 불포화 합성물질의 혼합물을 포함한다. 단, 섭씨 18도와 29도 사이에서의 연신 및 회복에 대한 성질이 있는 것에 한한다.
④ 티오플라스트 및 실리콘수지를 포함한다.

21 다음의 둘 이상의 방직용 섬유재료로 구성된 물품이 분류될 수 있는 류로 옳은 것은?

> 면사 30%, 양모사 15%, 아마사 25%, 합성필라멘트사 17%, 합성스테이플섬유사 13%로 직조된 직물

① 제51류
② 제52류
③ 제53류
④ 제55류

22 플라스틱을 침투, 도포, 피복하거나 적층한 방직용 섬유의 직물류가 분류되는 제5903호에서 제외되는 물품으로 옳지 않은 것은?

① 플라스틱을 부분적으로 도포하거나 피복한 그림모양을 나타낸 직물류
② 방직용 섬유의 직물 단면에 플라스틱이 보강된 시트
③ 침투, 도포하거나 피복한 것을 육안으로 판별할 수 없는 직물류
④ 섭씨 15도부터 30도까지의 온도에서 지름 7밀리미터의 원통둘레에 꺾지 않고는 손으로 감을 수 없는 물품

23 제9021호에 분류되는 정형외과용 기기에 대한 설명으로 옳지 않은 것은?

① 질병, 수술 또는 부상 후 신체의 일부를 지주하는 기기이다.
② 교정이 필요한 환자에 맞게 주문제작된 것 또는 대량생산된 것을 포함한다.
③ 정형외과용 신발 뿐만아니라 특수안창도 포함된다.
④ 이빨(齒)의 기형교정용 기구는 제9021호에 포함되지 않는다.

24 다음 중 제8509호의 가정용 기기에 해당하지 않는 것은?

① 제품 순중량 5Kg의 주방용 쓰레기처리기
② 식품용 믹서
③ 제품 순중량이 20kg인 바닥광택기
④ 접시세척기

25 제9032호에 분류되는 자동제어용 기기에 대한 설명으로 옳지 않은 것은?

① 액체나 기체의 유량·깊이·압력이나 그 밖의 변량의 자동제어용 기기나 온도의 자동제어용 기기가 분류된다.
② 온도의 자동제어용 기기는 제어해야 할 요소에 따라 변화하는 전기적 형상으로 작동하는 것에 한하며, 지속적으로나 주기적으로 이 요소의 실제 값을 측정하여 이 요소를 장해가 발생하여도 안정적으로 목표치에 맞추고 유지하도록 설계되어 있다.
③ 전기적 양의 자동조절기기와 제어되어야 할 요소에 따라 변화하는 전기현상으로 작동하는 비전기적 양의 자동제어기기가 분류된다.
④ 전기적 현상으로 작동하는 비전기적 양의 자동제어기기는 지속적으로나 주기적으로 이 요소의 실제 값을 측정하여 이 요소를 장해가 발생하여도 안정적으로 목표치에 맞추고 유지하도록 설계되어 있다.

01 우리나라가 체결한 FTA협정별 누적기준에 대한 설명으로 옳지 않은 것은?

① ASEAN FTA는 다국누적이 인정된다. 단, 일부 상품의 품목별기준에서는 완전생산만을 인정하는 등 누적을 제한하는 경우가 있다.

② EFTA FTA에서는 다국누적이 인정되지만 EFTA국가 중 스위스의 경우 다국누적을 인정하지 않는다.

③ ASEAN FTA는 공정누적을 인정하고 있지 않지만 일부 상품의 품목별기준에서 공정누적을 인정한다.

④ 인도 CEPA와 EU FTA에서는 재료누적만 인정하고, 싱가포르 FTA, 칠레 FTA는 재료누적과 공정누적을 모두 인정한다.

02 다음은 우리나라의 K사가 국내공장에서 생산하는 에어컨(8415.10)의 재료원가이다. 이를 기초로 한 설명으로 옳지 않은 것은?

재료목록(통화단위는 고려하지 않음)
- 외형 프레임(8415.90), 150, 한국산
- 조립형 부품(범용성 부분품 아님, 8415.90), 50, 베트남산
- 냉매(2901.10), 60, 프랑스산
- 압축기(8414.30), 150, 중국산

기타경비
- 노무비 및 일반경비 : 70
- 이윤 : 20
- 국내운송비 : 10

FOB가격 : 510

협정별 원산지 결정기준
1) 한–ASEAN : 45% 이상의 역내부가가치가 발생한 것
2) 한–중국 : 6단위 세번 변경 기준
3) 한–싱가포르 : 다음 각 호의 어느 하나에 해당하는 것에 한정한다.
   – 다른 호에 해당하는 재료로부터 생산된 것
   – 다른 소호에 해당하는 재료로부터 생산된 것. 다만, 50% 이상의 역내부가가치가 발생한 것에 한정한다.

협정을 위해 필요한 원산지증빙자료 갖춤

---

① 본 제품은 한–ASEAN협정을 통해 베트남 이외의 ASEAN 국가로 수출하더라도 한국산으로 판정할 수 있다.

② 중국으로의 수출 시 한국산으로 판정할 수 있다.

③ 싱가포르로 수출하는 경우 세번변경기준(CTH)은 충족할 수 있다.

④ 싱가포르로 수출하는 경우 세번변경기준(CTSH)과 부가가치기준을 병행한 조건은 충족한다.

03 소매용 용기 및 포장에 대한 원산지기준 적용에 대한 설명으로 옳지 않은 것은?

① RCEP협정은 부가가치기준 적용 시에는 원산지별로 구분하여 판단하여야 한다.

② ASEAN FTA에서는 부가가치기준 적용 시 원산지별로 구분하여 판단하지만, 세번변경기준을 적용함에 있어는 고려하지 않는다.

③ 중국 FTA에서는 세번변경기준 적용 시 소매용 용기 및 포장의 원산지가 세번변경을 거치는지 확인하여야 한다.

④ 캐나다 FTA는 부가가치기준과 세번변경기준 모두에 소매용 용기 및 포장을 고려하지 않는다.

04 EU FTA에서 예시하는 불인정공정에 포함되지 않는 것은?

① 세탁, 세척 그리고 먼지, 녹, 기름, 페인트 또는 그 밖의 막의 제거

② 곡물 및 쌀의 탈각 부분 또는 전체 표백 연마 및 도정

③ 마크, 라벨, 로고 및 그 밖의 유사한 구별 표시를 제품 또는 제품의 포장에 부착하거나 인쇄하는 것

④ 동물을 도축하고 염장하여 소매용 공기조절포장에 담는 것

05 완전생산품으로 인정될 수 없는 경우는?

① 우리나라의 선주가 선박지분의 51%를 소유하고, 어획 당시 우리나라 국기를 게양한 편의치적국 등록 선박이 대서양에서 포획한 고등어를 튀르키예로 수출한 경우

② 중국에서 수입한 닭이 국내 양계장에서 낳은 달걀을 미국으로 수출한 경우

③ 우리나라 영해에서 양식을 통해 획득한 조개를 베트남으로 수출한 경우

④ 우리나라에서 채광한 석탄을 인도네시아로 수출한 경우

06 협정별로 원산지 판정 시 중간재를 취급하는 내용으로 옳지 않은 것은?

① 칠레와 싱가포르 FTA는 지정된 자가 생산품에 대하여만 중간재를 인정한다.

② 미국과 뉴질랜드 FTA는 지정되지 않은 자가 생산품에 대하여만 중간재를 인정한다.

③ 호주와 캐나다 FTA는 중간재를 지정할 필요는 없으며, 역내에 대하여 중간재를 인정한다.

④ ASEAN FTA는 중간재 지정의무가 없으며, 협정상의 중간재규정은 없으나 FTA특례법에 따라 중간재를 인정한다.

부가가치기준 적용 시 공제법만을 사용하는 협정으로 옳은 것은?

① RCEP
② 한-미 FTA
③ 한-중 FTA
④ 한-호주 FTA

08 FTA에서 규정하고 있는 특혜관세 적용 요건에 대한 설명으로 옳지 않은 것은?

① 모든 FTA협정은 거래당사자에 해당하는 협정국 간의 수출자, 수입자, 생산자는 원산지증명서를 발급할 수 있다.
② 체약국이 아닌 제3국에 소재한 거래계약의 일방당사자가 송장을 발행한 경우라도 체약국의 수출자가 원산지증명서를 발급한다면 원산지증명서상에 제3국에서 송장을 발행한 자의 정보가 기재되는 것을 전제로 특혜관세를 적용받을 수 있다.
③ 한-EU FTA는 송장 등에 원산지신고를 하나, 제3국 송장이 사용되는 경우 수출자가 화물명세표 등에 기재한 원산지문구를 통해 원산지문안을 확인할 수 있다.
④ 한-중국 FTA에서는 수출체약국이 아닌 제3국에서 송장을 발행한 경우 원산지증명서에 송장을 발행한 제3자의 명칭을 포함한 정보를 기재하여야 특혜관세를 적용받을 수 있다.

09 다음 사례에서 한-미 FTA 적용을 하려고 한다. 공제법으로 계산한 역내부가가치 비율에 따른 협정세율 적용 시의 원산지 판정으로 옳은 것은?(소수점 이하는 버린다)

> 우리나라 수출자 A가 제조한 제품은 미국의 Z사에게 한국에서 미국까지의 운송비 $1을 포함하여 $11에 판매된다. 본 제품의 원재료내역은 다음과 같다.
> • 단가 $1, 소요량 4개 / 역내산
> • 단가 $2, 소요량 1개 / 역외산
> **원산지결정기준 – 집적법 45%, 공제법 60% 이상인 제품**

① 40%, 역외산 판정
② 80%, 역내산 판정
③ 36%, 역외산 판정
④ 81%, 역내산 판정

10 다음은 한국에서 프랑스로 수출하려고 하는 농약살포기의 가격내역이다. 한-EU FTA에 따라 부가가치기준을 계산할 경우 역내부가가치 비율로 옳은 것은?(소수점 이하는 버린다. 원산지증빙서류는 모두 갖춘 것으로 간주한다)

> **원재료 내역($)**
> • 중국산 부품 A 350
> • 한국산 부품 B 550
> • 일본산 부품 C 100
> **이윤 및 일반경비 – 300**
> **수출국 내 선적지까지의 운송비 – 200**

① 65% ② 34%

③ 70% ④ 42%

11 다음 사례에서 뉴질랜드 FTA 적용을 위한 원산지 판정으로 옳은 것은?

> • 우리나라에서 제조된 상품으로서 뉴질랜드로 수출된다.
> • 송장에 기재된 가격은 FOB 20,000원이다.
> • 수출물품의 원산지 판정은 CTH를 기준으로 하였으며. 원재료 내역은 다음과 같다.
>
> | A | 세번변경 | 구매가격 10,000원(원산지확인서 수취) |
> |---|---|---|
> | B | 세번미변경 | 구매가격 1,500원(원산지확인서 미수취) |
> | C | 세번변경 | 구매가격 5,000원(직접생산하는 것으로서 소명서 작성) |

① 모두 세번변경이 이루어지므로 역내산 판정이 가능하다.
② 최소허용기준을 적용해야만 세번변경기준을 충족한다.
③ 직접 생산하는 재료의 비율이 FOB기준 10%를 초과하므로 최소허용기준도 충족되지 않는다. 따라서 역내산 판정이 불가능하다.
④ 원산지확인서를 미수취한 것이 있으므로 세번변경기준은 충족되지 않는 것으로 판정된다.

12 다음의 FTA협정에서 설명하는 누적기준에 대한 설명으로 옳지 않은 것은?

① 중미 FTA는 공정누적을 인정하지 않는다.
② 재료누적은 현재 발효된 모든 협정에서 인정하고 있다.
③ RCEP 협정상대국에서 수행된 공장을 역내공정으로 인정한다.
④ 캐나다 FTA에서는 자동차 생산에 사용된 미국산 부품은 교차누적을 인정한다.

13 다음은 한-ASEAN 원산지결정기준에 대한 설명이다. 이에 대한 설명으로 옳지 않은 것은?

> **성형프레스 기계(8442.30)**
> 다음 각 호의 어느 하나에 해당하는 것으로 한정한다.
> 1) 다른 호에 해당하는 재료로부터 생산된 것
> 2) 40% 이상의 역내부가가치가 발생한 것

① 다른 호에 해당하는 재료로부터 생산된 것은 CTH기준을 의미한다.
② 부가가치 계산 시 수출자가 직접 생산하는 중간재는 고려하지 않는다.
③ 해당 기계의 정비용으로서 송장상에 별도가격을 구성하지 않는 공구는 기계와 하나로 보고 원산지 판정 시 고려하지 않는다.
④ 제시된 두 가지 기준 중 적용이 용이한 한 가지를 선택하여 원산지증빙자료를 갖추고 충족하는 경우 역내산 판정을 할 수 있다.

14 다음은 우리나라에서 미국으로 수출되는 플라스틱 관에 대한 원산지결정기준이다. 이에 대한 설명으로 옳은 것은?

> • 3917.32 그 밖의 관, 파이프, 호스(연결구류가 없는 것으로 한정한다)
>   – 다른 호에 해당하는 재료로부터 생산된 것
> • 3917.33 그 밖의 관, 파이프, 호스(연결구류가 있는 것으로 한정한다)
>   – 다른 호에 해당하는 재료로부터 생산된 것
> • 3917.40 관 연결구류
>   – 다른 호에 해당하는 재료로부터 생산된 것

① 3917.32호에 해당하는 제품을 구매하여 연결구류를 부착하는 경우 원산지확인서 없이도 국내산으로 판정 가능하다.
② 3917.32호에 해당하는 제품과 이에 부착할 수 있는 연결구류를 각각 생산하여 함께 포장, 수출하는 경우 원산지증명서는 3917.33호 기준으로 판단하고, 작성되어야 한다.
③ 3917.33호에 해당하는 제품을 생산할 때 반제품을 구매하는 경우로서 공급업체가 영세함을 이유로 CTH기준은 충족하나 원산지확인서를 발급하지 못하는 경우에는 공정에 대한 확인으로 국내공정이 인정되면 국내산으로 판정할 수 있다.
④ CTH기준을 충족하지 못하는 역외국에서 수입하는 플라스틱 관 수입과세가격이 FOB가격기준 10% 이하인 경우에는 해당부분을 무시하고 CTH기준을 적용할 수 있다.

15 원산지물품을 생산하는 수출자가 물품을 직접 생산할 때 사용하는 작업복에 대하여 제품 원산지 판정 시 고려해야 하는 사항에 대한 설명으로 옳지 않은 것은?

① 칠레, 호주와의 FTA에서는 간접재료로서 재료비용으로 계상할 수 있다.
② EFTA FTA에서는 작업복과 같은 간접재료는 재료비가 아닌 제조간접비에 계상한다.
③ 튀르키예 FTA에서는 간접재료를 중립재로 표현하고 있으며 제품의 생산에 사용되지만 물리적, 화학적으로 결합되지 않는 재료를 의미한다.
④ 한-EU FTA 적용 시 공장도가격에는 작업복에 대한 비용은 포함되지 않는다.

16 다음 사례에 따라 MC법에 따른 부가가치비율 계산과 판정된 원산지로 옳은 것은?(소수점 이하는 버린다. 원산지 판정을 위한 근거서류는 보유한 것으로 간주한다)

> 한국의 제조가 A는 자동자료처리기계를 생산하여 프랑스로 수출하고자 한다.
> 자동자료처리기계의 1단위에 대한 원가구성은 다음과 같다.
> **재료내역**
> • 한국산 재료, 500원
> • 중국산 재료, 150원
> • 일본산 재료, 290원
> • 중국산 재료, 890원
> • 미국산 재료, 150원
> **기타비용**
> • 이윤 및 일반경비, 700원
> • 국내운송비 120원
> **FOB가격 : 2,800원**
> **원산지결정기준**
> 해당 물품의 생산에 사용된 모든 비원산지재료의 가격이 해당 물품의 공장도가격의 50%를 초과하지 아니한 것

① 46%, 역내산
② 47%, 역외산
③ 55%, 역내산
④ 55%, 역외산

17 다음 중 부가가치기준에 대한 옳은 설명을 모두 고른 것은?

> ㄱ. 집적법은 생산자가 상품의 생산에 사용한 원산지재료비가 상품의 가격에서 차지하는 비율을 산출하는 방법으로 원산지재료비의 비중이 높은 경우 적용하면 부가가치비율을 충족하기엔 오히려 불리하다.
> ㄴ. 중국은 부가가치기준 적용 시 공제법만을 사용하여야 한다.
> ㄷ. 미국은 부가가치기준 적용 시 기준가격을 조정가치라고 하며, 조정가치에는 상품의 국가간 이동에 소요되는 운임 등은 포함하지 않는다.
> ㄹ. 싱가포르는 FOB가격을 기초로 조정된 과세가격을 기초로 부가가치를 계산한다.
> ㅁ. 미국과 콜롬비아와의 FTA에서는 자동차 관련 상품에 대하여 순원가법만 적용가능하다.

① ㄴ, ㄷ, ㄹ   ② ㄱ, ㄷ, ㄹ
③ ㄱ, ㄹ, ㅁ   ④ ㄴ, ㄷ, ㅁ

18 직접운송원칙에 대한 설명으로 옳지 않은 것은?

① ASEAN, 중국, 베트남 FTA에서는 제3국을 경유하는 경우 별도의 요건을 충족하는 때에는 직접운송요건을 충족하는 것으로 본다.
② 칠레, 미국, 캐나다 FTA는 직접운송요건을 두고 있지 않다. 단, 비당사국에서의 거래 또는 소비는 허용하고 있지 않은 점과 제3국 영역을 통해 운송되는 경우 해당 국가 세관 통제 하에 있어야 한다는 점 등의 제한은 직접운송요건이 있는 협정과 동일하다.
③ 페루 FTA는 제3국가를 거치는 때 운송목적의 분리, 재포장 및 라벨링의 작업을 허용한다.
④ EU, 튀르키예와의 FTA는 단일 탁송화물만 제3국을 거쳐 운송될 수 있다고 규정한다.

19 개성공단을 역외가공으로 허용하고 있지 않는 FTA협정은?

① EFTA FTA
② 인도 CEPA
③ 페루 FTA
④ 칠레 FTA

20 대체가능물품에 대하여 이동 평균법을 적용한 다음 사례에 대한 설명으로 옳지 않은 것은?(아래 원재료만 대상으로 하며, 소요량은 1로 한다. 계산 결과 소수점 이하는 버린다)

구분	날 짜	재고내역						판매량
		원산지			비원산지			
		수 량	단 가	총 액	수 량	단 가	총 액	
매 입	06. 02	500	10	5,000				
매 입	06. 13				300	8	2,400	
수 출	06. 14							200
매 입	06. 18				100	8	800	
수 출	06. 20							500

① 6월 14일 수출되는 200개에는 원산지재료 비율이 67%이다.
② 6월 13일 이전에 수출되는 물품이 있었다면 원산지재료 비율은 100%이다.
③ 6월 18일 매입시점에 비원산지 재료 비율은 33%이다.
④ 6월 20일 수출되는 물품의 원산지재료 비율은 53%이다.

21 재수입물품에 대하여 원상태 그대로 수입되는 것에 한해 원래의 원산지 지위를 인정하는 협정끼리 나열한 것은?

① EFTA, ASEAN, 페루
② 칠레, 캐나다, 콜롬비아
③ 인도, 튀르키예, 뉴질랜드
④ 튀르키예, 페루, 호주

22 다음에 모두 해당되는 FTA협정으로 옳은 것은?

- 세트물품 중 비원산지물품이 차지하는 가치비율이 FOB가격의 15% 이하일 경우 그 세트 구성품 전체를 원산지물품으로 간주한다.
- 부가가치기준 적용 시 상품가격기준은 FOB를 사용한다.
- 부가가치기준 적용 시 계산방법은 공제법만을 사용한다.

① 페루 FTA
② 중국 FTA
③ EU FTA
④ 베트남 FTA

23 FTA협정별로 규정하는 가공공정에 대한 설명으로 옳지 않은 것은?

① 미국 FTA는 제조공정에서 화학반응, 정제, 혼합 등의 공정을 거친 경우 원산지물품으로 인정하도록 하고 있다. 이는 세번이 변경되지 않아도 해당 공정이 역내국에서 이루어지면 역내산으로 판정할 수 있다.

② 캐나다 FTA는 석유화학의 증류, 혼합 공정을 거친 물품은 개별적인 원산지기준 충족여부에 관계없이 원산지물품으로 인정한다.

③ ASEAN FTA에서는 비원산지 치어를 양식한 수산물은 원산지물품으로 인정하지 않는다.

④ 칠레와 싱가포르 FTA에서는 식물의 개별기준에 관계 없이 씨 안에서 성장 후 재배된 식물은 원산지물품으로 인정한다.

24 세번변경기준에 대한 설명으로 옳지 않은 것은?

① CC기준은 HS 앞 2자리에 변경이 있는 제품을 말하는 것으로 세번변경기준 중 가장 많은 변형을 요구하는 기준이다.

② CTH기준은 HS 앞 4자리에 변경이 있는 제품을 말한다.

③ CTSH기준은 HS 앞 6자리에 변경이 있는 제품을 말한다.

④ 세번변경기준은 모든 원재료가 각 기준에 따라 HS 자리숫자의 변동이 있어야 하며, 최소허용기준 적용 시 CTSH기준에는 이를 적용할 수 없다.

25 다음 사례와 같이 생산된 제품에 대한 원산지 판정으로 옳지 않은 것은?

> 한국의 A사는 수출물품을 다음의 BOM(원재료명세서)에 따라 제조한다(8402.20).
> **BOM(통화단위 $)**
> • 원재료 a − 300원 / 한국산(3926.90)
> • 원재료 b − 100원 / 일본산(3926.40)
> • 원재료 c − 150원 / 중국산(7317.00)
> • 원재료 d − 50원 / 중국산(8402.90)
> **공장도가격** − 800원
> **조정가치(FOB)** − 1,000원
> **원산지결정기준**
> • EU − 해당 물품의 생산에 사용된 모든 비원산지재료의 가격이 해당 물품의 공장도가격의 40%를 초과하지 아니한 것
> • ASEAN − 다른 호에 해당하는 재료로부터 생산된 것
>   − 40% 이상의 역내부가가치가 발생한 것

① 해당 제품의 이윤 및 일반경비는 200원이다.

② 한-EU FTA 적용 시 원산지기준을 충족하지 않는다.

③ 한-ASEAN FTA 적용 시 최소허용기준을 통해 세번변경기준을 충족시킬 수 있다.

④ 한-ASEAN FTA 적용 시 공제법을 사용하지 않으면 부가가치기준을 충족할 수 없다.

01 관세법상 용어의 정의로 옳지 않은 것은?

① "수입"이란 외국물품을 우리나라에 반입하거나 우리나라에서 소비 또는 사용하는 것을 말한다.

② "수출"이란 국내에 도착한 외국물품이 수입통관절차를 거치지 아니하고 다시 외국으로 반출되는 것을 말한다.

③ "외국물품"이란 외국으로부터 우리나라에 도착한 물품으로서 수입신고가 수리되기 전의 것을 말한다.

④ "복합환적"이란 입국 또는 입항하는 운송수단의 물품을 다른 세관의 관할구역으로 운송하여 출국 또는 출항하는 운송수단으로 옮겨 싣는 것을 말한다.

02 과세가격 결정방법에 대한 설명으로 옳지 않은 것은?

① 제1평가방법은 해당 물품의 거래가격을 기초로한 과세가격 결정방법으로 최우선으로 적용하는 방법이다.

② 제2평가방법은 유사물품의 거래가격을 기초로한 과세가격 결정방법으로 제1평가방법을 적용할 수 없는 경우 적용할 수 있다.

③ 제5평가방법은 납세의무자의 요청에 의해서만 제4평가방법보다 우선하여 적용될 수 있다.

④ 제6평가방법은 최후에 적용을 고려하는 것으로 특정 가격이 아닌 합리적 기준에 의해 과세가격을 결정한다.

03 관세법상 납세의무자에 대한 설명으로 옳지 않은 것은?

① 수입을 위탁받아 위탁수입업자가 자신의 명의로 화물을 수입해 국내에서 양도하는 경우 위탁수입업자가 납세의무자가 된다.

② 보세구역 외 보수작업을 승인받아 보수작업 중인 물품이 기간을 경과하여 관세를 징수하는 때에는 보수작업 승인을 받은 자가 납세의무자가 된다.

③ 원칙적인 납세의무자와 특별납세의무자가 경합되는 경우 특별납세의무자를 납세의무자로 본다.

④ 수입신고 전 즉시반출신고를 하고 반출한 물품은 보세구역 운영인이 납세의무자가 된다.

04 다음 사례에서 적용되는 세율로 옳은 것은?

> 중국산 사료용 작물을 수입하는 수입자는 수입 시 적용되는 세율을 찾아보니 아래와 같았다(협정세율 적용을 위한 원산지증명서는 제출한 것으로 가정한다).
> • 기본세율 – 1%
> • 덤핑방지관세 – 3%
> • 계절관세율 – 15%
> • 한중 FTA세율 – 0%

① 0%
② 3%
③ 4%
④ 15%

05 관세의 부과에 대한 설명으로 옳지 않은 것은?

① 납세의무자가 신고한 금액이 1만원 미만인 경우 관세를 징수하지 않는다.
② 수입하는 모든 물품에 대하여는 원칙적으로 가격신고를 하여야 한다.
③ 납세신고에 대한 심사는 수입신고 수리 후 하는 것이 원칙이다.
④ 수입신고 시 과세가격이 확정되지 않는 경우에는 잠정가격신고를 할 수 있다.

06 관세의 부과 및 환급에 대한 규정으로 옳지 않은 것은?

① 계약과 상이한 물품을 재수출하기로 한 경우에는 수입신고 수리일로부터 1년 이내에 보세구역에 반입하고 환급을 신청할 수 있다.
② 보세구역에 반입된 물품이 수입신고가 수리되기 전 반출된 경우 세관장은 납세의무자에게 통지하여 이를 신고하고 납부하도록 하여야 한다.
③ 관세징수권의 소멸시효가 완성된 경우 어떠한 방법으로도 관세를 징수할 수 없다.
④ 관세환급금의 환급은 한국은행의 해당 세관장 소관 세입금에서 지급한다.

07 국제항의 지정요건으로 옳은 것은?

① 공항의 경우 여객기로 입국하는 여객 수가 연간 5만명 이상일 것
② 공항의 경우 상시 입출항이 가능한 시설을 갖추고, 항구의 경우 심야시간을 제외하고 선박의 접안이 가능하도록 시설과 인력을 갖출 것
③ 항구의 경우 국제무역선 5천톤급 이상의 선박이 연간 50회 이상 입항하거나 입항할 것으로 예상될 것
④ 공항의 경우 정기여객기가 주 10회 이상 입항하거나 입항할 것으로 예상될 것

08 납부세액 정정 등에 대한 설명으로 옳지 않은 것은?

① 납세의무자는 세액을 납부하기 전 신고한 세액의 과부족을 알게 되었을 때 그 세액을 정정할 수 있다.

② 납세의무자는 신고납부한 세액의 과부족을 신고수리된 날로부터 6개월 이내 알게된 경우 보정신청을 할 수 있다.

③ 보정기간이 지난 날부터 관세부과 제척기간이 경과하기 전까지 납세의무자는 신고납부한 세액이 부족한 경우 수정신고를 할 수 있다.

④ 납세의무자는 신고납부한 세액이 과다한 것을 알게 되었을 때 최초 납세신고를 한 날로부터 5년 이내 경정청구를 할 수 있다.

09 특허보세구역의 설명이 옳지 않은 것은?

① 특허보세구역의 특허기간은 5년 이내로 한다. 단, 보세판매장의 경우 3년 이내로 한다.

② 보세창고에도 내국물품을 보관할 수 있다.

③ 세관장은 물품관리에 필요하다고 인정될 때 장치기간이 남아있음에도 물품의 반출을 보세구역 운영인에게 명할 수 있다.

④ 1년에 3회 이상 물품반입 등의 정지처분을 받는 경우 특허가 취소될 수 있다.

10 관세의 감면제도에 대한 설명으로 옳지 않은 것은?

① 외교관용 물품 등의 면세는 우리나라에 있는 외국의 대사관 등의 업무용품 등 외교관 우대 관례에 따라 관세를 면제하는 것으로 사후관리를 하지 않는 무조건 감면이다.

② 수출물품의 용기로서 다시 수입하는 물품은 재수입 면세를 적용할 수 있다.

③ 우리나라에서 수출 시 관세환급을 받아 수출하고 해외에서 이를 가공하여 다시 수입하는 경우 재수입 면세 대신 해외임가공물품 등의 감면을 적용하여야 한다.

④ 재수출 감면 대상물품을 수입신고 수리일로부터 1년 6개월 후 재수출하는 경우 감면율은 100분의 55이다.

11 관세의 부과와 징수에 대한 설명으로 옳지 않은 것은?

① 직전 2년간 수입실적이 없는 수입자의 경우 수입신고 수리 전 관세를 납부하거나 담보를 제공하도록 할 수 있다.

② 관세는 관세를 부과할 수 있는 날로부터 5년이 지나면 부과할 수 없다.

③ 관세를 납부한 경우 관세부과 제척기간은 중단되며, 부족세액이 발생하여 다시 징수하는 경우 납부했던 날의 다음 날부터 이어서 기산된다.

④ 부정환급의 사유로 관세를 징수하는 경우 관세부과 제척기간은 환급한 날의 다음 날부터 10년간 계속된다.

12 수입물품의 과세물건 확정시기에 대한 설명으로 옳지 않은 것은?

① 보세운송기간 경과 시 보세운송을 신고하거나 승인받은 때
② 관세법에 따라 매각되는 물품은 매각된 때
③ 보세공장 외 작업물품이 작업기간이 경과되어 관세를 징수하는 경우 작업기간이 경과된 때
④ 우편으로 수입되는 물품은 통관우체국에 도착된 때

13 다음 사례에서 관세를 납부하여야 하는 기한으로 옳은 것은?(기한의 계산은 우리나라의 달력에 따르며, 현행법에 따른 공휴일을 적용한다)

> 수입자 A는 중국산 귀리를 20t을 수입하였다. 귀리를 싣고 온 선박은 4월 13일 입항보고를 한 후 4월 13일 오후 입항하였으며, CY에 4월 14일 반입신고되었다. 수입신고는 4월 15일 관세사를 통해 진행하였고, 화물검사 후 4월 16일 신고수리되었다.

① 4월 29일
② 4월 30일
③ 5월 1일
④ 5월 2일

14 수입물품에 부과하는 관세의 부과에 대하여 빈칸에 들어갈 내용으로 옳은 것은?

> • 관세는 (ㄱ)를 하는 때의 물품의 성질과 수량에 따라 부과한다.
> • 관세는 (ㄴ)를 하는 때의 법령에 따라 부과한다.
> • 외국물품인 선박용품을 허가받은 대로 적재하지 아니한 경우 (ㄷ) 성질과 수량에 따라 관세를 부과한다.

	(ㄱ)	(ㄴ)	(ㄷ)
①	수입신고	수입신고	하역허가를 받은 때
②	수입신고	수입신고 수리	하역허가를 받은 때
③	반입신고	수입신고	하역시점
④	수입신고	수입신고 수리	하역시점

15 보세공장 생산물품에 대한 설명으로 옳은 것은?

① 보세공장은 수출장려를 위한 제도로 수출물품을 제조하는 비율이 50%를 초과하는 경우에 한하여 공장특허를 받을 수 있다.
② 보세공장에서 생산하여 국내로 수입하는 물품은 최종 완성물품에 대하여만 과세할 수 있다.
③ 보세공장에서 사용하고자 반입하는 물품은 공장특허 시 목록을 제출하여 반입신고를 생략한다.
④ 보세공장에서 사용하는 원재료는 소요량계산에 따라 관리되어야 하며, 세관장은 필요한 경우 해당 자료를 제출하게 할 수 있다.

16 다음 중 신고서류의 보관에 대한 설명으로 옳지 않은 것은?

① 수입신고와 관련된 서류는 수입신고 수리일로부터 5년간 보관하여야 한다.
② 반송 관련 서류는 반송신고 수리일로부터 2년간 보관하여야 한다.
③ 수출신고와 관련된 서류는 수출신고 수리일로부터 3년간 보관하여야 한다.
④ 보세운송 관련 서류는 보세운송신고 수리일로부터 2년간 보관하여야 한다.

17 관세법상 납세의무자로 옳지 않은 것은?

① 우편에 의한 수입인 경우 우편물의 수취인
② 수입신고가 수리되기 전 소비한 물품은 소비한 자
③ 보세구역에 장치된 물품이 분실된 경우 보세구역 운영인
④ 보세구역 장치물품을 폐기하는 경우로서 관세를 징수하는 잔존물의 경우 폐기신고를 한 자

18 현행 관세법상 우리나라에 제한적으로 수입가능한 품목으로 옳은 것은?

① 국가기밀문서   ② 마 약
③ 위조지폐   ④ 음란서적

19 수출입신고에 대한 설명으로 옳지 않은 것은?

① 국제운송을 위한 컨테이너는 기본세율이 무세인 것에 한하여 수출입 또는 반송신고를 생략한다.
② 전기는 전선으로 수입할 수 있으며 1개월을 단위로 하여 다음 달 10일까지 수입신고를 할 수 있다.
③ 대만으로부터 수입되는 모든 경우 출항 전 수입신고를 할 수 있다.
④ 통관우체국은 체신관서 중에서 관세청장이 지정한다.

20 관세법상 과세가격 결정방법 중 1평가방법상 가산요소에 대한 설명으로 옳지 않은 것은?

① 가산요소는 구체적 수량화가 되어 명확한 가산금액의 산출이 가능해야 하며, 불가능한 경우 1평가방법을 적용할 수 없다.

② 수입물품과 동일체로 취급되는 용기와 포장비는 수입물품에 가산하여야 한다.

③ 수입국까지의 운임, 보험료 및 운송관련비용은 수입물품의 과세가격에 가산되어야 하며 하역과정에서 기상악화로 인해 발생하는 체선료는 운송관련비용으로서 함께 가산된다.

④ 구매자가 수입물품의 생산에 사용되는 공구를 무상공급한 경우 공구의 구매비용과 생산지까지 이를 운송하는 운송비까지 생산지원비로 가산된다.

21 관세법상 원산지 확인에 대한 규정으로 옳지 않은 것은?

① 완전생산기준은 수입물품의 전부를 생산한 국가를 원산지국가로 보는 기준이다.

② 촬영된 영화용 필름은 영화를 제작한 국가를 원산지로 한다.

③ 차량의 예비공구는 차량에 통상적으로 인정되는 수량이고, 함께 판매되는 경우에 한하여 차량의 원산지와 동일한 것으로 본다.

④ 포장물품은 품목분류상 내용품과 별개로 구분하지 않는 한 내용물품의 원산지와 동일한 것으로 본다.

22 지식재산권의 보호에 대하여 빈칸에 들어갈 내용으로 옳은 것은?

> • 지식재산권의 침해물품 신고사실을 통보받은 자는 통관보류를 요청할 수 있으며 해당 물품의 과세가격의 100분의 (ㄱ)에 상당하는 금액의 담보를 제공하여야 한다.
> • 중소기업이 통관보류를 요청하는 경우 과세가격의 100분의 (ㄴ)에 상당하는 금액을 담보로 제공하여야 한다.
> • 통관이 보류된 자가 이를 해제하고자 하는 경우 과세가격의 100분의 (ㄷ)에 해당하는 담보를 제공하여야 한다.

	(ㄱ)	(ㄴ)	(ㄷ)
①	120	80	120
②	100	80	120
③	120	40	140
④	120	40	120

23 편익관세의 적용대상이 되는 국가로 옳지 않은 것은?

① 아프가니스탄, 모나코, 이란
② 나우루, 소말리아, 바티칸
③ 부탄, 덴마크(그린란드), 안도라
④ 레바논, 시리아, 에티오피아

24 보세구역에 대한 설명으로 옳지 않은 것은?

① 보세창고에는 외국물품을 1년의 범위 내에서 보관할 수 있으며, 세관장이 필요하다고 판단하는 경우 1년의 범위 내에서 연장할 수 있다.
② 종합보세구역에 반입하는 내국물품은 신고를 생략하거나 간소하게 신고할 수 있다.
③ 보세전시장에서 전시된 물품이 현장에서 판매되는 경우 수입신고 수리 전에는 인도할 수 없다.
④ 보세공장 외 작업허가를 받아 지정된 장소에 반입된 외국물품은 작업기간까지 보세공장에 있는 것으로 본다.

25 화물 선적 후 선적항에서 발행된 선하증권을 다른 장소에서 내용을 변경하고 다시 발행한 선하증권으로 옳은 것은?

① On Board B/L
② Surrendered B/L
③ Transshipment B/L
④ Switch B/L

⏱시험시간 : 120분
정답 및 해설 p.214

01 FTA특례법에 대한 설명으로 옳지 않은 것은?

① 이 법은 우리나라가 체약상대국과 체결한 자유무역협정의 이행을 위하여 필요한 관세의 부과·징수에 대한 관세법 특례를 규정하는데 목적이 있다.

② 이 법은 관세법과 상충되는 경우 어떠한 경우에도 관세법보다 우선해서 적용된다.

③ 원산지결정기준에 따라 수입물품의 원산지가 체약상대국인 경우에만 협정관세 및 이 법을 적용한다.

④ 이 법이 FTA협정과 상충되는 경우에는 FTA협정을 우선적으로 적용해야 한다.

02 FTA특례법상 용어의 정의로 옳지 않은 것은?

① "체약상대국"이란 우리나라와 자유무역협정을 체결한 국가(국가연합·경제공동체 또는 독립된 관세영역을 포함한다)를 말한다.

② "체약상대국의 관세당국"이란 체약상대국의 관세 관련 법령이나 협정(관세 분야만 해당한다)의 이행을 관장하는 당국을 말한다.

③ "원산지증빙서류"란 우리나라와 체약상대국 간의 수출입물품의 원산지를 증명하는 서류인 원산지증명서를 말한다.

④ "협정관세"란 협정에 따라 체약상대국을 원산지로 하는 수입물품에 대하여 관세를 철폐하거나 세율을 연차적으로 인하하여 부과하여야 할 관세를 말한다.

03 원산지확인서 및 원산지포괄확인서에 대한 설명으로 옳지 않은 것은?

① 수출물품의 생산에 사용되는 재료 또는 최종물품을 생산하거나 공급하는 자는 최종물품의 원산지를 확인하여 작성한 원산지확인서를 생산자 또는 수출자에게 제공할 수 있다. 다만 요청이 없는 경우에는 이를 제공하지 않을 수 있다.

② 수출물품의 생산에 사용되는 재료 또는 최종물품을 동일한 생산자 또는 수출자에게 장기간 계속·반복적으로 공급하는 경우 원산지포괄확인서를 작성하여 제공할 수 있다.

③ 원산지포괄확인서는 매년 1월 1일부터 같은 해 12월 31일까지 공급하는 물품에 대한 원산지 확인서의 포괄문서이다.

④ 원산지확인서는 전자문서 방식으로도 교부할 수 있다.

04 FTA협정별 원산지증명서의 유효기간은 각각 상이하게 설정되어 있다. 다음 중 원산지증명서의 유효기간이 다른 협정은?

① 한–페루 FTA
② 한–호주 FTA
③ 한–중국 FTA
④ 한–베트남 FTA

05 현재(2022년 11월) 기준 다음의 FTA를 발효된 순으로 바르게 나열한 것은?

> ㄱ. 한–칠레 FTA
> ㄴ. 한–EU FTA
> ㄷ. 한–인도 CEPA
> ㄹ. 한–싱가포르 FTA
> ㅁ. 한–중미 FTA

① ㄱ – ㄹ – ㄴ – ㄷ – ㅁ
② ㄱ – ㄹ – ㄷ – ㄴ – ㅁ
③ ㄹ – ㄷ – ㄱ – ㄴ – ㅁ
④ ㄷ – ㄱ – ㅁ – ㄴ – ㄷ

06 업체별 원산지인증수출자의 인증요건에 대한 설명으로 옳지 않은 것은?

① 수출실적이 있는 물품 또는 새롭게 수출하려는 물품이 원산지 결정기준을 충족하는 물품(품목번호 6단위기준)임을 증명할 수 있는 전산처리시스템을 보유하고 있거나 그 밖의 방법으로 증명할 능력이 있을 것
② 인증신청일 이전 최근 2년간 원산지 서면조사 또는 현지조사를 거부한 사실이 없을 것
③ 원산지증명서 작성대장을 비치·관리하고 원산지관리전담자를 지정·운영할 것. 이때 원산지관리전담자는 관리위탁을 위한 공인회계사, 세무사를 포함한다.
④ 인증신청일 이전 최근 2년간 속임수 또는 부정한 방법으로 원산지증명서를 발급신청하거나 작성·발급한 사실이 없을 것

07 FTA협정국 간의 통관특례 및 상호협력에 대한 서술로 옳지 않은 것은?

① 미합중국으로부터 수입되는 특송물품은 관세법의 규정에도 불구하고 물품가격이 미화 500달러 이하인 경우 수입신고를 생략할 수 있다.

② 수리 또는 개조의 목적으로 호주로 수출되었다가 다시 수입하는 물품에 대하여는 관세를 면제 한다.

③ 중국으로부터 수입되는 상업용 견본품은 수입신고 수리 후 6개월 후에 재수출되는 것이 확인되는 때에는 수입 시 관세를 면제할 수 있다.

④ 수리 또는 개조목적으로 체약상대국에 수출되었다가 다시 수입하여 관세가 면제되는 물품은 당초 수출 시 수출용 원재료에 대한 환급특례법에 따라 환급을 받은 물품에는 적용하지 않는다.

08 중소기업의 원산지증명 지원에 대한 설명으로 옳지 않은 것은?

① 지원대상은 중소기업기본법 제2조에 따른 중소기업에 해당하는 수출자, 생산자 또는 수출물품이 나 수출물품의 생산에 사용되는 재료를 공급하는 자로 한다.

② 원산지인증수출자의 인증취득에 대한 상담 및 교육은 지원사업의 범위에 포함된다.

③ 원산지증명서의 발급대행은 지원사업의 범위에 포함된다.

④ 원산지증명에 관한 전산처리시스템의 개발 및 보급은 지원사업의 범위에 포함된다.

09 관세청장 또는 세관장이 원산지인증수출자에게 시정을 요구하는 사유로 옳지 않은 것은?

① 업체별 인증수출자가 수출물품의 원산지결정기준의 충족여부를 증명할 능력이 없는 경우

② 업체별 인증수출자가 원산지증명서 작성대장을 비치하고 있지 않거나, 관리하고 있지 않는 경우

③ 품목별 인증수출자가 원산지관리전담자를 지정하여 운영하지 않는 경우

④ 품목별 인증수출자가 수출물품에 대한 원산지증빙서류를 수취하지 않는 경우

10   협정관세 적용신청에 관한 설명으로 옳지 않은 것은?

① 협정관세 적용신청 시에는 유효기간이 남은 원산지증명서를 제출하여야 하며, 이때 유효기간을
   계산할 때에는 유효기간 전 수입항 도착 후 협정관세의 적용을 신청한 날까지의 기간은 제외하고
   계산한다.

② 수입신고의 수리 전까지 협정관세의 적용을 신청하지 못한 수입자는 해당 물품의 수입신고 수리
   일부터 1년 이내에 협정관세의 적용을 신청할 수 있다.

③ 세관장은 협정관세의 적용신청을 받은 경우 원칙적으로 수입신고 수리 후에 이를 심사한다.

④ 협정관세의 사후적용을 신청한 경우 이미 납부한 세액에 대하여 보정을 신청하거나 경정을 청구
   할 수 있다. 신청을 받은 세관장은 청구를 받은 날로부터 30일 이내에 보정이나 경정 여부를
   신청인에게 통지하여야 한다.

11   원산지증명서의 기관발급절차에 대한 설명으로 옳지 않은 것은?

① 국내 생산시설이 없는 자가 원산지증명서 발급을 최초로 신청하는 경우, 신청을 받은 세관에서는
   관세청장이 정하는 바에 따라 신청인의 주소, 거소 또는 공장을 방문하여 원산지의 적정여부를
   확인할 수 있다.

② 증명서 발급기관은 제출된 서류가 미비한 경우, 5일 이상 10일 이내의 기간을 정하여 보정을
   요구할 수 있다.

③ 증명서 발급을 위한 보정기간은 발급기간에 산입하지 않는다.

④ 원산지증명서의 발급은 수출자용, 수입자용, 발급기관 보관용 총 3부가 발급된다.

12   원산지증빙서류에 오류가 있는 경우에는 오류의 사실과 수정에 대한 통보서를 작성하여 통보하여야
   한다. 수정통보에 대한 내용 및 절차의 설명으로 옳지 않은 것은?

① 수출자 또는 생산자가 원산지증명서 발급을 위한 증빙서류의 오류를 발견한 경우 관할 세관장
   및 체약상대국의 수입자, 관세당국에 통보하여야 한다.

② 원산지증빙서류를 작성 및 제출한 수출자 또는 생산자는 원산지에 관한 내용에 오류가 있음을
   통보하는 때에는 수정통보서를 작성하여 통보하여야 한다.

③ 통보 시에는 오류내용 및 정정사항을 비롯하여 수출자, 생산자 및 상대국 수입자, 수출신고번호
   및 일자, 원산지증명서의 발급번호 및 일자, 관련 물품의 품명, 규격, 수량을 포함 통보하여야
   한다.

④ 수정통보는 오류가 있음을 안 날로부터 30일 이내에 하여야 한다.

13 FTA특례법 위반으로 500만원 이하의 과태료를 부과하는 사유로 옳지 않은 것은?

① 용도세율을 적용하는 물품에 대하여 승인을 받지 아니하고 달리 정하는 세율 중 낮은 용도에 사용한 자

② FTA협정 및 FTA특례법에 따른 원산지증빙서류를 사실과 다르게 신청하여 발급받았거나 작성·발급한 자

③ 재수출 면세 대상물품 중 해당 물품을 직접 수입한 경우에는 관세의 감면을 받을 수 있는 자에게 양도한 자

④ 원산지증빙서류의 오류 내용을 통보받고도 세관장에게 세액정정·세액보정신청 또는 수정신고를 하지 아니한 자

14 협정관세를 적용한 물품이 그 적용요건을 갖추지 못하였음을 사후에 발견하였을 때에는 적용받은 세액과 원래 적용했어야 하는 세율로 계산한 세액과의 차액을 산출하여 징수하여야 한다. 이때 함께 징수하는 가산세에 대한 설명으로 옳지 않은 것은?

① 부족세액에 대하여 100분에 10에 상당하는 금액과 납부기한 경과이자를 가산세로 징수한다.

② 당초 협정관세의 적용이 위조 등의 부정한 방법으로 적용하였음이 밝혀진 경우 가산세율은 100분의 20에 상당하는 율을 적용한다.

③ 원산지 조사의 통지를 받기 전 수입자가 원산지증빙서류의 오류에 대한 통보를 받고 수정신고를 하는 경우로서 수입자에게 귀책이 없음이 확인된 경우 가산세는 징수하지 않는다.

④ 세관장이 체약상대국의 관세당국에 원산지 확인을 요청한 사항에 대하여 상대국에서 기간 내 결과를 회신하지 않는 경우 수입자에게는 협정관세 적용을 배제하여 양허차액만 징수하고 가산세는 징수하지 않는다.

15 세관장이 협정관세의 적용을 제한할 수 있는 사유로 옳지 않은 것은?

① 정당한 사유 없이 체약상대국의 수출자 등이 세관장이 요구한 자료를 정해진 기간 내에 제출하지 아니한 경우

② 정당한 사유 없이 수입신고시점에 협정관세의 적용 신청을 하지 않거나 최근 5년간 수입신고 수리 후 협정관세의 적용신청을 5회 이상 한 경우

③ 체약상대국의 서면조사 또는 현지조사 결과 세관장에게 신고한 원산지가 실제 원산지와 다른 것으로 확인된 경우

④ 원산지조사대상자가 폐업 또는 소재불명 상태로서 원산지에 관한 조사가 불가능하게 된 경우

16 원산지사전심사서의 내용변경에 대한 설명으로 옳지 않은 것은?

① 신청인이 허위의 자료를 제출하거나 사전심사에 필요한 자료를 제출하지 아니하여 사전심사에 중대한 착오가 있는 경우 사전심사서의 내용을 취소한다.

② 사전심사 대상물품 또는 재료의 품목분류, 부가가치율의 산정 등에 착오가 있는 경우 사전심사서 내용을 변경할 수 있다.

③ 사전심사서의 내용변경으로 손해가 발생하는 경우 그 적용유예를 신청하고자 하는 경우 수입자는 적용유예신청서와 수입거래계약서 및 예상손해내역과 증빙서류를 제출하여야 한다.

④ 사전심사서의 내용변경이 서류가 자료제출 누락 또는 거짓자료 제출 등 신청인의 귀책에 의한 경우에는 사전심사서의 변경내용을 변경일 전 수입신고된 물품에 대하여도 소급적용한다.

17 원산지증명서를 포함한 각종 발급서류의 종류에 대한 설명으로 옳지 않은 것은?

① 선적 후 발급되는 원산지증명서는 소급원산지증명서라 하며 증명서상에 '소급발급' 문구가 찍혀있다. 단, 중국 FTA에서 선적 후 3근무일 이내 발급되는 경우 소급원산지증명서에 해당하지 않는다.

② 협정 당사국의 영역을 통과하는 동안 경유 당사국의 발급기관이 생산자 또는 수출자의 신청을 받아 최초 수출국의 원산지증명서를 기초로 재발급하는 원산지 증명서는 Back to Back C/O라고 하며 이는 한-EFTA FTA에서만 규정하고 있다.

③ 비가공증명서는 홍콩을 경유하는 물품에 대하여 컨테이너 번호, 봉인 씰의 번호 등의 변경이 없고 물품이 제조 가공 등의 변형이 이루어지지 않았음을 확인하는 홍콩 기관발급 서류이다.

④ 기관발급 원산지증명서는 원산지증명을 위한 권한 있는 기관에서 발급한 원산지증명서를 말하며, 우리나라의 발급기관은 세관 및 상공회의소이다.

18 수입자의 서류보관의무에 대한 설명으로 옳지 않은 것은?

① 수입자는 수입신고 수리일로부터 5년간 수입 및 원산지증명과 관련된 서류를 보관하여야 한다.

② 수입자가 보관하여야 하는 서류에는 지식재산권거래 관련 계약서도 포함된다.

③ 원산지증명서는 전자문서를 포함하여 사본을 보관하는 것으로 서류보관의무를 충족한다.

④ 서류의 보관은 협정에서 5년을 초과하여 기간을 규정한 경우 그 기간에 따라 보관하여야 한다.

19 수입물품에 대한 협정관세 신청 시 제출된 원산지증명서에 대한 조사 결과 취해지는 조치에 대한 설명으로 옳지 않은 것은?

① 원산지 조사 결과에 대하여는 조사대상자에게 통지하여야 한다. 이때 이의가 있는 경우 통지를 받은 날부터 30일 이내에 이의제기를 할 수 있다.

② 조사 결과 원산지결정기준이 충족되지 않음이 확인되는 경우 협정관세를 배제하고 기본관세를 적용하여 그 차액에 상당하는 금액을 부과징수한다.

③ 조사 결과에 따라 징수하여야 하는 금액은 부과제척기간이 종료되면 부과할 수 없다.

④ 협정에서 정하지 않는 경우에는 수입자의 원산지 조사에 대한 체약상대국에 대한 통지는 하지 않을 수 있다.

20 베트남에서 물품을 수입할 때 적용할 수 있는 FTA협정별 원산지 조사요청 및 회신에 대한 설명으로 옳지 않은 것은?

① ASEAN FTA협정을 적용한 경우 원산지 조사에 대한 회신은 조사요청 접수한 날부터 3개월 이내 하여야 한다.

② 한-베트남 FTA협정을 적용한 경우 원산지 조사에 대한 회신은 조사요청을 접수한 날부터 6개월 이내에 하여야 한다.

③ ASEAN FTA협정을 적용한 경우 원산지 조사의 회신은 조사요청 접수일로부터 6개월의 범위 내에서 연장 가능하다.

④ 베트남과의 FTA협정에서는 원산지증명서 발급기관의 귀책으로 회신이 곤란한 경우 6개월의 범위 내에서 회신기한을 연장할 수 있다.

21 원산지증명서의 발급방식과 체약상대국의 발급기관 또는 발급자로 옳지 않은 것은?

① 한-싱가포르 FTA(기관발급) – 싱가포르 세관
② 한-인도 CEPA(기관발급) – 인도 수출검사위원회
③ 한-튀르키예 FTA(기관발급) – 튀르키예 세관
④ 한-미국 FTA(자율발급) – 생산자, 수출자, 수입자

22 한-ASEAN FTA에 따라 태국이 '민감품목'으로 지정하여 관세율 5%를 적용하고 있는 물품을 수입하는 경우 적용되는 관세율로 적절한 것은?(단, 한-ASEAN FTA규정에 따른 원산지증명서는 구비한 것으로 가정한다)

① 기본세율 8%
② 한·ASEAN FTA 협정세율 0%
③ WTO 협정세율 6.5%
④ 민감품목세율 5%

23 한-인도 CEPA에 대한 원산지 조사의 설명으로 옳은 것은?

① 인도에서 우리나라의 수출자가 발행한 원산지증명서의 진위여부 조사요청을 한 경우 조사요청일로부터 3개월 이내에 그 결과를 회신하여야 한다.

② 섬유 관련 물품에 대한 조사요청을 받은 경우 인도 섬유위원회에 그 결과를 통지하여야 하며 그 결과는 6개월 이내 회신하여야 한다.

③ 인도에서 발급받은 원산지증명서를 통해 협정관세를 적용신청한 수입자가 세관의 조사에 따라 그 결과를 통지받은 때 내용에 이의가 있는 경우에는 조사결과를 통지받은 날부터 30일 이내에 이의제기를 할 수 있다.

④ 세관에서 인도에 거주하는 수출자에 대한 원산지 조사를 하고자 하는 경우에는 먼저 인도의 증명서 발급기관을 통한 선 조사가 필요하고, 그 결과가 충분하지 않은 경우에 한하여 가능하다. 세관에서 현지조사를 하는 경우 현지조사 후 인도의 증명서 발급기관에 결과통지까지 3개월 이내에 종료하여야 한다. 단, 필요 시 조사일로부터 6개월의 범위 내에서 기간을 연장할 수 있다.

24 원산지 조사대상자가 추가로 수입하는 동종, 동질물품에 대하여 협정관세의 적용을 보류할 수 있는 사유로 옳지 않은 것은?

① 한-미국 FTA에서 수입자가 원산지증명서를 작성한 것이 확인된 경우

② 수입신고 시 협정관세의 적용을 받기 위해 수입자가 임의로 원산지확인서를 작성하여 제출한 경우

③ 원산지증빙서류를 속임수 또는 그 밖의 부정한 방법으로 작성하여 발급받은 경우

④ 탈세 등의 혐의를 인정할 만한 자료 또는 구체적인 제보가 있는 경우

25 원산지 조사에 따라 협정관세가 적용 보류되었던 물품의 보류해제에 대한 설명으로 옳지 않은 것은?

① 수입자가 협정관세를 적용받지 못할 경우 납부하여야 할 세액에 상당하는 담보를 설정하고 보류해제를 요청한 경우 보류를 해제할 수 있다. 단, 담보금액에는 납부하여야 할 내국세를 포함한다.

② 보류기간이 만료된 경우에는 보류조치가 즉시 해제된다.

③ 보류기간은 원산지 조사에 대한 결과를 통지한 날까지로 한다.

④ 보류 물품과 동일한 수출자 또는 생산자의 물품을 다른 수입자가 협정관세를 적용 신청할 때 신청내용의 적절함이 확인된 경우에는 보류를 해제할 수 있다.

01 수입자 A가 수입하는 의류에는 다음과 같은 라벨이 부착되어 있다. 본 의류를 구성하는 직물에 대한 분류의 설명으로 옳지 않은 것은?

> **혼용률**
> • 겉감 – 면 60%, 폴리에스터 40%
> • 안감 – 마 50%, 나일론 25%, 비스코스레이온 25%

① 겉감은 최대중량의 섬유인 면 직물로 분류한다.
② 안감의 직물 분류는 마의 직물로 분류한다.
③ 안감의 비스코스레이온의 복합사는 27센티뉴턴/텍스의 강도를 초과하면 강력사로 본다.
④ 겉감의 직물에 대한 호를 분류하는 경우 폴리에스터는 고려하지 않는다.

02 제18류에 분류되는 코코아제품에 대한 설명으로 옳지 않은 것은?

① 분·분쇄물·조분·전분 또는 맥아엑스의 조제식료품으로 완전히 탈지한 상태에서 측정한 코코아의 함유량이 전중량의 40% 이상의 것은 제18류에 분류한다.
② 제0401호 내지 제0404호에 해당하는 물품의 조제식료품으로 완전히 탈지한 상태에서 측정한 코코아의 함유량이 전중량의 5% 이상의 것은 제18류에 분류한다.
③ 백색초콜릿은 코코아 함유량에 관계없이 제18류에 분류된다.
④ 완전히 탈지한 상태에서 측정한 코코아를 전중량의 6% 초과하여 함유하고 있는 볶은 곡물은 제18류에 분류한다.

03 제15부에 분류되는 비금속 분류기준에 대한 설명으로 옳지 않은 것은?

① 관세율표상 비금속에는 철강, 구리, 니켈, 알루미늄, 납, 아연, 주석 등 일반 비금속과 세륨, 루테튬과 같은 희토류금속을 포함한다.
② "서멧(cermet)"이란 금속성분과 세라믹성분의 미세하고 불균질한 결합물질을 함유한 물품을 말한다. 서멧에는 소결한 금속카바이드를 포함한다.
③ 비금속(卑金屬)의 합금은 함유중량이 가장 많은 금속의 합금으로 본다.
④ 비금속(卑金屬)은 문맥상 달리 해석되지 않는 한, 비금속(卑金屬)의 합금으로 분류되는 것도 포함한다.

04 둘 이상의 기능을 수행하는 기계의 분류에 대한 설명으로 옳지 않은 것은?

① 두 가지 이상의 기계가 함께 결합되어 하나의 완전한 기계를 구성하는 복합기계는 문맥상 달리 해석되지 않는 한 이들 요소로 구성된 단일의 기계로 분류하거나 주된 기능을 수행하는 기계로 분류한다.

② 하나의 기계가 각종 개별기기로 구성되어 있는 경우에도 이들이 제84류나 제85류 중의 어느 호에 명백하게 규정된 기능을 함께 수행하기 위한 것일 때에는 제8479호 또는 제8543호에 분류한다.

③ 두 가지 이상의 보조기능이나 선택기능을 수행할 수 있도록 디자인된 기계는 달리 분류되는 호가 없는 때에는 이들 요소로 구성된 단일의 기계로 분류하거나 주된 기능을 수행하는 기계로 분류한다.

④ 어느 호에도 주 용도가 규정되어 있지 않거나 주 용도가 불명확한 기계류는 제84류의 주 규정 또는 제16부의 주 규정에 따라 분류되는 경우를 제외하고 문맥상 달리 해석되지 않는 한 제8479 호로 분류한다.

05 통칙에 대한 설명으로 옳지 않은 것은?

① 통칙 1은 각 호의 용어와 관련된 부나 류의 주에 의해 결정하도록 한다.

② 통칙 2(가)는 미조립 분해물품에 대하여 완제품의 세번으로 분류하도록 한다.

③ 통칙 2(가)는 미완성된 제품이라 하더라도 완제품의 형상을 갖춘 경우 완제품의 세번에 분류하도록 한다.

④ 통칙 3(가)는 둘 이상의 분류가능한 호가 있을 때 가장 구체적인 표현의 호에 분류하도록 한다.

06 다음의 제39류 주4에 규정된 공중합체의 정의로 옳지 않은 것은?

> 공중합체란 (ㄱ) 단일 단량체 단위가 구성 중합체 전 중량의 (ㄴ) 100분의 90 이상의 중량비를 가지지 않은 모든 중합체를 말한다. 이 류의 공중합체와 혼합중합체는 문맥상 달리 해석되지 않는 한 (ㄷ) 최대 중량의 공단량체 단위가 해당하는 호로 분류한다. 이 경우 동일 호로 분류되는 중합체 의 공단량체 단위를 단일 공중합체를 구성하는 것으로 본다. 만약 (ㄷ) 최대 중량단위의 단일 공단 량체가 없을 때에는 동일하게 (ㄹ) 분류가능한 해당 호 중에서 최종 호로 분류한다.

① ㄱ   ② ㄴ

③ ㄷ   ④ ㄹ

07 제5501호에 분류되는 합성필라멘트 토우의 분류 기준에 대한 것으로 옳지 않은 것은?

① 토우의 길이가 2미터를 초과하는 것
② 1미터당 5회 미만으로 꼰 것
③ 구성하는 필라멘트가 67데시텍스 초과의 것
④ 늘림처리를 한 것으로서 그 길이의 2배를 초과하여 늘리지 않은 것

08 주규정을 열거한 내용으로 옳지 않은 것은?

① 동물의 종은 달리 해석되지 않는 한 그 종의 어린 것도 포함하므로 소의 어린 종인 송아지는 소와 같은 류에 분류된다.
② 코끼리·하마·해마·일각고래·산돼지의 엄니, 서각과 모든 동물의 이는 아이보리로 보며 특정 형태로 깎지 않는한 제5류의 동물성 생산품으로 분류한다.
③ 균질화한 혼합 조제식료품은 육류, 어류, 채소, 과실 등의 성분 중 둘 이상의 재료를 혼합하여 곱게 만든 제품으로서 순중량 200그램 이하의 것을 용기에 넣어 소매용으로 한 것을 말한다. 보존재 함유 여부는 분류에 영향을 미치지 않는다.
④ 제4류에 분류되는 "곤충"이란 먹을 수 있는 곤충의 전체 또는 일부분으로, 신선, 냉장, 냉동, 건조, 훈제, 염장 또는 염수장한 것으로서 식용에 적합한 것을 말한다.

09 선철은 실용상 단조에 적합하지 않은 철–탄소의 합금으로서 탄소의 함유량이 전 중량의 100분의 2를 초과하고, 하나 이상의 그 밖의 원소의 함유량이 중량비로 일정한도 이하인 것을 말한다. 이때 각 원소의 함유 중량비 한도로 옳지 않은 것은?

① 크로뮴 – 100분의 10
② 망간 – 100분의 6
③ 인 – 100분의 3
④ 규소 – 100분의 6

10 제50류부터 제60류까지의 분류기준에 대한 설명으로 옳지 않은 것은?

① 제50류부터 제55류까지와 제60류, 그리고 문맥상 달리 해석되지 않는 한 제56류부터 제59류까지는 제품으로 된 것이 분류되지 않는다.
② 제50류부터 제55류까지와 제60류는 제56류부터 제59류까지의 물품을 적용하지 않는다.
③ 문맥상 달리 해석되지 않는 한 각각 서로 다른 호로 분류되는 방직용 섬유의 의류는 소매용 세트의 경우 통칙 3(나)에 따라 분류한다.
④ 제50류부터 제55류까지의 직물에는 방직용 섬유의 실을 평행하게 병렬한 층을 상호 예각이나 직각으로 겹쳐 만든 직물(이 층은 접착제나 열용용으로 실의 교차점에서 결합되어 있다)을 포함한다.

11 통칙 3호(나)에 의거하여 분류되는 사례로 옳지 않은 것은?

① 제1602호에 분류하는 빵 사이에 쇠고기를 넣은 샌드위치
② 제8510호에 분류하는 전기식 이발기기와 빗, 가위 세트
③ 제9017호에 분류하는 자, 제도용 컴퍼스, 연필, 연필깎기로 구성된 제도용 세트
④ 제8214호에 분류하는 매니큐어 세트

12 차량분류에 대한 내용으로 옳지 않은 것은?

① 트랙터는 주 용도에 따라 공구·종자·비료나 그 밖의 물품의 수송용 보조기구를 갖추었는지에 관계없이 제87류의 차량으로 분류한다.
② 호환성 장치로서 트랙터에 부착시키도록 설계된 기계와 작업도구는 트랙터와 함께 제시된 경우에는 트랙터가 분류되는 호에 분류한다.
③ 운전실이 있고 원동기를 부착한 자동차 섀시는 제8706호로 분류하지 않고 제8702호부터 제8704호까지로 분류한다.
④ 자동차의 분류는 모든 부분품을 완성 자동차로 결합한 이후에 수행되는 작업인 차대번호 부착, 차륜의 배치 조절 등에 영향을 받지 않는다.

13 제8471호의 자동자료처리기계의 정의에 해당하지 않는 것은?

① 하나 이상의 처리용 프로그램과 적어도 프로그램 실행에 바로 소요되는 자료를 기억할 수 있어야 한다.
② 사용자의 필요에 따라 프로그램을 자유롭게 작성할 수 있어야 한다.
③ 사용자가 지정한 수리 계산을 실행할 수 있어야 한다.
④ 처리 중의 논리 판단에 따라 변경을 요하는 처리프로그램을 실행하면 논리의 변경을 할 수 있는 것이어야 한다.

14 물품과 분류되는 류의 연결로 옳지 않은 것은?

① 얼음 - 제22류
② 알콜 함유량 0.1% 과실주스 - 제22류
③ 볶은커피 대용물 - 제21류
④ 밀크파우더 - 제4류

15 제18부에 분류되는 물품에 대한 설명으로 옳지 않은 것은?

① 시계의 스프링은 시계의 부분품으로 분류하지만, 시계용 추나 체인은 각각의 재질에 따라 분류한다.

② 시계는 케이스 전부를 귀금속으로 만든 것이나 귀금속을 입힌 금속으로 만든 것과, 제7101호부터 제7104호까지의 천연진주, 양식진주나 귀석, 반귀석(천연의 것, 합성·재생한 것)을 위의 재료에 결합시킨 휴대용 시계도 제71류가 아닌 제91류의 시계에 분류한다.

③ 악기의 연주에 사용되는 활, 채와 이와 유사한 물품으로서 적정한 수량의 범위 안에서 악기와 함께 제시되며, 명백히 악기와 함께 사용되는 것은 해당 악기와 같은 호로 분류한다. 또한 악기와 함께 제시되는 제9209호의 카드, 디스크, 롤은 해당 악기와 함께 제시되는 경우 해당 악기와 같은 호로 분류한다.

④ 치과용으로 사용되는 임플란트용 스크루는 제15부 범용성부분품이 아닌 제90류에 분류한다.

16 제39류 주규정에 따른 용어의 정의로 옳지 않은 것은?

① 일차제품이란 제3910호부터 제3914호까지의 것을 말하며 액체나 페이스트 및 불규칙한 모양의 블록, 럼프, 플레이크 및 이와 유사한 벌크형상의 것만을 말한다.

② 제3917호의 "관·파이프·호스"란 보통 가스나 액체를 운반하는 데 사용되는 중공의 반제품 또는 완제품을 말한다. 내부 횡단면의 모형이 타원형인 것을 포함하며 직사각형 모형인 경우 길이가 폭의 1.5배를 초과하지 않는 것에 한한다.

③ "플라스틱으로 만든 벽 피복재나 천장 피복재"란 벽이나 천장 장식용에 적합한 폭 45센티미터 이상의 롤 모양의 제품으로서 종이재료에 영구적으로 부착시킨 플라스틱으로 구성되고, 정면 부분의 플라스틱층이 그레인장식·엠보싱장식·착색·디자인인쇄나 그 밖의 장식으로 된 것을 말한다.

④ 제3925호의 플라스틱으로 만든 건축용 재료는 39류 제2절에서 제3925호보다 선행하는 호에 해당하는 물품이 아닌 경우에만 분류되는 건축자재를 말한다.

17 제8457호에 분류되는 금속 가공용 공작기계에 대한 설명으로 옳지 않은 것은?

① 머시닝(machining) 프로그램에 따라 매거진이나 그 밖에 이와 유사한 장치로부터 공구를 자동적으로 교환하는 방법으로 금속을 가공하는 경우 제8457호에 분류된다.

② 고정된 가공물에 대하여 서로 다른 유닛헤드(unit head)를 자동적으로 작용시켜 동시 또는 연속으로 가공하는 방법으로 금속을 가공하는 경우 제8457호에 분류된다.

③ 다축 밀링머신과 같이 단일의 공구나 수개의 공구를 사용해서 동시나 연속가공을 하는 한 가지 기계가공작업을 수행하는 공작기계는 제8357호에 분류된다.

④ 가공물을 서로 다른 유닛헤드(unit head)로 자동 이송하는 방법의 금속가공기계는 제8457호에 분류될 수 있다.

18 동일 류에 분류되는 상품들로 모두 옳은 것은?

① 버터, 인조꿀, 껍질을 깐 계란
② 커피, 차, 마테, 볶은커피 대용물
③ 혼합조미료, 아이스크림, 수프용 조제품
④ 식초, 맥주, 토마토 함량 7% 이상인 토마토주스

19 제11부에 분류되는 실에 대한 설명으로 옳지 않은 것은?

① 대마사를 연마한 것으로 1,429데시텍스 이상의 것은 제11부에서 끈, 밧줄, 로프 또는 케이블로 본다.
② 공모양으로 감은 2천데시텍스 미만의 125그램 이하 실은 강력사의 요건에 해당된다.
③ 방직용 섬유재료의 단사는 소매용 실로 분류할 수 없다.
④ 최종꼬임이 제트꼬임인 실은 재봉사의 요건에 해당한다.

20 제품과 함께 분류될 수 없는 것은?

① 제품과 함께 제시되는 총 케이스
② 시계가 담겨 함께 제시되는 플라스틱 케이스
③ 바이올린과 바이올린 케이스 및 활 1개
④ 화과자가 담겨있는 장식용 도자기

21 제8509호에 분류되는 물품을 바르게 고른 것은?

> ㄱ. 바닥광택기
> ㄴ. 식품용 그라인더
> ㄷ. 팬을 결합한 환기용 · 순환용 후드
> ㄹ. 가정용 세탁기
> ㅁ. 원심식 의류건조기

① ㄱ, ㄴ   ② ㄴ, ㄷ, ㄹ
③ ㄱ, ㄷ, ㅁ   ④ ㄷ, ㄹ, ㅁ

22 제11부에서는 방직용 섬유로 된 제품에 대한 정의를 규정하고 있다. 이때 "제품으로 된 것"의 정의에 해당하지 않는 것은?

① 정사각형이나 직사각형으로 재단한 물품
② 봉제나 그 밖의 가공 없이 완제품으로 사용할 수 있는 것이나 간사를 절단함으로써 단지 분리만 하여 사용할 수 있는 것
③ 가장자리를 접어 감치거나 단을 댄 물품이나 가장자리에 결절술을 댄 물품(직물의 절단된 가장자리를 감치거나 그 밖의 단순한 방법으로 풀리지 않도록 한 것은 제외한다)
④ 특정 모양의 메리야스 편물이나 뜨개질 편물(분리된 부분이나 특정 길이의 여러 모양으로 제시되었는지에 상관없다)

23 제40류의 고무에 분류할 수 없는 것은?

① 고무를 침투·도포·피복하거나 적층한 방직용 섬유의 직물류로 제조한 것과 고무를 침투·도포·피복하거나 시드한 방직용 섬유의 실이나 끈
② 고무의 웨이스트·페어링·스크랩
③ 불규칙한 모양의 블록·럼프·베일·가루·알갱이·부스러기와 이와 유사한 벌크모양의 것
④ 경질고무로 만든 기계류 부분품

24 제57류의 양탄자류와 기타 방직용 섬유로 만든 바닥깔개의 분류기준으로 옳지 않은 것은?

① 바닥깔개의 밑받침은 분류되는 양탄자의 호에 함께 분류한다.
② 사용시 노출표면이 방직용 섬유로 된 것에 한하여 제57류에 분류한다.
③ 방직용 섬유제의 바닥깔개 특성을 가진 경우에는 다른 용도로 사용할 수 있는 경우라 하더라도 제57류에 분류할 수 있다.
④ 방직용 섬유제의 바닥깔개는 모두 제57류에 분류하고, 형상이나 직조방법 또는 재질에 따라 상세 호를 결정한다.

25 다음의 물품이 분류되는 호로 옳은 것은?

> **함유 중량비가 아래와 같은 합금**
> 철 80% + 구리 15% + 백금 2% + 금 3%

① 제7110호 백금
② 제7108호 금
③ 제7201호 철
④ 제7403호 구리

01 현재 체결된 FTA협정에서 역내부가가치비율을 계산할 때 일반적으로 사용할 수 있는 방법으로 옳지 않은 것은?

① RCEP – 공제법, 집적법
② 한–EU FTA – MC법
③ 한–싱가포르 FTA – 공제법
④ 한–미국 FTA – 공제법, 집적법, 순원가법

02 부가가치기준 적용 시 수입원재료를 계상하는 방법에 대한 설명으로 옳지 않은 것은?

① 미국 FTA는 실제지급가격에서 국제운송비를 공제하여 계상한다.
② 호주 FTA는 운임보험료가 포함된 CIF가격으로 계상한다.
③ 콜롬비아 FTA는 실제지급가격에서 국제운송비를 공제하여 계상한다.
④ 중국 FTA는 수입 시 운임보험료가 포함된 CIF가격을 계상한다.

03 FTA협정에서 규정하고 있는 불인정공정에 대한 설명으로 옳지 않은 것은?

① 캐나다 FTA에서는 불인정공정이 없다.
② 한–인도 FTA에서는 불인정공정을 열거하고 있다.
③ 한–칠레 FTA에서는 불인정공정의 예시를 제시하고 있다.
④ 한–싱가포르 FTA에서는 불인정공정의 예시를 제시하고 있다.

04 우리나라가 체결한 FTA에서 규정하고 있는 당사국에 대한 설명으로 옳지 않은 것은?

① 한–베트남 FTA에서 당사국은 대한민국 정부와 베트남사회주의공화국 정부를 말한다.
② 한–EU FTA에서 당사국은 대한민국과 유럽연합의 개별회원국과 유럽연합 자체를 각각 규정한다.
③ 한–ASEAN FTA에서 당사국이란 한국 또는 동남아시아국가연합을 말한다.
④ 한–EFTA FTA에서 당사국은 대한민국과 유럽자유무역연합의 각 개별회원국이며 통칭하여 유럽자유무역연합 회원국이라 칭한다.

05 원산지에 대한 설명으로 옳지 않은 것은?

① 원산지는 소비자의 합리적인 소비를 위한 규정으로 원산지표시는 FTA협정 및 특례법에 따라 표시하여야 한다.

② 원산지확인은 특혜와 규제 두 가지 모두에 필요하다.

③ FTA협정세율을 적용하지 않더라도 원산지확인을 위해 원산지확인서가 요구될 수 있다. 이때에는 FTA협정에 의한 원산지증명서 요건을 갖추지 않더라도 관계없다.

④ 원산지확인을 통해 덤핑이나 세이프가드 등의 제도를 운영하여 국내산업을 보호할 수도 있다.

06 다음 작업에 대한 설명으로 옳은 것은?

> 우리나라의 K사는 중국으로부터 철제 파이프를 수입하고자 한다. 중국의 공장에서는 공급물품을 프랑스로부터 수입하여 이를 우리나라 K사에서 원하는 길이에 맞춰 단순 절단만 한 후 10개 단위 묶음으로 포장하여 공급한다.

① 해당 작업은 단순절단 작업이므로 한-중국 FTA상 중국산으로 볼 수 없다.

② 해당 제품의 원산지는 프랑스로 한-EU FTA를 적용하여야 한다.

③ 중국의 공장에서 프랑스에서 제공받은 인보이스에 원산지문구를 확인 후 이를 기초로 우리나라에 원산지증명서를 발급하는 경우 한-중국 FTA를 적용받을 수 있다.

④ 중국에서 원산지증명서를 발급하는 경우 원산지증명서에는 프랑스의 수출자가 발행하는 인보이스의 발행자 또는 법인정보가 기재되어야 한다.

07 한-콜롬비아 FTA에 대한 설명으로 옳지 않은 것은?

① 순원가법을 적용하는 경우는 "자동차 상품을 위한(for automotive goods)"이라고 하여 별도로 적용 대상을 한정하고 있으며, 해당 자동차 상품의 범위에 대해서는 주석을 통해 "통일 상품명 및 부호체계의 제8701호 내지 8705호(자동차) 및 제8706호(샤시)"로 그 대상을 명확히 하고 있다.

② 부가가치 계산 시 공제법과 집적법을 선택할 수 있지만 일부 품목별 기준에서는 두가지 방법중 한가지만 적용되도록 명시한 품목도 있다.

③ 자국 영역의 수출자가 상품의 생산자가 아닌 경우, 그 수출자는 상품의 원산지 증명서를 작성할 수 없다.

④ 수출 후 상품의 변동 없이 수출된 상태 그대로 재수입된 경우에는 원산지 지위를 그대로 인정할 수 있다.

08 완전생산품으로 인정될 수 없는 경우는?

① 우리나라에서 사육된 도계 닭을 영국으로 수출하는 경우

② 수렵방식에 의해 획득한 어획물을 싱가포르에 수출하는 경우

③ 파나마에 등록된 베트남국기를 게양한 선박에 의해 우리나라 해역에서 포획한 고등어를 페루에 수출하는 경우

④ 우리나라에서 출생된 소가 2년간 사육된 후 도축한 부위를 인도네시아에 수출한 경우

09 부가가치기준을 적용함에 있어 소매용 용기 및 포장에 대한 원산지기준 적용이 다른 협정은?

① 한-칠레 FTA

② 한-미국 FTA

③ 한-튀르키예 FTA

④ 한-캐나다 FTA

10 한-ASEAN FTA협정상의 정의로 옳지 않은 것은?

① "상품"에는 그것이 비록 다른 생산공정에서 재료로서 추후 사용될 것이라 해도, 완전획득 또는 생산될 수 있는 재료 또는 생산품이 포함된다. 이 부속서의 목적상, "상품"이란 용어와 "생산품"이란 용어는 상호 교환되어 사용될 수 있다.

② "대체가능한 상품 또는 재료"라 함은 종류 및 상업적 가치가 같은 재료로서 완전히 동일한 기술적 및 물리적 특성을 지니는지 여부를 불문하고, 최종재에 결합되면 본래의 목적상에 부합되고 서로 구별되지 아니하는 것을 말한다.

③ "운송을 위한 포장재 및 용기"라 함은 그 운송기간 동안 상품을 보호하기 위하여 사용되는 상품을 말하며, 소매를 위하여 사용되는 용기 또는 재료와는 구별된다.

④ "생산"이라 함은 재배, 채굴, 수확, 사육, 번식, 추출, 채집, 수집, 포획, 어로, 덫사냥, 수렵, 제조, 생산, 가공 또는 조립을 포함한 상품의 획득 방법을 말한다.

11 FTA협정별로 역외가공을 규정한 것에 대한 설명으로 옳지 않은 것은?(역외가공을 허용한 품목에 대한 것으로 한정한다)

① 역외부가가치가 30%인 개성공단 생산품은 싱가포르로 수출되는 경우 역외가공을 허용할 수 있다.

② ASEAN 협정에서는 개성공단 이외의 지역에 대한 역외가공은 허용하지 않는다.

③ EU FTA에서는 개성공단에 한하여 10% 이내의 가공비율만 역외가공을 허용한다.

④ EFTA는 10% 이내의 가공비율에 대하여 지역에 관계없이 역외가공을 허용한다.

12 다음의 수출물품에 대하여 원산지를 판정하였을 때 옳지 않은 것은?

> **자, 연필, 형광펜, 컴파스, 각도기가 세트로 구성된 물품(FOB가격 500)**
> • 자, 컴파스 및 각도기는 역내산으로 구성원가는 총 400이다.
> • 연필, 형광펜은 중국에서 수입한 것으로 수입과세가격은 총 50이다.
> 포장은 수출자 A가 최종적으로 수행하고 인천항에서 화물을 선적하여 수출한다. 이때 국내운임은 총 20이 발생한다.

① 튀르키예와의 FTA에서 본 세트물품은 전체를 원산지물품으로 인정할 수 있다.

② 중국과의 FTA협정에서 본 물품은 원산지물품으로 인정될 수 있으나, 페루와의 FTA에서는 역외산이다.

③ 미국과의 FTA에서 본 세트물품은 역내산이다.

④ 콜롬비아와의 FTA에서 본 세트물품은 역내산으로 판단할 수 있다.

13 FTA협정상 누적기준에 대한 설명으로 옳지 않은 것은?

① 해당 특혜무역협정의 역내 회원국에 의해 공급된 재료를 역내산으로 간주하는 것을 양자누적이라 한다.

② 완전누적은 협정 역내에 속하는 다수의 국가에서 발생한 공정, 재료 등 모든 부가가치를 원산지 결정 시 고려하는 것을 말한다.

③ 공정누적은 협정 상대국에서 수행된 특정공정을 역내에서 수행한 것으로 간주하는 것으로서 인도, 캐나다, 튀르키예, 싱가포르는 공정누적을 허용한다.

④ 재료누적은 모든 협정에서 인정한다.

14 다음 사례와 같이 생산된 제품에 대한 원산지 판정에 대한 설명으로 옳지 않은 것은?

> 다음은 한국의 K사가 제조하는 상품의 원가내역($)이다(3926.90).
> **BOM**
> • 원재료 a – 3,000 / 한국산(3901.10)
> • 원재료 b – 1,000 / 미국산(3919.90)
> • 원재료 c – 500 / 중국산(3926.40)
> • 원재료 d – 300 / 일본산(3926.90)
> **공장도가격** – 5,500원
> **조정가치(FOB)** – 6,000원
> **원산지결정기준**
> • EU – 해당 물품의 생산에 사용된 모든 비원산지재료의 가격이 해당 물품의 공장도가격의 50%를
>   초과하지 아니한 것
> • ASEAN – 다른 호에 해당하는 재료로부터 생산된 것
>   – 40% 이상의 역내부가가치가 발생한 것

① 한-EU FTA 적용 시 원산지기준을 충족한다.
② 한-ASEAN FTA 적용 시 세번변경기준은 충족하지 않는다.
③ 한-ASEAN FTA 적용 시 미소기준을 활용할 경우 세번변경기준을 충족시킬 수 있다.
④ 한-ASEAN FTA 적용 시 부가가치기준은 충족한다.

15 캐나다 FTA에서 규정하는 최소허용기준에 대한 설명으로 옳지 않은 것은?

① FOB가격을 기준가격으로 계산한다.
② 부가가치기준을 적용할 때에는 최소허용기준을 적용하지 않는다.
③ HS 1~12류에 해당하는 농수산물 등은 CTSH기준을 충족하는 경우에만 최소허용기준을 적용
   한다.
④ 섬유류를 제외한 일반물품은 기준가격의 10%를 초과하지 않는 역외산 재료의 사용을 허용한다.

16 우리나라가 체결한 FTA에서 정한 중간재 규정에 대한 설명으로 옳지 않은 것은?

① EU와의 FTA에서는 원산지물품과 비원산지물품을 투입하여 생산한 재료가 원산지기준을 충족할 경우, 역내생산품을 중간재로 인정하고 있다.

② 한-인도 CEPA에서는 자가생산품인 중간재의 가격계상은 제조원가에 일반경비와 이윤을 공제한 금액으로 한다.

③ 한-ASEAN FTA에서는 중간재 규정을 두고 있지 않지만 FTA특례법 시행규칙 별표에서 이를 인정하고 있으므로 우리나라에서 ASEAN 국가로 수출하는 상품에 대하여는 중간재 인정을 받을 수 있다.

④ 싱가포르와의 FTA에서는 중간재를 구성하는 재료가 부가가치기준 적용 품목인 재료는 중간재로 지정할 수 없다.

17 FTA협정에서는 물품의 특성이 본질적으로 동일하여 원산지가 서로 다르더라도 물품의 기능, 특성 및 그 밖의 사항을 복합적으로 고려하여 상호 대체사용이 가능한 상품 또는 재료를 대체가능물품으로서 재고관리에 효율성을 기하도록 운영하고 있다. FTA협정 중 상품과 재료 모두를 대체가능하다고 규정한 협정으로 옳은 것은?

① 한-ASEAN, 한-콜롬비아

② 한-인도, 한-캐나다

③ 한-중국, 한-베트남

④ 한-미국, 한-뉴질랜드

18 튀르키예 FTA적용 시 중간재에 대한 설명으로 옳지 않은 것은?

① 튀르키예 FTA는 역내생산 중간재를 인정한다.

② 중간재에 대한 지정의무는 없다.

③ 중간재의 가격은 일반경비를 포함하여 생산과정에서 발생한 모든 비용과 통상적 거래과정에서 발생되는 부가이윤을 합한 금액으로 한다.

④ 중간재를 구매하는 경우에도 협정에서 인정하고 있으므로 별다른 조건없이 중간재를 역내산 원재료로 간주할 수 있다.

19 부속품, 예비부품 및 공구에 대한 내용으로 옳지 않은 것은?

① 협정에서는 부속품 등에 대한 정의를 별도로 규정하지 않고 있으므로 각각의 용도, 성상, 거래조 건 등을 고려하여 개별적으로 판단하여야 한다.

② 한-미국 FTA에서는 송장에 상품과 함께 게시되고 함께 공급되어 물품과 동일한 세번에 속하는 것으로서 그 수량이 통상적인 수준인 경우 원산지 판정 시 고려하지 않도록 하고 있다.

③ 칠레 FTA 적용 시 본품의 원산지 결정이 세번변경기준을 적용하는 경우에는 해당 부속품, 예비부 품 및 공구에 대하여 원산지 판정 시 고려할 필요가 없다.

④ ASEAN과 캐나다 FTA에서는 부가가치기준 적용 시 공구, 부속품 및 예비부품이 송장에 별도로 명시되지 않고 제품에 포함되어 판매되는 경우 이를 원산지 판정 시 고려하지 않도록 한다.

20 다음 제시된 거래에 대한 원산지결정기준의 설명으로 옳지 않은 것은?

> 한국의 K사는 중국산 평판압연제품(7208.10)을 수입하고 한국에서 액체펌프(8413.50)를 제조하여 협정상대국의 L사에게 $3,000에 수출한다. 수출가격에는 운송을 위한 플라스틱 팔렛트(3926.90) 가격 $50 포함되어 있다. 액체펌프(8413.50)의 원산지기준은 "다른 호로부터 생산된 것 또는 역내 부가가치비율이 공제법 50%"이다. 역외산 재료가격의 합은 $1,300이다.

① 한-ASEAN FTA에서 부가가치기준을 적용하여 원산지를 결정하는 경우 플라스틱 팔렛트는 원산 지 판정 시 고려되어야 한다.

② 한-칠레 FTA에서 세번변경기준을 적용하여 원산지를 결정하는 경우 플라스틱 팔렛트는 원산지 판정 시 고려되지 않는다.

③ FOB를 조정가격으로 하는 협정의 경우 운송을 위한 팔렛트 비용 $50은 제외하고 $2,950을 기초 로 역외산 재료인 $1,300에 대한 공제법 계산을 한다.

④ 한-캐나다 FTA에서 세번변경기준을 적용하여 원산지를 결정하는 경우 플라스틱 팔렛트는 원산 지 판정 시 고려되지 않는다.

21 원산지물품의 생산에 투여되는 촉매제에 대하여 제품 원산지 판정 시 고려해야 하는 사항에 대한 설명으로 옳지 않은 것은?

① 호주와의 FTA에서는 촉매도 재료로 간주하여 비용에 계상한다.

② EFTA FTA에서는 촉매와 같은 간접재료는 재료비가 아닌 제조간접비에 계상한다.

③ 한-ASEAN FTA 적용 시 비원산지 촉매제를 사용하였다 하더라도, 이는 재료로 간주되지 않으므 로 부가가치기준 적용 시 고려되지 않는다.

④ 한-EU FTA 적용 시 공장도가격에 촉매에 대한 비용은 일반경비로 포함된다.

22 다음의 원가내역을 기초로 부가가치기준 적용 시 그 계산이 옳지 않은 것은?(소수점 이하는 버린다)

구 분	원산지	가격(원)
원재료1	한국산	5,000
원재료2	일본산	3,000
원재료3	중국산	2,000
원재료4	호주산	1,000
노무비	–	1,500
국내운송비	–	500
이 윤	–	2,000
조정가치(FOB)	–	15,000

① 한-ASEAN FTA 적용 시 집적법으로 계산할 경우 33%이다.
② 한-EU에서 부가가치기준을 적용할 경우 40%이다.
③ 한-인도 CEPA에서는 부가가치기준 계산 시 60%이다.
④ 한-싱가포르 FTA에서 부가가치기준 계산 시 60%이다.

23 다음의 최소허용기준에 대한 설명에 해당하는 FTA협정으로 옳은 것은?

> 부속서 4에 따라 세번변경이 이루어지지 아니한 상품은 그 상품의 생산에 사용된 세번변경이 이루어지지 않은 모든 비원산지 재료의 가치가 제4.3조에 따라 산정된 상품의 조정가격의 8퍼센트를 초과하지 않는다면 원산지 상품으로 간주된다. 비원산지 재료가 원산지 판정을 받고 있는 상품의 소호와는 다른 소호에 규정되어 있지 아니하는 한, 통일상품명 및 부호체계의 제1류 내지 제24류에 규정된 상품의 생산에 사용된 비원산지 재료에는 적용되지 아니한다.

① 한-칠레 FTA
② 한-싱가포르 FTA
③ 한-ASEAN FTA
④ 한-중국 FTA

24 다음은 한국의 생산자가 자동차용 부품(8708.95)을 국내에서 생산하여 프랑스와 미국으로 수출할 때 수출제품의 원가내역이다(원산지 관련 증빙서류는 모두 수취한 것으로 간주한다). 본 사례의 물품이 협정세율을 적용받을 수 있는 FTA협정은?(단, 본 문제에 있어 미소기준은 고려하지 않는다)

원재료 내역
- A – 한국산 8708.95 / 5,100원
- B – 미국산 3917.29 / 5,400원
- C – 한국산 8708.95 / 4,100원
- D – 한국산 8708.95 / 8,000원
- E – 프랑스산 8708.95 / 5,400원

기타비용
- 노무비 및 일반경비 / 20,000원
- 이윤 / 5,000원
- 국내운송비 / 3,000원

FOB가격(조정가치) : 56,000원

원산지결정기준
다른 호에 해당하는 물품에서 제8708.10호 내지 제8708.99호에 해당하는 물품으로 변경된 것

---

① 적용가능한 협정 없음
② 한–EU FTA
③ 한–미국 FTA
④ 한–EU, 한–미국 FTA

25 한국 국기를 게양하고 한국에 등록한 영국소유의 선박이 대서양에서 연어를 잡아 부산항에 입항하였다. 본 어획물을 우리나라에서 수출할 경우 완전생산 기준에 따라 원산지 물품으로 인정받을 수 없는 FTA 체결국은?

① 튀르키예
② 싱가포르
③ RCEP
④ 미 국

01 관세의 과세요건으로 옳지 않은 것은?

① 과세물건은 수입되는 무체물과 유체물을 말한다.

② 관세율은 관세율표에 게기된 세율에 따른다.

③ 과세표준은 수입물품의 가격 또는 수량을 의미하며 수입물품의 가격을 산출하는 과정을 관세평가라 한다.

④ 납세의무자는 수입물품에 대한 관세를 납부하는 자를 말하며 원칙적으로 수입화주가 납세의무자가 된다.

02 관세율의 적용순서를 나열한 내용으로 옳지 않은 것은?

① 덤핑방지관세 15% – 산업구조 변동에 따른 세율불균형에 대한 조정관세 10% – 잠정관세 8% – 기본관세 6.5%

② 상계관세 30% – 편익관세 5% – 계절관세 30% – 잠정관세 15%

③ 긴급관세 80% – 국제협력관세 3% – 계절관세 30% – 기본관세 8%

④ 국제협력관세 3% – 할당관세 14% – 일반특혜관세 5% – 기본관세 8%

03 관세에 대한 설명으로 옳지 않은 것은?

① 관세는 국세의 일종으로 우리나라는 수입물품에만 대하여 부과한다.

② 관세는 우리나라에서의 소비를 전제로 부과되는 소비세이다.

③ 관세법을 위반할 경우 형법이나 형사소송법과 별도로 관세법에 따라 처벌한다.

④ 이미 적용된 관세에 대하여 사후에 관세법의 해석이나 관행이 변경될 경우 이를 소급하여 과세한다.

04 관세의 부과에 대한 설명으로 옳지 않은 것은?

① 관세의 납부는 납세의무자가 납세와 관련된 신고를 스스로 하고 납부하는 신고납부가 원칙이다.

② 납세의무자가 납부하여야 할 세액을 산출하기 어려운 경우 세관장이 사전세액심사를 통해 부과고지를 할 수 있다.

③ 부족세액을 징수하고자 하는 경우 세관장은 부족세액에 대한 납부고지서를 납세의무자에게 교부하여야 한다.

④ 관세의 산출자료는 수입신고일로부터 5년간 보관하여야 한다.

05 관세와 내국세의 관계에 대하여 서술한 내용으로 옳지 않은 것은?

① 수입물품에 대한 부가가치세는 관세와 함께 세관장이 부과 징수한다.

② 개별소비세는 특정 물품에만 부과되는 것이며 개별소비세가 부과되는 물품은 관세와 함께 개별소비세도 세관장이 부과 징수한다.

③ 수입물품에 대한 내국세의 부과 및 징수에 대하여도 관세법을 우선 적용한다.

④ 개별소비세가 부과되는 물품의 부가가치세 과세표준은 관세의 과세가격에 개별소비세를 더한 가격으로 한다.

06 수입물품의 과세가격을 결정하는 관세평가에 관한 국제협약인 관세평가협정에 대한 설명으로 옳지 않은 것은?

① 1947년 제네바 UN회의 결과에 따라 관세와 무역에 관한 일반협정이 확정되고 이때 협정 제7조에 규정된 것이 최초의 관세평가에 관한 협정이다.

② 브뤼셀 평가협약은 유럽관세동맹연구단에서 관세평가협정을 보다 구체적으로 발전시킨 것으로 수입물품의 과세가격을 CIF가격을 기준으로 하고 있다.

③ GATT 관세평가협정과 WTO 관세평가협정은 내용상의 큰 차이 없이 체제의 전환에 의한 것이며 협정 가입국가에게 구속력은 없다.

④ 관세평가협정은 우리나라 관세법으로 국내법제화되었고, 협정과 국내법이 상충될 경우 협정이 우선적으로 적용된다.

07 관세징수권 소멸시효의 중단 사유에 해당하지 않는 것은?

① 경정처분   ② 통고처분
③ 압 류   ④ 확정신고

08 세액의 정정에 대한 설명으로 옳지 않은 것은?

① 납세신고한 세액을 납부하기 전 과부족을 알게되었을 때에는 정정신고를 하며 납부기한은 정정신고한 날의 다음날까지로 한다.

② 과세가격의 오류로 납부세액의 부족을 알게 된 경우 신고납부한 날로부터 6개월 이내 세액을 보정신고 할 수 있다. 보정신고를 한 경우 보정신청한 날의 다음날까지 관세를 납부하여야 하며 보정이자를 더하여 납부한다.

③ 신고납부한 세액에 부족이 있는 것을 보정기간이 경과하고 알게 되었을 때에는 수정신고를 통해 부족세액을 납부할 수 있으며, 이때는 가산세로 부족세액의 10%와 경과된 일수에 해당하는 이자를 더하여 납부한다.

④ 관세부과의 제척기간이 경과되면 어떠한 정정도 할 수 없다.

09 다음 사례에 대한 설명으로 옳지 않은 것은?

> 수입자 K는 P국가의 S와 '의자' 500개에 대한 구매계약을 체결하였고, 5월 30일 선적된 화물은 6월 4일 우리나라에 도착하였다. 수입신고는 관세사를 통해 6월 5일 하였고, 당일 수리되었다. 수입신고 수리 후 반출하는 과정에서 500개의 물품 중 10개가 분실되었음을 확인하였다.

① 수입자 K가 신고한 수입신고 과세물건은 의자 500개이다.
② 수입신고에 대한 원칙적 납세의무자는 화주인 수입자 K이다.
③ 수입신고에 대한 적용법령은 수입신고시점인 6월 5일 당시 시행되던 법률을 적용한다.
④ 보세구역에서 반출하는 과정에서 분실된 10개에 대하여는 분실된 때를 과세물건 확정시기로 하여 보세구역 운영인이 납세의무자가 된다.

10 다음 중 원칙적인 수입절차의 순서로 옳은 것은?

① 입항 – 하역 – 보세구역 반입 – 수입신고 – 관세납부 – 수입신고 수리 – 반출
② 입항 – 하역 – 보세구역 반입 – 수입신고 – 관세납부 – 수입신고 수리 – 보세운송신고 – 반출
③ 입항 – 하역 – 보세구역 반입 – 수입신고 – 수입신고 수리 – 관세납부 – 보세운송신고 – 반출
④ 입항 – 하역 – 수입신고 – 보세구역 반입 – 관세납부 – 수입신고 수리 – 보세운송신고 – 반출

11 수입물품이 보호신청된 지식재산권을 침해하는 물품인 경우 통관을 제한할 수 있다. 이때 수입자가 담보를 설정하고 통관 또는 유치를 해제할 수 있는 경우로 옳은 것은?

① 특허설정된 발명을 사용하여 특허권을 침해하는 물품
② 불법복제된 물품으로 저작권 등을 침해하는 물품
③ 유사한 품종명칭을 사용하여 품종보호권을 침해하는 물품
④ 동일 또는 유사한 상표를 부착하여 디자인권을 침해하는 물품

12 세관공무원의 권한에 대한 설명으로 옳지 않은 것은?

① 세관공무원은 수입물품에 대하여 필요하다고 판단되는 경우 물품을 검사할 수 있다.

② 세관공무원은 그 직무를 집행할 때 공무집행에 대한 방해를 억제하기 위한 상당한 이유가 있는 경우 총기를 사용할 수 있다.

③ 세관공무원은 해상에서 직무를 집행하기 위하여 필요하다고 인정될 때에는 군부대, 경찰관서, 해양경비안전관서 등의 관계기관에 조력을 요청할 수 있다.

④ 세관공무원은 관세법상 직무집행을 위해 필요한 경우 수출국의 수출자에게 질문하거나, 관계서류의 제출을 요구할 수 있다.

13 관세법상 납세의무자로 옳지 않은 것은?

① 보세구역에 장치된 물품이 분실된 경우 보세구역 운영인

② 보세운송기간이 경과하여 관세를 징수하는 물품에 대하여는 보세운송을 신고하였거나 승인을 받은 자

③ 외국물품인 선박용품이나 국제무역선 안에서 판매하는 물품을 허가받은 대로 적재하지 아니하여 관세를 징수하는 물품은 하역을 한 자

④ 수입신고가 수리되기 전 소비한 물품은 소비한 자

14 관세범에 대한 처분으로 옳지 않은 것은?

① 관세법에 따라 수색, 압수를 할 때에는 관세청장의 허가를 받아야 한다.

② 압수물품이 압수일로부터 6개월 이내 소유자 및 범인을 알 수 없는 경우 유실물로 간주하여 공고하고, 공고일부터 1년이 지나도 알 수 없는 경우 이는 국고에 귀속된다.

③ 세관공무원은 관세범 조사에 필요하다고 인정될 때 창고 및 그 밖의 장소를 검증하거나 수색할 수 있다.

④ 법원에서의 처벌에 갈음하여 관세청장 또는 세관장이 법규위반자에게 벌금에 상당하는 금액 등 금전적 제재를 가하는 통고처분을 할 수 있다.

15 관세환급과 그에 대한 설명으로 옳지 않은 것은?

① 관세환급금은 세관장의 소관 세입금 계좌에서 지급된다.

② 지정보세구역 장치물품이 변질 또는 손상된 경우 변질 또는 손상된 가치에 상응하는 관세를 환급받을 수 있다.

③ 환급청구권의 소멸시효는 환급금 지급 시 중단된다.

④ 수입신고가 수리 된 물품이 수입신고 수리일부터 6개월 이내 수입된 상태 그대로 수출되는 경우 세관장의 확인을 받아 이를 환급받을 수 있다.

16 수입요건 신청서로 옳지 않은 것은?

① 중국산 과일음료를 수입하는 경우 수입식품 등의 수입신고서
② 8세 사용가능 조립완구를 수입하는 경우 어린이제품 요건확인 신청서
③ 배터리구동식의 손선풍기를 수입하는 경우 방송통신기자재 등의 적합성평가 확인신청서
④ 종자를 수입하는 경우 표준통관예정보고서

17 관세와 관련된 신고 등에 대한 설명으로 옳지 않은 것은?

① 납세신고는 관세의 납부에 관한 신고를 하는 것으로 수입신고서에 납세와 관련된 사항을 기재하여 신고한다.
② 가격신고는 수입신고를 할 때 하여야 한다.
③ 관세의 감면은 수입신고 전에 신청서를 세관장에게 제출하여야 한다.
④ 잠정가격신고는 수입신고시점에 가격이 확정되지 않은 경우 할 수 있으며, 2년의 범위 내에서 확정가격신고를 하여야 한다.

18 수입물품에 부과하는 관세에 대한 설명으로 옳지 않은 것은?

① 여행자가 휴대하여 수입하는 물품에 대하여는 일일이 관세율을 산정하기 어려우므로 간이한 세율을 정하여 일괄적으로 과세하여야 한다.
② 일괄하여 수입신고가 된 물품에 대하여 신고인이 신청하는 경우 그 중 가장 높은 세율을 적용하는 것을 합의세율이라 한다.
③ 수입물품이 특정용도에 사용되는 것을 전제로 용도세율을 적용하는 경우 용도 외 사용됨이 밝혀진 경우 용도세율과 실제 적용될 세율간의 차액을 즉시 징수한다.
④ FTA협정관세율의 적용은 수입신고시점에 신청하여야 하나, 수입신고시점에 원산지증명서 등을 갖추지 못한 경우 수입신고 수리일로부터 1년 이내라면 사후에 적용할 수 있다.

19 장치를 위한 특수한 설비가 있는 경우에만 보관이 가능한 물품으로 옳은 것은?

① 수출신고가 수리된 물품
② 검역물품
③ 보세구역 외 장치 허가를 받은 물품
④ 인화질 또는 폭발성 물품

20 관세의 납부에 대한 설명으로 옳지 않은 것은?

① 여행자가 휴대품에 대하여 관세를 납부하는 경우 현장에서 검사공무원에게 관부가세를 납부할 수 있다.

② 관세는 원칙적인 납부기한에 불구하고 수입신고 수리 전 납부할 수 있다.

③ 납부기한이 동일한 달에 속하는 세액에 대하여 그 기한이 속하는 달의 말일까지 한 번에 관세를 납부하도록 하는 것이 월별납부이며 직전 1년간 관세 납부실적이 있고 체납이 없는 성실납부업체는 신청이 가능하다.

④ 신용카드에 의해서도 관세의 납부가 가능하며 신용카드로 납부하는 경우 승인일을 납부일로 본다.

21 다음의 빈칸에 들어갈 내용으로 옳은 것은?(단, 과태료나 가산세의 감면규정은 무시한다)

> 수입자 A는 3월 1일 완구제품을 수입신고하고 같은날 신고수리되어 제품을 출고하였다.
> 8개월이 지난 10월 중순(경과일수 총 225일) 수입신고한 단가에 소수점이 잘못 반영되어 저가신고 되었음을 알게되었고, 과세자료를 정리하여 5일 후 (ㄱ)하여 부족세액을 납부하고자 한다. 납부하여야 할 금액을 계산해 보니 부족세액은 총 300만원이었고, (ㄴ)를 더한 금액을 산정하니 총 (ㄷ)원이 되었다.

	(ㄱ)	(ㄴ)	(ㄷ)
①	보 정	과태료	3,470,000
②	수 정	가산세	3,470,000
③	보 정	가산세	3,472,500
④	수 정	가산세	3,472,500

22 보수작업에 대한 설명으로 옳지 않은 것은?

① 운송의 편의를 위해 분해하여 수입한 물품을 보세구역에서 다시 조립하는 것은 보수작업의 범위에 해당한다.

② 보수작업을 보세구역 내에서 수행하기 곤란한 경우 작업 기간과 장소를 지정받아 보세구역 외의 장소에서 보수작업을 할 수 있다.

③ 수입물품에 원산지표시가 되지 않은 경우 보수작업 승인을 받아 원산지표시를 할 수 있다.

④ 반송물품의 부패・변질 우려가 있는 물품에 대하여는 이를 방지하기 위한 보수작업이 허용되지만, HSK 10단위에 변화가 있는 경우 보수작업으로 인정되지 않는다.

23 선박(국제무역선)의 입출항 절차로 옳지 않은 것은?

① 국제무역선이 입항할 수 있는 곳은 국제항에 한정하며 입항 시 선장이 입항보고를 하여야 한다. 단, 불가피한 사유에 의해 국제항이 아닌 지역에 출입하는 경우 지역관할 세관장에게 입항보고를 하여야 한다.

② 입항보고 시 선박용품, 승무원 휴대품의 목록, 여객과 승무원 명부, 적재화물목록, 선박국적증서 및 최종 출발항에 대한 증빙서류를 제출하여야 한다.

③ 국제무역선이 국제항을 출항하려면 선장이 출항허가를 받아야 한다.

④ 출항 시에는 국제항에서 적재한 물품의 목록만 제출하면 된다.

24 다음 사례에 대한 설명으로 옳지 않은 것은?

> 수입자 A는 7월 5일 수입신고를 완료하고 6일 관세 등을 납부완료 후 신고가 수리되었다. 9월 25일 납부세액에 부족이 있음을 알게되어 같은 날 보정신청을 하고 납부를 하였다(납부세액은 5억 미만).

① 9월 25일 보정신고를 하고 부족세액을 납부하였다 하더라도 세관장은 관세부과 제척기간이 경과하기 전이라면 사후세액심사를 통해 추가적인 심사를 할 수 있고, 부족세액이 추가로 발견되면 이를 징수할 수 있다.

② 관세부과 제척기간은 7월 6일부터 기산하여 5년이다.

③ 관세징수권의 소멸시효는 9월 27일부터 기산하여 5년이다.

④ 이미 납부한 관세에 대하여 세관장이 사후세액심사 및 관세추징을 하고자 할 경우 수입자가 이에 불복하고자 하는 때에는 이의신청을 할 수 있다.

25 상계관세에 대한 설명으로 옳지 않은 것은?

① 상계관세란 수입자가 수입하는 물품이 정상가격보다 현저히 낮은 가격으로 수입되어 동종산업에 실질적인 피해가 발행하였거나, 그러한 우려가 있어 산업보호의 필요성이 인정되는 경우 이를 상계할 만한 관세를 추가로 부과하는 것을 말한다.

② 상계관세의 부과를 위해서는 실질적인 피해에 대한 조사를 하여야 한다.

③ 실질적인 피해에 대한 조사는 예비조사와 본조사로 구분할 수 있으며 조사는 무역위원회에서 실시한다.

④ 예비조사에 따라 실질적인 피해가 있는 것으로 판정된 경우 그 피해를 제거할 정도의 가격조정이나 수출중지에 대한 약속의 제의를 할 수 있다.

제4회 최종모의고사

⏱ 시험시간 : 120분
정답 및 해설 p.242

제1과목 FTA협정 및 법령

01 수출물품의 원산지증명을 위한 서류인 원산지증명서에 대한 설명으로 옳지 않은 것은?

① 수출자는 수출물품을 제조할 때 사용한 원재료에 대하여 원재료 납품처로부터 원산지확인서를 받아야 한다. 단, 해당 원재료가 역외산임이 명백한 경우 원산지확인서를 받지 않고 원산지 판정 시 해당 원재료를 역외산으로 하여 판정할 수 있다.

② 원산지증명서는 서명카드에 등록된 수출회사의 대표자 또는 원산지관리전담자의 서명이 있어야 한다.

③ 원산지증명서의 발급에 관한 자료 및 수출거래와 관련된 자료는 한-중 FTA를 제외하고는 최소 5년까지 보관해야 한다.

④ 원산지증명서는 수출신고 수리 후 물품의 선적 전에 발급되어야 하며, 부득이한 사유로 선적 전 발급받지 못한 경우에는 발급은 가능하나 원본의 기능은 상실한 채 보관용 사본만 출력이 가능하다.

02 FTA관세특례법령상 원산지증명서 오류의 보완에 대한 내용으로 옳지 않은 것은?

① 세관장은 원산지증명서 작성자의 주소가 체약상대국이 아닌 다른 국가로 기재된 경우 5일 이내의 기간을 정하여 보완을 요구해야 한다.

② 세관장은 원산지증명서의 기재사항 중 단순오타가 있는 경우로서 원산지결정에 영향을 미치지 않는다면 보완을 요구하지 않을 수 있다.

③ 원산지증명서의 유효기간 이내에 수입자가 협정관세 적용신청을 한 경우에는 협정의 취지에 위배되지 않는 한 그 유효기간이 지난 후에도 원산지증명서의 보완을 허용해야 한다.

④ 한-중 FTA협정에 따라 발급된 원산지증명서가 협정에서 정한 기재방법과 상이하게 발급된 경우라 하더라도 보완 후 협정관세의 적용이 가능하다.

03 다음 빈칸에 들어갈 내용으로 옳은 것은?

> 한-미 FTA는 2012년 3월 15일 발효된 협정으로 본 협정에 따르면 원산지증명서는 (ㄱ)발급방식
> 을 취하고 있고, 발급된 원산지증명서는 발급일부터 (ㄴ)년 동안 유효하다. 수입 원산지증명서의
> 경우 발급은 (ㄷ)도 가능하다.

	(ㄱ)	(ㄴ)	(ㄷ)
①	기 관	2	미국 세관
②	자 율	2	생산자
③	기 관	4	수출자
④	자 율	4	수입자

04 원산지사전심사 제도에 대한 설명으로 옳지 않은 것은?

① 물품의 생산, 가공 또는 제조과정에서 발생한 부가가치의 산정에 관한 사항의 확인을 신청할 수 있다.

② 수입신고된 물품의 내용이 사전심사서의 내용과 같다고 인정되는 경우에 한하여 사전심사서의 내용을 적용한다.

③ 관세청장이 사전심사의 신청을 받은 때에는 사전심사의 신청을 받은 날부터 30일 이내에 이를 심사하여 사전심사서를 신청인에게 통지하여야 한다. 이때 서류의 보정기간은 산입하지 않는다.

④ 사전심사의 결과에 이의가 있는 자는 그 결과를 통지받은 날부터 30일 이내에 관세청장에게 이의를 제기할 수 있다.

05 FTA특례법상 수입신고의 수리일부터 1년의 범위에서 세관장이 일시수입거래계약서 등 수입물품 관련 서류, 수입사유, 해당 물품의 상태·내용연수 및 용도 등을 고려하여 인정하는 기간 내에 재수출되는 일시수입물품으로서 관세가 면제되는 물품에 대한 설명으로 옳지 않은 것은?

① 베트남에서 수입되는 촬영장비는 일시수입물품으로서 관세가 면제된다.

② 호주에서 수입되는 운동경기용 물품은 일시수입물품으로서 관세가 면제된다.

③ 중국에서 수입되는 상업용 견본품은 일시수입물품으로서 관세가 면제된다.

④ 칠레에서 수입되는 전시 또는 시연을 위한 물품은 일시수입물품으로서 관세가 면제된다.

06 다음 협정 중 원산지증명서의 발급방식이 다른 것은?

① 한-중국 FTA
② 한-EU FTA
③ 한-튀르키예 FTA
④ 한-콜롬비아 FTA

07 협정관세 적용 신청 시 수입자가 원산지 증빙자료를 제출하지 않아도 되는 경우에 해당하지 않는 것은?

① 과세가격이 미화 1천달러 이하(협정에서 금액을 달리 정하는 경우 그에 따름)인 물품
② 동종동질 물품을 반복적으로 수입하는 경우로서 해당 물품의 수입거래 특성상 원산지 변동이 없는 물품으로 관세청장이 고시한 물품
③ 실제 적용되는 관세와 협정관세의 차이가 100분의 10 이내인 경우로서 관세율표 제84류 및 제85류에 해당하지 않는 물품
④ 물품의 종류·성질·형상·상표·생산국명 또는 제조자 등에 따라 원산지를 확인할 수 있는 물품으로서 관세청장이 정하여 고시하는 물품

08 세관장이 체약상대국에 거주하는 수출자 등을 대상으로 현지조사하는 경우에 대한 설명으로 옳지 않은 것은?

① 체약상대국의 조사대상자는 수출자 또는 조사대상 물품의 생산자 및 조사대상 물품의 생산에 사용될 재료를 공급하거나 생산한 자를 포함한다.
② 체약상대국의 수출자 또는 생산자를 대상으로 현지조사 하고자 하는 때는 수출자의 동의를 받아야 한다. 동의를 하지 않거나 동의여부를 통보하지 않는 경우 현지조사는 할 수 없다.
③ 조사통지를 받은 체약상대국의 대상자는 조사를 받기 곤란한 경우 통지를 받은 날부터 15일 이내에 사유를 기재한 연기신청서를 제출하고 연기신청을 할 수 있다.
④ 체약상대국의 조사대상자를 대상으로 현지조사를 할 때에는 해당 사실을 체약상대국 세관에 방문하여 통지하여야 한다. 단, 통지는 협정에서 정하는 경우에 한한다.

09 잠정긴급관세의 조치가능한 기간과 협정의 연결이 옳지 않은 것은?

① 칠레 FTA - 120일
② 호주 FTA - 200일
③ 중국 FTA - 180일
④ 페루 FTA - 180일

10 인증수출자의 인증절차에 대한 설명으로 옳지 않은 것은?

① 인증을 신청하는 자는 사업장의 주소지를 관할하는 본부 세관장에게 사업장별로 인증을 신청하여야 한다.

② 인증신청은 관세청 전자통관시스템을 통해 전자서류로 제출하여야 한다. 다만, 전자통관시스템을 사용할 수 없는 경우 종이서류로 제출할 수 있다.

③ 제출서류가 미비한 경우 신청을 받은 세관장은 20일 이내의 기간을 정하여 보정을 요구하거나 현지 확인을 할 수 있다.

④ 인증의 유효기간을 연장하려는 자는 유효기간 만료 30일 전까지 인증한 관할 세관장에게 연장신청을 하여야 한다.

11 FTA협정별로 각 상대국에서 원산지 조사를 요청한 경우의 결과회신기한으로 옳지 않은 것은?

① RCEP – 조사 요청일을 접수한 날부터 90일

② 콜롬비아 FTA – 조사 요청일부터 120일

③ EU FTA – 조사 요청일부터 10개월

④ 페루 FTA – 조사 요청을 접수한 날부터 150일

12 원산지 조사에 대하여 세관장이 조사대상자가 추가로 수입하는 동종·동질물품에 대하여 협정관세의 적용을 보류할 수 있는 사유에 해당하지 않는 것은?

① 원산지증빙서류의 작성 또는 협정관세 적용의 신청에 관하여 불성실 혐의가 있다고 세관장이 인정하는 경우

② 원산지증빙서류를 속임수 또는 그 밖의 부정한 방법으로 작성 또는 발급받았거나 탈세 등의 혐의를 인정할 만한 자료 또는 구체적인 제보가 있는 경우

③ 조사대상물품 및 동종·동질 물품의 수입이 관련 산업에 현저한 피해를 주거나, 현저한 피해를 줄 것으로 우려되는 경우

④ 세관장이 수집한 증거·자료 등을 근거로 수입자, 생산자 또는 수출자의 신고 또는 신청 내용이 원산지결정기준을 충족하지 못한 것으로 인정하는 경우

13 원산지증명서의 발급절차에 대한 설명으로 옳지 않은 것은?

① 자율발급 원산지증명서는 별도의 발급신청절차 없이 발급이 가능하다.

② 기관발급 원산지증명서는 원산지에 대한 판정 및 확인이 가능한 자료를 제출하여 발급신청을 하여야 하며, 제출한 자료가 미비한 경우 신청이 반려된다.

③ 원산지증명서를 정정발급하는 경우에는 반드시 이미 발급된 정정대상 원본을 발급기관에 반환하여야 한다.

④ 우리나라에서 수출되는 물품에 대한 원산지증명서를 상공회의소에서 발급하는 경우로서 원산지의 확인을 위해 현지확인을 필요로 할 경우 이를 세관장에게 요청하여야 한다.

14 협정관세 적용신청에 설명으로 옳지 않은 것은?

① 협정관세 적용신청 시에는 유효기간이 남은 원산지증명서를 제출하여야 하며, 이때 유효기간을 계산할 때에는 유효기간 전 수입항 도착 후 협정관세의 적용을 신청한 날까지의 기간은 제외하고 계산한다.

② 수입신고의 수리 전까지 협정관세의 적용을 신청하지 못한 수입자는 해당 물품의 수입신고 수리일부터 1년 이내에 협정관세의 적용을 신청할 수 있다. 단, 협정에서 정한 원산지증명서 유효기간이 1년을 초과하는 경우로서 협정관세 적용신청 시 유효기간이 남아있는 경우에는 그 유효기간이 만료되기 전까지 협정관세의 적용을 신청할 수 있다.

③ 세관장은 수입자가 제출 요구된 원산지증빙서류를 제출하지 않거나 제출한 자료만으로 원산지를 인정하기 곤란한 경우 협정관세를 적용하지 않을 수 있다.

④ 세관장은 협정관세의 적용신청을 받은 경우 원칙적으로 수입신고 수리 후에 이를 심사한다.

15 인증수출자에 대한 설명으로 옳지 않은 것은?

① 업체별 인증수출자는 모든 협정에 대하여 수출자가 수출하는 모든 물품에 대하여 적용된다.

② 업체별 인증수출자와 품목별 인증수출자는 모두 원산지관리전담자가 지정되어 있어야 한다. 이때 원산지관리전담자는 반드시 업체의 소속직원이어야만 한다.

③ 업체별 인증수출자와 품목별 인증수출자는 모두 원산지증명서 작성대장을 비치하고 있어야 한다.

④ 인증수출자의 유효기간은 업체별 인증과 품목별 인증 구분 없이 5년이다.

16 원산지 증빙서류의 보관에 대한 내용으로 옳지 않은 것은?

① 수입자, 수출자 및 생산자는 원산지의 확인, 협정관세의 적용 등 원산지 증빙서류를 5년 동안 보관하여야 한다. 단, 협정에서 정한 기간이 5년을 초과하는 경우에는 협정상의 보관기간 동안 보관하여야 한다.

② 수출물품에 대하여 수출자 및 생산자가 보관하는 서류의 보관기간은 수출신고 수리일부터 5년이다.

③ 서류의 보관방법은 종이서류뿐만 아니라 마이크로필름, 광디스크 등 자료전달매체를 이용하여 보관할 수 있다.

④ 수출자가 보관하는 서류에는 수출물품의 원가계산서를 포함한다.

17 수출물품의 원산지판정 적정여부에 대하여 세관장이 서면조사를 하는 경우, 협정에서 달리 정하지 않았다면 체약상대국에 결과를 통지해야 하는 기간으로 옳은 것은?

① 조사 착수일부터 60일
② 조사 통지일부터 90일
③ 조사 완료한 날부터 30일
④ 조사대상자에게 통지한 날부터 30일

18 국내제조(포괄)확인서에 대한 설명으로 옳은 것은?

> ㄱ. 생산자 또는 수출자는 물품 공급자로부터 제공받은 국내제조확인서를 기초로 원산지증명서의 발급을 신청하거나 자율적으로 원산지증명서를 작성할 수 있다.
> ㄴ. 국내제조확인서를 제공받은 생산자 또는 수출자는 동 서류도 5년간 보관하여야 한다. 단, 중국 FTA의 경우 3년간만 보관할 수 있다.
> ㄷ. 국내제조포괄확인서는 물품 공급자가 공급하는 전체물품에 대하여 1건의 서류로 포괄하여 발급하는 서류이다.
> ㄹ. 국내제조확인서는 원재료 또는 반제품을 공급하는 자만 발급가능하며 완제품을 제조하는 자 또는 수출자는 발급할 필요가 없다.

① ㄱ, ㄴ   ② ㄴ, ㄷ
③ ㄱ, ㄹ   ④ ㄷ, ㄹ

19 FTA체결로 인한 경제적 효과로 옳지 않은 것은?

① 산업보호 효과   ② 무역창출 효과
③ 투자증대 효과   ④ 무역전환 효과

20 수입자가 협정관세의 적용을 제한받을 수 있는 사유에 대한 설명으로 옳지 않은 것은?

① 세관장의 원산지증빙자료 요구에 대하여 정당한 사유 없이 수입자가 요구된 자료를 기간 내에 제출하지 아니한 경우
② 세관장이 원산지증빙자료의 제출을 요구하였으나 제출 시 거짓자료를 제출한 경우
③ 원산지사전심사를 신청한 수입자가 협정관세 적용 신청 시 사전심사를 받은 물품과 다른 물품으로 신고하는 경우
④ 수입자의 신고물품에 대하여 세관장이 서면조사를 한 결과 체약상대국으로부터 회신 받은 자료로 확인되는 원산지가 신고한 원산지와 다른 것으로 확인하는 경우

21 협정관세의 적용을 위해 제출된 자료의 비밀취급에 대한 설명으로 옳지 않은 것은?

① 자료제출자는 협정관세 적용을 위해 원산지증명서 발급기관에 제출하는 자료에 대하여 관세청장, 세관장 및 원산지증명서 발급기관의 장에게 정당한 사유를 제시하여 해당 자료를 비밀취급자료로 지정해 줄 것을 요청할 수 있다.
② 관세청장, 세관장 및 원산지증명서 발급기관의 장은 제조원가, 제조공정과 같이 자료가 공개될 경우 제출자 또는 그 이해관계인의 이익이 침해될 우려가 있을 것으로 인정되는 경우 제출자의 요청이 없더라도 비밀취급자료로 지정하여야 한다.
③ 비밀취급자료는 특별한 사정이 없는 한 제출받은 날부터 1년간 보관하여야 하며 보관기간이 지나면 소각 또는 파쇄 등의 방법으로 폐기한다.
④ 국가기관이 관세에 관한 쟁송 또는 관세범의 소추를 목적으로 비밀취급자료를 요구하는 경우 그 목적에 맞는 범위에서 자료를 제공할 수 있다.

22 협정관세의 적용제한자 지정 및 해제에 대한 설명으로 옳지 않은 것은?

① 세관장은 최근 3년간 5회 이상 반복적으로 원산지증빙서류의 주요 내용을 거짓으로 작성하거나 잘못 작성한 체약상대국수출자 등을 5년의 범위 내에서 협정관세 적용제한자로 지정할 수 있다.
② 적용제한의 지정 후에도 개별 수입물품의 원산지기준의 확인결과 요건을 충족함이 확인되는 경우 협정관세를 적용할 수 있다.
③ 한–미국 FTA에서 미국에서 수입된 섬유 관련 물품에 대하여 협정관세 적용 배제를 결정한 경우 해당 내용을 미합중국의 관세당국에 통보하여야 한다.
④ 적용제한자의 지정 시에는 30일의 기간을 정하여 의견진술의 기회를 부여한다. 이때 기간 내에 의견진술이 없는 경우에는 의견이 없는 것으로 간주한다.

23 FTA특례법의 위반 시 부과되는 처벌규정으로 처벌의 정도가 다른 것은?

① 협정 및 FTA특례법에 따른 원산지증빙서류를 속임수 또는 그 밖의 부정한 방법으로 신청하여
   발급받았거나 작성·발급한 경우
② 정당한 사유 없이 원산지증빙 관련 서류를 보관하지 아니한 경우
③ 원산지사전심사에 필요한 자료를 거짓으로 제출하거나 고의로 제출하지 아니한 경우
④ 비밀유지의무를 위반하여 비밀취급자료를 타인에게 누설한 경우

24 원산지 조사를 받은 조사대상자가 통지내용에 이의가 있는 경우 할 수 있는 조치로 옳은 것은?

① 이의제기
② 행정소송
③ 심사청구
④ 심판청구

25 베트남 국가와의 FTA협정에서 원산지 조사에 대한 설명으로 옳지 않은 것은?

① 베트남 관세당국에서는 우리나라의 수출자가 발급한 원산지증명서에 대한 진위여부를 확인하기
   위해서 우리나라 세관에 확인요청을 할 수 있고, 요청을 받은 경우 받은 날부터 6개월 이내 그
   결과를 회신하여야 한다.
② 우리나라 세관에서는 베트남 발급기관에서 발행된 원산지증명서의 진위여부를 확인하기 위해서
   조사를 하고자 하는 경우 베트남 발급기관에 조사를 요청하여야 한다.
③ 베트남 발급기관의 조사결과 회신에 원산지 결정 및 확인을 위한 정보가 포함되지 않은 경우
   베트남의 수출자뿐만 아니라 생산자 또는 원재료 공급자를 대상으로 현지조사도 가능하다.
④ 베트남 수출자를 대상으로 실시한 현지조사는 현지방문일로부터 6개월 내에 종결하여야 하고
   종결일로부터 30일 이내 결과를 통지하여야 한다.

01 통칙과 분류물품의 연결이 옳지 않은 것은?

① 제3304호에 분류되는 화장품과 함께 제시되는 케이스를 제3304호에 분류 – 통칙 5(가)

② 백색 초콜릿을 제18류가 아닌 제1704호에 분류 – 통칙 1

③ 제8605호에 분류되는 객차를 수송의 편의상 분해하여 조립용구와 함께 포장한 것을 제8605호에 분류 – 통칙 2(가)

④ 칵테일 소시지 통조림을 제1601호에 분류 – 통칙 3(나)

02 관세율표의 해석에 관한 통칙 5(가)의 "케이스·상자 이와 유사한 용기"로서 내용물과 함께 분류할 수 없는 것은?

① 특정한 모양을 가지고 있거나 특정한 물품이나 세트로 된 물품을 수용하기에 적합한 것이다.

② 장기간 사용하기에 적합한 것으로서 물품만큼의 내구성을 가지도록 설계되고, 물품을 보관할 때 보호하는데도 기여한다.

③ 용기가 내용물에 본질적 특성을 부여하지 않는다.

④ 내용물과 함께 판매되는 것으로 수송의 편의상 분리되어 제시된다.

03 제6부에 분류되는 화학공업 생산품으로 류의 연결이 옳지 않은 것은?

① 마사지크림 – 제30류

② 향초 – 제34류

③ 아이섀도우 – 제33류

④ 치실 – 제33류

04 제82류에는 비금속(卑金屬)으로 만든 공구·도구·칼붙이·스푼·포크, 이들의 부분품이 분류된다. 특히 이들에는 날·작용단·작용면이나 그 밖의 작용하는 부분이 특정 재료로 이루어진 것만을 분류하는 바 그 재료에 해당하지 않는 것은?

① 금속탄화물

② 비금속의 지지물에 재생 반귀석을 부착한 것

③ 연마재료를 비금속 지지물에 부착한 것. 단, 부착 후에도 동일한 기능성을 갖는 경우로 한정

④ 귀금속 및 귀금속의 합금

05 제8509호에 분류될 수 있는 가정용 전기기기로 옳지 않은 것은?

① 제품중량이 10kg인 핸드 커피 그라인더
② 기기 총중량이 20kg인 얼음분쇄기
③ 제품중량 30kg의 바닥광택기
④ 채소즙 추출기

06 통칙 3(나)의 분류 목적상 "소매용으로 하기 위하여 세트로 된 물품"의 요건에 해당하지 않는 것은?

① 서로 다른 호에 분류될 수 있을 것으로 보이는 최소한 둘 이상의 서로 다른 물품으로 구성되어야 한다.
② 어떤 특정의 활동을 행하기 위해 함께 조합한 제품이나 물품으로 구성되어야 한다.
③ 재포장 없이 최종사용자에게 직접 판매하는데 적합한 방법으로 조합한 것이어야 한다.
④ 각 세트물품이 유통과정에서 소분되어 재구성 후 최종사용자에게 판매될 것을 전제한다면 소매판매의 범주에 해당한다.

07 다음에 제시되는 운송수단 중 분류가 옳지 않은 것은?

① 수륙양용 자동차 – 제87류
② 무인항공기 – 제88류
③ 유희용 드론 – 제95류
④ 어린이용 세발자전거 – 제87류

08 제8471호에 분류되는 자동자료처리기계에 대한 설명으로 옳지 않은 것은?

① 하나 이상의 처리용 프로그램과 적어도 프로그램 실행에 바로 소요되는 자료를 기억할 수 있는 것으로 사용자의 필요에 따라 프로그램을 자유롭게 작성하고 지정한 수리계산을 실행할 수 있는 것. 그리고 처리 중 논리판단에 따라 처리프로그램 실행 시 논리의 변경이 가능한 기계는 자동자료처리기계로서 제8471호에 분류된다.
② 자동자료처리기계는 여러 개의 독립된 기기로 구성된 시스템의 형태를 갖춘 경우에도 제8471호의 정의에 해당하는 경우 제8471호에 분류될 수 있다.
③ 자동자료처리기계에 직접 접속하는 키보드, 엑스–와이 코디네이트 입력장치 및 디스크 기억장치는 자동자료처리기계와 분리되어 제시되는 경우 제8471호에 분류할 수 없다.
④ 텔레비전 수신기를 갖추지 않은 모니터와 프로젝터는 자동자료처리기계와 분리되어 제시되는 경우 자동자료처리기계에 전용으로 사용되는 것이라도 제8471호에 분류할 수 없다.

09 가공도에 따른 류 분류로 옳은 것은?

① 살아있는 소(제1류) – 소의 식용 설육(제2류) – 염장한 설육(제16류)
② 염장한 고등어(제3류) – 익혀서 통조림으로 가공한 것(제3류)
③ 사탕수수(제6류) – 유당(제17류) – 천연꿀을 첨가한 인조꿀(제17류)
④ 밀알(제10류) – 밀가루(제11류) – 빵(제21류)

10 혼방섬유 분류에 대한 제11부 주규정의 설명으로 옳지 않은 것은?

① 혼방섬유의 분류는 최대중량의 방직용 섬유재료로 구성된 것으로 본다. 단, 최대중량의 섬유가 둘 이상인 경우 분류가능한 호 중 최종 호에 분류한다.
② 혼방섬유의 분류는 우선 류를 분류한 후 해당 류에서 적절한 호를 찾는 순서로 분류한다. 이때 해당 류에 분류되지 않는 재료는 고려하지 않는다.
③ 제54류와 제55류는 혼방섬유의 분류에 있어 우선 최대중량의 류를 찾은 후 해당 류로 전부를 구성하고 있는 것으로 간주한다.
④ 동일한 류나 호에 해당하는 서로 다른 방직용 섬유재료는 그 밖의 다른 류나 호와의 관계에서 하나의 방직용 섬유재료로 본다.

11 신변장식용품 또는 모조신변장식용품에 모두 해당되는 것은?

① 금으로 된 반지, 목걸이, 팔찌, 묵주, 커프링크
② 가죽으로 된 지갑, 담배케이스, 펜던트
③ 회중시계, 펜던트, 화장갑
④ 의복 장식용 단추, 종교용 메달, 기념주화

12 원료와 가공품의 류 분류로 옳지 않은 것은?

① 천연흑연 – 제25류 → 연필 – 제96류
② 천연모래 – 제25류 → 유리 – 제70류
③ 지점토 – 제25류 → 조형용 페이스트 – 제68류
④ 시멘트 – 제25류 → 시멘트 석 제품 – 제68류

13 다음 제시되는 제품의 분류 기준으로 옳은 것은?

> 구리와 주석의 합금인 청동으로 아연이 미세하게 추가로 함유되어 있는 반제품

① 구리의 함유량이 제일 많은 경우 해당제품은 제72류에 분류된다.
② 아연이 일부 추가된 것은 해당 제품을 분류하는데 영향을 미치지 못한다.
③ 합금의 경우 합금으로 보는 금속으로 전부 구성되어 있는 것으로 보며 그 합금으로 만든 제품의 경우 혼합된 성분이 분류가능한 호 중 최종호에 분류한다.
④ 위 제품에 28류의 화학적 조성이 단일한 물질을 함유한다면 합금의 최대중량의 물질과 28류의 물질의 중량비를 비교하여 더 높은 쪽의 류로 분류한다.

14 다음의 제11부 주7의 "제품으로 된 것" 범위 중 옳지 않은 것은?

> ㄱ. 정사각형이나 직사각형 외의 모양으로 재단한 물품
> ㄴ. 봉제나 그 밖의 가공 없이 완제품으로 사용할 수 있는 것이나 간사를 절단함으로써 단지 분리만 하여 사용할 수 있는 것
> ㄷ. 일정한 크기로 재단한 물품으로서, 최소한 하나의 가장자리를 눈에 띄일 정도로 끝을 가늘게 하거나 압착하여 열봉합하고, 다른 가장자리들은 보기의 다른 항목에서 규정한 대로 처리를 한 것(열 절단이나 그 밖의 간단한 방법으로 그 절단된 가장자리가 풀리지 않도록 된 직물은 제외한다)
> ㄹ. 가장자리를 접어 감치거나 단을 댄 물품이나 가장자리에 결절술을 댄 물품(직물의 절단된 가장자리를 감치거나 그 밖의 단순한 방법으로 풀리지 않도록 한 것은 포함한다)
> ㅁ. 일정한 크기로 재단한 물품으로서 드로온 드레드 워크를 한 것
> ㅂ. 봉제·풀칠·그 밖의 방법으로 이어붙인 물품(동종의 직물류를 두 가지 이상 끝과 끝을 이어 붙인 천과 두 가지 이상의 직물류를 적층하여 만든 천은 제외한다)
> ㅅ. 직사각형 모양의 메리야스 편물이나 뜨개질 편물(분리된 부분이나 특정 길이의 여러 모양으로 제시되는 것을 제외한다)

① ㄱ, ㅅ
② ㄴ, ㄷ
③ ㅂ, ㅅ
④ ㄹ, ㅅ

15 제3925호에 분류되는 건축용 재료로 옳지 않은 것은?

① 마루·벽·칸막이·천장·지붕
② 문·창과 이들의 틀과 문지방
③ 거실 장식용품
④ 건물의 문·창·계단·벽이나 그 밖의 부분의 영구시설용 연결구류와 설비품

16 합성고무에 포함될 수 없는 고무는?

① 황으로써 가황하여 원상태로의 회복이 불가능한 고무로 섭씨 20도에서 늘렸을 때 5배의 길이에서 끊어진 고무

② 황으로써 가황하여 원상태로의 회복이 불가능한 고무로 섭씨 29도에서 늘렸을 때 3배까지 늘어나는 고무

③ 황으로써 가황하여 원상태로의 회복이 불가능한 고무로 섭씨 18도에서 늘렸을 때 원래 길이의 2배까지 늘어난 후 10분이내 원래길이로 돌아오는 고무

④ 플라스틱과 혼합한 고무로 섭씨 22도에서 원래길이의 2배까지 늘어난 후 3분 이내 원래 길이의 1.5배까지 되돌아가는 고무

17 물품 중 류의 분류가 옳지 않은 것은?

① 감자는 제7류에 분류되며 분, 조분, 펠릿의 형태로 가공한 경우 제11류에 분류된다.

② 고추는 제7류에 분류되지만 고추를 건조하거나 잘게 부순 것은 제9류에 분류한다.

③ 물에 찐 채소를 냉동한 것은 제7류에 분류한다.

④ 마늘은 제7류에 분류되지만 건조한 마늘의 가루형태는 제11류에 분류된다.

18 A군은 철강제품을 제조하는 회사에 근무 중이다. 중국의 바이어로부터 주문을 수주하여 자사에서 만드는 제품을 준비하고 선적을 준비하는 과정에서 각 제품별로 카탈로그를 제작하여 동봉하는 것이 효과적일 것이라는 제안에 의해 제72류 주규정에 따른 각 제품의 정의를 기재하여 작성하고자 한다. 다음 중 그 설명으로 옳지 않은 것은?

① "스테인레스강"은 탄소의 함유량이 전 중량의 100분의 1.2 이하이고 크로뮴의 함유량이 전 중량의 100분의 10.5 이상인 합금강을 말한다.

② "재용해용 철강의 스크랩 잉곳"은 잉곳모양이나 피그모양으로 거칠게 주조한 제품으로서 표면에 흠이 뚜렷하게 나타나 있으며 선철, 스피그라이즌, 합금철의 화학적 조성에 해당하지 않는 것을 말한다.

③ "중공드릴봉"이란 어느 횡단면에든 중공이 있는 봉으로서 드릴용에 적합하고 횡단면 외측의 최대치수가 15밀리미터를 초과하나 52밀리미터 이하인 것이며, 내측의 최대치수가 외측 최대치수의 2분의 1을 초과하지 않는 것을 말한다.

④ "선"이란 그 횡단면이 원형, 타원형인 것으로 전체를 통하여 균일하고 중공이 없는 코일모양의 냉간 성형제품으로서 평판압연제품의 정의에 해당하지 않는 것을 말한다.

19 다음 중 슈트의 구성부분으로 옳은 내용을 모두 고른 것은?

> ㄱ. 4개 이상의 단이 있는 상반신용 슈트코트 한 점
> ㄴ. 다른 세트의류와 동일한 겉감의 봉제된 조끼
> ㄷ. 짧은 바지
> ㄹ. 멜빵식 치마바지

① ㄱ
② ㄱ, ㄴ
③ ㄱ, ㄴ, ㄷ
④ ㄱ, ㄴ, ㄷ, ㄹ

20 제11부에 분류되는 물품으로 옳은 것은?

① 플라스틱을 도포 피복하였으나 이를 육안으로 확인할 수 없는 방직용 섬유의 직물
② 털을 제거하지 않은 원피
③ 면 재료로 제작된 가방
④ 플라스틱으로 만든 모노필라멘트로 횡단면의 치수가 1밀리미터를 초과하는 것

21 제90류에 분류되는 물품에 대한 설명으로 옳지 않은 것은?

① 임산부용 벨트나 근육에 대한 지지구 같이 제품의 탄성으로 신체기관에 의도된 효과를 발생시키는 방직용 섬유의 지지용 벨트는 재질에 불구하고 제90류에 분류한다.
② 정형외과 교정 목적으로 특수제작된 신발은 양발에 맞는 켤레가 아닌 한 족인 것에 한하여 제9021호의 정형외과용 기기에 분류된다.
③ 제9005호의 망원경에는 무기용 망원조준기, 잠수함용이나 전차용 잠망경은 제외한다. 하지만 제90류에서 제외되는 것은 아니다.
④ 제16부 복합기계의 주 규정은 제90류에도 동일하게 적용된다.

22 제9류에 분류되는 향신료에 대한 설명으로 옳지 않은 것은?

① 향신료는 제0902호 내지 제0910호의 것끼리 혼합한 것도 제9류에 분류할 수 있다.
② 제9류에 분류되는 향신료에 식용색소를 첨가한 경우 향신료의 특성이 유지되는 한 제9류에 분류된다.
③ 소금에 계피, 정향을 각각 1%씩 혼합한 경우로 소금의 특성을 유지하는 경우 제9류에 분류한다.
④ 글루탐산나트륨을 첨가하여 향신료 본연의 향을 강하게 한 경우 제9류에 분류된다.

23 인쇄회로는 제8534호에 분류된다. 이때 인쇄회로에 대한 설명으로 옳지 않은 것은?

① 인쇄회로란 인쇄제판기술이나 막 회로기술로 도체소자·접속자나 그 밖의 인쇄된 구성 부분을 절연기판 위에 형성하여 만든 회로이다.

② 미리 정하여진 패턴에 따라 상호 접속되어 있는지는 상관없으나, 전기적인 신호를 발생, 정류, 변조, 증폭할 수 있는 소자는 제외한다.

③ 인쇄회로에는 인쇄공정 중에 얻어지는 소자 외의 소자가 결합된 회로와 개별, 불연속 저항기, 축전기나 인덕턴스를 포함한다.

④ 인쇄회로에는 인쇄되지 않은 접속용 소자가 부착되어 있는 것도 포함되며, 동일한 기술공정에서 얻어지는 수동소자와 능동소자로 구성되는 박막회로나 후막회로는 제8534호의 인쇄회로에 분류하지 않고 제8542호로 분류한다.

24 제84류 주규정에 따른 제8486호에 대한 설명으로 옳지 않은 것은?

① 제8486호는 제84류에서 규정하는 정의 또는 그 기능의 설명에 충족하는 한 관세율표 분류 시 최우선적으로 분류된다.

② 제8486호 분류 시 반도체 디바이스에는 감광성 반도체 디바이스는 제외한다.

③ 마스크와 레티클의 제조 또는 수리용 기계는 제8486호에 분류될 수 있다.

④ 반도체 디바이스나 전자집적회로를 조립만 하는 기계도 제8486호에 분류된다.

25 제5906호에 분류될 수 없는 물품은?

① 고무를 침투, 도포, 피복하거나 적층한 방직용 섬유의 직물류로서 1제곱미터당 중량이 1,000그램인 것

② 고무를 침투, 도포, 피복하거나 적층한 방직용 섬유의 직물류로서 1제곱미터당 중량이 1,500그램을 초과하였으나 방직용 섬유의 함유량이 전중량의 100분의 50 미만인 것

③ 제5604호의 실, 스트립 및 그밖에 이와 유사한 것으로 만든 직물류로서 고무를 침투, 도포, 피복하거나 시드한 것

④ 고무로 응결시킨 방직용 섬유사를 병렬로 놓아 만든 직물류로 1제곱미터당 중량이 1,500그램이하인 것

01 한-ASEAN FTA에서 불인정공정에 해당하지 않는 것은?

① 설비를 통한 부품 마감작업 및 조립

② 채질, 선별, 구분, 등급 분류, 등급화, 매칭

③ 당류 채색 또는 각설탕 공정

④ 운송 혹은 저장 중에 상품을 우수한 상태로 보존하기 위한 보존 공정

02 다음 사례에 대한 설명으로 옳지 않은 것은?

> 한국의 화장품회사 J는 자사 화장품의 케이스를 생산하여 인도네시아로 수출하고 있다.
> 제품의 제조공정은 자사공장에서 반가공품을 생산하여, 개성공단으로 보낸 뒤 케이스의 장식 및
> 봉합 작업을 수행한 후 다시 자사공장으로 반입하고 최종포장 및 검수를 거쳐 인도네시아로 수출하
> 는 절차이다.

① 양국에서 허용한 역외가공 허용 100품목에 해당 제품이 HS 6단위 기준으로 포함된다면 역외가공을 고려해 볼 수 있다.

② 개성공단에 한하여만 역외가공을 고려해 볼 수 있다.

③ 개성공단에서 이루어지는 가공비율이 40% 이하인 경우에 한하여 역외가공을 고려해 볼 수 있다(완제품 FOB가격기준).

④ 역외가공비율을 산정할 때 역내에서 제공된 반제품과 반입 후 투입된 비원산지재료비와 노무비, 기타 관리비를 모두 포함하여 가공비율을 계산하여야 한다.

03 FTA협정상 누적기준에 대한 설명으로 옳지 않은 것은?

① 재료누적은 모든 협정에서 인정한다.

② 싱가포르와 페루는 공정누적을 허용한다.

③ EU FTA에서는 재료누적을 인정하긴 하지만 상대국 원산지재료를 사용하여 최종물품을 생산한 체약당사국에서 불인정공정 이상의 공정을 하는 경우에 한하여 인정한다.

④ 중국은 재료누적뿐만 아니라 공정누적까지 인정한다.

04 FTA 원산지규정에 대한 설명으로 옳지 않은 것은?

① FTA에서 원산지규정은 수출입되는 물품에 대하여 역내산과 역외산 지위를 판단하는 기준으로서 협정관세의 적용여부를 판단하는 기초가 된다.

② FTA 원산지규정의 일반기준은 여러 품목에 공통적으로 적용되는 규정이다. 일반기준을 충족한다 하더라도 개별품목에 별도로 원산지기준이 있다면 해당 기준도 충족하여야 한다.

③ 상품의 원산지를 결정하기 위한 누적기준, 중간재 규정은 보충적 기준으로서 일반기준 및 품목별 기준을 적용하는데 보충적인 기준에 해당된다.

④ 완전생산기준은 1차 생산품에만 적용되는 것이며 공산품에는 적용될 수 없다.

05 제3국에서 발행되는 송장을 기초로 협정세율을 적용하고자 한다. 이에 대한 설명으로 옳지 않은 것은?

① 인도 CEPA에서는 제3국송장의 발행인이 원산지증명서에 기재되는 것을 조건으로 이를 허용한다.

② 페루 FTA는 비고란에 제3국송장 발행인을 기재하면 이를 허용한다.

③ ASEAN FTA는 제3국송장의 사용을 제한하고 있다.

④ 중국 FTA에서는 제3국송장이 사용될 수 있으나 원산지증명서에 송장발행인이 기재되어야 한다.

06 RCEP협정에 대한 설명으로 옳지 않은 것은?

① RCEP협정은 간접재료의 역내·외산 재료인지를 불문하고 원산지재료로 간주한다.

② RCEP협정에서는 직접운송을 명시하고 있으나 비당사국을 단순히 경유하거나 환적하는 경우 일정조건 하에 직접운송의 예외로 인정될 수 있다.

③ 역내부가가치비율 계산 시 공제법뿐만 아니라 집적법도 사용할 수 있으며, 기준가격은 공장도가격을 기초로 한다.

④ 민감물품의 원산지 결정에 필요한 추가요건 충족여부를 계산할 때 재료누적 규정은 적용하지 않는다.

07 원산지에 대한 설명으로 옳지 않은 것은?

① 국내산업 보호를 위한 조치를 위한 방법으로 사용되고 있다.

② 원산지는 국가간의 협의에 따른 특혜를 부여하기 위한 조건이 된다.

③ 원산지는 소비자의 합리적인 소비를 위한 효과가 있다.

④ 각 FTA협정에 따라 원산지기준을 충족하는 것에 한하여 해당국가의 원산지표시를 할 수 있다.

08 FTA협정별로 규정하는 가공공정에 대한 설명으로 옳지 않은 것은?

① 호주 FTA에서는 석유제품이 화학반응, 증류, 혼합 등의 공정을 거친 경우 원산지물품으로 인정된다.

② 캐나다 FTA는 비원산지 치어 또는 유생으로부터 양식된 어류나 갑각류를 원산지물품으로 인정한다.

③ ASEAN FTA는 제61류 내지 제63류에 해당하는 의류제품에 대하여 비원산지 직물로 역내에서 재단, 봉제 등을 통해 최종제품을 생산한 경우 원산지제품으로 인정한다.

④ 인도 CEPA는 제61류 내지 제63류의 의류제품에 대하여 Yarn forward 기준을 적용한다.

09 간접재료의 범위에 포함되지 않는 것은?

① 수출물품의 시험 및 검사용 설비
② 제조하는 화학물질의 반응촉진을 위한 촉매
③ 제조물품 및 설비에 투여되는 윤활유
④ 수출대상 설비에 사용되는 소모성 나사부품

10 다음 제시되는 원산지결정기준에 대한 설명으로 옳지 않은 것은?

> 다음 각 호의 어느 하나에 해당하는 것으로 한정한다.
> 1) 다른 호에 해당하는 재료로부터 생산된 것
> 2) 40% 이상의 역내부가가치가 발생한 것

① 세번변경기준 시 역외산 재료의 사용 10% 이하까지는 허용될 수 있다.

② 역내부가가치를 계산하는 때에 한-ASEAN 협정의 경우 공제법과 집적법 중 더 유리한 쪽을 선택할 수 있다.

③ 제품생산 시 사용되는 원재료의 HS 4단위 호가 제품과 호와 동일한 것이 있다면 세번변경기준을 충족할 수 없다.

④ 두 가지 조건중 한 가지만 충족되더라도 원산지물품으로 볼 수 있다.

11 최소허용기준에 대한 설명으로 옳지 않은 것은?

① 부가가치기준에는 동 기준을 적용하지 않는다.

② 섬유류에 대하여는 설정된 비율을 중량기준으로만 적용한다.

③ 인도 CEPA에서는 HS 1~14류에 해당하는 농수산물에 대하여는 최소허용기준을 적용하지 않는다.

④ EFTA는 공장도가격을 기준으로 최소허용기준의 비율을 계산한다.

12 다음은 한국에서 독일로 수출하는 자동화 설비에 대한 원가내역이다. 부가가치기준에 따라 원산지를 결정할 때에 대한 설명으로 옳은 것은?(계산시 소수점 이하는 버린다. 원산지증빙서류는 모두 갖춘 것으로 간주한다)

> **원재료 내역(€)**
> 중국산 부품 A – 2500, 한국산 부품 B – 2000, 일본산 부품 C – 500
> **이윤 및 일반경비** – 1500
> **수출국 내 선적지까지의 운송비** – 250
> **독일까지의 운송비** – 500

① 순원가법을 적용할 수 있으며 그에 따른 산출 비율은 53%이다.

② 공제법을 선택할 수 있으며 그에 따른 산출비율은 35%이다.

③ 집적법을 적용할 수 있으며 그에 따른 산출비율은 35%이다.

④ MC법을 적용할 수 있으며 그에 따른 산출비율은 46%이다.

13 운송용 용기에 대한 설명으로 옳지 않은 것은?

① 한–미국 FTA에서 조정가치에서는 화물의 운송에 사용되는 컨테이너 및 화물의 운송 용기비용은 공제한다.

② 한–중국 FTA에서 운송에 사용되는 나무상자는 원산지 판정 시 고려하지 않는다.

③ 한–뉴질랜드 FTA에서 운송경로상 필요에 의해 사용된 화물보호용 용기는 운송비용에 포함하고 이를 고려하여 원산지 판정을 한다.

④ 한–EU FTA에서 화물의 보호를 위해 사용되는 어떠한 용기 및 기타 동일 목적의 관련 비용은 원산지 판정 시 고려하지 않는다.

14 FTA협정에서 부속품, 예비부품 및 공구에 대한 취급내용으로 옳지 않은 것은?

① 차량 판매 시 포함되는 OVM(On Vehicle Material)공구는 협정에서 의미하는 부속품, 예비부품 및 공구의 범주에 해당한다.

② FTA협정에서는 공구, 부속품 및 예비부품에 대한 종류 및 범위는 협정에서 별도로 규정하고 있지 않다.

③ ASEAN, 캐나다, 베트남과의 FTA에서는 원산지별로 구분하여 각각의 재료가 세번변경이 이루어 지는지를 판단할 때 이를 고려한다.

④ EFTA, EU에서는 부가가치기준 적용 시에 부속품, 예비부품 및 공구에 대한 원산지별로 구분하 여 이를 계상한다,

15 품목분류표의 해석에 관한 통칙 5에 따라 물품과 동일체로 취급되는 소매용 용기 및 포장에 대한 협정별 취급으로 옳지 않은 것은?

협 정	부가가치기준	세번변경기준
중국 FTA	원산지별로 구분	고려하지 않음
콜롬비아 FTA	고려하지 않음	고려하지 않음
베트남 FTA	원산지별로 구분	고려하지 않음
뉴질랜드 FTA	원산지별로 구분	고려하지 않음

① 중국 FTA
② 콜롬비아 FTA
③ 베트남 FTA
④ 뉴질랜드 FTA

16 완전생산품에 대한 설명으로 옳지 않은 것은?

① 한-미국 FTA에서는 산 동물의 출생 및 사육에 관계없이 역내에서 산 동물로부터 취득한 것은 완전생산품으로 인정한다.

② EU는 우리나라에 등록된 선박이 우리나라 국기를 게양하고 영해에서 획득한 어획물은 완전생산 품으로 인정한다.

③ 개발권이 있는 우리나라가 영해에서 채취한 바다광물은 완전생산품으로 인정한다.

④ 콜롬비아 FTA에서 당사국의 기업이 우주에서 취득한 물품을 역외가공 없이 수출하는 경우 완전 생산품으로 인정한다.

17 수입원재료를 사용하여 최종제품을 생산하는 경우 재료비를 계상하는 방법에 대한 설명으로 옳지 않은 것은?

① 칠레 FTA는 실제지급가격에서 국제운송비를 공제하여 계상한다.
② 미국 FTA는 실제지급가격에서 국제운송비를 공제하여 계상한다.
③ 호주 FTA는 FOB가격을 기준으로 하므로 칠레, 미국과 동일한 기준이 된다.
④ 싱가포르 FTA는 실제지급가격에서 국제운송비를 가산하여 계상한다.

18 부가가치기준을 적용하는 FTA협정에 대한 설명으로 옳지 않은 것은?

① 부가가치기준을 적용하는 경우 매입 원재료 가격이나, 수출판매가격 및 기타 관리비 등 변동요인이 많아 금액변경에 따라 원산지가 매번 달라질 수 있다.
② 부가가치기준 적용 시 실무적으로 안정적인 원산지 지위를 유지하려면 품목별 설정된 부가가치기준보다 더 높은 비율을 유지하도록 하는 것이 좋다.
③ 원재료를 내수구매하는 것이 부가가치율 향상에 도움이 된다.
④ 원재료에 대하여 원산지확인서를 발급받지 못하여 내수로 확보한 원재료라고 하더라도 미소기준을 적용하여 부가가치율을 향상시킬 수 있다.

19 다음의 설명 중 한-미국 FTA에 대한 원산지결정기준으로 모두 옳은 것은?

> ㄱ. 세트물품에서 CIF가격 기준 15% 이하의 비원산지 구성품이 있는 경우 세트물품은 원산지제품으로 볼 수 있다.
> ㄴ. 대체가능물품은 상품과 재료 모두 규정하고 있다.
> ㄷ. 세번변경기준 적용 시 소매용 포장에 대하여는 고려하지 않는다.
> ㄹ. 공구 및 부속품에 대하여 세번변경기준 시 원산지를 고려하지 않는다.
> ㅁ. 자가생산품에 한하여 지정된 중간재만 인정한다.

① ㄴ, ㄷ, ㄹ
② ㄱ, ㄷ, ㄹ
③ ㄱ, ㄹ, ㅁ
④ ㄴ, ㄷ, ㅁ

20 부가가치비율 계산방법과 협정의 연결이 옳지 않은 것은?

① 중국 FTA – 공제법

② 칠레 FTA – 공제법

③ ASEAN FTA – 공제법, 집적법. 단, 한번 선택한 경우 동일한 회계연도 동안은 동일한 방법만 사용 가능

④ 캐나다 FTA – MC법. 단, 자동차 관련 상품은 집적법, 순원가법 선택 가능

21 가공공정기준에 관한 설명으로 옳지 않은 것은?

① 재단·봉제규정 등 섬유제품에 가공공정기준이 많이 적용되어 있다.

② 가공공정기준은 주로 섬유, 화학, 플라스틱제품 등에 채택되고 있다.

③ 한–미 FTA의 경우 섬유제품은 실(yarn)을 만드는 공정에서부터 시작하여 직물을 만드는 공정, 재단 및 봉제공정까지 해당국에서 수행하는 원단기준(yarn forward rule)을 채택하고 있다.

④ 한–미 FTA에서는 일부 석유 또는 화학제품 생산시 특정공정이 수행되면 세번변경이 발생하는 것을 전제로 원산지상품으로 인정한다.

22 각 협정별로 중간재에 대한 취급으로 옳지 않은 것은?

① EFTA FTA에서는 중간재에 대하여 별도의 목차로 정의하고 규정하지는 않지만 원산지 지위를 획득한 상품이 재료로 사용되는 경우 이를 인정하므로 자가생산품에 한하여 중간재를 인정하는 협정이다.

② 캐나다 FTA는 중간재를 지정할 필요는 없으며, 역내생산품에 대하여 중간재를 인정한다.

③ ASEAN FTA는 중간재 지정의무가 없으며, 협정상의 중간재규정은 없으나 FTA특례법에 따라 중간재를 인정한다.

④ 인도 CEPA는 중간재에 대한 규정이 없고 FTA특례법에서도 별도로 언급됨이 없어 이를 인정하지 않는 협정이다.

23 다음은 프랑스에서 수입되는 완구(9503.00)에 대한 원산지결정기준이다. 방직용섬유제로 된 면 충전물이 들어있는 인형에 대한 아래 품목별 원산지기준을 적용으로 옳지 않은 것은?

> 모든 호(그 제품의 호는 제외한다)에 해당하는 재료로부터 생산된 것

① 원재료 단계부터 모든 생산공정이 프랑스에서 이루어졌다면 원산지는 모두 역외산이어도 프랑스산으로 판정 가능하다.

② 위 기준에서는 역내 부가가치가 높아도 이를 기초로 역내산 판정은 할 수 없다.

③ 품목별 기준에 직접운송에 대한 규제가 없으므로 본 물품이 중국에 하역된 후 재포장되어 한국에 수입되더라도 한-EU FTA는 적용 가능하다.

④ 그 제품의 호는 제9503호를 의미하며 관세율표상 제9503호를 제외한 어떠한 재료를 사용하여 본 제품은 만든 경우에는 품목별 원산지 기준을 충족한다.

24 해외에서 열린 박람회에 출품하기 위해 수출한 물품이 일정 종료 후 원상태로 수입된 경우 원산지상품에 대하여 특혜관세적용이 불가능한 협정은?

① 한-페루 FTA

② RCEP와의 협정

③ 한-EU FTA

④ 한-인도 CEPA

25 협정별로 직접운송에 위배되지 않는 허용되는 작업의 연결로 옳지 않은 것은?

① 한-호주 FTA 하역, 재선적 및 상품보관작업 외 운송목적의 분리나 재포장 및 라벨링을 다시 하는 것까지 허용된다.

② 한-인도 CEPA 하역, 재선적 및 상품보관작업 외에는 허용되지 않는다.

③ 한-뉴질랜드 FTA 하역, 재선적 및 상품보관작업 외에는 허용되지 않는다.

④ 한-ASEAN FTA 하역, 재선적 및 상품보관작업 외에는 허용되지 않는다.

01 우리나라에 수입할 수 있는 물품으로 옳은 것은?

① 전기용품 안전인증을 받지 않은 개인이 사용할 1개의 가정용 전자제품

② 국내에 론칭되지는 않았으나 우리나라를 포함한 32개국에 상표등록이 된 해외브랜드 가방의 모조제품

③ 특정 조건 없이 개인이 휴대수입하는 화훼용 종자

④ 국내언어로 번역되지 않은 음란서적

02 관세범죄와 처벌이 잘못 연결된 것은?

① 전자문서 위조죄 – 1년 이상 10년이하의 징역 또는 1억원 이하의 벌금

② 다른 물품으로 신고한 밀수입죄 – 5년 이하의 징역 또는 관세액의 10배와 물품원가 중 높은 금액 이하에 상당하는 벌금

③ 세액결정에 영향을 미치기 위해 과세가격을 거짓으로 신고한 관세포탈죄 – 5년 이하의 징역 또는 포탈한 관세액의 5배와 물품원가 중 높은 금액 이하에 상당하는 벌금

④ 신고수리 전 물품을 반출한 경우 – 물품원가 또는 2천만원 중 높은 금액 이하의 벌금

03 편익관세를 적용받을 수 있는 국가로 옳지 않은 것은?

① 안도라

② 나우루

③ 시리아

④ 아프가니스탄

04 관세법상 납세의무자에 대한 설명으로 옳지 않은 것은?

① 납세의무자가 관세를 납부하지 못하는 경우 납세보증인은 납세의무자의 체납액에 대하여 보증액의 범위 내에서 납세의무자가 된다.

② 우편으로 수입되는 물품에 대하여는 우편물에 대한 수취인을 납세의무자로 한다.

③ 도난된 보세구역 장치물품에 대하여는 물품의 소유자를 납세의무자로 한다.

④ 양도담보권자는 체납된 관세에 대하여 납부고지일 이후에 담보목적이 된 양도담보재산에 대한 납세의무를 진다.

05 지식재산권 침해 물품의 수입 시 통관의 제한에 대한 설명으로 옳지 않은 것은?

① 자신이 출원한 특허제품의 수입을 제한하고자 하는 자는 지식재산권 보호를 위한 신고를 하여야한다.

② 통관의 제한을 위해 중소기업의 특허권자는 수입물품 과세가격의 100분의 40에 해당하는 담보를 제공하여야 한다.

③ 세관장은 지식재산권 침해가 명백한 경우라도 지식재산권 소유자가 보호의 신청을 하지 않은 경우에는 통관을 보류할 수 없다.

④ 통관이 제한된 물품의 보관은 세관장이 지정한 장소에 하여야 한다.

06 관세의 납부에 대한 설명으로 옳지 않은 것은?

① 관세는 납부고지를 받은 날부터 15일 이내 납부하여야 한다.

② 신용카드로 관세를 납부하는 경우 납부대행기관의 승인일을 납부일로 본다.

③ 관세가 1만원 미만인 경우 이를 징수하지 않는다.

④ 보정신청을 한 경우 보정신청일의 다음날까지 추가세액을 납부하여야 한다.

07 다음 사례의 물품에 대한 관세로 옳은 것은?(부가세 등 내국세는 고려하지 않는다)

> 수입자 A는 중국에서 휴대용선풍기를 1대당 1,500원에 총 100대를 구입하였다. 구매 후 50대는 현지 보세구역에 두고, 50대만 먼저 수입신고하고자 한다.
> 휴대용선풍기의 구매조건은 아래와 같다.
> • 단가 - 1,500원(EXW Price)
> • 구매수량 - 100대
> • 포장비 별도 - 1대당 50원
> • 수입국까지 운임 - 총 20,000원(보험은 부보하지 않음)
> 이후 수입신고 전 국내도착 보세창고에서 제품정보표시를 위한 한글라벨 부착을 위해 추가로 보수 작업료 50,000원이 소요되었다(휴대용 선풍기의 관세율은 8%).

① 7,800원　　　　　　　　② 13,800원

③ 8,000원　　　　　　　　④ 11,800원

08 관세징수권의 소멸시효 기산일로 옳지 않은 것은?

① 수정신고에 의해 납부하는 관세는 수정신고일의 다음 날의 다음 날
② 부과고지에 의해 납부하는 관세는 납부고지를 받은 날부터 15일이 경과한 날의 다음 날
③ 월별납부업체가 납부하는 관세는 각 납부기한이 속하는 달의 말일의 다음 날의 다음 날
④ 부족세액에 대한 보정신청을 하는 경우 보정신청일의 다음 날의 다음 날

09 종합보세구역에 대한 설명으로 옳지 않은 것은?

① 종합보세구역 외 작업을 할 경우에는 세관장에게 작업에 대한 신고를 하여야 한다.
② 종합보세구역에 반입하는 물품의 장치기간은 제한이 없다.
③ 종합보세구역은 외국인 투자지역 등 지정대상에서 무역에 기여하는 정도, 반출입물량 등을 고려하여 지정할 수 있다.
④ 종합보세구역의 지정요청자가 지정취소를 요청한 경우는 종합보세구역의 지정취소 사유에 해당하지 않는다.

10 관세법상 해당 신고에 대한 수리일부터 3년간 보관하여야 하는 자료에 해당하지 않는 것은?

① 수출신고필증
② 반송신고필증
③ 보세운송신고필증
④ 수출계약서 및 가격결정자료

11 간이세율 적용대상으로 옳지 않은 것은?

① 국제무역선의 승무원이 휴대수입하는 물품
② 탁송품
③ 가공무역에 사용되는 무상 원·부자재
④ 외국에서 선박수리용으로 사용된 물품

12 관세법상 1평가방법을 적용할 수 없는 경우 중 가산조정을 통해 1평가방법을 적용할 수 있는 것은?

① 특수관계에 의해 영향받아 낮은 가격임을 확인한 경우 정상가격과의 차액을 조정

② 전시목적으로 사용하도록 하여 낮은 가격이 설정된 경우 정상가격과의 차액을 조정

③ 특정인 판매조건으로 판매하도록 하여 낮은 가격이 설정된 경우 정상가격과의 차액을 조정

④ 수입 후 전매된 금액의 일정금액을 수출자에게 지급하는 조건으로 해당 금액만큼 낮은 가격이 설정된 경우 해당 금액을 조정

13 보세구역별 설명으로 옳지 않은 것은?

① 보세창고는 외국물품이나 수출통관을 하려는 내국물품을 장치하는 장소이므로 내국물품만을 장치하려면 미리 세관장에게 신고를 하여야 한다. 또한 수입신고가 수리되어 내국물품이 된 경우 신고 없이 보관이 가능하나 6개월을 경과할 수 없다.

② 보세공장은 내수용과 수출용 보세공장으로 구분되며, 내수용 물품에 대하여 과세를 하는 경우 제품과세와 원료과세로 구분할 수 있다. 원료과세는 수입신고 전 미리 세관장에게 원료과세의 적용을 신청하여야만 한다.

③ 보세전시장은 박람회, 전람회, 견본품 전시회 등의 운영을 위하여 외국물품을 장치, 전시하기 위한 보세구역으로 보세전시장에서 장치되어 판매된 외국물품도 수입신고가 수리되기 전에는 사용할 수 없다.

④ 보세건설장은 산업시설의 건설에 사용되는 기계, 설비 및 공사용 장비를 건설공사를 위해 보세상태로 사용할 수 있도록 하는 특허구역이다. 보세건설장 시설은 수입신고가 수리되기 전 가동할 수 없다.

14 다음 중 세액의 정정에 대하여 빈칸에 들어갈 내용으로 옳은 것은?

> 관세를 납부하기 전 세액이 (ㄱ)한 것을 알게 된 경우 납세신고한 세액을 정정할 수 있다. 신고납부한 세액이 (ㄴ)한 경우에는 (ㄷ)기간이 지난 날부터 관세부과 제척기간이 경과하기 전까지 수정신고를 할 수 있다.

	(ㄱ)	(ㄴ)	(ㄷ)
①	부 족	부 족	정 정
②	과부족	과부족	보 정
③	부 족	과부족	정 정
④	과부족	부 족	보 정

15 수입 후 보세상태의 화물을 운송하는 보세운송에 대한 설명으로 옳지 않은 것은?

① 보세운송업자의 등록 유효기간은 3년이며 만료 1개월 전까지 관할지 세관장에게 갱신신청을 하여야 한다.
② 보세운송의 신고는 화주, 관세사 또는 보세운송업자가 할 수 있다.
③ 동물검역을 위해 지정보세창고로 보세운송을 하는 경우 보세운송의 승인을 받아야 한다.
④ 보세운송은 관세청장이 정하는 기간 내에 끝내야 하나, 혼적으로 인해 경유지가 많은 경우 보세운송 기간연장을 신청하여 운송기간을 연장할 수 있다.

16 다음의 빈칸에 들어갈 내용으로 옳은 것은?

> • 관세의 납부고지서에 따른 납부기한 내 관세를 납부하지 않는 경우 체납된 관세의 100분의 (ㄱ)에 상당하는 금액과 납부기한의 다음날부터 납부일까지의 기간 1일당 체납된 관세의 10만분의 (ㄴ)에 상당하는 이자를 더하여 징수한다.
> • (ㄷ) 우편물은 납부지연 가산세를 징수하지 않는다.

	(ㄱ)	(ㄴ)	(ㄷ)
①	3	22	수입신고 제외대상
②	10	22	수입신고 대상
③	3	18	수입신고 제외대상
④	10	18	수입신고 대상

17 보세공장 제조물품에 대한 설명으로 옳지 않은 것은?

① 보세공장에서 수출용 물품을 만든 경우 수입원재료를 사용하였다 하더라도 관세의 납부 없이 제품의 수출이 가능하다.
② 보세공장에서 사용할 물품을 수입하는 경우 보세공장에 직접 반입하여 30일 이내에 수입신고를 하면 된다.
③ 보세공장 외의 장소에서 작업을 위해서는 작업의 내용과 기간, 장소 및 물품을 정하여 세관장에게 신고하여야 하며, 기간 내에서는 작업장소를 보세공장으로 간주한다.
④ 보세공장에서 내수용 물품을 만든 경우 혼용승인을 받지 않았다면 내국물품을 일부 사용하였다 하더라도 제품 전체가격에 대하여 과세하여야 한다.

18 관세법상 불복청구에 대한 설명으로 옳지 않은 것은?

① 이의신청은 심사청구 또는 심판청구 전 해당 처분을 한 처분청에게 하는 것으로 이의신청 결과서를 제출하여야 심사청구 또는 심판청구를 할 수 있다.

② 심사청구는 그 처분을 한 것을 안날 또는 통지를 받은 날부터 90일 이내에 하여야 한다.

③ 심사청구와 심판청구는 납세의무자가 선택적으로 청구하는 것으로 심판청구를 한 경우에는 심사청구를 할 수 없다.

④ 행정소송은 심사청구 또는 심판청구를 거쳐야 가능하며 각 청구결과를 인정하지 않는 경우 결정통지일로부터 90일 이내 제기가 가능하다.

19 관세부과 제척기간의 기산일이 잘못 지정된 것은?

① 수입신고한 물품의 경우 수입신고한 날의 다음 날

② 보세건설장에 반입된 외국물품의 경우 특허기간 만료일의 다음 날

③ 잠정가격신고 후 확정가격신고를 한 경우 확정가격 신고한 날의 다음 날

④ 보세운송기간이 경과하여 관세를 징수하는 경우 보세운송기간 경과일의 다음 날

20 국제항으로 옳지 않은 것은?

① 삼천포항, 김해공항

② 보령항, 양양공항

③ 묵호항, 청주공항

④ 장호항, 대구공항

21 관세법상 수입신고 전 즉시반출물품에 대한 납세의무자, 과세물건 확정시기로 옳은 것은?

① 수입신고 전 즉시반출신고를 한 자 – 수입신고 전 즉시반출신고가 수리된 때

② 수입신고 전 즉시반출을 한 자 – 수입신고 전 즉시반출신고가 수리된 때

③ 수입신고 전 즉시반출신고를 한 자 – 수입신고 전 즉시반출신고를 한 때

④ 수입신고 전 즉시반출을 한 자 – 수입신고 전 즉시반출신고를 한 때

22 관세법상 산출된 세액의 심사에 대한 설명으로 옳지 않은 것은?

① 관세를 분할하여 납부하고자 할 때에는 수입신고 수리 전 납부할 세액을 심사한다.

② 사후세액심사에 따라 세관장이 경정하는 경우에는 보정기간인 경우를 제외하고, 가산세 10%와 경과일수 1일당 1천분의 12에 상당하는 이자를 부족세액에 추가하여 납부하여야 한다.

③ 우리나라는 납세의무자의 성실신고를 신뢰하고 사후에 세액심사를 하는 것을 원칙으로 한다.

④ 관세를 체납하고 있는 자가 신고하는 물품은 사전에 세액을 심사한다. 단, 체납액 10만원 미만 또는 체납기간 7일 이내인 경우를 제외한다.

23 다음 사례에서 관세를 납부하여야 하는 날로 옳은 것은?

> 수입자 A는 사후납부대상업체로서 3월 5일 수입신고를 하였다. 그러나 수입신고 후 과세가격에 오류를 발견하여 당일 정정신청을 하였고, 3월 6일 수입신고가 수리되었다.

① 3월 19일

② 3월 20일

③ 3월 21일

④ 3월 22일

24 보세구역 외 장치허가대상으로 옳지 않은 것은?

① 수출신고가 수리된 물품

② 크기가 과다하여 지정된 보세구역에 장치하기 곤란한 물품

③ 특수설비에 의해서만 보관이 가능한 것으로 지정된 보세구역에 장치할 수 없는 물품

④ 무게가 과다하여 보세구역에 장치할 수 없는 물품

25 Incoterms 2020에서 단일 또는 복수의 운송방식에 사용 가능한 조건이 아닌 것은?

① EXW

② FCA

③ CFR

④ CIP

제1과목 **FTA협정 및 법령**

01 WTO와 FTA의 설명으로 옳지 않은 것은?

① WTO는 다자간 무역협상을 통해 무역장벽을 철폐하고 원활한 국가 간 무역을 도모하고자 하였다.

② FTA는 다자간 무역협상에서 합의점이 많아 최종결론에 도달하지 못하는 한계점을 극복하기 위해 진행하는 양자 간 무역협상이다.

③ WTO에서는 무역장벽을 철폐하는 것을 지향하고, 국가 간의 차별대우를 방지하는 최혜국대우 원칙을 두고 있어 FTA협정은 WTO체제와 상반되는 움직임이다.

④ FTA협정에서는 최혜국대우와 내국민대우 원칙을 인정하고 있다.

02 원산지확인서에 대한 설명으로 옳지 않은 것은?

① 원산지확인서는 부가가치기준을 적용하는 때 생산자 또는 수출자에게 공급하는 납품물품에 대한 원산지 판정 서류이다.

② 원산지확인서에도 발급처의 서명이 기재되어야 유효한 서류로 인정된다.

③ 원산지확인서에 대하여도 원산지 판정에 대한 조사 시 필요한 경우 확인서 발급의 근거자료를 요구할 수 있다.

④ 원산지확인서는 동일물품을 반복적으로 납품하는 경우 12개월을 초과하지 않는 범위 내에서 반복하여 사용할 수 있도록 포괄하여 발급할 수 있다.

03 업체별 인증수출자와 품목별 인증수출자의 차이점으로 옳지 않은 것은?

① 업체별 인증수출자는 모든 협정에 대하여 수출자가 수출하는 모든 물품에 적용하지만 품목별 인증수출자는 신청한 협정에 대하여 HS 6단위의 물품별로 적용한다.

② 업체별 인증수출자와 품목별 인증수출자는 모두 원산지관리전담자가 지정되어 있어야 한다.

③ 업체별 인증수출자와 품목별 인증수출자는 모두 원산지증명서 작성대장을 비치하고 있어야 한다.

④ 업체별 인증수출자는 5년, 품목별 인증수출자는 3년 단위로 갱신하여야 한다.

04 FTA관세특례법령상 원산지증빙서류의 수정통보에 대한 내용으로 옳지 않은 것은?

① 수출자가 협정관세 적용을 위해 체약상대국의 수입자에게 발행한 원산지증명서에 오류가 있음을 알게된 경우 수출자는 오류가 있음을 안 날부터 30일 이내에 세관장 및 수입자에게 통보하여야 한다.

② 수입자가 체약상대국으로부터 원산지증명서를 발급받아 협정세율을 적용했으나, 수입신고 수리 후 원산지 증빙서류 내용에 오류가 있음을 통보받은 경우 오류에 따른 부족세액의 정정, 보정 또는 수정신고를 통보받은 날의 다음날까지 하여야 한다.

③ 수입자가 체약상대국으로부터 원산지증명서를 발급받아 협정세율을 적용했으나, 수입신고 수리 후 원산지 증빙서류 내용에 오류가 있음을 통보받은 경우 오류에 따른 기 납부세액이 과다한 것을 알게된 경우 세액의 정정 또는 경정청구를 할 수 있다.

④ 수입자가 체약상대국으로부터 원산지증명서를 발급받아 협정세율을 적용했으나, 수입신고 수리 후 원산지 증빙서류 내용에 오류가 있음을 통보받은 경우 오류에 따른 부족세액의 정정, 보정 또는 수정신고를 하지 않는 경우 500만원 이하의 과태료를 부과한다.

05 수출물품에 대한 원산지증명서를 선적 후 발급 신청하는 때에 대한 설명으로 옳지 않은 것은?

① 수출물품에 대한 원산지증명서를 선적 후 신청하는 경우에는 소급발급에 대한 문구가 원산지증명서상에 스템프로 찍히거나 출력된다.

② 인도 CEPA에서는 선적 후 발급신청을 하더라도 선적일을 제외한 7근무일 이내에 신청하는 것이라면 소급발급에 대한 문구를 표시하지 않는다.

③ 중국 FTA에서는 선적 후 발급신청을 하더라도 선적일을 제외한 7근무일 이내에 신청하는 것이라면 소급발급에 대한 문구를 표시하지 않는다.

④ 베트남 FTA에서는 선적 후 발급신청을 하더라도 선적일을 포함한 3근무일 이내에 신청하는 것이라면 소급발급에 대한 문구를 표시하지 않는다.

06 원산지 증빙서류의 보관에 대한 내용으로 옳지 않은 것은?

① 수입자, 수출자 및 생산자는 원산지의 확인, 협정관세의 적용 등 원산지 증빙서류를 5년 동안 보관하여야 한다. 단, 협정에서 정한 기간이 5년을 초과하는 경우에는 5년 동안 보관하여야 한다.

② 서류의 보관방법은 종이서류뿐만 아니라 마이크로필름, 광디스크 등 자료전달매체를 이용하여 보관할 수 있다.

③ 생산자가 보관하는 서류에는 재료의 생산자가 해당 재료의 원산지증명을 위하여 작성한 후 생산자 또는 수출자에게 제공한 서류를 포함한다.

④ 수출국 및 생산자가 보관하는 서류는 체약상대국이 중국인 경우 3년까지만 보관하면 된다.

07 협정관세의 사후적용에 대한 설명으로 옳지 않은 것은?

① 수입자가 수입신고의 수리 전까지 협정관세의 적용을 신청하지 못하는 경우에는 해당 물품의 수입신고 수리일로부터 1년 이내에 협정관세의 적용을 신청할 수 있다.

② 수입신고 수리 후 협정관세의 사후적용을 위해 보정 또는 경정을 청구한 경우 그 신청받은 세관장은 받은 날로부터 2개월 이내에 협정관세의 적용 및 세액의 보정이나 경정여부를 통지하여야 한다.

③ 세관장은 보정 또는 경정청구 심사결과 타당하다고 인정하는 때에는 납부한 세액을 환급하여야 한다.

④ 수입자가 협정관세의 사후적용 신청 시 갖추어야 할 원산지증빙서류 중 원산지증명서는 수입신고일 또는 협정관세 적용신청일을 기준으로 유효기간 이내의 것이어야 한다.

08 원산지증명서의 기관발급에 대한 설명으로 옳지 않은 것은?

① 원산지증명서는 기관발급인 경우에 한하여 세관 또는 상공회의소에 발급신청을 한다.

② 기관발급 협정의 원산지증명서를 발급하는 때 세관으로 발급신청을 하여 발급받은 원산지증명서는 재발급 또는 정정을 하는 경우에도 세관으로만 신청이 가능하다.

③ 기관발급 시 인증수출자인 경우 원산지증빙을 위한 첨부자료의 제출이 생략된다.

④ 상공회의소에서 발급하는 경우 국내생산시설이 없는 자가 최초로 원산지발급신청을 하는 때에는 신청을 받은 당사자가 현지확인 후 원산지가 적정한 경우에 한하여 증명서를 발급한다.

09 원산지인증수출자에 대한 시정요구에 대한 설명으로 옳지 않은 것은?

① 업체별 원산지인증수출자가 원산지증명서 작성대장을 비치하고 있지 않거나, 관리하고 있지 않는 경우 30일 이상의 기간을 주고 시정하도록 할 수 있다.

② 원산지관리전담자가 퇴사한 후 새로운 전담자를 지정하지 않은 것이 확인된 품목별 원산지인증수출자에 대하여는 30일 이내 전담관리자를 지정하도록 시정요구할 수 있다.

③ FTA PASS를 사용하는 업체별 원산지인증수출자가 기초데이터의 입력을 누락하여 수출물품에 대한 원산지결정기준의 충족여부를 판단할 수 없는 경우 30일 이상의 기간을 주고 시정하도록 할 수 있다.

④ 수출물품에 대하여 원산지기준을 잘못 적용하여 원산지증명서의 발급이 잘못된 것을 안 업체별 원산지인증수출자에 대하여는 30일 이상의 기간을 주고 시정을 하도록 할 수 있다.

10 FTA특례법상 용어의 정의 중 협정상의 "영역"으로 옳지 않은 것은?

① 유럽자유무역연합 회원국(EFTA) – 아이슬란드공화국, 리히텐슈타인공국, 노르웨이왕국 및 스위스연방의 주권이 미치는 영토, 영해 및 영공과 국제법 및 유럽자유무역연합 회원국의 각 국내법에 따라 주권적 권리 또는 관할권이 행사되는 영해의 외측한계선에 인접하거나 외측한계선 밖의 해저, 해저층을 포함한 해양지역

② 미합중국 – 50개의 주(州), 콜럼비아 특별구와 푸에르토리코를 제외한 미합중국의 관세영역, 미합중국과 푸에르토리코에 위치하는 대외 무역지대 및 국제법과 미합중국의 국내법에 따라 미합중국이 해저 및 하부토양과 그 천연자원에 대하여 주권적 권리를 행사할 수 있는 미합중국 영해 밖의 지역

③ 캐나다 – 캐나다의 주권이 미치는 영토·영공·내수 및 영해, 국제법과 캐나다의 국내법에 따른 배타적 경제수역 및 대륙붕

④ 중국 – 육지·내수·영해 및 상공을 포함한 중국의 전체 관세영역과 중국이 그 안에서 국제법과 그 국내법에 따라 주권적 권리 또는 관할권을 행사할 수 있는 중국의 영해 밖의 모든 지역

11 업체별 원산지인증수출자의 인증요건으로 옳지 않은 것은?

① 원산지판정시스템 또는 그 밖의 방법으로 수출하는 물품이 원산지기준을 충족한다는 것을 증명할 수 있을 것

② 인증신청일 이전 최근 2년간 원산지 서면조사를 거부한 사실이 없을 것

③ 인증신청일 이전 최근 2년간 속임수 또는 부정한 방법으로 원산지증명서를 발급신청하거나 작성·발급한 사실이 없을 것

④ 인증대상 수출물품의 주요 선적지를 관할하는 세관장에게 인증을 신청할 것

12 FTA특례법에서 정하는 협정관세의 적용제한 사유에 대한 것으로 옳지 않은 것은?

① 세관장의 원산지증빙자료 요구에 대하여 정당한 사유 없이 수입자가 요구된 자료를 기간 내에 제출하지 아니한 경우

② 세관장이 체약상대국의 관세당국에 원산지의 확인을 요청한 사항에 대하여 상대국에서 회신을 하지 아니한 경우

③ 원산지조사대상자로서 세관장의 현지조사를 거부하거나 기피한 경우

④ 협정관세 적용에 있어 위법협의에 대한 현지조사를 하였으나, 조사기간 내에 해당사항을 확인하지 못한 경우

13 FTA에 의한 국내산업 보호조치의 설명으로 옳지 않은 것은?

① 무역위원회의 조사를 통해 국내산업에 심각한 피해가 발생할 우려가 있는 경우, 그 구제를 위해 필요한 범위에서 협정세율의 연차적인 인하적용을 중지하거나 세율을 인상하는 조치를 할 수 있다.

② 긴급관세조치는 각 협정별로 설정된 과도기간 내에서만 가능하다.

③ 튀르키예와의 협정에서 긴급관세조치는 잠정조치기간을 제외하고 총 2년을 초과하여 적용할 수 없다.

④ 각 협정에서 예외를 설정한 경우를 제외하고 긴급관세조치를 1년을 초과해 적용하는 경우 일정기간 간격으로 점진적 완화조치를 취하여야 한다.

14 다음의 빈칸에 들어갈 내용으로 옳은 것은?

> 관세청장 또는 세관장은 협정관세 적용의 적정여부에 대하여 필요시 서면조사 또는 현지조사를 할 수 있고, 이를 마치면 조사 결과와 그에 따른 결정 내용을 (ㄱ) 이내에 조사대상자 및 체약상대국의 관세당국에 서면으로 통지하여야 한다. 이 경우 체약상대국의 관세당국에 대한 통지는 협정에서 정하는 경우에만 하며, 인도와의 협정 제4.12조에 따른 현지조사 결과의 통지는 현지 방문일부터 (ㄴ) 이내에 완료하여야 한다.

	(ㄱ)	(ㄴ)
①	30일	6개월
②	60일	6개월
③	60일	3개월
④	30일	3개월

15 수입자가 원산지에 관한 조사 또는 사전심사 등의 협정관세 관련 행정처분을 받는데 있어 그 처분이 부당하거나 위법하다고 판단되었을 때 할 수 있는 조치로 옳지 않은 것은?

① 처분을 한 것을 안 날로부터 90일 이내에 심사청구를 할 수 있다.

② 처분을 한 것을 안 날로부터 90일 이내에 심판청구를 할 수 있다.

③ 심사청구와 심판청구는 선택적으로 청구할 수 있다.

④ 심사청구 또는 심판청구의 결과를 인정하지 않는 경우 그 결정을 통지받은 날부터 30일 이내 처분청을 당사자로 행정소송을 제기할 수 있다.

16 협정관세의 적용제한자로 지정된 경우에 대한 설명으로 옳지 않은 것은?

① 세관장은 최근 5년간 2회 이상 반복적으로 원산지증빙서류의 주요 내용을 거짓으로 작성하거나 잘못 작성한 체약상대국 수출자 등을 협정관세 적용제한자로 지정할 수 있다.

② 적용제한자의 지정은 5년의 범위 내에서 결정한다.

③ 협정관세의 적용제한자로 지정되는 경우 원산지기준의 확인과 관계없이 지정된 자가 수출 또는 생산하는 동종동질의 물품 전체에 대하여 협정관세를 적용하지 않는다.

④ 적용제한자의 지정시에는 30일의 기간을 정하여 의견진술의 기회를 부여한다.

17 원산지사전심사 제도에 대한 설명으로 옳지 않은 것은?

① 신청인이 생산하는 물품에 대한 심사뿐만 아니라 생산에 사용된 재료의 원산지에 관한 사항도 심사 대상이 된다.

② 해당 물품의 원산지 표시에 관한 사항도 사전심사의 대상에 포함된다.

③ 사전심사를 위하여 제출된 서류만으로 심사하기 곤란한 경우 관세청장은 5일 이상 10일 이내의 기간을 정하여 보정을 요구할 수 있다.

④ 사전심사의 처리기한은 신청일로부터 90일이다. 심사결과를 통지 받은 후 이의제기를 하고자 하는 경우 결과를 통지받은 날부터 30일 이내에 하여야 한다.

18 원산지증빙서류의 수정이 있는 경우에 대한 설명으로 옳지 않은 것은?

① 수출자 또는 생산자가 원산지증명서 발급을 위한 증빙서류의 오류를 발견한 경우 세관장 및 체약상대국의 수입자에게 통보하여야 한다.

② 수출자 또는 생산자의 통보를 받은 세관장은 그 사실을 체약상대국 관세당국에 통보하여야 한다.

③ 수정통보는 오류가 있음을 안 날로부터 30일 이내에 하여야 한다.

④ 수입자가 원산지증빙서류의 오류를 통지받은 경우 통보받은 날부터 15일 이내에 수정신고 등을 하여야 한다.

19 수입자로부터 제출받은 원산지증명서의 검증이 필요하여 수입자를 통해 확인하였으나 증빙자료의 부족으로 확인이 불가능한 경우로서, 체약상대국에 거주하는 수출자를 대상으로 현지조사를 할 때에 대한 설명으로 옳지 않은 것은?

① 체약상대국의 조사대상자인 수출자에 대한 조사 중 필요한 경우에는 수출자 이외에도 수출물품의 생산에 사용될 재료를 공급하거나 생산한 자를 대상으로도 조사할 수 있다.

② 체약상대국의 수출자 또는 재료공급자를 대상으로 현지조사 하고자 하는 때는 수출자의 동의를 받아야 한다. 이때 동의요청을 받은 체약상대국의 수출자는 요청을 받은 후 30일 이내 동의여부를 통보하여야 한다.

③ 동의를 하지 않거나 동의여부를 통보하지 않는 경우 현지조사는 할 수 없다.

④ 수출자의 동의가 없어 현지조사를 할 수 없는 경우에는 협정관세의 적용을 제한할 수 있다.

20 원산지 조사의 방식이 다른 협정국가는?

① 싱가포르
② 호 주
③ 칠 레
④ 뉴질랜드

21 일시수입물품 등에 대한 관세면제에 대한 설명으로 옳지 않은 것은?

① 특정목적을 갖고 일시적으로 수입되는 물품은 협정에서 정하는 범위 내에서 원산지에 관계없이 관세를 면제할 수 있다.

② 1년의 범위에서 세관장이 일시수입거래계약서 등 수입물품 관련서류, 수입사유, 해당 물품의 상태·내용연수 및 용도 등을 고려하여 인정하는 기간내에 재수출되는 물품은 일시수입물품에 포함된다.

③ 수리 또는 개조를 위하여 호주로 수출하였다가 다시 수입하는 물품은 관세를 면제할 수 있다.

④ 관세가 면제되는 수리 또는 개조의 범위에는 미완성 상태의 물품을 완성품으로 생산 또는 조립하는 작업이나 과정을 포함한다.

22 협정별 원산지증명서의 유효기간으로 옳지 않은 것은?

① 콜롬비아와의 FTA는 발급일로부터 1년간 유효하다.
② 미국과의 FTA는 발급일로부터 4년간 유효하다.
③ 칠레와의 FTA는 서명기재일로부터 2년간 유효하다.
④ 튀르키예와의 FTA는 발급일로부터 1년간 유효하다.

23 원산지 조사를 하는 기간 동안 조사대상자가 추가로 수입하는 동종·동질의 물품의 협정관세 적용 보류에 대한 설명으로 옳지 않은 것은?

① 협정관세의 적용보류는 수입자가 조사개시 이후 수입하는 모든 동종동질물품에 대하여 적용한다.

② 협정관세의 적용보류는 수입자에게 서면조사를 통지한 날로부터 적용한다.

③ 수입자가 협정관세 적용 보류를 해제 요청하고자 하는 경우 납부하여야 할 세액(내국세 포함)에 상당하는 담보를 제공하여야 한다.

④ 조사결과 원산지결정기준을 충족하는 것으로 판단되는 경우 소급하여 협정세율로 세액을 경정하고 관세를 환급받을 수 있다.

24 원산지 조사 기간 중 협정관세의 적용을 보류하고자 할 때, 조사대상 수입자에게 발송하는 보류통지서에 포함되어야 하는 내용으로 옳은 것은?

> ㄱ. 협정관세의 적용 보류 대상 수입자
> ㄴ. 대상물품의 품명·규격·모델·품목번호 및 원산지
> ㄷ. 협정관세의 적용 보류기간 및 그 법적 근거
> ㄹ. 대상물품의 수출자 또는 생산자

① ㄱ, ㄴ
② ㄱ, ㄴ, ㄷ
③ ㄱ, ㄷ, ㄹ
④ ㄱ, ㄴ, ㄷ, ㄹ

25 관세청장 또는 세관장이 서면조사 또는 현지조사를 시행하는 경우, 그 조사를 거부하거나 방해 또는 기피한 자에 대한 처벌내용으로 옳은 것은?

① 2천만원 이하의 벌금
② 300만원 이하의 벌금
③ 1천만원 이하의 과태료
④ 500만원 이하의 과태료

01 다음의 플라스틱 정의에서 옳지 않은 것은?

> 이 표에서 "플라스틱"이란 (ㄱ) 성형·주조·압출·압연이나 그 밖의 외부작용[보통 가열이나 가압을 말하며, (ㄴ) 필요한 때에는 용제나 가소제를 가할 수 있다]에 따라 중합할 때나 그 다음 단계에서 변형하고, 외부작용을 배제하여도 그 형태를 유지하고자 하는 성질을 지닌 (ㄷ) 제3901호부터 제3914호까지에 해당하는 물질을 말한다. (ㄹ) 또한 이 표의 플라스틱에는 벌커나이즈드 파이버를 제외한다. 다만, 제11부의 방직용 섬유재료로 보는 것은 제외한다.

① ㄱ   ② ㄴ
③ ㄷ   ④ ㄹ

02 제15부에 규정된 범용성 부분품에 대한 설명으로 옳지 않은 것은?

① 비금속으로 만든 장착구와 부착구류는 제83류에 분류되는 범용성 부분품이다.
② 범용성 부분품은 특성 기계에 전용으로 쓰이는 경우라 하더라도 분리되어 제시되는 경우에는 각 재질에 해당하는 류의 특게된 호에 분류된다.
③ 스프링과 스프링판은 범용성 부분품에 해당하나, 예외적으로 시계용 스프링은 시계의 부분품으로 분류한다.
④ 자물쇠, 열쇠 및 걸쇠와 걸쇠가 붙은 프레임 및 금고는 모두 범용성 부분품이다.

03 혼방섬유의 중량비에 따른 류의 분류로 옳지 않은 것은?

① 견사 40%, 아마사 30%, 합성스테이플 30%로 직조된 직물 – 제50류
② 면사 40%, 양모사 30%, 섬수모사 30%로 직조된 직물 – 제51류
③ 면사 50%, 나일론사 25%, 비스코스레이온사 25%로 직조된 직물 – 제52류
④ 황마사 50%, 아크릴사 20%, 비스코스레이온사 30%로 직조된 직물 – 제55류

04 제71류에 분류되는 물품으로 호의 용어 또는 제71류 주규정에 따라 귀금속 및 귀석, 반귀석에 해당하지 않는 것은?

① 플라티늄   ② 은
③ 호 박   ④ 루 비

05 다음 중 제7류에 분류되는 건조한 채소의 범위로 모두 옳은 것은?

> ㄱ. 건조한 채두류 ㄴ. 건조한 감자분말
> ㄷ. 건조마늘의 분말 ㄹ. 건조한 고추분말

① ㄱ, ㄴ ② ㄴ, ㄷ
③ ㄱ, ㄷ ④ ㄷ, ㄹ

06 제72류 주규정에 따라 다음의 형상 및 성분함량을 가진 제품이 정의되는 것은?

> 블록 형태인 합금으로써 합금제조 시 첨사제로 탈황제가 사용된다.
> 실용상 단조(鍛造)에는 적합하지 않다.
>
> **성분함량**
> • 철의 함유량이 전 중량의 100분의 4 이상
> • 크로뮴의 함유량이 전 중량의 100분의 9
> • 망간의 함유량이 전 중량의 100분의 35

① 선 철 ② 스피그라이즌
③ 페로얼로이 ④ 주 철

07 제72류에 주규정에 정의된 제품의 설명으로 옳지 않은 것은?

① "재용해용 철강의 스크랩 잉곳"이란 잉곳 모양이 없는 것이나 피그(pig) 모양으로 거칠게 주조한 제품으로서 표면에 흠이 뚜렷하게 나타나 있으며, 선철, 스피그라이즌, 합금철의 화학적 조성에 해당하지 않는 것을 말한다.

② "선(線)"이란 그 횡단면이 전체를 통하여 균일하고 중공(中空)이 없는 코일 모양의 냉간(冷間)성형제품으로서 반제품, 평판압연제품, 봉의 정의에 해당하지 않는 것을 말한다.

③ "알갱이"란 메시(mesh) 구경이 1밀리미터인 체를 통과한 중량이 전 중량의 100분의 90 미만이고, 메시(mesh) 구경이 5밀리미터인 체를 통과한 중량이 전 중량의 100분의 90 이상인 물품을 말한다.

④ "중공(中空)드릴봉"이란 어느 횡단면에든 중공(中空)이 있는 봉으로서 드릴용에 적합하고, 횡단면 외측의 최대치수가 15밀리미터를 초과하나 52밀리미터 이하인 것이며, 내측의 최대치수가 외측 최대치수의 2분의 1을 초과하지 않는 것을 말하고 이에 해당하지 않는 철강의 중공(中空)봉은 제7304호로 분류한다.

08 HS 품목분류표 용어의 정의로 옳지 않은 것은?

① 부 – 제1부부터 제21부까지 총 21개로 구성되어 있으며, 부는 분류의 참조상 부여된 것일 뿐 법적인 구속력을 갖지는 않는다.

② 주 – 주는 부의 주와 류의 주 규정이 있으며, 품목분류의 가장 중요한 기준을 설정하는 규정이다.

③ 류 – 제1류부터 제97류까지 구성되어 있고 제77류는 분류를 유보함으로써 총 96개의 류가 있다. 류의 표제는 법적인 구속력을 갖지 않는다.

④ 호 – 류에서 보다 세분화된 분류로 4단위의 분류번호로 구성되어 있다. 호의 용어는 분류 통칙 1에 의거 법적인 구속력을 가지며 최우선적인 품목분류의 기준이 된다. 주 규정과 호의 용어가 상충되는 경우에는 주 규정을 우선하여 적용한다.

09 침투, 도포, 피복하거나 적층한 방직용 섬유의 직물의 분류에 대한 설명으로 옳지 않은 것은?

① 제5903호에는 침투, 도포하거나 피복한 것을 육안으로 판별할 수 없는 직물류는 분류하지 않는다.

② 섭씨 15도부터 30도까지의 온도에서 지름 7밀리미터의 원통 둘레에 꺾지 않고는 손으로 감을 수 없는 물품은 제5903호에 분류하지 않고 제39류의 플라스틱으로 분류한다.

③ 고무사로 만든 직물류로서 플라스틱을 침투한 경우 제5903호에 분류할 수 없고 제40류의 고무에 분류한다.

④ 방직용 섬유의 직물과 결합한 셀룰러 플라스틱으로 만든 판, 시트, 스트립은 제39류의 플라스틱으로 분류한다.

10 다음 제시된 물품이 분류될 수 있는 류로 옳은 것은?

> 돼지고기 15%, 연어 7%, 파 1%, 마늘 1%를 밀가루 반죽 안에 채운 조제 식료품

① 제2류

② 제3류

③ 제16류

④ 제19류

11 동일한 물품이 둘 이상의 호에 분류될 수 있는 경우, 분류를 위한 통칙의 설명으로 옳은 것은?(적용 순서는 고려하지 않음)

> ㄱ. 가장 포괄적인 호가 일반적으로 표현된 호에 우선한다.
> ㄴ. 물품에 본질적인 특성을 부여하는 재료나 구성요소에 따라 우선 분류한다.
> ㄷ. 종류로 열거하는 것은 물품명으로 열거하는 것보다 더 한정적인 의미를 지니고 있다고 판단한다.
> ㄹ. 분류가능한 호 중 최종 호에 분류한다.

① ㄱ, ㄴ   ② ㄱ, ㄹ
③ ㄴ, ㄷ   ④ ㄴ, ㄹ

12 코코아 함량별 분류되는 류의 연결이 옳지 않은 것은?

① 코코아 함량 15% 요구르트 – 제4류
② 코코아 함량이 전중량의 6%를 초과하는 아이스크림 – 제18류
③ 완전 탈지상태에서 코코아 함량이 5% 미만인 크림 – 제4류
④ 완전히 탈지상태에서 코코아 함량이 전중량의 6% 이하인 볶은곡물 – 제19류

13 제16부 주 규정이나 제84류 주 규정에 따라 적용될 호가 정해지는 것을 제외하고 둘 이상의 호에 해당하는 기기의 분류기준에 대한 설명으로 옳지 않은 것은?

① 제8401호부터 제8424호까지와 제8486호의 하나 이상의 호에 해당하는 기기가 동시에 제8425호부터 제8480호까지의 하나 이상의 호에도 해당되는 경우, 이 기기는 제8401호부터 제8424호까지의 적합한 호로 분류하거나 경우에 따라 제8486호로 분류한다.
② 둘 이상의 호에 분류 가능한 기기를 분류할 때 제8419호에는 곡물가습기를 제외하고 이는 제8437호에 분류한다.
③ 제8422호에는 자루나 이와 유사한 용기를 봉합하는 재봉기는 분류할 수 없다.
④ 잉크젯 방식의 인쇄기는 제8443호에 분류하지 않고 제8424호에 분류한다.

14 공중합체의 정의 및 분류기준으로 옳지 않은 것은?

① 공중합체란 단일 단량체 단위가 구성 중합체 전 중량의 100분의 95 이상의 중량비를 가진 모든 중합체를 말한다.

② 제39류의 공중합체와 혼합중합체는 문맥상 달리 해석되지 않는 한 최대 중량의 공단량체 단위가 해당하는 호로 분류한다.

③ 공단량체의 중량기준에 따라 분류 시 동일 호로 분류되는 중합체의 공단량체 단위는 단일 공중합체를 구성하는 것으로 본다.

④ 최대 중량단위의 단일 공단량체가 없을 때에는 동일하게 분류 가능한 해당 호 중에서 최종 호로 분류한다.

15 다음 제시된 가공도 중 제2류에 분류될 수 있는 것은?

> ㄱ. 냉장 또는 냉동한 것
> ㄴ. 건조 또는 동결건조 한 것
> ㄷ. 증기로 찐 것
> ㄹ. 염장한 것
> ㅁ. 설탕물을 뿌린 것
> ㅂ. 볶은 것

① ㄱ, ㄷ, ㄹ, ㅁ   ② ㄱ, ㄴ, ㄹ, ㅁ
③ ㄴ, ㄹ, ㅁ, ㅂ   ④ ㄷ, ㄹ, ㅁ, ㅂ

16 제8486호에 분류되는 반도체 제조용 기기에 대한 설명으로 옳지 않은 것은?

① "반도체디바이스"는 감광성 반도체디바이스와 발광다이오드를 포함한다.

② "평판디스플레이의 제조"는 기판을 평판으로 제조하는 것을 포함하며, 유리 제조나 평판 모양인 인쇄회로기판의 조립이나 그 밖의 전자소자 조립은 포함하지 않는다.

③ 보울, 웨이퍼, 반도체디바이스, 전자집적회로와 평판디스플레이의 권양, 취급, 적하나 양하에 전용되는 기계는 제8486호에 분류하지 않고 각 기능에 따라 분류된다.

④ 제8486호의 표현을 만족하는 기계는 관세율표상 다른 호에 분류되지 않고 제8486호에 우선 분류된다.

17 의류를 수입하기로 한 수입자 A는 수입신고 전 수입의류에 대한 품목분류가 고민이다. 회의를 통해 직원들의 의견을 듣게 되었고 이는 다음과 같다. 수정이 필요한 기준은?

① 직원 A – 완성된 의류이기 때문에 제61류와 제62류에서 세부 호를 결정하면 된다.
② 직원 B – 어린이용 의류는 최우선적으로 제6111호 또는 제6209호에 분류하도록 한다.
③ 직원 C – 단추형 의류인 경우 성별 구분 시 왼편이 오른편 위로 잠기면 남성용으로 분류한다. 그러나 단추형이 아닌 경우에는 재단법에 따라 성별을 구분하며, 판단할 수 없는 경우 분류가능한 호 중 최종 호에 분류한다.
④ 직원 D – 의류의 소호 이하의 분류를 할 때 재질의 판단은 최대중량 원단의 제품으로 판단한다.

18 물품과 그 물품이 분류되는 호로 옳지 않은 것은?

① 신체상의 불구를 예방하거나 교정하는 기기로서 대량 생산된 신발과 특수안창 – 제9021호
② 자동자료처리기계와 분리되어 제시되는 키보드 – 제8471호
③ 가정용 전열기기 – 제8509호
④ 진공청소기 – 제8508호

19 관세율표 제16부 주3의 복합기계와 다기능기계 및 주4의 기능단위기계에 대한 설명으로 옳지 않은 것은?

① 두 가지 이상의 기계가 함께 결합되어 하나의 완전한 기계를 구성하는 것을 복합기계라 하고 특별히 분류되는 호가 없다면 구성된 단일의 기계로 분류하거나 주된 기능에 따라 분류한다.
② 종이를 붙잡기 위한 보조기계와 결합된 인쇄기계는 복합기계에 해당한다.
③ 두 가지 이상의 보조기능이나 선택기능을 수행할 수 있도록 디자인된 기계는 특별히 분류되는 호가 없다면 제8479호 또는 제8544호에 분류한다.
④ 하나의 기계가 각종 개별기기로 구성되어 있는 경우에도 제84류 또는 제85류에 규정된 기능을 수행하기 위한 것일 때 그 전부를 그 기능에 따라 해당하는 호에 분류한다.

20 자동자료처리기계의 분류기준에 대한 설명 중 옳지 않은 것은?

① 자동자료처리기계는 하나 이상의 처리용 프로그램과 적어도 프로그램 실행에 바로 소요되는 자료를 기억할 수 있으며, 사용자의 필요에 따라 프로그램을 자유롭게 작성하고, 사용자가 지정한 수리 계산을 실행할 수 있으며 처리 중의 논리 판단에 따라 변경을 요하는 처리프로그램을 사람의 개입 없이 스스로 변경할 수 있는 것을 말한다.

② 프린터, 복사기, 팩시밀리는 자동자료처리시스템에 전용되거나 주로 사용되는 것인 경우 제8471호에 분류하지 않는다.

③ 자동자료처리시스템에 전용되거나 주로 사용되는 것으로서 중앙처리장치에 직접적으로 접속되거나 한 개 이상의 다른 단위기기를 통하여 접속될 수 있는 것이며, 해당 시스템에서 사용하는 부호나 신호의 형식으로 자료를 받아들이거나 전송할 수 있는 것은 자동자료처리시스템의 일부로 본다.

④ 음성수신을 위한 단위기기로서 자동자료처리기계와 분리되어 제시되는 경우에는 제8471호로 분류한다.

21 통칙에 의거한 설명으로 옳지 않은 것은?

① 코르크의 반가공품은 통칙 1에 의거 코르크의 완제품이 분류되는 호에 분류되어야 한다.

② 미조립 분해물품이 통칙 2(가)에 의거 완제품의 호에 분류되기 위해서 조립방법의 복잡성 및 완성된 상태로 만들기 위한 경미한 가공은 고려하지 않는다.

③ 미조립 분해물품이 완성되었을 때 그 물품이 필요로 하는 수를 초과하는 어떤 물품의 조립되지 않은 구성요소는 별도로 분류하여야 한다.

④ 두 가지 이상의 재료나 물질로 구성한 물품으로서 일견 둘 이상의 호에 분류될 수 있을 것 같은 것은 통칙 3의 규정에 따라 분류하여야 한다.

22 제27류에 분류될 수 없는 것은?

① 전기에너지

② 석유 및 역청유

③ 액상의 합성폴리올레핀(섭씨 300도 유출용량 100분의 60 미만)

④ 광물성 왁스

23 제61류 및 제62류의 주 규정에 의한 의류의 정의 중 옳지 않은 것은?

① "슈트"란 겉감이 동일 직물로 제조된 두 부분이나 세 부분으로 구성된 세트의류로서 구성 직물의 조직, 색채, 조성이 모두 동일하여야 한다.

② "유아용 의류와 부속품"은 신장이 86센티미터 이하인 어린이용을 말한다.

③ 손수건과 스카프의 분류는 한 변의 길이가 60센티미터 이하인지 여부에 따라 달라진다.

④ "앙상블"이란 소매용으로 판매하는 동일 직물의 여러 단으로 만든 세트의류로서 슈트와 달리 한점의 상반신용 의류와 한점의 하반신용 의류만으로 구성된다.

24 다음 중 제39류 주 규정에 따라 분류하는 호가 옳지 않은 것은?

① 액체나 페이스트 및 불규칙한 블록, 럼프, 플레이크 및 이와 유사한 벌크형상의 것은 제3901호 내지 제3914호 중 적합한 호에 분류된다.

② 차량의 공기압을 전달하는 플라스틱 튜브로 내부 횡단변의 원형인 것은 제3917호에 분류한다.

③ 접착성이 있는 종이 이외의 재료에 영구부착시킨 플라스틱 벽 부착재는 제3918호에 분류한다.

④ 마루·벽·칸막이·천장·지붕 등의 건축용 재료는 제3925호에 분류한다.

25 관세율표 용어의 정의에 대한 설명으로 옳지 않은 것은?

① 관세율표에서 건조한 것을 해석할 때 문맥상 달리 해석되지 않는 한 탈수하거나 증발한 것 또는 동결건조한 것을 포함한다.

② "데어리 스프레드"란 유중수적형의 스프레더블 에멀젼을 말한다. 지방은 유지방만을 함유하고, 유지방 함유량이 전 중량의 100분의 39 이상, 100분의 80 미만의 것으로 한정한다.

③ 관세율표에서 "펠릿(pellet)"이란 직접 압축하거나 전 중량의 100분의 3 이하의 점결제를 첨가하여 응결시킨 물품을 말한다.

④ 제2202호에서 "알코올을 함유하지 않은 음료"란 알코올의 용량이 전 용량의 100분의 0.5 이하인 음료를 말한다.

원산지결정기준

01 완전생산품으로 인정될 수 없는 경우는?

① 파나마에 등록된 우리나라 선사의 선박이 어획 당시 우리나라 국기를 계양하고 어획한 갈치를 아이슬란드에 수출한 경우
② 미국산 소를 수입하여 교배를 통해 낳은 송아지를 3개월 이상 사육하여 중국으로 수출한 경우
③ 우리나라에서 채광한 철광석을 베트남으로 수출한 경우
④ 미국에서 수입한 소를 우리나라에서 도축하여 이를 냉동한 후 튀르키예로 수출한 경우

02 FTA협정상의 불인정공정에 대한 설명으로 옳지 않은 것은?

① 한-베트남 협정에서 동물을 도살하여 보존을 위한 염장을 하는 것은 불인정공정에 해당한다.
② ASEAN FTA에서는 불인정공정을 열거하고 있어 이에 해당하지 않으면 불인정공정이 아니다.
③ 싱가포르 FTA에서도 다른 협정과 마찬가지로 불인정공정을 열거하고 있지만, 이를 포함한 일정 작업이라고 하여 예시적 열거일 뿐 그와 유사한 기타의 열거되지 않은 공정도 불인정공정으로 볼 수 있다.
④ 미국 FTA에서는 불인정공정을 규정하지 않는다.

03 우리나라가 체결한 FTA에서 규정하고 있는 "원산지 누적"에 대한 설명으로 옳지 않은 것은?

① 다국누적은 한쪽 또는 양쪽 당사국이 여러 국가로 구성된 경우에 1대 다수 또는 다수 대 다수 방식으로 누적을 인정하는 것으로 한-EU FTA와 한-ASEAN FTA에서 적용된다.
② 인도 CEPA에서는 재료의 누적은 인정하지만 공정누적은 인정하지 않는다.
③ EFTA FTA에서는 다른 당사국 물품을 단순가공하여 또 다른 당사국으로 수출하는 경우, 부가가치 판정 시 해당 재료를 포함하도록 함으로써 시장통합의 효과를 극대화하고 있다.
④ EU FTA에서는 다른 쪽 당사자를 원산지로 하는 재료를 결합하여 당사자 내에서 충분한 공정 이상의 공정을 거쳐 제품이 획득된 경우, 그러한 제품은 그 당사자가 원산지로 간주된다.

04 FTA협정의 원산지기준 적용 시 고려할 필요가 없는 것은?

① 호주 FTA에서 부가가치기준이 적용되는 제품의 생산에 사용된 비원산지 용해제
② ASEAN FTA에서 부가가치기준이 적용되는 소매용 악기의 비원산지 케이스
③ 칠레 FTA에서 부가가치기준이 적용되는 수송을 위한 비원산지 나무 팔렛트
④ 인도 CEPA에서 부가가치기준이 적용되는 자동차의 비원산지 예비부품

05 부가가치기준 적용 시 구매한 원재료를 계상하는 방법에 대한 설명으로 옳지 않은 것은?

① 미국 FTA는 수입 원재료에 대하여 실제지급가격에서 국제운송비를 공제하여 계상하고, 국내 매입원재료는 매입을 위한 실제지급금액을 재료비로서 계상한다.

② 싱가포르 FTA는 국내매입원재료에 대하여 매입을 위해 실제 지급한 금액에 국내운송, 보관 등의 관련 비용을 포함하여 재료비로 계상한다.

③ 칠레 FTA는 수입 원재료에 대하여 실제지급가격에서 국제운송비를 공제하여 계상한다.

④ 중국 FTA는 수입 원재료에 대하여 WTO평가협정에 따라 실제지급가격으로 결정된 FOB가격을 기초로 재료비를 계상한다.

06 한-ASEAN FTA에서 견직물(HS 제5007호)에 대한 품목별 원산지기준에 대한 설명으로 옳지 않은 것은?

> 다음 각 호의 어느 하나에 해당하는 것으로 한정한다.
> 1) 다른 호에 해당하는 재료로부터 생산된 것
> 2) 최소한 2 이상의 예비공정 또는 마무리공정을 수반한 염색 또는 날염공정을 거친 것
> 3) 40% 이상의 역내부가가치가 발생한 것

① 상기와 같은 품목별 기준을 조합기준이라 한다.

② 역외산 견사(HS 제5004호)를 사용한 경우에도 한국에서 견직물을 생산한 경우는 한국산으로 판정받을 수 있다.

③ 역외산 재료를 사용하여 한국에서 견직물을 생산하는 경우 역내부가가치가 40%이상 발생하면 원산지상품으로 인정받을 수 있다.

④ 중국산 견직물(HS 제5007호)을 사용하여 한국에서 마무리공정을 포함하여 염색 또는 날염공정을 하는 경우는 원산지상품으로 인정받을 수 있다.

07 우리나라가 체결한 FTA의 직접운송원칙에 대한 설명으로 옳지 않은 것은?

① 미국, 칠레와의 FTA에서는 직접운송원칙을 규정하지 않으나, 환적(통과) 시에는 제3국 세관 통제 하에서 하역, 재선적 또는 상품 보존을 위한 작업 외의 어떠한 가공 또는 작업이 없어야 한다.

② 튀르키예, 뉴질랜드와의 FTA에서는 단일탁송화물만 제3국 경유를 허용하고 있다.

③ EFTA와의 FTA에서는 원산지상품은 비당사국 영역을 통과하는 파이프라인을 통하여 운송될 수 있다.

④ 인도, ASEAN과의 FTA에서는 원산지물품이 제3국을 경유하는 경우 FTA특혜적용을 받으려면 그 상품이 경유국에서 거래 또는 소비되어선 안 된다.

08 역외가공을 허용하지 않는 협정국가로 옳은 것은?

① 미국, EU
② 중국, 베트남
③ EU, EFTA
④ 튀르키예, ASEAN

09 중미 FTA의 원산지결정기준에 대한 설명으로 옳지 않은 것은?

① 당사국의 영역에서 출생하고 사육된 살아있는 동물과 이들로부터 획득한 상품은 완전생산기준에 따라 생산된 상품이다.
② RVC기준을 적용할 때 공제법으로 부가가치비율을 산정해야만 한다.
③ 수입 시 상품과 함께 인도된 부속품, 예비부품 또는 공구의 원산지는 세번변경기준의 적용대상인 경우, 고려되지 아니한다.
④ 세번변경기준 적용 시 포장 재료가 상품과 함께 분류되는 경우, 상품의 소매용 포장에 사용되는 포장재료의 원산지는 상품의 원산지를 결정하는 데 있어 고려되지 아니한다.

10 FTA협정별 부가가치기준에 대한 설명으로 옳지 않은 것은?

① RVC는 부가가치비율이 일정수준 이상이어야 하나, MC법은 역외산 재료비가 품목별 설정된 비율 이하여야 한다.
② 싱가포르 FTA는 부가가치비율 산정 시 공제법과 집적법을 적용한다.
③ RVC법은 부가가치비율 산출방법에 따라 공제법, 집적법, 순원가법으로 구분되며, 순원가법은 한-미국 FTA에서 자동차류에 한해 적용 가능하다.
④ EFTA, EU, 튀르키예 FTA에서는 MC법을 적용한다.

11 우리나라가 체결한 FTA에서 규정한 대체가능물품에 대한 설명으로 옳지 않은 것은?

① 물품의 특성이 본질적으로 동일하여 원산지가 서로 다르더라도 상업적으로 대체하여 사용할 수 있는 상품 또는 재료를 대체가능물품이라고 하지만 해당 기준을 각 협정에서 다루고 있지는 않다.
② 대체가능물품은 원산지가 다른 물품은 서로 구분하여 보관 및 관리하여야 한다는 원칙에 대한 예외이다.
③ 재고관리기법은 생산국에서 일반적으로 인정되는 회계원칙을 말하여 선입선출법, 후입선출법, 평균법 등이 있다.
④ 재고관리기법에 의해 대체가능물품에 대하여 구분없이 관리하는 경우, 역내산과 역외산의 원가 배분은 1회계연도 안에서 변경하여 유리하게 적용할 수 있다.

12 우리나라가 체결한 FTA에서 규정한 부가가치기준에 대한 설명으로 옳지 않은 것은?

① 부가가치기준은 불완전생산품에 대한 원산지결정기준의 한 종류로 역내에서 일정한 수준의 부가가치가 창출된 경우에 원산지물품으로 인정하는 것이다.

② 부가가치는 상품과 그것을 구성하는 재료의 가격, 제조경비, 이윤 및 일반경비 등을 기초로 하기 때문에 상품 또는 재료의 가격등락 등에 따라 원산지가 수시로 변경될 수 있다.

③ 부가가치 계산방법으로 공제법, 집적법, 순원가법, MC법이 이용되고 있다. 순원가법은 한-미 FTA의 자동차 등 매우 제한적으로만 이용된다.

④ 역내 부가가치 계산시 물품의 기준가격은 한-ASEAN FTA의 경우 공장도가격(EX-works)이 적용된다.

13 재료비를 계상하는 방법에 대한 설명으로 옳지 않은 것은?

① 칠레 FTA는 국내에서 매입한 자료는 실제 지급비용을 재료비로 계상한다.

② 미국 FTA는 수입재료에 대하여 실제지급가격에서 국제운송비를 공제하여 계상한다.

③ 자체생산재료는 생산제반비용에 이윤을 포함하지 않은 가격을 재료비로 계상한다.

④ 싱가포르 FTA는 수입재료에 실제지급가격에서 국제운송비를 가산하여 계상한다.

14 FTA협정별 설명에 대한 것으로 옳지 않은 것은?

① 역외국인 A국을 원산지로 하는 재료가 역내국인 B국 생산물품에 포함되는 경우 그 재료를 역내국의 원산지 재료로 간주하는 것을 누적기준이라 한다.

② 누적기준은 당사국 간 원산지영역을 확대하여 역내산 재료 사용 및 역내가공을 촉진하는 효과가 있다.

③ 한-칠레 FTA에서는 원산지 재료 또는 상품이 타방 당사국에서 다른 상품에 포함되는 경우 최종물품 생산국 원산지물품으로 인정한다.

④ 다국누적을 적용하고 있는 한-ASEAN FTA에서는 재료에 대하여는 누적을 허용하지만 공정은 인정하지 않는다.

15 최소허용기준 적용 시 섬유제품에 대하여 중량기준 7% 이하에 대하여 인정하는 협정은?

① 한-미국 FTA

② 한-ASEAN FTA

③ 한-칠레 FTA

④ 한-EU FTA

16 운송용 용기에 대한 설명으로 옳지 않은 것은?

① 한-ASEAN FTA에서 항공수출시 화물의 파손방지를 위해 나무상자에 적재한 경우 상자에 대하여는 원산지 판정 시 고려하지 않는다.

② 한-중국 FTA에서 운송에 사용되는 목재 팔레트는 원산지 판정 시 고려하지 않는다.

③ 한-미국 FTA에서 조정가치에서는 화물의 운송에 사용되는 운송용기비용도 공제한다.

④ 한-EFTA FTA에서 운임내역서상 컨테이너 사용료가 기재되어 있는 경우에는 이를 포함한다.

17 다음 사례에 따른 설명으로 옳지 않은 것은?(FTA적용을 전제로 한다)

> 우리나라의 악기제작자 C는 우리나라의 거문고를 해외에 수출하고자 한다. 이때 거문고와 함께 수출되는 거문고 케이스는 플라스틱 재질로 거문고의 보관에 적합하도록 고안하여 수출시 본 케이스에 넣어 수출할 계획이다.

① 페루로 수출을 하는 경우 제품이 원산지재료로만 구성된 경우에는 케이스에 대한 원산지 판정을 고려할 필요 없다.

② 호주로 수출하는 경우 세번변경기준 적용 시에는 케이스의 원산지 판정을 고려할 필요 없다.

③ 미국으로 수출하는 경우 세번변경기준과 부가가치기준 모두 케이스의 원산지 판정을 고려할 필요 없다.

④ ASEAN국가로 수출하는 경우 부가가치기준 적용 시에만 원산지 판정을 고려하면 된다.

18 한-미국 FTA에서 규정하고 있는 섬유에 대한 원산지결정기준 설명으로 옳지 않은 것은?

① 한-미 FTA는 의류의 공통 기본원칙으로 원사기준(yarn forward rule)을 채택하고 있어, 이 기준을 충족하려면 원사 이후 단계의 모든 공정이 역내에서 이루어져야 한다.

② 견사를 사용하는 경우에는 섬유의 완제품을 생산할 때 비역내산 견사를 사용해도 원산지의 인정이 가능하다.

③ 남성용 셔츠(제6205.30호)는 원사기준(yarn forward rule)을 적용하지 않는다.

④ 섬유 세트는 비원산지 상품의 총가치가 세트물품의 관세가격의 10퍼센트 이하인 경우에는 원산지 상품으로 간주한다.

19 FTA협정별 간접재료의 취급에 대한 설명으로 옳지 않은 것은?

① 싱가포르 FTA - 재료로 간주하지 않음

② 칠레 FTA - 재료로 간주하지 않음

③ 페루 FTA - 재료로 간주하지 않음

④ 뉴질랜드 FTA - 재료로 간주함

20 다음의 원가내역을 기초로 부가가치기준 적용 시 그 계산으로 옳지 않은 것은?(소수점 이하는 버린다)

구 분	원산지	가격(원)
원재료1	한국산	4,000
원재료2	중국산	2,000
원재료3	러시아산	1,000
원재료4	프랑스산	1,000
노무비	-	1,000
국내운송비	-	500
이 윤	-	1,500
조정가치(FOB)	-	11,000

① 한-중국 FTA 적용 시 부가가치기준은 63%이다.

② 한-ASEAN FTA 적용 시 집적법을 사용할 경우 부가가치기준은 36%이다.

③ 한-EU FTA 적용 시 부가가치율은 28%이다.

④ 한-싱가포르 FTA에서 부가가치기준 계산 시 63%이다.

21 다음 사례에서 원산지 판정으로 옳지 않은 설명은?(원산지증빙자료는 수취한 것으로 간주한다)

- 우리나라에서 제조된 상품으로서 인도로 수출된다.
- 송장에 기재된 가격은 FOB 10,000원 이다.
- 수출물품의 원산지 판정은 CTH와 역내부가가치 40% 이상일 것을 기준으로 한다. 원재료 내역은 다음과 같다.

A	4단위세번변경	구매가격 5,000원	중국산
B	4단위세번변경	구매가격 3,500원	한국산
C	4단위세번변경	구매가격 1,000원	일본산

① CTH와 역내부가가치 40% 모두를 충족해야 한다.

② 세번이 모두 변경되므로 CTH는 기준은 충족한다.

③ 부가가치기준은 공제법을 사용할 경우 충족되지 않는다.

④ 부가가치기준은 집적법을 사용할 경우 충족되지 않는다.

22 다음은 우리나라의 수출자가 직접 생산하는 복사기(8443.31)의 원가내역서이다. 이에 대한 설명으로 옳지 않은 것은?

> **재료목록(통화단위는 고려하지 않음)**
> • 프레임(8443.92), 200, 태국산
> • 기타부품(8443.92), 100, 중국산
> • 토너(3215.19), 50, 한국산
> • 드럼(8443.92), 300, 한국산
> **기타경비**
> • 노무비 및 일반경비 : 50
> • 이윤 : 50
> • 국내운송비 : 20
> **FOB가격 : 770**
> **협정을 위해 필요한 원산지증빙자료 갖춤**

① 본 물품은 CTH기준은 충족할 수 없다.
② 원산지 결정기준이 부가가치기준 40%인 ASEAN FTA에서는 원산지기준을 충족한다.
③ 원산지 결정기준이 부가가치기준 50%인 중국 FTA에서는 원산지기준을 충족할 수 없다.
④ "원산지결정기준이 다른 호에 해당하는 재료로부터 생산된 것. 다만, 40%이상의 역내부가가치가 발생한 것에 한정한다"라고 규정된 협정에서는 원산지기준을 충족하지 못한다.

23 다음 중 FTA협정별로 공구, 부속품, 예비부품에 대한 취급기재가 옳지 않은 것은?

협 정	부가가치기준	세번변경기준
한-ASEAN	고려하지 않음	고려하지 않음
한-베트남	고려하지 않음	고려하지 않음
한-칠레	고려함	고려함
한-뉴질랜드	고려함	고려하지 않음

① 한-ASEAN FTA
② 한-베트남 FTA
③ 한-칠레 FTA
④ 한-뉴질랜드 FTA

24 우리나라가 체결한 FTA협정 중 최소허용기준 조항에 대한 설명으로 옳지 않은 것은?

① 한-인도 CEPA에서는 FOB가격 기준으로 10%의 최소허용기준을 적용한다.

② 한-칠레 FTA에서는 HS 제1류~제24류에는 CTSH기준을 충족하는 경우에 한하여 8%의 최소허용기준을 적용한다.

③ 한-미 FTA에서 섬유류를 제외하고는 10%의 최소허용기준을 적용한다.

④ 한-튀르키예 FTA에서 FOB가격 10%를 초과하지 않는 비원산지재료에 대하여는 최소허용기준을 적용할 수 있다.

25 다음은 한국에서 미국으로 수출된 자동차에 대한 가격내역이다. 부가가치기준에 따라 원산지를 결정할 때로 옳은 것은?(부가가치기준을 계산할 때 소수점 이하는 버린다. 원산지증빙서류는 모두 갖춘 것으로 간주한다)

> **원재료 내역($)**
> • 중국산 부품 A : 250
> • 한국산 부품 B : 300
> • 원산지 미상 부품 총합 : 250
> **이윤 및 일반경비** : 200
> **수출국 내 선적지까지의 운송비** : 100
> **미국까지의 운송비** : 150

① 순원가법을 적용할 수 있으며 그에 따른 산출 비율은 40%이다.

② 공제법을 적용할 수 있으며 그에 따른 산출비율은 60%이다.

③ 집적법을 적용할 수 있으며 그에 따른 산출비율은 27%이다.

④ MC법을 적용할 수 있으며 그에 따른 산출비율은 33%이다.

01 보세구역 보관물품의 반입, 반출에 대한 설명으로 옳지 않은 것은?

① 세관공무원은 보세구역에서 반출되는 물품에 대하여 검사를 할 수 있다.
② 보세구역에 반입 후 수입신고가 수리되어 내국물품이 된 모든 물품은 별도의 신고없이 6개월 이내의 범위에서 보관이 가능하다.
③ 보관물품이 폐기사유에 해당하여 폐기를 하는 경우 폐기승인을 받아야 하며, 잔존물을 반출할 때에는 잔존물에 대한 가치분을 과세한다.
④ 보세구역에 반입되는 화물에 대하여는 보세구역 운영인이 관할 세관장에게 신고하여야 한다.

02 부두 CY에 반입된 후 30일 이내 수입신고를 하지 아니하여 가산세를 징수하는 경우에 대한 설명으로 옳지 않은 것은?

① 수입신고지연 가산세율은 반입 후 총 40일이 경과된 시점에는 과세가격의 1천분의 5가 적용된다.
② 신고지연 가산세를 부과하는 기간은 총 60개월을 초과할 수 없다.
③ 수입신고지연 가산세의 한도금액은 500만원으로 한다.
④ 수입신고지연 가산세는 모든 보세구역에 대한 것이 아닌 부두 CY 등 체화방지를 위해 관세청장이 고시한 일부 보세구역에 한하여 적용한다.

03 조건부 감면에 해당하지 않는 것은?

① 해외임가공물품 등의 감면
② 학술연구용품의 감면
③ 특정물품의 면세
④ 재수출 면세

04 관세부과 제척기간에 대한 설명으로 옳지 않은 것은?

① 수입신고한 물품의 경우 수입신고한 날로부터 제척기간을 기산한다.
② 보세건설장에 반입된 외국물품의 경우 건설공사완료 보고일과 특허기간 만료일 중 먼저 도래한 날의 다음 날부터 제척기간을 기산한다.
③ 잠정가격신고 후 확정가격신고를 한 경우 확정가격신고한 날의 다음 날부터 제척기간을 기산한다.
④ 보세창고에서 물건이 도난당하여 관세를 징수하는 경우 도난된 날의 다음 날부터 제척기간을 기산한다.

05 관세징수권 소멸시효의 중단 사유에 해당하지 않는 것은?

① 납부고지　　　　　　　　　② 징수유예
③ 압 류　　　　　　　　　　　④ 교부청구

06 관세법령상 외국물품으로 옳은 것은?

① 우리나라의 선박 등이 공해에서 채집하거나 포획한 수산물 등
② 외국으로부터 우리나라에 도착한 물품으로서 수입신고가 수리되기 전의 것
③ 입항 전 수입신고가 수리된 물품
④ 수입신고 수리 전 반출승인을 받아 반출된 물품

07 다음 사례에서 수입자가 납부하여야 할 관세로 옳은 것은?(부가세 및 내국세는 포함하지 아니하며 FTA는 제시된 국가 이외의 FTA는 없는 것으로 한정한다)

> 수입자 A는 11월 6일 노르웨이에서 브라운치즈를 수입하여 11월 9일 보세창고에 보관하였다. 보관 중 일부 상자에서 상품이 부패하는 것을 확인하고, 세관장의 승인을 받아 총 150박스 중 50박스를 폐기하였다. 1박스의 가격은 100,000원이며 수입신고일 적용되는 관세율은 아래와 같다.
> • 기본관세율 : 36%
> • 계절관세율 : 15%
> • 한-EU FTA : 0%

① 360만원　　　　　　　　　② 150만원
③ 0원　　　　　　　　　　　④ 225만원

08 가산세와 가산세율의 연결로 옳지 않은 것은?

① 신고납부 불성실 가산세 - 부족세액의 100분의 10에 부족세액에 납부기한 경과일수 1일당 10만분의 22의 이자율을 적용하여 산출된 금액의 합계
② 휴대품 신고 불이행 가산세 - 과세가격의 100분의 40
③ 즉시반출물품 수입신고 불이행 가산세 - 관세의 100분의 20
④ 재수출 불이행 가산세 - 제세액의 100분의 20

09 수입물품의 과세와 관련된 서술로 옳지 않은 것은?

① 수입물품의 적용법령은 수입신고시점에 시행되는 법령을 기준으로 한다.

② 과세환율은 수입신고일이 속하는 주의 전주의 기준환율 또는 재정환율을 평균하여 관세청장이 고시한다.

③ 수입물품의 과세표준은 가격을 말하는 것이며 종량세가 적용되는 물품은 제외한다.

④ 세율적용 우선순위에 따라 할당관세는 기본관세보다 우선하여 적용되며 일반특혜관세보다 낮은 경우에만 우선 적용한다.

10 보수작업 허용범위에 해당하지 않는 것은?

① 물품의 보존을 위해 필요한 보존작업

② 수입물품에 한글표시라벨을 부착하는 작업

③ 수출물품의 선적을 위한 팔렛트 포장작업

④ 개별구성된 제품을 세트구성으로 재포장하는 작업

11 관세평가에 대한 설명으로 옳지 않은 것은?

① 2평가방법과 3평가방법은 절차는 동일하나 기준가격의 차이만 있다.

② 3평가방법은 납세의무자의 요청에 의해 2평가방법보다 우선하여 적용할 수 있다.

③ 6평가방법은 합리적 기준으로 관세평가를 하여야 하며 앞선 평가방법을 신축적으로 적용해 볼 수 있다.

④ 5평가방법은 납세의무자가 수입물품의 원가자료를 보유한 경우 적용할 수 있어 그 활용도가 높지 않다.

12 탁송품의 통관에 대한 설명으로 옳지 않은 것은?

① 탁송품의 목록통관은 관세청장 또는 세관장에게 등록한 운송업자만 가능하다.

② 목록통관은 수입물품의 품명, 수량, 가격 등이 포함된 목록만 제출하여 간이하게 수입하는 것으로 미화 150달러 이하의 물품만 신고 가능하다.

③ 150달러를 초과하는 물품은 일반 수입신고만 가능하다.

④ 목록통관을 한 경우 수입신고는 생략한다.

13 관세율에 대한 설명으로 옳지 않은 것은?

① 덤핑방지관세는 정상적인 가격보다 낮은 가격으로 수입되어 동종상품의 국내산업 또는 국내 제조자에게 실질적 피해를 발생시킬 경우 더하여 부과하는 관세이다.

② 할당관세는 특정수입물품에 쿼터를 설정하고 해당 수량 이내로 수입되는 경우 높은 세율을, 그 이상 수입되는 경우 낮은 세율을 적용하도록 할 수 있다.

③ 계절관세는 특정계절별로 가격 차이가 심한 물품으로 국내시장이 교란될 우려가 있는 때 적용하는 관세이다.

④ 편익관세는 관세에 관한 협약 등에 따른 편익을 받지 못하는 국가로서 이미 체결된 조약에 의한 편익한도를 기초로 부과하는 관세이다.

14 보복관세의 부과에 대한 설명으로 적절하지 않은 것은?

① 보복관세는 오용할 경우 상대국의 추가적인 보복조치가 있을 수 있으므로 부과에 신중하여야 한다.

② 상대국에서 우리나라가 수출하는 물품을 부당하게 관세를 높인 경우 그에 상응하는 보복관세를 우리나라도 부과할 수 있다.

③ 보복관세의 부과는 상대국과의 이해관계로 인해 부과 전 상대국에 통지하고 상대국에서 양해하는 정도의 관세를 부과하도록 한다.

④ 양자간 협정으로 낮은 세율이 적용되던 중 상대국에서 일방적으로 협정상 권익을 부정하는 경우에도 보복관세 부과의 대상이 된다.

15 관세의 납부기한을 경과한 경우 납부지연 가산세가 부과되는 물품은?

① 수입신고를 하지 않는 우편물
② 지방자치단체에 납품하는 물품
③ 국가가 직접 수입하는 물품
④ 국가에 기증되는 물품

16 소가죽에서 유래한 젤라틴성분으로 캡슐을 구성한 건강기능식품을 수입하는 경우, 보세창고에 도착하여 수입자가 수입신고 전에 해야 하거나 할 수 있는 사항으로 옳지 않은 것은?

① 동물검역을 위한 지정검역장소로의 보세운송 신청
② 식품위생법에 의한 식품수입신고 및 검사
③ 소비시장의 반응확인을 위해 샘플을 반출하여 판매하기 위한 견본품 반출허가 신청
④ 국내판매를 위한 한글표시 사항이 기재된 포장으로 재포장하는 보수작업 신청

17 수입물품 통관의 제한사유에 해당하지 않는 것은?

① 수입신고서의 기재사항에 보완이 필요한 경우

② 수입물품에 대하여 제출하여야 하는 서류를 수입신고시 제출하지 않거나 일부가 누락된 경우

③ 수입물품에 대한 안전성 검사가 필요한 경우

④ 수입물품에 대한 담보가 설정되지 않은 경우

18 수입신고 수리 후 3년이 지난 시점에 납부한 세액이 과다함을 알게된 납세의무자가 할 수 있는 행정행위로 옳은 것은?

① 수정신고   ② 이의제기

③ 경정청구   ④ 보정신청

19 1순위 세율로 옳지 않은 것은?

① 편익관세, 긴급관세, 보복관세

② 덤핑방지관세, 상계관세, 긴급관세

③ 특정국물품 긴급관세, 상계관세, 보복관세

④ 상계관세, 보복관세, 긴급관세

20 몰수 대상에 해당하지 않는 것은?

① 국민의 건강을 해할 우려가 있는 마약을 수입한 경우

② 신고하지 않고 수입한 밀수품

③ 미풍양속을 해할 우려가 있는 음란물

④ 밀수품의 운반에 사용된 이중구조 컨테이너

21 수입신고 등에 대한 설명으로 옳지 않은 것은?

① 납세의무자가 신고하는 세액에 대한 심사는 수입신고 수리 후에 한다.

② 가격신고는 수입신고를 할 때 세관장에게 신고한다.

③ 수입항까지 운임, 보험료를 제외한 가산요소가 있는 경우에는 가격신고를 생략할 수 없다.

④ 과세가격 미화 10만불 이하의 물품으로 관세청장이 정하는 물품은 가격신고를 생략할 수 있다.

22 보세창고의 보관기간으로 잘못 설명된 것은?

① 외국물품 – 1년의 범위에서 관세청장이 정하는 기간. 다만 세관장이 필요하다고 인정하는 경우에는 1년의 범위에서 연장이 가능하므로 최대 2년의 보관이 가능하다.

② 내국물품 – 내국물품만을 보관하기 위해 세관장에게 신고한 경우 1년의 범위에서 관세청장이 정하는 기간 동안 보관이 가능하다.

③ 정부비축물품 – 비축에 필요한 기간 동안 보관이 가능하다.

④ 수입신고가 수리된 내국물품 – 별도의 신고 없이 6개월의 범위 내에서 보관이 가능하다. 단, 수입화물의 체화방지를 위해 지정된 장소의 경우 15일 이내에 반출하여야 한다.

23 관세법상 납세의무의 소멸에 대한 설명 중 옳지 않은 것은?

① 잠정가격신고 후 확정된 가격을 기한 내 신고하고 차액을 정산한 경우 관세의 납세의무는 소멸한다.

② 관세징수권의 소멸시효가 완성된 경우에는 납세의무가 소멸된다.

③ 관세가 체납되어 담보물을 관세, 부가세 및 강제징수비 중 관세 및 부가세에 상당하는 금액을 충당한 경우에도 납세의무는 소멸된다.

④ 수입신고가 취하된 경우 이미 부과된 관세는 취소되므로 납세의무도 소멸된다.

24 우편물 수입에 관한 내용으로 옳지 않은 것은?

① 우편으로 수입되는 물품의 과세물건 확정시기는 수신인에게 교부된 때이다.

② 우편물은 간이세율을 적용할 수 있다.

③ 우편물에 대한 관세는 수입신고를 하여야 하는 것을 제외하고는 세관장이 관세 등에 대하여 부과 고지를 한다.

④ 우편물은 관세 등을 납부하기 전에는 수취할 수 없다.

25 수입이 제한된 사항을 회피할 목적으로 부분품으로 수입하거나 주요 특성을 갖춘 미완성, 불완전한 물품이나 완제품을 부분품으로 분할하여 수입한 자에 대한 처벌로 옳은 것은?

① 7년 이하의 징역 또는 7천만원 이하의 벌금

② 1년 이하의 징역 또는 2천만원 이하의 벌금

③ 3년 이하의 징역 또는 포탈한 관세액의 5배에 상당하는 벌금

④ 3년 이하의 징역 또는 포탈한 관세액의 5배와 물품원가 중 높은 금액 이하에 상당하는 벌금

정답 및 해설

합격자 원산지관리사 최종모의고사

관련법령은 수시로 개정될 수 있으니 법제처 국가법령정보센터(www.law.go.kr)의 내용을 필수적으로 참고하여 학습하시기를 바랍니다.

제1회 정답 및 해설

제1과목 FTA협정 및 법령

01	02	03	04	05	06	07	08	09	10
③	③	①	④	①	①	④	④	③	④
11	**12**	**13**	**14**	**15**	**16**	**17**	**18**	**19**	**20**
③	①	③	④	②	④	④	④	③	②
21	**22**	**23**	**24**	**25**					
②	③	③	②	④					

01 **답** ③

FTA특례법은 특별법이기 때문에 관세법보다 우선하여 적용된다. 다만, 국가간의 협정은 국내법보다 우선하여 적용되므로 FTA특례법과 각 무역협정이 상충되는 경우 협정을 우선하여 적용한다.

 관련 법령

> **FTA특례법 제3조(다른 법률과의 관계)**
> ① 이 법은 관세법에 우선하여 적용한다. 다만, 이 법에서 정하지 아니한 사항에 대해서는 관세법에서 정하는 바에 따른다.
> ② 이 법 또는 관세법이 협정과 상충되는 경우에는 협정을 우선하여 적용한다.

02 **답** ③

단계별 양허유형 "PR-20"으로 규정된 원산지 상품에 대한 관세는 이 협정의 발효일을 시작으로 기준관세율의 20퍼센트를 5단계에 걸쳐 매년 균등하게 인하하고, 이행 5년차 1월 1일부터 기준관세율의 80퍼센트가 유지된다.

📢 알아두기

한-중국 FTA 부속서 2-가 관세 인하 또는 철폐
1. 이 부속서의 당사국 양허표에 달리 규정된 경우를 제외하고, 다음의 단계별 양허유형이 제2.4조제1항에 따른 각 당사국의 관세 인하 또는 철폐에 적용된다.
   아. 당사국 양허표상의 단계별 양허유형 "PR-20"으로 규정된 원산지 상품에 대한 관세는 이 협정의 발효일을 시작으로 기준관세의 20퍼센트를 5단계에 걸쳐 매년 균등하게 인하하고, 이행 5년차 1월 1일부터 기준관세율의 80퍼센트가 유지된다.

03 ①

FTA협정은 분쟁이 있는 경우 WTO 등 특정기구에서 이를 해결하는 것이 아니라 각 협정마다 분쟁해결을 위한 절차조항을 규정하고 있어 그에 따른다.

04 **답** ④

관세를 체납하고 있는 자가 수입하는 물품으로서 체납액이 10만원 미만이거나 체납기간이 7일 이내인 경우에는 다른 건과 동일하게 사후심사를 할 수 있다.

> ⚖ **관련 법령**
>
> **FTA특례법 제8조(협정관세의 적용신청 등)**
> ④ 세관장은 제1항에 따른 협정관세의 적용신청을 받은 경우에는 수입신고를 수리한 후에 심사한다. 다만, 관세채권을 확보하기가 곤란하거나 수입신고를 수리한 후 원산지 및 협정관세 적용의 적정 여부를 심사하는 것이 부적당하다고 인정하여 기획재정부령으로 정하는 물품은 수입신고를 수리하기 전에 심사한다.
>
> **FTA특례법 시행규칙 제6조(수입신고 수리 전 협정관세의 적정 여부 심사 물품)**
> ① 법 제8조 제4항 단서에서 "기획재정부령으로 정하는 물품"이란 다음 각 호의 어느 하나에 해당하는 물품을 말한다.
> 1. 협정관세 적용제한자가 생산하거나 수출하는 물품
> 2. 관세를 체납하고 있는 자가 수입하는 물품(체납액이 10만원 미만이거나 체납기간이 7일 이내인 경우는 제외한다)

05 **답** ①

기획재정부 장관은 특별긴급관세조치를 하는 경우 조치를 한 날부터 60일 이내에 그 사실과 그에 관계된 자료를 해당 체약상대국에 서면으로 통보하여야 한다. 또한 체약상대국이 특별긴급관세와 관련하여 서면으로 협의를 요청하면 협의하여야 한다.

06 **답** ①

한-튀르키예 FTA 원산지증명서 서식은 자유무역협정의 이행을 위한 관세법의 특례에 관한 시행규칙 별표 19에 규정된 사항이 기재되어 있고, 품명, 규격 등 해당 물품을 확인하는데 필요한 상세 정보가 포함된 상업송장, 인도증서 또는 그 밖의 서류를 서식으로 한다.

> **관련 법령**
>
> **FTA특례법 시행규칙 제15조(체약상대국과의 협정에 따른 원산지증명서의 서식)**
> ⑨ 튀르키예와의 협정에 따른 원산지증명서는 별표 19에 규정된 사항이 기재되어 있고 품명·규격 등 해당 물품을 확인하는 데 필요한 상세 정보가 포함된 상업송장, 인도증서 또는 그 밖의 상업서류로 한다. 다만, 튀르키예와의 협정 중 「원산지 규정 및 원산지 절차에 관한 의정서」(이하 "튀르키예와의 원산지 관련 의정서"라 한다) 부속서 2-가에 따라 수출자가 별표 9 제4호에 규정된 물품에 대하여 같은 호에 따른 완화된 원산지결정기준을 적용받으려는 경우에는 원산지증명서에 "Derogation – Annex II(a) of Protocol"이라는 영어문구를 포함하여야 한다.

07 답 ④

수입자·수출자 및 생산자는 협정 및 FTA특례법에 따른 원산지의 확인, 협정관세의 적용 등에 필요한 것으로서 원산지증빙서류 등 대통령령으로 정하는 서류를 5년의 범위에서 다음의 기간(협정에서 정한 기간이 5년을 초과하는 경우에는 그 기간) 동안 보관하여야 한다.

수입자	• 협정관세의 적용을 신청한 날의 다음 날부터 5년
수출자 및 생산자	• 원산지증명서의 작성일 또는 발급일부터 5년 • 체약상대국이 중국인 경우에는 중국과의 협정 제3.20조에 따라 3년

08 답 ④

신청자가 제출한 서류가 미비한 경우에는 제출서류의 보완으로도 원산지증명서의 발급이 가능하다. 단, 제출한 서류가 미비하고, 보완을 하더라도 제출서류만으로 원산지의 판정이 곤란하다고 인정되는 경우에는 현지확인을 할 수 있다.

 관련 법령

FTA특례법 시행규칙 제10조(수출물품에 대한 원산지증명서의 발급절차)
④ 증명서발급기관은 다음 각 호의 어느 하나에 해당하는 경우 원산지증명서를 발급하기 위하여 관세청장이 정하는 바에 따라 신청인의 주소·거소·공장 또는 사업장 등을 방문하여 원산지의 적정여부를 확인(이하 "현지확인"이라 한다)할 수 있다. 다만, 원산지인증수출자의 경우에는 그 확인을 생략할 수 있다.
1. 국내 생산시설이 없는 자가 원산지증명서 발급을 최초로 신청한 경우
2. 해당 물품을 직접 생산하지 아니하는 자가 원산지증명서 발급을 최초로 신청한 경우
3. 원산지증명서 신청 오류의 빈도, 협정·법·영 및 이 규칙의 준수도, 생산공장의 유무, 제조공정 및 물품의 생산특성 등을 고려하여 관세청장이 정하여 고시하는 현지확인의 기준에 해당하는 자가 신청한 경우
4. 속임수 또는 부정한 방법으로 원산지증명서의 발급을 신청한 것으로 의심되는 경우
5. 체약상대국의 관세당국으로부터 원산지의 조사를 요청받은 수출자 또는 생산자가 신청한 경우
6. 그 밖에 신청자가 제출한 서류만으로 원산지를 확인하기 곤란하다고 인정하는 경우

09 답 ③

원산지인증수출자의 신청 요건으로 수출실적이 있는 물품 또는 새롭게 수출하려는 물품이 규정되어 있어 수출실적이 없는 물품도 원산지결정기준을 충족하는지에 대한 증명이 가능하다면 신청할 수 있다.

 관련 법령

FTA특례법 시행령 제7조(원산지인증수출자의 인증요건)
법 제12조 제1항에서 "수출물품에 대한 원산지증명능력 등 대통령령으로 정하는 요건을 충족하는 수출자"란 다음 각 호의 구분에 따른 수출자를 말한다.
1. 업체별 원산지인증수출자 : 다음 각 목의 요건을 모두 갖춘 수출자 또는 생산자
   가. 수출실적이 있는 물품 또는 새롭게 수출하려는 물품이 법 제7조에 따른 원산지결정기준을 충족하는 물품(품목번호 6단위를 기준으로 한다)임을 증명할 수 있는 전산처리시스템을 보유하고 있거나 그 밖의 방법으로 증명할 능력이 있을 것

나. 원산지인증수출자 인증신청일 이전 최근 2년간 법 제17조 제1항 또는 제18조 제1항에 따른 서면조사 또는 현지조사를 거부한 사실이 없을 것

다. 원산지증명서 작성대장을 비치·관리하고 기획재정부령으로 정하는 원산지관리전담자를 지정·운영할 것

라. 원산지인증수출자 인증신청일 이전 최근 2년간 제10조 제1항 제2호에 따른 서류의 보관의무를 위반한 사실이 없을 것

마. 원산지인증수출자 인증신청일 이전 최근 2년간 속임수 또는 부정한 방법으로 원산지증명서를 발급신청하거나 작성·발급한 사실이 없을 것

10 답 ④

국내제조(포괄)확인서는 수출물품의 생산에 사용되는 재료를 생산하거나 공급하는 자가 발급하는 서류이므로, 수출자는 최종 제조된 물품을 수출하는 경우 국내제조(포괄)확인서의 발급자가 될 수 없다.

 관련 법령

FTA특례법 제12조(원산지확인서)

① 수출물품의 생산에 사용되는 재료 또는 최종물품을 생산하거나 공급하는 자(이하 "재료 또는 최종물품 생산자 등"이라 한다)는 생산자 또는 수출자의 요청이 있는 경우 해당 재료 또는 최종물품의 원산지를 확인하여 작성한 서류(전자문서를 포함하며, 이하 "원산지확인서"라 한다)를 생산자 또는 수출자에게 제공할 수 있다.

11 답 ③

원산지 서명카드에 대한 내용은 시정요구 사유에 해당되지 않는다. 다만, 서명카드에 등록되지 않은 자가 발급서명한 원산지증명서는 유효한 원산지증명서로 인정되지 않으므로 원산지 조사 대상이 될 수 있다.

 관련 법령

FTA특례법 시행규칙 제17조(업체별 원산지인증수출자)

⑨ 관세청장 또는 세관장은 업체별 원산지인증수출자가 다음의 요건(가목 및 다목) 중 어느 하나의 요건을 갖추지 못한 것이 확인되면 30일 이상의 기간을 주고 시정하도록 할 수 있다.

가. 수출실적이 있는 물품 또는 새롭게 수출하려는 물품이 법 제7조에 따른 원산지 결정기준을 충족하는 물품(품목번호 6단위를 기준으로 한다)임을 증명할 수 있는 전산처리시스템을 보유하고 있거나 그 밖의 방법으로 증명할 능력이 있을 것

다. 원산지증명서 작성대장을 비치·관리하고 기획재정부령으로 정하는 원산지관리전담자를 지정·운영할 것

FTA특례법 시행규칙 제18조(품목별 원산지인증수출자)

④ 관세청장 또는 세관장은 품목별 원산지인증수출자가 다음의 요건(나목)을 갖추지 못한 것이 확인되면 30일 이상의 기간을 주고 시정하도록 할 수 있다.

나. 원산지증명서 작성대장을 비치·관리하고 기획재정부령으로 정하는 원산지관리전담자를 지정·운영할 것

12 답 ①

원산지증명서는 원본은 수입자에게 발송하고 사본을 보관한다.

 관련 법령

FTA특례법 시행령 제10조(보관대상 원산지증빙서류 등)
① 법 제15조에서 "원산지증빙서류 등 대통령령으로 정하는 서류"란 다음의 구분에 따른 서류를 말한다.
　2. 수출자가 보관하여야 하는 서류
　　가. 체약상대국의 수입자에게 제공한 원산지증명서(전자문서를 포함한다) 사본 및 원산지증명서 발급 신청
　　　　서류(전자문서를 포함한다) 사본
　　나. 수출신고필증
　　다. 해당 물품의 생산에 사용된 원재료의 수입신고필증(수출자의 명의로 수입신고한 경우만 해당한다)
　　라. 수출거래 관련 계약서
　　마. 해당 물품 및 원재료의 생산 또는 구입 관련 증빙서류
　　바. 원가계산서·원재료내역서 및 공정명세서
　　사. 해당 물품 및 원재료의 출납·재고관리대장
　　아. 생산자 또는 해당 물품의 생산에 사용된 재료를 공급하거나 생산한 자가 해당 물품의 원산지증명을
　　　　위하여 작성한 후 수출자에게 제공한 서류

13 답 ③

한-중국 FTA를 제외한 선지의 나머지 협정은 자율발급방식을 채택하고 있다.

알아두기

기관발급방식과 자율발급방식을 채택한 협정

기관발급방식	싱가포르, EFTA(스위스 치즈에 한함), ASEAN, 인도, 호주(호주발급에 한함), 베트남, 중국, 인도네시아, 이스라엘, RCEP, 캄보디아
자율발급방식	칠레, EFTA, EU, 페루, 미국, 튀르키예, 콜롬비아, 호주, 캐나다, 뉴질랜드, 중미, 영국, 이스라엘, RCEP, 캄보디아

14 답 ④

원산지확인서는 자체적으로 발급하는 서류이므로 세관에서 발급하지 않는다.

 관련 법령

FTA특례법 시행규칙 제12조(원산지확인서)
① 수출물품의 생산에 사용되는 재료 또는 최종물품을 생산하거나 공급하는 자(이하 "재료 또는 최종물품 생산자
　등"이라 한다)는 생산자 또는 수출자의 요청이 있는 경우 해당 재료 또는 최종물품의 원산지를 확인하여 작성한
　서류(전자문서를 포함하며, 이하 "원산지확인서"라 한다)를 생산자 또는 수출자에게 제공할 수 있다.
② 수출물품의 생산에 사용되는 재료 또는 최종물품을 동일한 생산자 또는 수출자에게 장기간 계속적·반복적으
　로 공급하는 재료 또는 최종물품 생산자 등은 생산자 또는 수출자의 요청이 있는 경우 물품공급일부터 12개월
　을 초과하지 아니하는 범위에서 최초의 원산지확인서를 반복하여 사용할 수 있는 확인서(전자문서를 포함하며,
　이하 "원산지포괄확인서"라 한다)를 작성하여 제공할 수 있다.
⑥ 재료 또는 최종물품 생산자 등으로부터 원산지확인서 또는 원산지포괄확인서를 제공 받은 생산자 또는 수출자
　는 이를 기초로 원산지증명서의 발급을 신청하거나 원산지증명서를 작성할 수 있다.

15 ②

인증수출자는 중국 FTA를 비롯한 타 FTA협정에서도 FTA특례법 시행규칙에 의거 원산지증명서 발급절차에서 원산지소명서를 포함한 원산지확인을 위한 증빙서류의 제출이 생략된다.

> ⚖️ **관련 법령**
>
> **FTA특례법 시행규칙 제10조(수출물품에 대한 원산지증명서의 발급절차)**
> ① 원산지증명서의 발급을 신청하려는 자는 수출물품의 선적이 완료되기 전까지 별지 제3호 서식의 원산지증명서 발급신청서에 다음의 서류를 첨부하여 증명서발급기관에 제출하여야 한다. 다만, 법 제12조 제1항에 따른 원산지인증수출자의 경우에는 첨부서류의 제출을 생략할 수 있다.

16 ④

원산지증빙서류의 기재사항을 단순 착오로 잘못 기재한 경우에는 원산지 결정에 실질적인 영향을 미치지 아니하는 경우에 한하여 적용제한 사유에서 제외한다.

> ⚖️ **관련 법령**
>
> **FTA특례법 제35조(협정관세의 적용제한)**
> ① 협정에서 다르게 규정한 경우를 제외하고 세관장은 다음 각 호의 어느 하나에 해당하는 경우에는 해당 수입물품에 대하여 협정관세를 적용하지 아니할 수 있다. 이 경우 세관장은 「관세법」 제38조의3 제6항 및 제39조 제2항에 따라 납부하여야 할 세액 또는 납부하여야 할 세액과 납부한 세액의 차액을 부과·징수하여야 한다.
> 1. 정당한 사유 없이 수입자, 체약상대국의 수출자 또는 생산자(이하 이 조 및 제37조에서 "체약상대국수출자 등"이라 한다)가 관세청장 또는 세관장이 요구한 자료를 제16조 제2항에 따른 기간 이내에 제출하지 아니하거나 거짓으로 또는 사실과 다르게 제출한 경우. 다만, 원산지증빙서류의 기재사항을 단순한 착오로 잘못 기재한 것으로서 원산지 결정에 실질적인 영향을 미치지 아니하는 경우는 제외한다.

17 ④

사전심사의 결과에 대한 이의제기는 통지를 받은 날부터 30일 이내에 관세청장에게 하여야 한다. 사전심사 신청 시 보정기간은 사전심사를 위한 기간에 산입하지 않는다. 따라서 총 90일의 처리기간에 보정에 소요된 기간만큼 더해진다는 표현도 옳은 표현이다.

> ⚖️ **관련 법령**
>
> **FTA특례법 제31조(원산지 등에 대한 사전심사)**
> ⑤ 제2항에 따른 사전심사의 결과에 이의가 있는 자(제32조 제2항에 따른 사전심사서의 내용변경 통지를 받은 자를 포함한다)는 그 결과를 통지받은 날부터 30일 이내에 대통령령으로 정하는 바에 따라 관세청장에게 이의를 제기할 수 있다.
>
> **FTA특례법 시행령 제37조(원산지 등에 대한 사전심사)**
> ⑤ 법 제31조 제2항 본문에서 "대통령령으로 정하는 기간"이란 사전심사의 신청을 받은 날부터 90일을 말한다. 이 경우 제3항에 따른 보정기간은 산입하지 아니한다.

18 답 ④

반송의 경우 원래의 운송선하증권은 최종목적지인 미국에서 종결되며, 반송통관 시 새로운 선하증권이 발급되므로 운송서류상 출발지가 미국이며, 도착지가 한국이 된다. 이러한 경우 운송서류에 의해 원산지국가와 제품선적국가가 달라지므로 이는 직접운송원칙에 위배된다.

19 답 ③

③ 세관장의 원산지 서면조사 또는 현지조사를 거부하거나 방해한 경우 : 1천만원 이하의 과태료
① FTA협정 및 FTA특례법에 따른 원산지증빙서류를 속임수 또는 그 밖의 부정한 방법으로 신청하여 발급받았거나 작성·발급한 경우 : 300만원 이하의 벌금
② 정당한 사유 없이 원산지증빙 관련 서류를 보관하지 아니한 경우 : 300만원 이하의 벌금
④ 원산지증빙서류 제출요구에 따라 세관장이 요청한 서류를 거짓으로 제출한 경우 : 300만원 이하의 벌금

20 답 ②

협정관세 적용제한의 기간은 5년의 범위에서 결정한다.

 관련 법령

FTA특례법 제37조(협정관세 적용제한자의 지정 및 지정해제)
① 세관장은 협정에서 정하는 바에 따라 최근 5년간 2회 이상 반복적으로 원산지증빙서류의 주요 내용을 거짓으로 작성하거나 잘못 작성한 체약상대국수출자 등을 대통령령으로 정하는 바에 따라 협정관세 적용제한자(이하 이 조에서 "적용제한자"라 한다)로 지정할 수 있다.
② 세관장은 제1항에 따라 적용제한자로 지정된 자가 수출 또는 생산하는 동종동질의 물품 전체에 대하여 대통령령으로 정하는 바에 따라 5년(협정에서 정한 기간이 5년을 초과하는 경우에는 그 기간)의 범위에서 협정관세를 적용하지 아니할 수 있다.

21 답 ②

수입물품에 대한 원산지 조사는 체약상대국의 거주자에게 필요한 조사를 하기 위하여는 사전에 동의를 받아야 하며 20일 이내 동의를 받지 못하는 경우 조사를 할 수 없다. 또한 각 협정별로 원산지 조사 방식을 서면조사로 규정한 경우 체약상대국의 관세당국을 통해 조사를 진행하여야 한다.
조사가 완료된 경우 그 결과를 조사대상자 및 체약상대국의 세관에 서면으로 통지하여야 하며, 이 때 상대국 세관으로의 통지는 협정에서 정하지 않는 경우 생략할 수 있다. 통지된 결과에 대한 이의제기는 통지를 받은 날부터 30일 이내에 하여야 한다.

관련 법령

FTA특례법 제17조(원산지에 관한 조사)

② 관세청장 또는 세관장은 제1항에 따라 체약상대국에 거주하는 수출자·생산자 또는 제1항 제4호에 해당하는 자 중 체약상대국에 거주하는 자(이하 이 조에서 "체약상대국의 조사대상자"라 한다)를 대상으로 현지조사를 하는 경우에는 그 조사를 시작하기 전에 체약상대국의 조사대상자에게 조사 사유, 조사 예정기간 등을 통지하여 동의를 받아야 한다.

③ 제2항에 따른 통지를 받은 체약상대국의 조사대상자는 관세청장 또는 세관장이 통지한 예정 조사기간에 조사를 받기가 곤란한 경우에는 대통령령으로 정하는 바에 따라 그 통지를 한 관세청장 또는 세관장에게 조사의 연기를 신청할 수 있다.

④ 관세청장 또는 세관장은 제2항에 따른 통지를 받은 체약상대국의 조사대상자가 20일 이상의 기간으로서 기획재정부령으로 정하는 기간 이내에 그 동의 여부를 통보하지 아니하거나 동의하지 아니한 경우에는 현지조사를 할 수 없다.

⑤ 관세청장 또는 세관장은 제1항에 따라 체약상대국의 조사대상자를 대상으로 서면조사 또는 현지조사를 할 때에는 수입자 및 체약상대국의 관세당국에 그 사실을 서면으로 통지하여야 한다. 이 경우 체약상대국의 관세당국에 대한 통지는 협정에서 정하는 경우에만 한다.

⑥ 관세청장 또는 세관장은 제1항에 따른 서면조사 또는 현지조사를 마치면 조사 결과와 그에 따른 결정 내용을 기획재정부령으로 정하는 기간 이내에 조사대상자(체약상대국의 조사대상자가 생산 또는 수출한 물품을 수입한 자를 포함한다) 및 체약상대국의 관세당국에 서면으로 통지하여야 한다. 이 경우 체약상대국의 관세당국에 대한 통지는 협정에서 정하는 경우에만 한다.

⑦ 통지 내용에 이의가 있는 조사대상자(체약상대국의 조사대상자가 생산 또는 수출한 물품을 수입한 자를 포함한다)는 조사 결과를 통지받은 날부터 30일 이내에 대통령령으로 정하는 바에 따라 관세청장 또는 세관장에게 이의를 제기할 수 있다.

22 ③

수입물품의 B/L번호까지는 포함하지 않는다.

⚖ 관련 법령

FTA특례법 시행령 제17조(협정관세의 적용 보류)

② 세관장은 법 제21조 제1항에 따라 협정관세의 적용을 보류하려는 경우에는 조사대상 수입자에게 기획재정부령으로 정하는 협정관세 적용 보류 통지서를 통보하여야 한다.

③ 제2항에 따른 협정관세 적용 보류 통지서에는 다음 각 호의 사항이 포함되어야 한다.
  1. 협정관세의 적용 보류 대상 수입자
  2. 대상물품의 품명·규격·모델·품목번호 및 원산지
  3. 협정관세의 적용 보류기간 및 그 법적 근거
  4. 대상물품의 수출자 또는 생산자

23 **답** ③

한-ASEAN FTA : 조사 요청을 접수한 날부터 2개월

 알아두기

체약상대국의 요청에 따른 원산지 조사

관세청장 또는 세관장은 체약상대국의 관세당국으로부터 수출물품에 대한 원산지 조사 요청을 받은 경우에는 다음 구분에 따른 기간 내에 조사결과를 통지하여야 한다.

구 분	협 정	기 한
조사 요청일부터	EFTA	15개월
	EU, 튀르키예, 영국, 이스라엘	10개월
	콜롬비아	150일
조사요청을 접수한 날부터	ASEAN	2개월(기산일부터 6개월 범위 연장가능)
	인도네시아	2개월
	인 도	3개월(기산일부터 6개월 범위 연장가능)
	베트남, 중국	6개월
	RCEP, 캄보디아	90일
	페루, 중미공화국들	150일

24 **답** ②

한-미국 FTA에서는 조사대상자를 직접 서면 또는 현지조사할 수 있다. 단, 섬유 관련 물품에 한하여 미합중국의 관세당국에 조사를 요청하거나 미합중국 관세당국과 함께 조사대상 사업장에 방문할 수 있다.

⚖️ **관련 법령**

FTA특례법 시행규칙 제24조(체약상대국별 원산지에 관한 조사의 방법)
8. 미합중국에서 수입된 물품 : 미합중국과의 협정 제6.18조 및 법 제17조 제1항에 따라 조사대상자를 직접 서면조사 또는 현지조사하는 방법. 다만, 섬유 관련 물품에 대해서는 미합중국과의 협정 제4.3조 제3항부터 제6항까지의 규정에 따라 미합중국의 관세당국에 원산지 확인(미합중국의 관세당국과 함께 조사대상 사업장에 방문하는 것을 포함한다)을 요청하는 방법

25 **답** ④

행정소송은 심사청구 또는 심판청구의 결정통지를 받은 날부터 90일 이내에 제기할 수 있다. 불복청구의 절차는 관세법의 규정을 준용한다.

01	02	03	04	05	06	07	08	09	10
①	②	③	④	②	③	②	①	②	①
11	12	13	14	15	16	17	18	19	20
①	②	④	③	①	④	④	②	④	④
21	22	23	24	25					
③	②	①	④	②					

01 답 ①

절은 류의 세분화를 위하여 편의상 설정된 것으로서 법적 구속력은 없고, 특정 류에만 있다.

> ◼◼ 알아두기
>
> **절이 설정된 류(제28류, 제29류, 제39류, 제63류, 제69류, 제71류, 제72류)**
>
> 절의 표제는 부, 류의 표제와 마찬가지로 그들이 포괄하는 상품의 범주와 형태를 간소화시켜 표제화한 것으로 이는 오로지 참조의 목적으로 설정된 것이며 특정 상품군을 대표하여 기재된 것이므로 법적 구속력도 없다.

02 답 ②

불완전한 물품이나 미완성 물품에 대한 통칙 규정은 특정한 호에 열거한 반가공품에는 적용되지 않는다(예 제4501호에는 천연코르크가 분류되며, 제4502호에는 천연코르크의 반제품이 열거되어 별도로 분류된다).

> ◼◼ 알아두기
>
> **통칙 제2호 가목(불완전한 물품이나 미완성 물품)의 해설**
>
> > 통칙 제2호
> >
> > 이 통칙 제1호에 따라 품목분류를 결정할 수 없는 것은 다음 각 목에 따른다.
> > 가. 각 호에 열거된 물품에는 불완전한 물품이나 미완성된 물품이 제시된 상태에서 완전한 물품이나 완성된 물품의 본질적인 특성을 지니고 있으면 그 불완전한 물품이나 미완성된 물품이 포함되는 것으로 본다. 또한 각 호에 열거된 물품에는 조립되지 않거나 분해된 상태로 제시된 물품도 완전한 물품이나 완성된 물품(이 통칙에 따라 완전한 물품이나 완성된 물품으로 분류되는 것을 포함한다)에 포함되는 것으로 본다.
>
> • 통칙 제2호 가목의 첫 부분은 특정한 물품을 규정하고 있는 각 호의 범위를 확장시켜서, 완전한 물품뿐만 아니라 불완전 물품이나 미완성한 물품도 분류하도록 한다. 다만, 불완전한 물품이나 미완성물품은 제시될 때에 완전한 물품이나 완성한 물품의 본질적 특성을 갖추어야 한다.
> • 또한 이 통칙의 규정은 특정한 호에 열거하지 않은 반가공품(blanks)에도 적용한다. "반가공품(blanks)"이란 직접 사용할 수 있는 물품이 아니라 완성한 물품이나 부분의 대체적인 모양이나 윤곽을 갖추고 있는 물품으로서 예외적인 경우를 제외하고는 오직 완성한 물품이나 부분품으로 완성하기 위하여만 사용될 수 있는 물품을 말한다(예 플라스틱(plastic)으로 만든 관 형태를 가진 병 제조용 중간성형품으로서 한쪽은 막혀있고 다른 쪽은 뚫려있다. 뚫린 쪽은 뚜껑을 돌려 닫을 수 있도록 홈이 파져 있으며 홈이 파져 있는 밑 부분을 원하는 크기와 모양으로 팽창시킨 후 사용한다].
> • 완성된 물품의 중요한 모양을 갖추고 있지 않은 반제품(semi-manufactures)(일반적으로 봉·디스크·관 등의 경우에 있어서와 같이)은 "반가공품(blanks)"으로 보지 않는다.

- 제1부부터 제6부까지의 각 호의 범위에 있어서, 이 통칙의 이 부분은 일반적으로 제1부부터 제6부까지의 물품에는 적용되지 않는다.
- 통칙에 의하여 분류하는 여러 경우는 부(部)나 류(類)의 총설에 예시하였다(예 제16부·제61류·제62류·제86류·제87류·제90류).

03 답 ③

합성필라멘트의 토우는 길이가 2미터를 초과하는 경우에 한하여 제5501호 또는 제5502호의 토우로 분류된다.

04 답 ④

제3류에 분류될 수 있는 가공도는 다음과 같다.
- 신선한 것, 냉장이나 냉동한 것, 건조한 것, 염장이나 염수장한 것, 훈제한 것(껍데기 붙어있는지 여부에 상관없다)
- 껍데기가 붙은 상태로 물에 찌거나 삶은 것, 고운 가루·거친 가루와 펠릿, 밀폐용기에 담은 것, 공기조절 포장된 것

05 답 ②

둘 이상의 방직용 섬유재료로 구성된 물품은 중량비로 최대중량에 의한 물품으로 분류된다. 다만 최대중량의 물품이 없는 경우 분류 가능한 호 중 가장 마지막 호에 분류된다. 분류 시 동일한 류에 분류되는 물품은 동일한 방직용 섬유재료로 본다. 따라서 양모와 섬수모는 동일한 제51류의 방직용 섬유재료이므로 양모와 섬수모의 합인 55%로 제51류에 분류되어야 한다.

📢 알아두기

혼방섬유의 분류기준

제50류부터 제55류까지·제5809호나 제5902호로 분류되는 물품으로서 두 가지 이상의 방직용 섬유재료로 구성된 물품은 구성하는 방직용 섬유 중 최대중량을 차지하는 것으로 된 물품으로 분류한다. 구성하는 방직용 섬유 중 최대중량을 차지하는 섬유가 없을 경우에는 동일하게 분류가 가능한 호 중에서 가장 마지막 호에 해당하는 물품으로 분류한다.
단, 분류 시 아래의 사항을 추가로 고려하여야 한다.
- 짐프한 마모사(제5110호)와 금속드리사(제5605호)는 하나의 방직용 섬유재료로 보며, 그 중량은 이를 구성하는 중량의 합계에 따른다. 또한 직물의 분류에서는 직물의 일부를 구성하는 금속사도 방직용 섬유재료로 본다.
- 해당 호의 결정은 우선 류를 결정한 후, 그 류에 속하는 적절한 호를 결정하여야 하며, 해당 류로 분류되지 않는 재료는 고려하지 않는다.
- 제54류와 제55류는 그 밖의 다른 류와의 관계에서 하나의 류로 본다.
- 동일한 류나 호에 해당하는 서로 다른 방직용 섬유재료는 그 밖의 다른 류나 호와의 관계에서 하나의 방직용 섬유재료로 본다.

06 **답** ③

식용 또는 의료용품의 조제에 사용될 수 있는 설육은 식용인 경우에 한하여 제2류에 분류한다. 설육의
분류는 가공도와 사용용도에 따라 분류되는 류가 달라진다.

> 📢 **알아두기**
>
> **설육(屑肉)의 4종류**
> - 주로 식용에 사용하는 것[예 머리와 그 절단 육(肉)(귀를 포함한다)·발·꼬리·염통·허·두꺼운 횡경막·얇
>   은 횡경막·대망막·목·흉선]
> - 오로지 의료용품의 조제에 사용하는 것(예 담낭·부신·태반)
> - 식용이나 의료용품의 조제에 사용될 수 있는 것(예 간·콩팥·허파·뇌·췌장·비장·척수·난소·자궁·불
>   알·유방·갑상선·뇌하수체 등)
> - 식용이나 앞에서 설명한 이외의 용도(예 가죽의 제조)에 사용될 수 있는 것(예 껍질부분)

07 **답** ②

웨이스트 형상은 제3915호에 분류되는 것으로 특정 형상의 것이 아니라 제조 가공 시 부수적으로 발생되는
스크랩과 유사한 것이다.

> 📢 **알아두기**
>
> **제39류 일차제품의 정의**
> 제3901호부터 제3914호까지에서 일차제품은 다음의 형태인 것에만 적용한다.
> - 액체나 페이스트[분산물(에멀션·서스펜션)과 용액을 포함한다]
> - 불규칙한 모양의 블록·럼프·가루(몰딩 가루를 포함한다)·알갱이·플레이크와 이와 유사한 벌크 모양

08 **답** ①

"제품으로 된 것"의 정의에는 봉제나 그 밖의 가공 없이 완제품으로 사용할 수 있는 것 또는 간사를 절단함으
로써 단지 분리만 하여 사용할 수 있는 것이 분류된다.

> 📢 **알아두기**
>
> **제품으로 된 것의 정의**
> - 정사각형이나 직사각형 외의 모양으로 재단한 물품
> - 봉제나 그 밖의 가공 없이 완제품으로 사용할 수 있는 것이나 간사를 절단함으로써 단지 분리만 하여 사용할
>   수 있는 것[예 더스터(duster)·타월·탁상보·정사각형 스카프·모포]
> - 일정한 크기로 재단한 물품으로서, 최소한 하나의 가장자리를 눈에 뜨일 정도로 끝을 가늘게 하거나 압착하여
>   열봉합하고, 다른 가장자리들은 이 주의 그 밖의 다른 목에서 규정한 대로 처리를 한 것(열 절단이나 그 밖의
>   간단한 방법으로 그 절단된 가장자리가 풀리지 않도록 된 직물은 제외한다)
> - 가장자리를 접어 감치거나 단을 댄 물품이나 가장자리에 결절술을 댄 물품(직물의 절단된 가장자리를 감치거나
>   그 밖의 단순한 방법으로 풀리지 않도록 한 것은 제외한다)
> - 일정한 크기로 재단한 물품으로서 드로온 드레드 워크(drawn thread work)를 한 것
> - 봉제·풀칠·그 밖의 방법으로 이어붙인 물품(동종의 직물류를 두 가지 이상 끝과 끝을 이어 붙인 천과 두 가지
>   이상의 직물류를 적층하여 만든 천은 제외한다)
> - 특정 모양의 메리야스 편물이나 뜨개질 편물(분리된 부분이나 특정 길이의 여러 모양으로 제시되었는지에 상관
>   없다)

09 답 ②

관세율표에서 "귀금속을 입힌 금속"에는 비금속(卑金屬)에 귀금속을 박아 넣은 것도 포함된다.

> **◀┃◎〉 알아두기**
>
> **귀금속 분류**
> • **귀금속의 합금 분류**
>   이 류에서 귀금속을 함유한 합금(소결한 혼합물과 금속간 화합물을 포함한다) 중 귀금속의 어느 하나의 함유량이 전 중량의 100분의 2 이상인 것은 귀금속의 합금으로 본다. 이 경우 귀금속의 합금은 다음 각 목의 규정에 따라 분류한다.
>   – 백금의 함유량이 전 중량의 100분의 2 이상인 것은 백금의 합금으로 본다.
>   – 금의 함유량이 전 중량의 100분의 2 이상인 것으로서 백금을 함유하지 않은 것이나 백금이 전중량의 100분의 2 미만인 합금은 금의 합금으로 본다.
>   – 은의 함유량이 전 중량의 100분의 2 이상인 그 밖의 합금은 은의 합금으로 본다.
>   – 관세율표의 귀금속에는 문맥상 달리 해석되지 않는 한 주 제5호에 따른 귀금속의 합금도 포함한다. 다만, 귀금속을 입힌 금속, 귀금속을 도금한 비금속(卑金屬)이나 비(非)금속은 제외한다.
> • **귀금속을 입힌 금속**
>   관세율표에서 "귀금속을 입힌 금속"이란 금속을 기본으로 한 재료의 한 면 이상에 땜접·납접·용접·열간압연이나 이와 유사한 기계적 방법으로 귀금속을 입힌 것을 말하며, 문맥상 달리 해석되지 않는 한 비금속(卑金屬)에 귀금속을 박아 넣은 것도 포함한다.

10 답 ①

내과용, 외과용, 치과용, 수의용 임플란트로 전용되도록 특별히 고안된 것은 범용성 부분품 규정에서 제외하여 제9021호의 인체에 삽입되는 스크루에 분류되는 것으로 2022년도에 주규정이 명확히 개정되었다.

11 답 ①

10kg 이하의 음식조리용 기구는 전기식이 아닌 경우 제15부 제8210호에 분류된다.

> **◀┃◎〉 알아두기**
>
> **제8210호에 분류되는 기기의 기준**
> 이 호에는 일반적으로 손으로 조작되고 한 개의 중량이 10kg 이하의 것으로서 음식물의 조리나 제공에 사용하는 전기식이 아닌 기기를 포함한다.
> 이 호에 있어서 크랭크핸들(crank-handles)·기어링(gearing)·아르키메디안 스크루액션(Archimedean screw-actions)·펌프 등과 같은 기구를 갖는 것이면 기계적인 것으로 간주한다. 그러나 간단한 레버(lever)나 플런저(plunger) 액션을 갖춘 것에 있어서는 벽이나 그 밖의 표면에 고정하도록 제작되지 않았거나 테이블·상 등에 세워놓기 위한 베이스 플레이트(base plates)에 부착되어 있지 않은 한 이 호에 분류하는 기구의 특성을 갖는 것으로 취급되지 않는다.

12 답 ②

13 답 ④

경질고무로 만든 제16부의 기계류, 전기기기나 이들의 부분품은 제40류의 고무로 분류하지 않고 제16부에
분류한다.

14 답 ③

팔라듐은 백금에 해당한다.

15 답 ①

컴퓨터 그래픽카드는 자동자료처리장치에 결합되는 출력장치로서 제8471호에 분류된다.
② 솔리드스테이트 기억장치 : 제8523호
③ 하이브리드 집적회로 : 제8542호
④ 배전용 보드 : 제8537호

16 **답** ④

천연고무에는 단순 식별을 위한 착색제의 첨가도 가능하며, 그 첨가로 인해 천연고무가 합성고무가 되는 것은 아니다.

> **◀◀ 알아두기**
>
> **제40류 합성고무의 정의**
> 제4001호와 제4002호에서 "합성고무"란 다음의 것을 말한다.
> • 황으로써 가황하여 비열가소성 물질로 변형되어 원상태로의 회복이 불가능하게 되고, 섭씨 18도와 29도 사이의 온도에서 원래의 길이의 3배로 늘려도 끊어지지 않고, 원래의 길이의 2배로 늘린 후 5분 이내에 원래의 길이의 1.5배 이하로 되돌아가는 불포화 합성물질(이 시험에서 가황활성제나 가황촉진제와 같은 가교에 필요한 물질이 첨가될 수 있다. 단, 증량제·가소제·충전제와 같이 가교에 불필요한 물질은 첨가할 수 없다)
> • 티오플라스트(thioplast)(티엠)
> • 플라스틱과 그라프팅이나 혼합으로 변성된 천연고무, 해중합된 천연고무, 포화 합성고중합체와 불포화 합성물질의 혼합물(가황·늘림·복원성에 관한 요건을 충족하는 것으로 한정한다)

17 **답** ④

제6113호의 경우 제61류에서 최우선 분류되는 기준은 옳지만 제6111호와 동시에 분류될 수 있는 경우 예외적으로 제6111호를 우선 분류한다(제61류에서는 유아용 의류가 최우선 분류). 중고의류의 경우 제61류 또는 제62류에 분류하지 않고 제63류에 분류한다.

> **◀◀ 알아두기**
>
> **제6113호의 분류 기준**
> 제6113호와 이 류의 그 밖의 다른 호로 동시에 분류될 수 있는 의류는(제6111호는 제외한다) 제6113호로 분류한다.

18 **답** ②

제0401호 내지 제0404호에 해당하는 물품의 조제식료품으로 완전히 탈지한 상태에서 측정한 코코아의 함유량이 전중량의 5% 미만의 것은 제1901호에 분류한다.

> **◀◀ 알아두기**
>
> **코코아 함량에 따른 분류(제18류에서 제외되는 것)**
> • 제0403호의 요구르트와 기타 물품
> • 백색 초콜릿(제1704호)
> • 분·분쇄물·조분·전분 또는 맥아엑스의 조제식료품으로 완전히 탈지한 상태에서 측정한 코코아의 함유량이 전중량의 40% 미만의 것(제1901호)
> • 제0401호 내지 제0404호에 해당하는 물품의 조제식료품으로 완전히 탈지한 상태에서 측정한 코코아의 함유량이 전중량의 5% 미만의 것(제1901호)
> • 완전히 탈지한 상태에서 측정한 코코아를 전중량의 6% 이하로 함유하고 있는 팽창 또는 볶은 곡물(제1904호)
> • 페이스트리, 케이크, 비스킷과 기타 베이커리 제품으로서 코코아를 함유하고 있는 것(제1905호)
> • 아이스크림과 기타 식용의 얼음으로서 코코아를 함유(함유량을 불문)하고 있는 것(제2105호)
> • 비알코올성 또는 알코올성의 음료로서 코코아를 함유하고 있고 즉시 식용에 공할 수 있는 것(제22류)
> • 의약품(제3003호 또는 제3004호)
> • 코코아에서 추출한 알카로이드인 테오브로민은 제외된다(제2939호).

19 답 ④

스프링은 범용성 부분품의 범주에 해당되지만 시계용 스프링은 예외적으로 제91류에 분류한다.

> **◀◁ 알아두기**
>
> **관세율표에서의 범용성 부분품**
> 관세율표에서 "범용성 부분품"이란 다음의 것을 말한다.
> • 제7307호・제7312호・제7315호・제7317호・제7318호의 물품과 비금속(卑金屬)으로 만든 이와 유사한 물품
> • 비금속(卑金屬)으로 만든 스프링과 스프링판[제9114호의 시계용 스프링은 제외한다)
> • 제8301호・제8302호・제8308호・제8310호의 물품과 제8306호의 비금속(卑金屬)으로 만든 틀과 거울

20 답 ④

접시세척기는 중량 등에 관계없이 제8509호의 가정용 전기기기에 분류되지 않는다.

> **◀◁ 알아두기**
>
> **제8509호의 가정용 전기기기 분류기준**
> 제8509호에는 일반적으로 가정에서 사용하는 다음 각 목의 전기기기만을 분류한다.
> • 바닥광택기・식품용 그라인더・식품용 믹서・과즙이나 야채즙 추출기(중량에 상관없다)
> • 가목에서 규정한 전기기기 외의 것으로서 그 중량이 20킬로그램 이하인 것
> 다만, 팬과 팬을 결합한 환기용・순환용 후드[필터를 갖추었는지에 상관없다(제8414호)], 원심식 의류건조기(제8421호), 접시세척기(제8422호), 가정용 세탁기(제8450호), 로울기(roller machine)나 그 밖의 다림질기(제8420호나 제8451호), 재봉기(제8452호), 전기가위(제8467호), 전열기기(제8516호)는 제8509호로 분류하지 않는다.

21 답 ③

손수레는 제8716호의 트레일러의 한 종류로서 분류된다.
① 엔진과 운전실을 갖춘 섀시 : 운전실이 있고 원동기를 부착한 자동차 섀시는 제8706호로 분류하지 않고 제8702호부터 제8704호까지로 분류한다.
② 자전거 : 제8711호에는 모터사이클이 분류되며 자전거는 제8712호에 분류된다.
④ 트랙터 : 제8701호에 특게되어 있다. 87류에서 "트랙터"란 주로 다른 차량・기기・화물을 끌거나 밀기 위하여 제작된 차량을 말한다(트랙터의 주 용도에 따라 공구・종자・비료나 그 밖의 물품의 수송용 보조기구를 갖추었는지에 상관없다). 호환성 장치로서 제8701호의 트랙터에 부착시키도록 설계된 기계와 작업도구는 트랙터와 함께 제시된 경우에도 각 해당 호로 분류하며 이들이 트랙터에 장착된 것인지에 상관없다.

22 답 ②

제8521호의 영상재생기기의 부분품은 제16부 주규정에 따라 따로 지정된 호인 제8522호에 분류된다.

📢 **알아두기**

제16부 기계류 부분품 분류기준

기계의 부분품(제8484호·제8544호·제8545호·제8546호·제8547호의 물품의 부분품은 제외한다)은 이 부의 주 제1호, 제84류의 주 제1호, 제85류의 주 제1호에 규정한 것 외에는 다음 각 목에서 정하는 바에 따라 분류한다.

• 제84류나 제85류 중 어느 특정한 호(제8409호·제8431호·제8448호·제8466호·제8473호·제8487호·제8503호·제8522호·제8529호·제8538호·제8548호는 제외한다)에 포함되는 물품인 부분품은 각각 해당 호로 분류한다.

• 그 밖의 부분품으로서 특정한 기계나 동일한 호로 분류되는 여러 종류의 기계(제8479호나 제8543호의 기계를 포함한다)에 전용되거나 주로 사용되는 부분품은 그 기계가 속하는 호나 경우에 따라 제8409호·제8431호·제8448호·제8466호·제8473호·제8503호·제8522호·제8529호·제8538호로 분류한다. 다만, 주로 제8517호와 제8525호부터 제8528호까지의 물품에 공통적으로 사용되는 부분품은 제8517호로 분류한다.

• 그 밖의 각종 부분품은 경우에 따라 제8409호·제8431호·제8448호·제8466호·제8473호·제8503호·제8522호·제8529호·제8538호로 분류하거나 위의 호로 분류하지 못하는 경우에는 제8487호나 제8548호로 분류한다.

23 답 ①

관세율표의 부·류·절의 표제는 참조하기 위하여 규정한 것이다.

📢 **알아두기**

통칙 1

• 관세율표의 부·류·절의 표제는 참조하기 위하여 규정한 것이다. 법적인 목적상 품목분류는 각 호의 용어와 관련 부나 류의 주에 따라 결정하되, 각 호나 주에서 따로 규정하지 않은 경우에는 통칙 2의 규정에 따른다.

• 부, 류, 절의 표제는 그들이 포괄하는 상품의 범주와 형태를 간소화시켜 표제화한 것으로 이는 오로지 참조의 목적으로 설정된 것이며 특정 상품군을 대표하여 기재된 것이다. 따라서 법적 구속력도 없다.

• HS 품목분류 시에는 호 및 이에 관련되는 부 또는 류의 주 규정에 따라 분류하며 따로 규정한 것이 없는 경우에는 통칙 2 이하의 규정에 따라 결정하도록 규정하고 있다.

24 답 ④

선은 중공이 없는 코일모양의 냉간성형제품이다.

📢 **알아두기**

선(線)의 정의

"선(線)"이란 그 횡단면(횡단면의 모양은 상관없다)이 전체를 통하여 균일하고 중공이 없는 코일 모양의 냉간성형제품으로서 평판압연제품의 정의에 해당하지 않는 것을 말한다.

25 답 ②

제11류에는 곡물의 분이 분류된다. 곡물의 분은 성분 및 곡분의 분쇄크기에 따라 분류가 달라진다. 이때 제1101호에는 밀가루 또는 메슬린가루가 분류되며, 귀리의 분 형태는 제1102호에 분류된다.

📢 알아두기

제11류에 분류되기 위한 전제조건

아래 표에서 전분 함유량이 45% 초과, 회분 함유량이 각 곡물종류별로 지정된 량 이하인 경우 제11류에 분류된다.

곡물명	전분함유량	회분함유량	체를 통과하는 비율	
			315 마이크론	500 마이크론
밀과 호밀	45%	2.5%	80%	–
보 리	45%	3%	80%	–
귀 리	45%	5%	80%	–
옥수수와 수수	45%	2%	–	90%
쌀	45%	1.6%	80%	–
메 밀	45%	4%	80%	–

제11류의 분류 세분화

각 곡분은 체를 통과한 비율이 위 표에 나타난 수치 이상인 경우 제1101호 또는 제1102호에 분류되며, 그 외의 것은 제1103호 또는 제1104호에 분류된다.

01	02	03	04	05	06	07	08	09	10
③	④	④	③	①	④	①	①	②	①
11	**12**	**13**	**14**	**15**	**16**	**17**	**18**	**19**	**20**
①	④	③	③	③	③	①	④	①	③
21	**22**	**23**	**24**	**25**					
④	④	①	④	②					

01 답 ③

한–EFTA FTA에서 유럽자유무역연합의 각 개별회원국을 집합적으로 유럽자유무역연합 회원국으로 칭하고는 있지만, EU처럼 연합 자체를 당사자로 언급하지는 않는다.

02 답 ④

FTA협정에도 긴급관세 등 특정산업의 보호를 위한 조치를 규정하고 있기 때문에 상대국에 대한 통지 및 보상조치 등을 전제로 규제도 가능하다.

03 답 ④

RCEP협정에서는 모든 물품에 대하여 FOB가격 기준 10%의 최소허용기준을 적용한다.

적용협정	가격기준 허용비율				제50~63류 섬유제품 중량기준
	기준가격	일반물품		농수산물	
칠 레	조정가격	8%		1~24류는 CTSH 충족 시 적용가능	8%
싱가포르	조정가격	10%		1~14류는 적용제외, 15~24류는 CTSH 충족 시 적용가능	8%
EFTA	공장도가격	10%		1~24류는 CTSH 충족 시 적용가능	10%
ASEAN	FOB가격	10%		10%	10%
인 도	FOB가격	10%		1~14류는 적용제외	7%
EU, 영국	공장도가격	10%		10%	8~30%
페 루	FOB가격	10%		1~14류는 적용제외	10%
미 국	조정가치	10%		1~24류는 CTSH 충족 시 적용가능	7%
튀르키예	공장도가격	10%		10%	8~35%
호 주	조정가치	10%		1~14류는 CTSH 충족 시 적용가능 (일부 호는 무조건 적용제외)	10%
캐나다	공장도가격	10%		1~21류는 CTSH 충족 시 적용가능	10%
중 국	FOB가격	10%		15~24류는 CTSH 충족 시 적용가능	10%
뉴질랜드	FOB가격	10%		1류~24류는 비원산지 재료가 다른 상품의 생산에 사용 또는 소비되고 그 과정이 단순한 혼합을 초과하는 경우에 한함	10%
베트남	FOB가격	10%		10%	10%

콜롬비아	조정가치	10%	1~24류는 CTSH 충족 시 적용가능 (일부 호는 무조건 적용제외)	10%
중 미	FOB가격	10%	1~14류는 적용제외, 15~24류는 CTSH 충족 시 적용가능	10%
RCEP	FOB가격	10%	10%	10%
인도네시아	FOB가격	10%	10%	10%
캄보디아	FOB가격	10%	10%	10%
이스라엘	공장도가격	10%	1~14류는 적용제외, CTSH 충족 시 적용가능	10%

04 답 ③

싱가포르와의 FTA협정에서는 역외가공비율 40% 이하의 한도 내에서 역외가공이 허용되며, 개성공단과 지역제한이 없는 경우로 적용품목이 구분된다. 개성공단 가공물품의 경우 한국을 통하여 수출될 것을 전제로 한다.

05 답 ①

① 중국에서 인형의 각 부분을 생산한다는 것은 원재료에서 인형의 각 부분을 생산한 것으로 이해되고, 또한 국내에서 단순 조립만 하여 판매된다는 것은 품목분류 통칙에 의거 완제품세번으로 분류될 수 있는 것으로 판단하여야 한다. 따라서 본 제품은 중국에서 완제품 변형공정이 모두 이루어지므로 CTH기준을 충족한다고 보아야 한다(플라스틱 사출단계에서 원재료인 수지와 그 밖의 일차제품은 모두 제39류에 분류한다).
② 집적법에 대한 설명이지만 공제법 40% 기준에서 집적법으로 계산된 비율이 40% 이상이라면 공제법 계산 시에도 40% 이상은 판정될 수 있으므로 원산지결정기준이 충족된다.
③ 중국은 부가가치계산 시 FOB금액을 기준으로 공제법을 사용한다. 공제법 계산 시 40% 이상은 판정될 수 있으므로 원산지결정기준이 충족된다.
④ 중국을 포함한 모든 FTA협정은 재료누적을 인정하므로 한국에서 수출된 한국산의 인형 부분품은 역내산 재료로 볼 수 있다.

06 답 ④

최소허용기준은 부가가치기준 적용 시에는 적용되지 않으며, 세번변경기준 시에 제한적으로 허용된다.

07 답 ①

미국 FTA에서 설비 유지보수용 공구는 재료로 간주하지 않으므로 원산지 판정 시 고려할 필요가 없다.

08 답 ①

본 제품은 CTH기준과 RVC기준을 모두 충족한다. 다만 보기 중 원산지결정기준에서 CTH 또는 RVC인 경우 두 기준에서 선택 가능하다.

09 답 ②

미국 FTA에서는 직접운송요건을 별도로 규정하고 있지는 않으나 비당사국에서의 거래 또는 소비를 허용하지 않는다. 제3의 영역을 통해 운송되는 경우 제3국 세관의 통제 하에서 하역, 재선적 또는 상품을 양호한 상태로 유지하기 위한 작업 외의 가공 또는 작업이 없어야 한다는 점이 있어 사실상 직접운송원칙과 동일하게 적용된다.

10 답 ①

한-ASEAN FTA는 재료누적을 인정하고 있으며 다자간 누적 또한 인정되기 때문에 ASEAN 회원국인 베트남에서 제조된 반제품은 인도네시아에서 수출하는 물품에 대한 누적 역내산 인정이 된다. 따라서 최종제품의 부가가치 계산 시 역내산으로 포함된다.

11 답 ①

EFTA, 인도, EU, 튀르키예, 페루, 캐나다, 콜롬비아와의 FTA에서는 재수입된 물품이 원상태 그대로인 경우로서 다음의 조건을 충족하는 경우에는 최초 수출 시 원산지 지위를 그대로 인정한다.
• 재수입된 물품이 수출된 물품과 동일하여야 한다.
• 상품의 상태를 보존하기 위해 필요한 것 이상의 공정을 거치지 않은 물품이어야 한다.

12 답 ④

RCEP는 역내 생산품에 대한 중간재를 인정하고 있다. ASEAN FTA는 중간재에 대한 규정이 없지만 우리나라 FTA특례법 시행규칙 별표에서 이를 인정하고 있으므로, 인도를 제외한 모든 FTA협정이 중간재를 인정한다.

구 분	칠레, 싱가포르	미국, 뉴질랜드	EFTA, EU, 페루, 튀르키예, 호주, 캐나다, 중국, 뉴질랜드, 베트남, 콜롬비아, 중미, 영국, RCEP, 인도네시아, 캄보디아, 이스라엘	ASEAN, 인도
중간재 인정여부	○	○	○	× (규정없음)
대상물품	자가 생산품		역내 생산품	×
중간재 지정의무	○	×	×	×

13 답 ③

한-인도 CEPA에서는 공제법으로 부가가치기준을 계산한다. 한-인도 CEPA에서 기준가격은 FOB로 하기 때문에 수출국 내 운송비용을 포함한 선적비용은 역내비용에 포함되어야 한다.
• FOB가격 : 모든 재료비용 + 이윤 및 일반경비 + 선적지까지 운송비 = 147,000원
• 공제법 계산 : $(147,000 - 60,000) / 147,000 \times 100 = 59.18\%$

14 답 ③

한-인도 CEPA를 포함한 모든 협정에서 운송에 사용되는 용기나 포장에 대하여는 원산지결정기준 적용 시 고려하지 않는다.

15 답 ③

- 공제법의 경우 (65,000 − 22,500) / 65,000 × 100 = 65%로 충족한다.
- 집적법의 경우 30,000 / 65,000 × 100 = 46%로 충족한다.
- 순원가법의 경우 (60,000 − 22,500) / 60,000 × 100 = 62.5%로 충족한다.

한–미 FTA 적용 시 집적법 또는 순원가법은 35% 기준이므로 이는 각각 46%, 62.5%로 충족하며, 공제법의 경우에도 55%를 초과하므로 부가가치기준은 충족된다.

16 답 ③

EU협정에서 일반요건 및 원산지신고서 작성조건의 규정에 따라 제3국 송장이 발행되는 경우라 하더라도 EU의 수출자가 발행한 포장명세서 등에 협정상의 원산지문구가 확인되는 경우 3국송장의 적용이 가능하다.

17 답 ①

칠레 FTA에서 수입 재료비에는 국제운송에 소요되는 비용을 제외하고 계상한다. 상품의 생산자에 의해 수입된 재료의 경우에는, 그 수입과 관련하여 조정된 재료의 조정가격이 된다. 조정가격이라 함은 역내가치 포함 비율 공식 및 최소허용기준의 적용 목적상 관세평가협정 제1조 내지 제8조, 제15조 및 이들 조항의 주해에 따라 산정된 가격을 말하며, 필요 시 당사국의 국내법에 따라 이미 제외되지 않은 비용, 부과금 및 지출금을 고려대상인 상품의 관세가격으로부터 제외하여 조정된 가격을 말한다. 이러한 비용, 부과금 및 지출금은 모든 수출국으로부터 수입지까지 제품을 국제적으로 수송하는데 발생하는 모든 운송, 보험 및 관련 서비스 비용, 부과금 또는 경비를 말한다.

18 답 ④

영역 밖 바다 어획물 및 그 생산품의 경우 당사국에 등록된 선박으로서 조업 당시 당사국의 국기를 게양하고 있어야 완전생산품으로 인정된다. 여기에 더하여 EU, 영국 및 튀르키예에서는 당사국 국민이 50퍼센트 이상의 지분을 소유해야 한다는 규정이 추가된다. 단, EFTA는 등록요건 없이 당사국의 국기만 게양한 선박의 어획물 등도 완전생산품으로 인정한다. 역내선박 인정요건을 정리하면 다음과 같다.

당사국 국기게양	당사국 등록 + 당사국 국기게양 + 소유요건	당사국 등록 + 당사국 국기게양
EFTA	EU, 영국, 튀르키예	칠레, 싱가포르, ASEAN, 미국, 인도, 페루, 호주, 캐나다, 뉴질랜드, 베트남, 콜롬비아, 중국, 중미, RCEP, 인도네시아

19 답 ①

운임보험료포함가격이란 수입국으로 들어오는 항구 또는 반입지까지의 보험비용 및 운임을 포함한 수입된 상품의 가격을 말한다. 평가는 관세평가협정에 따라 이루어진다. 중국 FTA뿐만 아니라 다른 국가와의 FTA 협정에서도 평가와 관련된 근거는 WTO관세평가협정에 의한다.

20 답 ③

한–싱가포르 협정은 부가가치비율 산출 시 공제법만을 사용한다.

구 분	싱가포르, 인도, 중국	칠레, ASEAN, 페루, 미국, 호주, 뉴질랜드, 베트남, 콜롬비아, 중미, RCEP, 인도네시아, 캄보디아	EFTA, EU, 튀르키예, 캐나다, 영국, 이스라엘
계산방법	공제법	공제법, 집적법	MC법
예 외	–	미국, 콜롬비아는 자동차 관련 제품 순원가법 선택가능	캐나다는 자동차 관련 제품 집적법, 순원가법 선택가능

21 답 ④

미국과의 FTA에서 세트물품은 비원산지물품이 조정가치를 기준으로 일반물품 15%, 섬유제품은 10% 이하인 경우 전체를 원산지물품으로 인정한다.

22 답 ④

싱가포르는 소매용 용기 및 포장에 대하여 "상품의 소매 판매를 위한 포장에 사용되는 포장재료 및 용기는 그 상품과 함께 분류된다면 그 상품 생산에 사용된 모든 비원산지재료가 부속서 4A에 규정된 적용 가능한 세번변경이 이루어졌는지를 판정하는데 있어서 고려되지 아니한다. 그 상품이 역내가치포함 비율 요건의 대상이 되는 경우에는 그러한 포장재료와 용기의 가치가 그 상품의 역내가치포함 비율의 산정에 있어서 사안에 따라 원산지 또는 비원산지 재료로 고려된다"라고 규정하고 있다. 즉, 부가가치기준에는 고려되지만 세번변경기준 시에는 고려되지 않는다.

23 답 ①

현재 발효 중인 FTA협정에서 캐나다 FTA는 불인정공정 규정이 없다.

24 답 ④

ASEAN FTA는 인도, EFTA, EU, 튀르키예 및 중국 FTA협정과 더불어 상품을 제외한 재료에만 한정하여 대체가능물품을 적용하고 있다.

구 분	칠레, 싱가포르, 페루, 미국, 호주, 캐나다, 뉴질랜드, 베트남, 콜롬비아, 중미, RCEP, 인도네시아, 캄보디아	EFTA, ASEAN, 인도, EU, 튀르키예, 중국, 영국, 이스라엘
적용범위	상품, 재료	재 료

25 답 ②

세트물품의 판정에 있어서 미국과의 FTA협정은 조정가치(관세의 과세가격)기준으로 일반품목은 15%, 섬유제품은 10% 이하인 경우 전체를 원산지물품으로 인정한다. 콜롬비아와의 FTA협정은 품목구분 없이 조정가치의 15% 이하 기준을 적용한다.

구 분	EFTA, EU, 튀르키예, 캐나다, 영국, 이스라엘	미 국		콜롬비아	페루, 중국, 중미	칠레, 싱가포르, ASEAN, 인도, 호주, 뉴질랜드, 베트남, RCEP, 인도네시아, 캄보디아
		일반품목	섬유류			
예외인정 여부	○	○	○	○	○	×
비원산지물품 허용한도	공장도가격의 15% 이하	조정가치의 15% 이하	관세가치의 10% 이하	조정가치의 15% 이하	FOB가격의 15% 이하	×

01	02	03	04	05	06	07	08	09	10
①	②	②	④	④	①	②	④	④	①
11	12	13	14	15	16	17	18	19	20
③	④	③	③	④	③	④	④	③	③
21	22	23	24	25					
③	②	①	④	②					

01 답 ①

ㄱ. 외국물품에는 외국의 선박 등이 공해에서 채집하거나 포획한 수산물 등을 포함한다.

ㄴ. 보세구역에 장치된 물품으로서 보수작업으로 외국물품에 부가된 내국물품은 외국물품으로 본다.

ㄹ. 외국으로부터 우리나라에 도착한 물품으로서 수입신고가 수리되기 전의 것은 외국물품으로 본다.

ㄷ. 수입신고 수리 전 반출승인을 얻어 반출된 물품은 내국물품이다.

ㅁ. 수출신고 수리 전 국제무역선에 적재된 물품은 내국물품이다.

 관련 법령

관세법 제2조(정의) 제4호

4. "외국물품"이란 다음 각 목의 어느 하나에 해당하는 물품을 말한다.

　가. 외국으로부터 우리나라에 도착한 물품[외국의 선박 등이 공해(公海, 외국의 영해가 아닌 경제수역을 포함한다. 이하 같다)에서 채집하거나 포획한 수산물 등을 포함한다]으로서 제241조 제1항에 따른 수입의 신고(이하 "수입신고"라 한다)가 수리(受理)되기 전의 것

관세법 제158조(보수작업)

⑤ 제1항에 따른 보수작업으로 외국물품에 부가된 내국물품은 외국물품으로 본다.

02 답 ②

관세법 제217조(보세운송기간 경과 시의 징수)에 따라 관세를 징수하는 물품은 보세운송을 신고하거나 승인받은 때로 한다. 수입된 때로 과세물건 확정시기를 보는 것은 수입신고를 하지 아니하고 수입된 물품의 경우이다.

03 답 ②

가격신고를 하려는 자로서 세관장은 다음의 어느 하나에 해당하는 경우로 관세청장이 정하여 고시하는 경우, 서류의 전부 또는 일부를 제출하지 아니하게 할 수 있다(관세법 시행령 제15조 제2항 참조).

• 같은 물품을 같은 조건으로 반복적으로 수입하는 경우

• 수입항까지의 운임 및 보험료 외에 우리나라에 수출하기 위하여 판매되는 물품에 대하여 구매자가 실제로 지급하였거나 지급하여야 할 가격에 가산할 금액이 없는 경우

• 그 밖에 과세가격결정에 곤란이 없다고 인정하여 관세청장이 정하는 경우

04 답 ④

관세의 납부는 납세신고 수리일로부터 15일 이내에 하여야 한다(관세법 제9조 제1항 제1호). 관세는 납세의무자의 신고납부 및 사후세액심사를 원칙으로 한다. 이때 납세의무자는 납세신고 수리일로부터 15일 이내에 관세를 납부하여야 한다.

05 답 ④

부족세액에 대하여 부과하는 가산세는 한도금액이 설정되어 있지 않다. 가산세를 500만원 한도로 정하고 있는 경우는 재수출 불이행 가산세와 신고지연 가산세가 있다.

06 답 ①

부정한 방법으로 관세를 포탈한 경우에 해당된 때에는 관세를 부과할 수 있는 날로부터 10년이 경과하면 부과할 수 없고, 일반적인 경우에는 5년이 지나면 부과할 수 없다(관세법 제21조 제1항 참조).

07 답 ②

수입신고 수리 전 반출승인을 받은 때에는 그 승인일을 수입신고 수리일로 보기 때문에(관세법 제8조 제1항 참조) 그로부터 15일 이내 관세를 납부하여야 한다.

08 답 ④

관세법상 국제항은 다음과 같다(관세법 시행령 제155조).

구 분	항 명
항 구	인천항, 부산항, 마산항, 여수항, 목포항, 군산항, 제주항, 동해·묵호항, 울산항, 통영항, 삼천포항, 장승포항, 포항항, 장항항, 옥포항, 광양항, 평택·당진항, 대산항, 삼척항, 진해항, 완도항, 속초항, 고현항, 경인항, 보령항
공 항	인천공항, 김포공항, 김해공항, 제주공항, 청주공항, 대구공항, 무안공항, 양양공항

09 답 ④

수정신고를 한 경우 수정신고한 날의 다음 날까지 관세를 납부하여야 한다(관세법 제38조의3 제1항).

10 답 ①

② 우편으로 수입되는 물품인 경우에는 그 수취인을 납세의무자로 한다(관세법 제19조 제9호).
③ 관세법 또는 다른 법령, 조약, 협약 등에 따라 관세의 납부를 보증한 자는 보증액의 범위에서 납세의무를 진다(동법 제19조 제3항).
④ 관세의 납세신고일 전에 담보의 목적이 된 양도담보재산에 대해서는 관세·가산세 및 강제징수비 징수 대상에서 제외된다(동법 제19조 제10항 단서 참조).

11 답 ③

원산지증명서는 FTA특혜를 받기 위해서도 제출하여야 하지만, 과세관청에서 원산지확인을 위해서 제출을 요구할 수도 있으며, 이때에는 FTA협정상의 특혜 원산지증명서가 아닌 일반 원산지증명서를 제출한다.

12 답 ④

잠정가격신고 후 2년의 범위 내에서 하여야 하는 확정가격신고(관세법 시행령 제16조 제3항 참조)는 잠정가격을 확정하는 행정행위일뿐 관세의 납부의무 소멸과는 관련이 없다. 확정가격신고를 한 경우 신고일의 다음 날부터 관세부과의 제척기간이 기산된다.

13 답 ③

③ 수입 후 수입계약과 상이한 물품을 수취한 것이 확인되는 경우 재수출 또는 폐기를 전제로 환급을 신청할 수 있다. 다만 수입신고 당시의 성질과 형태가 변동이 없어야하며, 수입신고 수리일로부터 1년 이내에 보세구역에 반입하여야 한다.
① 과다납부에 대하여는 보정 또는 경정청구를 통해 환급을 받게된다.
② 관세의 과오납을 세관장이 확인한 경우 신청이 없더라도 환급하여야 한다(관세법 제46조 1항 참조).
④ 환급금의 충당은 세관에 납부하여야 하는 관세와 그 밖의 세금, 가산세 또는 강제징수비에 대한 것이며 그 외의 변제금액에는 해당되지 않는다.

14 답 ③

우리나라에서 관세는 수입되는 물품에만 부과되며 수출, 환적되는 물품에는 부과되지 않는다. 재수출의 경우 원칙적으로 관세를 부과하고 수출 시 요건을 충족하는 경우 관세를 환급받을 수 있다. 또는 재수출 감면을 적용할 경우 관세를 면제받을 수는 있으나, 모든 물품이 아닌 재수출 감면의 요건을 충족하여야 하며, 관세가 부과되지 않는 것이 아니고 감면되는 것이다(관세법 제98조 참조).

15 답 ④

관세의 감면은 일정조건을 전제로 감면하는 경우와 무조건 감면하는 것으로 구분되며, 일정조건을 전제로 하는 경우 사후관리를 통해 조건이행을 하는지를 확인할 수 있다. 사후관리가 없는 무조건 감면은 외교관용 물품 등의 면세, 정부용품 등의 면세, 소액물품 등의 면세, 여행자 휴대품・이사물품 등의 감면, 재수입 면세, 손상물품에 대한 감면, 해외임가공물품 등의 감면이 있다.

16 답 ③

지식재산권자가 통관보류를 요청하는 경우에는 과세가격의 120%에 상당하는 담보를 제공하여야 하고, 조세특례제한법에 따른 중소기업의 경우 과세가격의 40%에 상당하는 금액을 담보로 제공하여야 한다(지식재산권 보호를 위한 수출입관 사무처리에 관한 고시 제16조 제2항, 관세법 시행령 제242조 제3항 참조).

17 답 ④

양벌규정을 적용함에 있어 해당 업무에 대한 상당한 주의와 감독을 게을리하지 않는 경우 양벌규정을 적용하지 않는다. 기업의 내부통제규정은 업무자 등에 대한 통제활동 및 관리감독규정이긴 하지만, 단지 규정만 있다고 양벌규정을 적용하지 않는 것이 아니라 내부통제활동이 관세범의 업무를 포함하고 있는지, 그 통제활동이 적합한지를 판단해보아야 한다.

18 답 ④

보세구역에 장치된 물품의 원형을 변경하거나 해체 또는 절단 등의 작업을 하는 경우 세관장에게 작업 허가를 받아야 한다(관세법 제159조 제1항, 제2항 참조).

19 답 ③

국가나 지방자치단체가 직접 수입하거나 이들 기관에 기증되는 물품에 납부지연 가산세를 적용하지 않는 것은 공공의 목적을 위해서이다. 납품한다는 것은 정상적인 국내판매를 의미하므로 납품업자는 일반수입자와 다르지 않을 것이기 때문에 이들은 적용 납부지연 가산세 적용제외대상에 포함되지 않는다. 수입신고가 필요하지 않은 우편물도 납부지연 가산세가 부과되지 않는다.

20 답 ③

통용되는 화폐, 채권 및 유가증권의 위조품, 변조품 또는 모조품은 수출입이 금지되어 있으나 기념화폐는 대상에서 제외된다(관세법 제234조 참조).

21 답 ③

구매자와 판매자 간에 특수관계가 있는 경우라고 하더라도 이들 간의 합의된 실제지급가격이 특수관계의 영향을 받지 않았다면 과세가격으로 사용할 수 있다.

22 답 ②

수입신고를 허위로 한 자에 대하여는 물품원가 또는 2천만원 중 높은 금액 이하의 벌금에 처한다(관세법 제276조 제2항 제4호 참조).

23 답 ①

수출물품에 대하여도 필요한 경우 세관공무원은 화물을 검사할 수 있다. 수출하려는 물품은 해당 물품이 장치되어 있는 장소에서 검사한다(관세법 제247조 제1항 단서).

24 답 ④

수출신고가 수리된 물품은 수리일로부터 30일 이내에 운송수단에 선적되어야 한다(관세법 제251조 제1항 전단).

25 답 ②

국제무역선이나 국제무역기가 국제항에 입항하여 물품(선박용품 또는 항공기용품과 승무원의 휴대품은 제외한다)을 하역하지 아니하고 입항한 때부터 24시간 이내에 출항하는 경우 세관장은 적재화물목록, 선박용품 또는 항공기용품의 목록, 여객명부, 승무원명부, 승무원 휴대품목록 또는 제136조에 따른 적재화물목록의 제출을 생략하게 할 수 있다(관세법 제137조 제1항).

01	02	03	04	05	06	07	08	09	10
②	③	①	④	②	③	②	④	②	④
11	12	13	14	15	16	17	18	19	20
③	③	④	④	①	①	①	①	②	②
21	22	23	24	25					
③	①	②	③	③					

01 답 ②

내국민 대우란 수입품이 국산품에 비해 불리한 대우를 받지 않아야 한다는 원칙으로 자국민 또는 물품에 부여하는 혜택과 동일한 혜택을 외국인 또는 외국물품에 부여해야 하는 차별금지 원칙을 말한다.

📣 알아두기

WTO의 기본 원칙

최혜국 대우	무역거래에 있어 부여되는 혜택은 수혜가 가장 큰 국가와 동일한 조건의 혜택을 다른 국가에도 부여해야 하는 차별금지 원칙
내국민 대우	자국민 또는 물품에 부여하는 혜택과 동일한 혜택을 외국인 또는 외국물품에 부여해야 하는 차별금지 원칙
시장접근성 보장	관세나 조세를 제외한 재화와 용역의 공급에 대한 제한을 전부 철폐하도록 하는 방해금지 원칙
투명성 원칙	법률 및 제도의 운용이 합리적으로 예견 가능해야 하고 결정이 있는 경우, 충분한 요지의 고지와 해당 자료의 공개를 원칙으로 하는 공정운용 원칙

02 답 ③

이탈리아는 한–EU FTA 당사국으로서 노르웨이가 EU당사자가 아니기 때문에 노르웨이에서의 가공작업은 역내가공으로 인정될 수 없다. 따라서 노르웨이를 거치는 경우에도 직접운송에 위배되는 것으로 환적, 일시보관이 아닌 작업과정이 추가된 경우 직접운송원칙이 충족되지 않는다.

03 답 ①

현재 연결원산지증명서 발급을 규정하는 협정은 한·ASEAN, RCEP협정이다. 단일국과의 FTA가 아닌 EU, EFTA협정에서도 연결원산지증명서 발급은 규정하고 있지 않다.

04 📖 ④

구매처의 사업자등록증은 원산지증빙을 위한 필수서류는 아니다. 원산지확인서 등에 구매처의 상호를 비롯한 기본정보가 기재되긴 하지만 해당 기재사항이 원산지 판정을 위한 정보는 아니다.

05 📖 ②

한-칠레 FTA의 원산지증명서 유효기간은 서명일로부터 2년이다. 협정에서 별도로 정하는 기간이 있는 경우를 제외하고 원산지증명서의 유효기간은 발급일 또는 서명일로부터 1년으로 한다.

 알아두기

원산지증명서의 유효기간

구 분	유효기간
ASEAN, 인도네시아	• 발급일부터 1년 • 협정에 따라 잘못 발급된 원산지증명서를 대체하기 위하여 재발급되는 원산지증명서의 경우에는 당초 발급된 원산지증명서의 발급일부터 1년
베트남	• 발급일 다음 날부터 1년 • 베트남과의 협정에 따라 잘못 발급된 원산지증명서를 대체하기 위하여 재발급되는 원산지증명서의 경우에는 당초 발급된 원산지증명서의 발급일 다음 날부터 1년
페 루	• 서명일부터 1년 • 원산지증명서에 기재된 물품이 비당사국 관세당국의 관할 하에 일시적으로 보관된 경우에는 2년
이스라엘	• 발급일 또는 서명일부터 12개월
미 국	• 서명일부터 4년
칠레, 캐나다, 뉴질랜드	• 서명일부터 2년
호 주	• 발급일 또는 서명일부터 2년
그 외의 협정	• 발급일 또는 서명일부터 1년

06 📖 ③

인증의 신청은 관세청 전자통관시스템을 통한 전자제출 외에도 서면제출도 가능하다.

⚖️ **관련 법령**

자유무역협정 원산지인증수출자 운영에 관한 고시 제6조(인증신청 방법)
① 인증신청자는 제7조에서 정한 서류를 관세청 전자통관시스템(UNI-PASS)을 이용하여 제출하여야 한다. 다만, 전자통관시스템을 이용할 수 없는 경우에는 서류로 제출할 수 있다.
② 세관장은 서류를 제출받은 경우에는 해당 서류를 확인하여 전자통관시스템에 등록하여 처리하고 제출받은 서류는 별도로 보관·관리하여야 한다.

07 답 ②

EFTA FTA는 스위스 치즈를 제외한 품목에 대하여 자율발급방식을 취하고 있으며 스위스 치즈는 스위스연방농업국이 인증한 기관에서 발급한 것만 인정하는 기관발급방식이다.

 알아두기

기관발급방식과 자율발급방식을 채택한 협정

기관발급	싱가포르, EFTA(스위스 치즈에 한함), ASEAN, 인도, 호주(호주발급에 한함), 베트남, 중국, 인도네시아, 이스라엘, RCEP, 캄보디아
자율발급	칠레, EFTA, EU, 페루, 미국, 튀르키예, 콜롬비아, 호주, 캐나다, 뉴질랜드, 중미, 영국, 이스라엘, RCEP, 캄보디아

08 답 ④

업체별 인증수출자 및 품목별 인증수출자 모두 인증을 취소할 경우 청문절차를 거쳐야 한다.

 관련 법령

FTA특례법 시행규칙 제17조(업체별 원산지인증수출자)
⑫ 업체별 원산지인증수출자의 인증을 취소하려는 때에는 청문을 실시하여야 한다.

FTA특례법 시행규칙 제18조(품목별 원산지인증수출자)
⑦ 품목별 원산지인증수출자의 인증, 인증유효기간 연장, 인증서의 재발급, 시정명령 및 인증취소 등에 관하여는 제17조 관련 조항을 준용한다.

09 답 ②

미합중국과의 협정에 따라 FTA특례법에서 수용한 수입신고 생략가능 금액은 물품가격 미화 200달러이다.

관련 법령

FTA특례법 시행령 제35조(통관 절차의 특례)
관세청장은 법 제29조 및 미합중국과의 협정 제7.7조에 따라 특별한 사정이 없으면 미합중국으로부터 수입되는 특송물품으로서 그 가격이 기획재정부령으로 정하는 금액 이하인 물품에 대해서는 「관세법」 제241조 제1항에 따른 수입신고를 생략하게 할 수 있다.

FTA특례법 시행규칙 제29조(특송물품 통관의 특례)
영 제35조에서 "기획재정부령으로 정하는 금액"이란 미합중국 화폐 200달러를 말한다.

10 답 ④

해당 물품의 품목별 인증수출자 신청에 관한 사항은 원산지사전심사 대상에 해당하지 않는다.

 관련 법령

FTA특례법 제31조(원산지 등에 대한 사전심사)
① 협정관세의 적용에 대한 기초가 되는 사항으로서 제7조에 따른 원산지결정기준의 충족 여부 등 대통령령으로 정하는 사항에 대하여 의문이 있는 자(체약상대국의 수출자 및 생산자와 그 대리인을 포함한다)는 해당 물품의 수입신고를 하기 전에 관세청장에게 대통령령으로 정하는 서류를 갖추어 그 의문사항을 미리 심사(이하 "사전심사"라 한다)하여 줄 것을 신청할 수 있다. 다만, 협정에서 사전심사에 관한 사항을 정하지 아니한 경우에는 그러하지 아니하다.

FTA특례법 시행령 제37조(원산지 등에 대한 사전심사)
① 법 제31조 제1항 본문에서 "대통령령으로 정하는 사항"이란 다음 각 호의 어느 하나에 해당하는 사항을 말한다.
1. 해당 물품 및 물품 생산에 사용된 재료의 원산지에 관한 사항
2. 해당 물품 및 물품 생산에 사용된 재료의 품목분류·가격 또는 원가결정에 관한 사항
3. 해당 물품의 생산·가공 또는 제조과정에서 발생한 부가가치의 산정에 관한 사항
4. 해당 물품에 대한 관세의 환급·감면에 관한 사항
5. 해당 물품의 원산지 표시에 관한 사항
6. 제3조에 따른 수량별 차등협정관세의 적용에 관한 사항
7. 그 밖에 협정관세의 적용 또는 관세면제에 대한 기초가 되는 사항으로서 기획재정부령으로 정하는 사항

11 답 ③

중국 FTA에서의 원산지증명서는 선적 후(선적일을 포함하지 아니함) 7근무일 이내에 신청하는 경우 소급발급으로 간주하지 않는다.

 관련 법령

자유무역협정의 이행을 위한 관세법의 특례에 관한 법률 사무처리에 관한 고시 제28조(원산지증명서 선적 후 발급)
② 제1항에도 불구하고 다음 각 호의 경우에는 선적 후 발급 스탬프를 날인하지 아니한다.
1. ASEAN회원국과의 협정 : 선적일로부터 3근무일(선적일을 포함한다) 이내에 발급하는 경우
2. 인도와의 협정 : 선적일로부터 근무일수 7일(선적일을 포함한다) 이내에 발급하는 경우
3. 베트남과의 협정 : 선적일로부터 3근무일(선적일을 포함한다) 이내에 발급하는 경우
4. 중국과의 협정 : 선적일 후 7근무일(선적일을 포함하지 아니한다) 이내에 발급하는 경우
5. 인도네시아와의 협정 : 선적일 후 7일(선적일을 포함한다)이내에 발급하는 경우
6. 이스라엘과의 협정 : 선적일 후 7근무일 이내에 발급하는 경우

12 답 ③

현지조사를 할 때와 관련하여 협정관세를 적용제한할 수 있는 사유에는 다음의 것들이 있다.
• 체약상대국 수출자 등이 정당한 사유 없이 원산지증빙서류의 확인에 필요한 장부 또는 관련 자료에 대한 세관공무원의 접근을 거부하거나 협정에서 정한 원산지증빙서류를 보관하지 아니한 경우
• 현지조사 결과 세관장에게 신고한 원산지가 실제 원산지와 다른 것으로 확인된 경우

관련 법령

FTA특례법 제35조(협정관세의 적용제한)

① 협정에서 다르게 규정한 경우를 제외하고 세관장은 다음 각 호의 어느 하나에 해당하는 경우에는 해당 수입물품에 대하여 협정관세를 적용하지 아니할 수 있다. 이 경우 세관장은 관세법 제38조의3 제6항 및 제39조 제2항에 따라 납부하여야 할 세액 또는 납부하여야 할 세액과 납부한 세액의 차액을 부과·징수하여야 한다.

  1. 정당한 사유 없이 수입자, 체약상대국의 수출자 또는 생산자(이하 이 조 및 제37조에서 "체약상대국수출자 등"이라 한다)가 관세청장 또는 세관장이 요구한 자료를 제16조 제2항에 따른 기간 이내에 제출하지 아니하거나 거짓으로 또는 사실과 다르게 제출한 경우. 다만, 원산지증빙서류의 기재사항을 단순한 착오로 잘못 기재한 것으로서 원산지 결정에 실질적인 영향을 미치지 아니하는 경우는 제외한다.
  2. 체약상대국 수출자 등이 제17조 제1항에 따른 관세청장 또는 세관장의 서면조사에 대하여 기획재정부령으로 정하는 기간 이내에 회신하지 아니한 경우 또는 제17조 제2항에 따른 관세청장 또는 세관장의 현지조사에 대한 동의 요청에 대하여 제17조 제4항에 따른 기간 이내에 동의 여부에 대한 통보를 하지 아니하거나 특별한 사유 없이 동의하지 아니하는 경우
  3. 제17조 제1항에 따라 현지조사를 할 때 체약상대국 수출자 등이 정당한 사유 없이 원산지증빙서류의 확인에 필요한 장부 또는 관련 자료에 대한 세관공무원의 접근을 거부하거나 협정에서 정한 원산지증빙서류를 보관하지 아니한 경우
  4. 제17조에 따른 서면조사 또는 현지조사 결과 세관장에게 신고한 원산지가 실제 원산지와 다른 것으로 확인되거나 수입자 또는 체약상대국수출자 등이 제출한 자료에 제7조에 따른 원산지의 정확성을 확인하는 데 필요한 정보가 포함되지 아니한 경우
  5. 제19조 제1항에 따라 관세청장 또는 세관장이 체약상대국의 관세당국에 원산지의 확인을 요청한 사항에 대하여 체약상대국의 관세당국이 기획재정부령으로 정하는 기간 이내에 그 결과를 회신하지 아니한 경우 또는 세관장에게 신고한 원산지가 실제 원산지와 다른 것으로 확인되거나 회신 내용에 제7조에 따른 원산지의 정확성을 확인하는 데 필요한 정보가 포함되지 아니한 경우
  6. 제31조 제1항에 따른 사전심사를 신청한 수입자가 사전심사의 결과에 영향을 미칠 수 있는 자료를 고의로 제출하지 아니하였거나 거짓으로 제출한 경우 또는 사전심사서에 기재된 조건을 이행하지 아니한 경우
  7. 협정에 따른 협정관세 적용의 거부·제한 사유에 해당하는 경우
  8. 그 밖에 관세청장 또는 세관장이 원산지의 정확성 여부를 확인할 수 없는 경우로서 대통령령으로 정하는 사유에 해당되는 경우

13 ④

사전심사서의 내용변경에 대한 서류가 자료제출 누락 또는 거짓자료 제출 등 신청인의 귀책에 의한 경우 사전심사서 변경일 전에 수입신고된 물품에 대하여도 소급해서 변경내용을 적용한다.

관련 법령

FTA특례법 제32조(사전심사서 내용의 변경)

① 관세청장은 협정에서 정하는 바에 따라 사전심사서의 근거가 되는 사실관계 또는 상황의 변경 등 대통령령으로 정하는 사유가 있는 경우에는 사전심사서의 내용을 변경할 수 있다.

② 관세청장은 제1항에 따라 사전심사서의 내용을 변경할 때에는 제31조 제2항에 따른 신청인에게 그 변경 내용을 통지하여야 한다.

③ 제1항에 따라 사전심사서의 내용을 변경한 경우에는 그 변경일 후에 수입신고되는 물품에 대하여 변경된 내용을 적용한다. 다만, 협정에서 다르게 정하는 경우에는 협정에서 정하는 범위에서 대통령령으로 정하는 바에 따른다.

④ 제3항에도 불구하고 사전심사서의 내용 변경이 자료제출 누락 또는 거짓자료 제출 등 신청인에게 책임이 있는 사유로 인한 것인 경우에는 해당 사전심사와 관련하여 그 변경일 전에 수입신고된 물품에 대해서도 소급하여 변경된 내용을 적용한다.

14 답 ④

자율발급방식의 경우 기관에 재발급 및 정정발급에 대한 사유서를 제출할 필요는 없으나 관련 내역은 원산지증명서 작성대장에 기록관리하여야 한다.

 관련 법령

FTA특례법 시행규칙 제14조(수출입물품에 대한 원산지자율증명절차 등)
① 수출자·생산자 또는 수입자가 법 제11조 제1항 제2호에 따라 원산지증명서를 자율적으로 작성하는 경우에는 원산지확인서, 별지 제4호 서식의 원산지소명서 또는 그 밖에 원산지를 확인할 수 있는 서류·정보 등을 근거로 하여야 한다.
② 법 제11조 제1항 제2호에 따라 원산지증명서를 작성하는 수출자, 생산자 또는 수입자는 별지 제7호 서식의 원산지증명서 작성대장에 다음 각 호의 사항을 기재·관리하여야 한다.
  1. 작성번호 및 작성일
  2. 수출입신고번호 및 수출입신고 수리일(생산자의 경우에는 기재를 생략할 수 있다)
  3. 품명·품목번호(6단위)·수량·금액 및 원산지
  4. 원산지증명서를 작성하는 수출자, 생산자 또는 수입자의 거래 상대방에 대한 다음 각 목의 사항
    가. 수출자 : 생산자 또는 공급자(생산자 또는 공급자가 따로 있는 경우에 한정한다) 및 체약상대국의 수입자·수입국명
    나. 생산자 : 수출자 또는 물품을 공급받는 자
    다. 수입자 : 체약상대국의 수출자·수출국명
  5. 해당 물품에 적용된 협정의 명칭 및 원산지결정기준

15 답 ①

원산지확인서의 발급은 원산지증명서의 발급신청을 하는 자가 발급하는 것이 아니라 생산에 사용되는 재료 또는 최종물품을 생산하거나 공급하는 자가 발급하는 것이다.

 관련 법령

FTA특례법 시행규칙 제12조(원산지확인서)
① 수출물품의 생산에 사용되는 재료 또는 최종물품을 생산하거나 공급하는 자(이하 "재료 또는 최종물품 생산자 등"이라 한다)는 생산자 또는 수출자의 요청이 있는 경우 해당 재료 또는 최종물품의 원산지를 확인하여 작성한 서류(전자문서를 포함하며, 이하 "원산지확인서"라 한다)를 생산자 또는 수출자에게 제공할 수 있다.

16 답 ①

세관장은 협정관세를 적용받은 물품에 대하여 부족세액을 징수할 때에는 다음의 금액을 합한 금액을 가산세로 징수한다(FTA특례법 제36조 제1항 제1호 참조).
• 부족세액의 100분의 10에 상당하는 금액. 다만, 수입자가 원산지증명서를 위조 또는 변조하는 등 부당한 방법으로 협정관세의 적용을 신청하여 부족세액이 발생한 경우에는 해당 부족세액의 100분의 40에 상당하는 금액으로 한다.
• 수정신고 또는 납부고지일까지의 경과일수와 이자율을 곱하여 계산한 금액

17 **답** ①

비밀유지의무를 위반하여 비밀취급자료를 타인에게 제공 또는 누설하거나 목적 외의 용도로 사용한 자는 3년 이하의 징역 또는 3천만원 이하의 벌금에 처한다.

 관련 법령

FTA특례법 제44조(벌칙)
① 비밀취급자료를 타인에게 제공 또는 누설하거나 목적 외의 용도로 사용한 자는 3년 이하의 징역 또는 3천만원 이하의 벌금에 처한다.

18 **답** ①

한–인도 CEPA는 증명서발급기관에 조사를 요청하여 검증 후 필요한 자료를 받지 못하는 등 보완이 필요한 경우에 한하여 직접검증을 추가로 할 수 있다.

구 분	검증방법
칠레, 싱가포르, 캐나다, 뉴질랜드	직접검증
ASEAN, 인도, 중국, 베트남, 인도네시아, 이스라엘, RCEP, 캄보디아	간접검증 후 필요한 경우 직접검증
EFTA, EU, 튀르키예, 영국	간접검증 / 공무원 등의 참관 허용
페루, 호주, 콜롬비아, 중미	간접검증과 직접검증 방식 중 선택 가능
미합중국	직접검증(섬유 관련 물품은 간접검증)

19 **답** ②

협정관세 적용보류의 해제를 요청하고자 하는 경우 원산지기준 불충족 시 납부하여야 할 내국세를 포함한 총 세액에 상당하는 담보를 제공하여야 한다.

 관련 법령

FTA특례법 시행령 제18조(협정관세 적용 보류의 해제)
① 세관장은 법 제21조 제3항에 따라 수입자가 다음 각 호의 요건을 모두 갖추고 협정관세 적용보류의 해제를 요청하는 경우에는 적용 보류를 해제할 수 있다.
1. 적용 보류기간이 만료되기 전일 것
2. 협정관세 적용을 받지 못하는 것으로 확인될 경우 추가로 납부하여야 할 세액(내국세 등을 포함한다)에 상당하는 담보를 제공할 것

20 **답** ②

미합중국을 원산지로 하는 경우에는 섬유 관련 물품 및 자동차는 제외하고 협정관세에 따른 세율의 연차적인 인하 적용을 중지하고, 그 중지한 날에 적용되는 협정관세의 세율을 계속하여 적용하는 조치를 할 수 있다.

 관련 법령

FTA특례법 시행령 제22조(긴급관세조치대상 물품과 세율의 범위)
④ 기획재정부 장관은 미합중국, 호주, 캐나다 및 뉴질랜드를 원산지로 하는 수입물품(미합중국을 원산지로 하는 경우에는 섬유 관련 물품 및 자동차는 제외한다)에 대하여 법 제22조 제1항 및 해당 체약상대국과의 협정에 따라 다음 각 호의 어느 하나에 해당하는 조치를 할 수 있으며, 그 조치가 끝났을 때에는 법 제4조 및 제5조에 따른 세율을 적용한다.
　1. 협정관세에 따른 세율의 연차적인 인하 적용을 중지하고, 그 중지한 날에 적용되는 협정관세의 세율을 계속하여 적용하는 조치. 다만, 이 조치에 따른 세율이 해당 조치를 한 날의 최혜국세율보다 높은 경우에는 최혜국세율을 적용한다.
　2. 긴급관세조치를 하는 날에 해당 물품에 적용되는 최혜국세율과 해당 체약상대국과의 협정 발효일 전날에 해당 물품에 적용되는 최혜국세율 중에서 낮은 세율을 초과하지 아니하는 범위에서 세율을 인상하는 조치
　3. 계절에 따라 관세가 다르게 부과되는 물품의 경우 긴급관세조치를 하기 직전 계절별로 해당 물품에 적용되는 최혜국세율과 해당 체약상대국과의 협정이 발효되기 직전 계절별로 해당 물품에 적용되는 최혜국세율 중에서 낮은 세율을 초과하지 아니하는 범위에서 세율을 인상하는 조치

21 **답** ③

체약상대국의 수출자 등에 대한 현지조사는 조사대상자의 동의가 없는 경우 조사할 수 없다.

 관련 법령

FTA특례법 제17조(원산지에 관한 조사)
① 관세청장 또는 세관장은 수출입물품의 원산지 또는 협정관세 적용의 적정 여부 등에 대한 확인이 필요하다고 인정하는 경우에는 협정에서 정하는 범위에서 대통령령으로 정하는 바에 따라 다음 각 호의 어느 하나에 해당하는 자를 대상으로 필요한 서면조사 또는 현지조사를 할 수 있다.
　1. 수입자
　2. 수출자 또는 생산자(체약상대국에 거주하는 수출자 및 생산자를 포함한다)
　3. 원산지증빙서류 발급기관
　4. 제16조 제1항 제3호의 자
② 관세청장 또는 세관장은 제1항에 따라 체약상대국에 거주하는 수출자·생산자 또는 제1항 제4호에 해당하는 자 중 체약상대국에 거주하는 자(이하 이 조에서 "체약상대국의 조사대상자"라 한다)를 대상으로 현지조사를 하는 경우에는 그 조사를 시작하기 전에 체약상대국의 조사대상자에게 조사 사유, 조사 예정기간 등을 통지하여 동의를 받아야 한다.
③ 제2항에 따른 통지를 받은 체약상대국의 조사대상자는 관세청장 또는 세관장이 통지한 예정 조사기간에 조사를 받기가 곤란한 경우에는 대통령령으로 정하는 바에 따라 그 통지를 한 관세청장 또는 세관장에게 조사의 연기를 신청할 수 있다.
④ 관세청장 또는 세관장은 제2항에 따른 통지를 받은 체약상대국의 조사대상자가 20일 이상의 기간으로서 기획재정부령으로 정하는 기간 이내에 그 동의 여부를 통보하지 아니하거나 동의하지 아니한 경우에는 현지조사를 할 수 없다.

22 답 ①

중국으로부터 우리나라의 수출자가 발행한 원산지증명서의 조사요청을 받은 경우에는 요청을 받은 날부터 6개월 이내 결과를 회신하여야 한다.

 관련 법령

FTA특례법 시행령 제13조(체약상대국의 요청에 따른 원산지 조사)
① 관세청장 또는 세관장은 체약상대국의 관세당국으로부터 수출물품에 대한 법 제18조 제1항에 따른 원산지 조사 요청을 받은 경우에는 다음 각 호의 구분에 따른 기간 내에 조사결과를 통지하여야 한다.
  9. 중국 : 조사 요청을 접수한 날부터 6개월

23 답 ②

ㄱ. 정당한 사유 없이 원산지 증빙관련 서류를 보관하지 아니한 자에게는 2천만원 이하의 벌금을 부과한다.
ㄴ. 원산지증빙서류의 오류 내용을 통보받고도 부족세액에 대한 세액정정, 세액보정신청 또는 수정신고를 하지 아니한 자에게는 500만원 이하의 과태료를 부과한다.

24 답 ③

원산지증빙자료 제출 생략대상에서 관세청장으로부터 원산지에 대한 사전심사를 받은 물품의 경우 사전심사 시의 조건과 동일한 물품이 다시 수입되는 경우에 한하여 제출이 생략된다.

 관련 법령

FTA특례법 제8조(협정관세의 적용신청 등)
② 제1항에 따라 협정관세의 적용을 신청할 때에 수입자는 원산지증빙서류를 갖추고 있어야 하며, 세관장이 요구하면 제출하여야 한다. 다만, 세관장은 대통령령으로 정하는 물품에 대해서는 관세 탈루의 우려가 있는 경우를 제외하고 원산지증빙서류 제출을 요구할 수 없다.

FTA특례법 시행령 제4조(협정관세의 적용신청)
③ 법 제8조 제2항 단서에서 "대통령령으로 정하는 물품"이란 다음 각 호의 어느 하나에 해당하는 물품을 말한다.
  1. 과세가격이 미화 1천달러(자유무역협정에서 금액을 달리 정하고 있는 경우에는 자유무역협정에 따른다. 이하 이 호에서 같다) 이하로서 자유무역협정(이하 "협정"이라 한다)에서 정하는 범위 내의 물품. 다만, 수입 물품을 분할하여 수입하는 등 수입물품의 과세가격이 미화 1천달러를 초과하지 아니하도록 부정한 방법을 사용하여 수입하는 물품은 제외한다.
  2. 동종·동질 물품을 계속적·반복적으로 수입하는 경우로서 해당 물품의 생산공정 또는 수입거래의 특성상 원산지의 변동이 없는 물품 중 관세청장이 정하여 고시하는 물품
  3. 관세청장으로부터 원산지에 대한 법 제31조 제1항 본문에 따른 사전심사(이하 "사전심사"라 한다)를 받은 물품(사전심사를 받은 때와 동일한 조건인 경우만 해당한다)
  4. 물품의 종류·성질·형상·상표·생산국명 또는 제조자 등에 따라 원산지를 확인할 수 있는 물품으로서 관세청장이 정하여 고시하는 물품

25 **답** ③

한–ASEAN FTA의 경우 적용배제 처분을 하는 때에는 2개월 이내 적용배제 사실을 근거와 함께 상대국의 관세당국에 통보하여야 한다.

 관련 법령

FTA특례법 시행령 제45조(협정관세의 적용제한의 특례)
① 세관장은 ASEAN회원국에서 수입된 물품에 대하여 수입자가 거짓으로 또는 사실과 다르게 작성하였거나 발급된 원산지증명서를 제출하였음을 이유로 법 제35조 제1항 제1호에 따라 협정관세의 적용제한 처분을 하였을 때에는 처분한 날부터 2개월 이내에 대상물품, 적용제한 이유 및 그 법적 근거를 기재한 서류와 수입자가 제출한 원산지증명서를 관세청장이 정하는 방법에 따라 그 원산지증명서를 발급한 ASEAN회원국의 권한 있는 당국에 통보하여야 한다.
② 제1항에 따른 통보를 받은 ASEAN회원국의 권한 있는 당국은 세관장이 제1항에 따른 통보를 한 날부터 2개월 이내에 원산지증명서의 기재사항이 단순한 착오로 잘못 기재된 것으로서 원산지 결정에 실질적인 영향을 미치지 아니하였음을 세관장에게 소명할 수 있다.

01	02	03	04	05	06	07	08	09	10
③	①	②	③	②	④	③	②	④	②
11	12	13	14	15	16	17	18	19	20
②	④	①	①	④	②	①	②	④	④
21	22	23	24	25					
④	②	④	④	②					

01 답 ③

통칙 3(나)에 의거 혼합물, 서로 다른 재료로 구성되거나 서로 다른 구성요소로 이루어진 복합물과 소매용으로 하기 위하여 세트로 된 물품으로서 통칙 3(가)에 의거 분류할 수 없는 경우 가능한 이들 물품에 본질적 특성을 부여하는 재료나 구성요소로 이루어진 물품으로 보아 분류한다.
분류 가능한 마지막 호에 분류하는 것은 통칙 3(다)에 대한 설명이다.

02 답 ①

ㄱ. 신선, 냉장한 사과는 제8류에 분류된다.
ㄴ. 커피 및 커피를 함유한 커피대용물은 제9류에 분류된다.
ㄷ. 설육, 어류 등을 전 중량의 100분의 20 이상 함유한 것은 제16류에 분류되며 가장 높은 함량으로 호를 결정한다.

03 답 ②

제4001호 및 제4002호의 천연고무 또는 합성고무에는 응고 전후로 가황제, 가황촉진제를 배합한 경우에는 해당 호에 분류할 수 없다.

> **📢 알아두기**
>
> **제4001호와 제4002호의 분류 기준**
> 제4001호와 제4002호에는 응고 전후에 다음을 배합한 고무나 고무 혼합물에는 적용하지 않는다.
> • 가황제・가황촉진제・지연제・활성제(프리-벌커나이즈드 고무 라텍스 조제용으로 첨가한 것은 제외한다)
> • 안료나 그 밖의 착색제(식별을 하기 위하여 단순히 첨가한 것은 제외한다)
> • 가소제나 증량제(유전고무의 경우에는 광유는 제외한다)・충전제・보강제・유기용제나 그 밖의 물질(유화제, 점착방지제, 소량의 유화분해잔류물, 감열제, 양이온성 계면활성제, 산화방지제, 응고제, 붕해제, 내동제, 해교제, 방부제, 안정제 및 점도조절제는 제외한다)

04 답 ③

품목분류에 대한 체약국 간의 분쟁은 당사자 간 우선해결이 원칙이며, HS위원회 및 이사회의 권고의견을 제시받아 이에 동의하는 방식으로 해결할 수 있다.

05 답 ②

슈트에 포함되는 하반신용 의류에는 긴 바지, 짧은 바지와 반바지, 스커트나 치마바지로서 멜빵과 가슴받이가 모두 없는 것을 포함할 수 있으며, 수영복은 제외된다.

06 답 ④

각 선지의 호는 다음의 물품이 분류된다.
① 제7326호 : 철강제 기타제품
② 제8210호 : 음식물조리용 기구
③ 제8211호 : 칼
④ 제8215호 : 주방, 식탁용품

주방용 조리기구의 경우 주방, 식탁용품으로 특게된 호가 있고 각 호는 작용면의 재질에 따라 분류된다. 제8211호의 칼은 둘 이상의 칼이 다른 주방기구와 세트인 경우 제8211호에 분류하지 않고 제8215호에 분류한다. 제8215호에는 2개 이상의 칼을 포함한 주방용기구의 세트물품이 분류되며, 제8210호의 음식물조리용 기구에는 10kg 이하의 기계적 특징을 갖추고 있는 것이 분류된다는 점에서 차이가 있다.

> 📢 **알아두기**
>
> **제8215호의 분류기준**
> 제8211호에 해당되는 한 개 이상의 칼과 제8215호에 해당되는 물품이 최소한 같은 수량으로 세트를 구성하는 경우에는 제8215호로 분류한다. 제82류의 주 제3호에 따라, 이 호에는 제8211호에 해당되는 한 개 이상의 칼과 제8215호의 물품이 최소한 같은 수량으로 구성된 세트를 포함한다.

07 답 ③

주로 제8517호와 제8525호부터 제8528호까지의 물품에 공통적으로 사용되는 부분품은 제8517호로 분류한다.

> 📢 **알아두기**
>
> **제16부 기계류 부분품 분류기준**
> • 기계의 부분품(제8484호·제8544호·제8545호·제8546호·제8547호의 물품의 부분품은 제외한다)은 이 부의 주 제1호, 제84류의 주 제1호, 제85류의 주 제1호에 규정한 것 외에는 다음 각 목에서 정하는 바에 따라 분류한다.
>   – 제84류나 제85류 중 어느 특정한 호(제8409호·제8431호·제8448호·제8466호·제8473호·제8487호·제8503호·제8522호·제8529호·제8538호·제8548호는 제외한다)에 포함되는 물품인 부분품은 각각 해당 호로 분류한다.
>   – 그 밖의 부분품으로서 특정한 기계나 동일한 호로 분류되는 여러 종류의 기계(제8479호나 제8543호의 기계를 포함한다)에 전용되거나 주로 사용되는 부분품은 그 기계가 속하는 호나 경우에 따라 제8409호·제8431호·제8448호·제8466호·제8473호·제8503호·제8522호·제8529호·제8538호로 분류한다. 다만, 주로 제8517호와 제8525호부터 제8528호까지의 물품에 공통적으로 사용되는 부분품은 제8517호로 분류한다.
>   – 그 밖의 각종 부분품은 경우에 따라 제8409호·제8431호·제8448호·제8466호·제8473호·제8503호·제8522호·제8529호·제8538호로 분류하거나 위의 호로 분류하지 못하는 경우에는 제8487호나 제8548호로 분류한다.
> • 제15부의 비금속제 범용성 부분품인 경우 제84류 또는 제85류에 분류하지 않는다.

08 답 ②

통칙 5(나)는 물품의 포장을 위해 정상적으로 사용하는 종류의 포장 재료와 포장용기의 분류에 관해서 적용한다. 물품의 포장을 위해 사용된 것이 아니라면 함께 제시된다 하더라도 각각의 물품으로 분류하여야 한다.

> **■》 알아두기**
>
> **통칙 5(나) 해설**
> 이 통칙은 그들과 관련된 물품의 포장을 위해 정상적으로 사용하는 종류의 포장 재료와 포장용기의 분류에 관해서 적용한다. 그러나, 이 규정은 포장 재료나 포장용기로서 명백히 반복적으로 사용하기에 적합한 것이라면 적용되지 않는다(예 어떤 종류의 금속으로 만든 드럼이나 압축이나 액화가스용의 철강으로 만든 용기). 또한 이 통칙은 통칙 5(가)에 종속되는 것이므로, 통칙 5(가)에 해당하는 케이스(case)·박스와 유사한 용기의 분류는 그 규정의 적용에 의해서 결정한다.

09 답 ④

제7117호에 분류되는 모조신변장식용품은 귀금속을 도금하거나 미미한 구성물로 사용한 경우를 포함한다.

> **■》 알아두기**
>
> **제71류 모조신변장식용품의 정의**
> 제7117호에서 "모조신변장식용품"이란 제7113호에 분류될 수 있는 신변장식용품(제9606호의 단추나 그 밖의 물품, 제9615호의 빗·헤어슬라이드나 이와 유사한 것·헤어핀은 제외한다)으로서 천연진주·양식진주나 귀석·반귀석(천연의 것, 합성·재생한 것)을 사용하지 않은 것과 귀금속이나 귀금속을 입힌 금속을 사용하지 않은 것(귀금속을 도금하거나 미미한 구성물로 사용한 경우는 제외한다)을 말한다.

10 답 ②

ㄱ·ㄷ 호의 용어에 특게된 제품의 분류이다.
ㄴ. 볼펜과 형광펜은 소호의 용어에 "위 소호들의 물품이 두 개 이상으로 세트를 이루는 것"이라고 규정함에 따라 이에 따른 분류는 소매용 세트물품 분류기준이 아닌 통칙 6에 따른 분류에 해당한다.
ㄹ. 본질적 특성을 부여하는 스파게티 면이 분류되는 호인 제1902호에 분류하는 것이므로 통칙 3(나)에 의한 분류사례이다.

11 답 ②

블록형상은 불규칙한 형상의 것만 일차제품으로 분류된다.

> **■》 알아두기**
>
> **제39류 일차제품의 정의**
> 제3901호부터 제3914호까지에서 일차제품은 다음의 형태인 것에만 적용한다.
> • 액체나 페이스트[분산물(에멀션·서스펜션)과 용액을 포함한다]
> • 불규칙한 모양의 블록·럼프·가루(몰딩 가루를 포함한다)·알갱이·플레이크와 이와 유사한 벌크 모양

12 답 ④

시계용의 스프링은 범용성 부분품이 아닌 제91류의 시계 부분품으로 분류한다.

> **📢 알아두기**
>
> **범용성 부분품의 정의**
> 관세율표에서 "범용성 부분품"이란 다음의 것을 말한다.
> • 제7307호・제7312호・제7315호・제7317호・제7318호의 물품과 비금속(卑金屬)으로 만든 이와 유사한 물품
> • 비금속(卑金屬)으로 만든 스프링과 스프링판(제9114호의 시계용 스프링은 제외한다)
> • 제8301호・제8302호・제8308호・제8310호의 물품과 제8306호의 비금속(卑金屬)으로 만든 틀과 거울

13 답 ①

제8류의 건조한 과실은 그 특성을 유지하는 범주 안에서 추가적인 보존이나 안정, 외관의 개선이나 유지를 위한 처리를 할 수 있다.

> **📢 알아두기**
>
> **제8류의 건조한 과실 / 견과류**
> 8류의 건조한 과실이나 건조한 견과류는 부분적으로 재가수하거나 다음의 목적을 위하여 처리할 수도 있다. 단, 건조한 과실이나 건조한 견과류의 특성을 유지하는 범위로 한정한다.
> • 추가적인 보존이나 안정(예 적정한 열처리, 황처리, 소르빈산이나 소르빈산칼륨의 첨가)
> • 외관의 개선이나 유지(예 식물성 기름이나 소량의 글루코스 시럽의 첨가)

14 답 ①

수륙양용으로 설계된 자동차는 제87류에 분류한다.

> **📢 알아두기**
>
> **수륙양용 자동차의 분류**
> 수륙양용 자동차(amphibious motor vehicles)는 제87류의 자동차로서 분류한다는 것을 유의해야 할 것이다. 그러나 도로주행용으로 사용할 수 있도록 특수 제작된 항공기는 항공기(aircraft)로 분류한다(제8802호).

15 답 ④

재봉사의 경우 제5204호(면), 제5401호(인조필라멘트), 제5508호(인조스테이플섬유)에만 규정되어 있는 것으로 일정 요건을 갖춘 복합사나 케이블사를 말한다.

> **📢 알아두기**
>
> **재봉사의 정의**
> 제5204호, 제5401호, 제5508호에서 "재봉사"란 다음 각 목의 요건에 모두 해당하는 복합사(연합사)나 케이블사를 말한다.
> • 실패(예 릴・튜브)에 감은 실로서 한 개의 중량(실패의 중량을 포함한다)이 1천그램 이하인 것
> • 재봉사로 사용되는 드레스한 실
> • 최종꼬임이 "제트"꼬임인 실

16 답 ②

평판디스플레이는 음극선관 기술을 포함하지 않는다.

17 답 ①

살코기가 없는 돼지비계와 가금의 비계는 제0209호에 분류한다.

18 답 ②

제15부의 비금속의 합금이 되기 위해서는 제15부의 비금속과 그 외의 원소 중량비를 기준으로 제15부의 비금속이 더 많은 경우에 한하여 제15부의 비금속의 합금으로 분류할 수 있다. 선철, 구리, 니켈의 경우 제15부의 비금속이므로 이들의 합이 더 크기 때문에 제15부의 비금속으로 분류할 수 있으며, 제15부에서 류를 분류할 때에는 중량비가 가장 큰 금속의 류에 분류하므로 45%의 비중을 차지하는 선철(제72류)의 합금으로 분류하여야 한다[나트륨(제28류), 구리(제76류), 니켈(제75류)].

19 **답** ④

제3918호에 분류되는 플라스틱 벽 피복재는 벽이나 천장 장식용에 적합한 폭 45센티미터 이상의 롤 모양의 제품으로서 종이 외의 재료에 영구적으로 부착시 플라스틱으로 구성되고, 정면 부분의 플라스틱층이 그레인장식·엠보싱장식·착색·디자인인쇄나 그 밖의 장식으로 된 것을 말한다. 이때 플라스틱을 도포하거나 피복한 벽지·이와 유사한 종이로 만든 벽 피복재는 39류의 플라스틱 벽 피복제에서 제외하고 제4814호에 분류한다. 제3918호의 벽 피복재는 본래의 용도에 부수적이 아닌 모티프·문자나 그림을 인쇄한 물품을 포함한다.

> **◀╏ 알아두기**
>
> **플라스틱 벽피복재**
> 제3918호에서 "플라스틱으로 만든 벽 피복재나 천장 피복재"란 벽이나 천장 장식용에 적합한 폭 45센티미터 이상의 롤 모양의 제품으로서 종이 외의 재료에 영구적으로 부착시킨 플라스틱으로 구성되고, 정면 부분의 플라스틱층이 그레인(grain)장식·엠보싱(embossing)장식·착색·디자인인쇄나 그 밖의 장식으로 된 것을 말한다.

20 **답** ④

실리콘수지는 제39류에 분류되는 플라스틱 일차제품이다.

> **◀╏ 알아두기**
>
> **제40류의 합성고무**
> 제4001호와 제4002호에서 "합성고무"란 다음의 것을 말한다.
> • 황으로써 가황하여 비열가소성 물질로 변형되어 원상태로의 회복이 불가능하게 되고, 섭씨 18도와 29도 사이의 온도에서 원래의 길이의 3배로 늘려도 끊어지지 않고, 원래의 길이의 2배로 늘린 후 5분 이내에 원래의 길이의 1.5배 이하로 되돌아가는 불포화 합성물질(이 시험에서 가황활성제나 가황촉진제와 같은 가교에 필요한 물질이 첨가되어 질 수 있다. 단, 증량제·가소제·충전제와 같이 가교에 불필요한 물질은 첨가할 수 없다)
> • 티오플라스트(thioplast)(티엠)
> • 플라스틱과 그라프팅이나 혼합으로 변성된 천연고무, 해중합된 천연고무, 포화 합성고중합체와 불포화 합성물질의 혼합물(가황·늘림·복원성에 관한 요건을 충족하는 것으로 한정한다)

21 **답** ④

둘 이상의 방직용 섬유의 분류 시 최대 중량의 섬유재료의 것으로 분류를 한다. 단, 최대 중량의 섬유재료가 없는 경우 최종 호에 분류한다. 해당 물품은 면사 30%(제52류), 양모사 15%(제51류), 아마사 25%(53류), 합성필라멘트사 17%(제54류), 합성스테이플섬유사 13%(제55류)로 직조된 직물로 여기서 혼방섬유의 분류 기준에 따라 제54류와 제55류는 하나의 류로 취급되어 전체 중량에 30%를 차지한다. 제52류, 제55류 모두 30%로 최대 중량의 섬유재료가 없으므로 그 중 최종 호가 있는 제55류로 분류한다.

22 답 ②

방직용 섬유의 직물과 결합한 셀룰러 플라스틱으로 만든 판, 시트, 스트립은 제39류에 분류된다.

> 📢 알아두기
>
> **제5903호에 분류하지 않는 물품**
> - 침투·도포하거나 피복한 것을 육안으로 판별할 수 없는 직물류(일반적으로 제50류부터 제55류까지·제58류·제60류로 분류하며, 이 경우 색채의 변화를 고려하지 않는다)
> - 섭씨 15도부터 30도까지의 온도에서 지름 7밀리미터의 원통 둘레에 꺾지 않고는 손으로 감을 수 없는 물품(보통 제39류)
> - 방직용 섬유의 직물을 플라스틱으로 완전히 덮었거나 이러한 물질로 양면을 완전히 도포·피복한 물품. 다만, 이러한 도포하거나 피복한 것을 육안으로 볼 수 있어야 하며, 이 경우 색채의 변화를 고려하지 않는다(제39류).
> - 플라스틱을 부분적으로 도포하거나 피복한 그림 모양을 나타낸 직물류(일반적으로 제50류부터 제55류까지·제58류·제60류로 분류한다)
> - 방직용 섬유의 직물과 결합한 셀룰러 플라스틱으로 만든 판·시트(sheet)·스트립(strip)(방직용 섬유의 직물은 보강용으로 한정한다)(제39류)
> - 제5811호의 방직용 섬유제품

23 답 ④

정형외과용 기기에는 치열교정기도 포함된다.

> 📢 알아두기
>
> **정형외과용 기기의 정의**
> 제9021호에서 "정형외과용 기기"란 다음의 기기를 말한다. 이 경우 정형외과용 기기에는 정형외과 교정 목적으로 1) 주문 제작되거나 2) 대량생산된 신발과 특수 안창을 포함한다(양발에 맞게 제작된 컬레가 아닌 한 족이어야 한다).
> 위의 기기에는 다음의 것을 포함한다.
> - 신체상의 장애를 예방하거나 교정하는 기기
> - 질병, 수술이나 부상 후 신체의 일부를 지지 또는 고정하는 기기
> - 둔부질환기구[고관절병(股關節病 : coxalgia) 등]
> - 상박골부목(절제후의 팔에 사용한다)(신장용 스플린트)
> - 턱뼈용 기구
> - 손가락의 견인장치 등
> - 포트병(Pott's disease) 치료기구(머리 및 척추를 바로 세운다)
> - 정형외과용 기기에는 정형외과 교정 목적으로 (1) 주문제작 되거나 (2) 대량생산된 신발이나 특수 안창을 포함한다(다만, 양발에 맞게 제작된 컬레가 아닌 한족이어야 한다).
> - 이빨(齒)의 기형교정용 기구(치과용)(치열교정기·링 등)
> - 발의 교정용구[기형족(talipes)용 기기·발 받침대[발용 스프링(spring)제 지지구(支持具 : support)를 갖춘 것인지의 여부를 불문한다]·외과용 장화 등]
> - 탈장대(서혜부·정강이·배꼽용 등의 탈장대)와 파열창용 기구
> - 척추의 측곡과 만곡의 교정용기구·의료용이나 외과용의 코르셋과 벨트[지지용(支持用 : supporting) 벨트를 포함한다]로서 다음의 특성을 가진 것
> - 정형외과용 서스펜더(suspender)[메리야스 편물(net)이나 뜨개질 편물 재료 등으로 만든 간단한 서스펜더를 제외한다]

24 답 ④

제8509호에는 중량에 관계 없이 분류되는 가정용 전기기기와 중량 이하의 것만 분류하는 것 그리고 중량에 관계없이 분류되지 않는 것으로 나뉘어져 있다.

> **◀◁ 알아두기**
>
> **제8509호의 가정용 기기 분류**
> 가. 중량에 관계없는 것
>   바닥광택기·식품용 그라인더·식품용 믹서·과즙이나 야채즙 추출기
> 나. 중량 20킬로그램 이하
>   '가'에서 규정한 전기기기 외의 것
> 다. 중량에 관계없이 8509호에서 제외
>   팬과 팬을 결합한 환기용·순환용 후드[필터를 갖추었는지에 상관없다(제8414호)], 원심식 의류건조기 (제8421호), 접시세척기(제8422호), 가정용 세탁기(제8450호), 로울기(roller machine)나 그 밖의 다림질기 (제8420호나 제8451호), 재봉기(제8452호), 전기가위(제8467호), 전열기기(제8516호)

25 답 ②

온도의 자동제어용 기기는 제어해야 할 요소에 따라 변화하는 전기적 형상으로 작동하는 것인지에 관계 없이 분류된다. 본 물품은 지속적으로나 주기적으로 이 요소의 실제 값을 측정하여 이 요소를 장해가 발생하여도 안정적으로 목표치에 맞추고 유지하도록 설계되어 있다.

01	02	03	04	05	06	07	08	09	10
②	④	③	④	①	②	③	①	②	②
11	12	13	14	15	16	17	18	19	20
②	③	②	④	④	④	①	③	④	③
21	22	23	24	25					
①	②	③	④	②					

01 답 ②

EFTA FTA는 모두 다국누적이 인정된다. 우리나라의 경우 한–EFTA, EU, ASEAN과의 FTA는 각 국가 내에서 다국누적이 가능하다.

02 답 ④

본 제품은 부가가치기준 계산 시 아래와 같이 계산된다.

- 집적법 : 150 / 510 × 100 = 29.41
- 공제법 : (510 − 260) / 510 × 100 = 49.01

ASEAN으로 수출 시 베트남의 경우 누적기준을 활용할 수 있으나 다른 ASEAN 국가로의 수출 시에는 베트남 부품의 누적을 활용할 수 없다. 그럼에도 불구하고 ASEAN협정은 부가가치기준 적용 시 계산방법을 집적법과 공제법 중 선택할 수 있으므로 공제법을 활용해 부가가치기준을 충족하는 것으로 판정할 수 있다. 싱가포르 협정의 경우 공제법만 활용가능하며, 공제법으로 계산된 비율이 50% 이상 되지 않으므로 싱가포르는 원산지기준을 충족하지 않는다. 세번변경기준(CTH) 적용 시 8415.90에 해당하는 부품은 미소기준을 활용하면 충족할 수 있다.

03 답 ③

중국 FTA에서는 소매용 용기 및 포장은 세번변경기준 시 고려되지 않는다.

상품의 소매용 포장에 사용되는 포장재료 및 용기는, 그 상품과 함께 분류되는 경우, 그 상품의 생산에 사용된 모든 비원산지 재료가 품목별 원산지 규정의 적용 가능한 세번변경을 거치는지 여부를 결정하는 데 있어 고려되지 아니한다.

04 답 ④

한–EU FTA에서 산 동물의 도살은 불충분한 작업 또는 가공의 범주에 들어간다. 다만 여기에 염장한 제품을 공기조절포장에 담아 소매화하는 것은 포함되지 않는다.

> **📢 알아두기**
>
> **한–EU FTA 불인정공정**
> 가. 운송되고 보관되는 동안 제품이 양호한 상태로 유지되도록 보장하는 보존 공정
> 나. 포장상태의 변경 포장의 해체 및 조립

다. 세탁 세척 그리고 먼지 녹 기름 페인트 또는 그 밖의 막의 제거
라. 섬유의 다림질 또는 압착
마. 단순한 페인팅 및 광택 공정
바. 곡물 및 쌀의 탈각 부분 또는 전체 표백 연마 및 도정
사. 당류 착색이나 착향 또는 각설탕 공정 결정당의 부분 또는 전체 제분
아. 과일 견과류 및 채소에 대한 탈피 씨 제거 및 탈각
자. 연마 단순 분쇄 또는 단순 절단
차. 감별 체질 선별 분류 등급화 또는 매칭(물품 세트의 구성을 포함한다)
카. 병 캔 플라스크 가방 케이스 또는 상자에 단순히 넣기 카드 또는 판에 붙이는 것 그리고 그 밖의 모든 단순 포장 공정
타. 마크 라벨 로고 및 그 밖의 유사한 구별 표시를 제품 또는 제품의 포장에 부착하거나 인쇄하는 것
파. 다른 종류인지 여부에 관계없이 제품의 단순한 혼합 모든 재료와 설탕의 혼합
하. 완전한 물품을 구성하는 부품의 단순한 조립 또는 제품의 부품으로의 분해
거. 시험 또는 측정
너. 가호부터 거호까지에 명시된 둘 이상의 공정의 조합, 또는
더. 동물의 도살

05 답 ①

영역 밖 바다 어획물 및 그 생산품의 경우 당사국에 등록된 선박으로서 조업 당시 당사국의 국기를 게양하고 있어야 완전생산품으로 인정된다. 튀르키예에서는 위 요건에 당사국 국민이 50퍼센트 이상의 지분을 소유해야 한다는 규정이 추가된다. 당사국이 아닌 편의치적국(수수료를 받고 선박을 등록하는 데 필요한 국적을 빌려주는 국가) 등록을 했기 때문에 완전생산품으로 인정되지 않는다.

06 답 ②

미국과 뉴질랜드에서 중간재의 지정 없이 인정하는 것은 맞지만, 지정되지 않은 것만을 인정하는 것은 아니다.

구 분	칠레, 싱가포르	미국, 뉴질랜드	EFTA, EU, 페루, 튀르키예, 호주, 캐나다, 중국, 뉴질랜드, 베트남, 콜롬비아, 중미, 영국, RCEP, 인도네시아, 캄보디아, 이스라엘	ASEAN, 인도
중간재 인정여부	○	○	○	× (규정없음)
대상물품	자가 생산품		역내 생산품	×
중간재 지정의무	○	×	×	×

07 답 ③

RCEP, 미국 및 호주 FTA의 경우 공제법뿐만 아니라 집적법도 함께 규정하고 있다.

08 답 ①

한-미국 FTA를 제외하고는 수입자가 원산지증명서를 발급할 수는 없다.

09 답 ②

미국 FTA에서 조정가치는 국제운송에 대한 비용은 공제한다.

따라서 조정가치는 $10이 된다.

• 집적법 : 4 / 10 × 100 = 40

• 공제법 : (10 - 2) / 10 × 100 = 80

본 사례에서는 집적법을 적용할 경우 역외산 판정이 되며, 공제법을 사용할 경우 역내산 판정이 가능하다. 집적법에 따른 ① 선지의 계산은 옳은 방법이지만 집적법과 공제법을 미국 FTA에서는 선택 가능하므로 역외산 판정이 나는 집적법이 아닌 공제법을 적용하여 협정세율을 적용하는 것이 더 적절하다.

10 답 ②

한-EU FTA에서 부가가치기준의 계산은 자동차를 제외하고는 MC법에 따른다.

• MC법에 의한 계산 : 비원산지재료비 / 공장도가격 × 100

  = 450 / 1300 × 100 = 34.61%

공장도가격에는 국내운임을 포함하지 않으므로 공장도가격은 부품가격의 합에 이윤 및 일반경비를 합한 가격이 된다.

11 답 ②

원산지확인서를 미수취한 것은 역외산재료와 동일한 것이다. 따라서 세번변경기준을 충족하려면 최소허용기준 여부를 확인해 보아야 한다. 뉴질랜드 FTA에서는 FOB가격기준 10%를 초과하지 않는 최소허용기준을 두고 있다. 따라서 FOB가격 20,000원의 10%인 2,000원까지는 역외산 재료의 사용이 가능하다. 세번변경이 이루어지지 않는 B원재료는 10% 이내의 가격이기 때문에 최소허용기준을 이용하면 세번변경기준이 충족된다.

12 답 ③

공정누적 협정상대국에서 수행된 생산공정을 역내에서 수행된 생산공정으로 간주하는 것을 말한다. RCEP 협정에서는 공정누적을 인정하지 않는다.

구 분	칠레, 싱가포르, 페루, 미국, 호주, 캐나다, 뉴질랜드, 콜롬비아	EFTA, ASEAN, 인도, EU, 튀르키예, 중국, 베트남, 중미, 영국, RCEP, 인도네시아, 캄보디아, 이스라엘
재료누적	○	○
공정누적	○	×

13 답 ②

ASEAN FTA는 중간재에 대한 규정이 없지만 우리나라 FTA특례법 시행규칙 별표에서 이를 인정하고 있으므로, 인도를 제외한 모든 FTA협정이 중간재를 인정한다고 볼 수 있다. 따라서 부가가치기준 적용 시 중간재도 고려하여 판정하여야 한다.

14 답 ④

④ 미국의 경우 최소허용기준을 일반제품에 대하여 10%를 설정하고 있다. 미국과의 FTA에서는 기준가격을 조정가치라 하여 WTO관세평가협정 및 주해에서 규정하는 실제지급가격에서 국제운송에서 발생하는 비용을 제외한 비용을 적용한다. 즉, 미국에서 관세평가 시 적용하는 FOB가격을 기준으로 하는 것이다. 또한 재료비를 계산할 때에도 FOB를 기준으로 하기 때문에, 최소허용기준을 판단할 때 우리나라에서 역외국 수입물품을 사용한다면 우리나라 과세가격 기준인 CIF에서 국제운송비를 제외한 가격을 산출하고, 해당 가격이 미국으로 수출하는 FOB가격대비 10% 이하인지를 판단하여야 한다.

① 구매한 제품이 3917.32호에 해당하는 제품이라면 해당 제품의 원산지확인서가 필요하다. 연결구류를 부착하여 세번이 변경되는 것은 소호단계이므로 해당 변경만으로는 CTH기준을 충족할 수 없다.

② 소호단위가 다른 제품은 미조립상태로 볼 수 없으므로 각각 원산지결정기준을 적용하여야 한다. 원산지증명서가 1장으로 발급될 수는 있으나 증빙자료 및 판정은 각각 하여야 한다.

③ CTH기준의 충족은 단순히 공정이 국내에서 이루어졌다는 확인만으로는 불가능하며, 원산지확인서를 발급받지 못하는 경우 이는 역외산으로 취급하여야 한다.

15 답 ④

간접재료는 직접재료비에 계상되지 않을 뿐 원산지 판정 시에는 고려대상이 된다. 공장도가격은 직접재료비의 합계에 이윤 및 일반경비를 더한 가격이며, 간접재료를 재료로 간주하지 않는 협정은 해당 재료를 직접재료비에 더하지 않고 일반경비로서만 포함시키는 것이다.

16 답 ④

본 사례에서 제시한 MC법은 공장도가격에 비원산지재료비의 함유비율이 얼마인지를 계산하는 것이다. 공장도가격은 원재료가격에 이윤 및 일반경비만을 더한 가격이므로 국내운송비는 합산하지 않는다.
- 공장도가격 : 2,680원
- 비원산지재료비 합 : 1,480원
- MC비율 : 1,480 / 2,680 × 100 = 55.22%

MC비율이 50%를 초과하므로 해당 제품은 역외산이 된다.

17 답 ①

ㄱ. 집적법은 생산자가 상품의 생산에 사용한 원산지재료비가 상품의 가격에서 차지하는 비율을 산출하는 방법으로 원산지재료비의 비중이 높은 경우 적용하면 부가가치비율을 충족하기엔 유리하다.

ㅁ. 미국과 콜롬비아와의 FTA에서는 자동차 관련 상품에 대하여 순원가법을 선택할 수 있다.

18 답 ③

페루 FTA에서 제3국 경유 시 허용되는 작업은 하역, 재선적, 상품보관작업 및 재포장작업이다.

19 답 ④

싱가포르, EFTA, ASEAN, 인도, 페루, 중국, 베트남, 콜롬비아, 인도네시아, 캄보디아와의 FTA협정에서는 역외가공을 허용하고 있다.

20 답 ③

6월 18일 매입시점의 비원산지재료는 1차 수출에 따른 사용분을 고려하여야 한다. 비원산지 매입수량 300개에서 수출 시 200단위 중 비원산지 재료비율인 32%만큼이 사용되었으므로 6월 18일 매입시점 비원산지 수량은 총 336개이다. 이를 비율로 환산하면 46%가 된다(소수점 이하를 계산하지 않기 때문에 비원산지와 원산지 비율의 합이 100이 나오지 않는다). 이를 자세한 계산식으로 나타내면 다음과 같다.

- 원산지재료 : 5,000 / 7,400 × 100 = 67.56%
- 비원산지재료 : 2,400 / 7,400 × 100 = 32.43%
- 평균단가 9.25

소요량 1인 제품 수출 시 비원산지재료는 32%가 반영되므로 64개가 소요된다. 재고는 원산지재료 364개 (3,367원), 비원산지재료 236개(2,183원)가 된다. 6월 18일에는 비원산지재료 100개의 매입이 있으므로 비원산지재료는 총 336개이다. 해당 시점의 비원산지재료 비율은 (2,183 + 800) / 6,350 × 100 = 46.97% 가 된다.

21 답 ①

구 분	원산지 지위 인정	원산지 지위 불인정
재수입물품 인정여부	EFTA, 인도, ASEAN, EU, 페루, 튀르키예, 캐나다, 콜롬비아, 중미, 영국, 이스라엘	칠레, 싱가포르, 미국, 호주, 중국, 뉴질랜드, 베트남, RCEP, 인도네시아, 캄보디아

22 답 ②

ㄱ・ㄴ RCEP협정에도 해당되나 부가가치기준 적용 시 공제법과 집적법을 선택하도록 한다는 점에서 차이가 있다.

23 답 ③

ASEAN FTA에서는 비원산지 치어라고 하더라도 양식한 수산물은 양식한 나라를 원산지로 인정한다.

24 답 ④

CTSH기준 여부를 불문하고 세번변경기준의 제품은 원산지기준 적용 시 최소허용기준을 적용할 수 있다. 다만 협정별로 농수산물에 대하여는 적용될 수 없는 호를 제한하기도 한다.

25 답 ②

사례에서 EU는 MC법에 따라 계산된 비율을 기초로 판정하여야 한다. 공장도가격은 800원이고 비원산지재료의 합은 300원이므로 산출비율은 37.5%이다. 40%를 초과하지 않으니 EU FTA 원산지결정기준은 충족된다.

01	02	03	04	05	06	07	08	09	10
②	②	④	②	①	②	③	②	①	③
11	12	13	14	15	16	17	18	19	20
③	③	④	①	④	②	④	②	③	③
21	22	23	24	25					
②	④	①	④	④					

01 답 ②

수출이란 내국물품을 외국으로 반출하는 것을 말한다. 즉 내국물품이 외국물품이 되어야 한다. 반송은 국내에 도착한 외국물품이 수입통관절차를 거치지 아니하고 다시 외국으로 반출되는 것을 의미해 수출과는 구분된다.

02 답 ②

제2평가방법은 동종·동질물품의 거래가격을 기초로한 과세가격 결정방법이다. 제2평가방법과 제3평가방법의 적용방법자체는 비슷하지만, 기준가격의 정의가 다르므로 유의하여야 한다.

03 답 ④

수입신고 전 즉시반출신고를 하고 반출한 물품은 해당물품을 즉시 반출한 자가 납세의무자가 된다.

04 답 ②

덤핑방지관세는 실정세율에 더하여 부과된다. 기본관세가 적용될 때에는 기본관세에 더하여 부과되지만, FTA협정세율을 적용할 경우 FTA 세율에 더하여 부과되므로 0%에 덤핑방지관세 3%를 더한 3%가 적용세율이 된다.

05 답 ①

관세법상 징수금액의 최저한은 1만원 미만이며, 이는 관부가세를 합한 금액이다. 따라서 신고금액이 아닌 산출된 납부세액의 합이 1만원 미만인 경우 이를 납부하지 않아도 된다.

06 답 ②

보세구역에 반입된 물품이 수입신고가 수리되기 전 반출된 경우 세관장은 해당 물품에 대하여 부과고지를 하고 관세를 납부하도록 한다.

07 답 ③

① 공항의 경우 여객기로 입국하는 여객 수가 연간 4만명 이상이어야 한다.
② 공항 및 항구는 모두 상시 입출항이 가능한 시설을 갖추어야 한다.
④ 공항의 경우 정기여객기가 주 6회 이상 입항하거나 입항할 것으로 예상되어야 한다.

08 답 ②

세액의 보정은 신고납부한 날로부터 6개월 이내에 신고납부한 세액이 부족하다는 것을 알게되거나 세액산출의 기초가 되는 과세가격 또는 품목분류 등에 오류가 있는 것을 알게 되었을 때 할 수 있다.

09 답 ①

특허보세구역의 특허기간은 10년 이내로 한다. 단, 보세판매장의 경우 5년 이내로 한다. 또한 보세전시장과 보세건설장은 박람회나 건설공사의 기간을 고려하여 세관장이 특허기간을 정할 수 있다.

10 답 ③

해외임가공물품 등의 감면은 다음의 경우 감면이 제외된다.
• 가공, 수리목적으로 수출한 물품을 제외하고 해당 물품 또는 원자재에 대하여 관세를 감면받은 경우
• 관세법 또는 관세환급특례법에 따른 환급을 받은 경우
• 보세가공 또는 장치기간경과물품을 재수출조건으로 매각함에 따라 관세가 부과되지 아니한 경우

11 답 ③

관세부과 제척기간은 수입신고한 날의 다음날이며, 납세의무자가 관세를 납부한 경우 납세의무도 소멸된다. 다만, 납세의무자가 스스로 알게되거나 또는 사후세액심사를 통해 부족세액을 알게되어 보정 또는 수정신고를 하는 경우 보정신청일 또는 수정신고일의 다음날까지 관세를 납부하여야 하며 그렇지 않은 경우 그 다음날부터 관세를 징수할 수 있고, 관세징수권의 소멸시효를 기산한다.

12 답 ③

보세공장 외 작업물품이 작업기간이 경과되어 관세를 징수하는 경우 보세공장 외 작업의 허가받거나 신고한 때 과세물건이 확정된다.

13 답 ④

관세는 수입신고 수리일로부터 15일 이내 납부하여야 한다. 16일 수리된 경우 납부기한은 5월 1일까지이며, 근로자의 날 제정에 관한 법률상 근로자의 날은 공휴일에 포함되므로 납부기한은 5월 2일까지이다.

14 답 ①

• 관세는 수입신고를 하는 때의 물품의 성질과 수량에 따라 부과한다.
• 관세는 수입신고를 당시의 법령에 따라 부과한다.
• 외국물품인 선박용품을 허가받은 대로 적재하지 아니한 경우 하역허가를 받은 때의 성질과 수량에 따라 관세를 부과한다.

15 답 ④

① 보세공장은 수출물품의 제조 시 사용되는 수입원재료에 대하여 관부가세의 납부의무에서 벗어나 편의를 제공한다는 점에서는 맞는 설명이지만, 수출물품의 제조비율을 설정하는 등의 특허기준은 없다.

② 보세공장에서 생산하여 국내로 수입하는 물품은 최종 완성품에 대하여도 과세할 수 있지만, 납세의무자의 신청에 따라 원료과세 또는 혼용승인에 의한 외국물품과세도 가능하다.

③ 보세공장에서 사용하고자 반입하는 물품은 반입신고를 하여야 하며, 특히 외국물품인 경우 수입통관 후 보세공장에서 사용할 물품은 보세공장으로 직접 반입하여 수입신고를 하도록 할 수 있다.

16 답 ②

반송신고와 관련된 서류는 수출신고와 마찬가지로 신고 수리일로부터 3년간 보관하여야 한다.

17 답 ④

보세구역 장치물품을 폐기하는 경우로서 관세를 징수하는 물품은 보세구역 운영인 또는 보관인으로부터 관세를 징수한다.

18 답 ②

마약은 금지물품으로 지정되지 않았으나, 수입요건상 의약용 등으로 허가를 받아 제한적으로 수입할 수 있다. 우리나라에서 수출입이 금지된 물품은 관세법 제234조와 관련 있다.

 관련 법령

관세법 제234조(수출입의 금지)
다음 각 호의 어느 하나에 해당하는 물품은 수출하거나 수입할 수 없다.
1. 헌법질서를 문란하게 하거나 공공의 안녕질서 또는 풍속을 해치는 서적·간행물·도화, 영화·음반·비디오물· 조각물 또는 그 밖에 이에 준하는 물품
2. 정부의 기밀을 누설하거나 첩보활동에 사용되는 물품
3. 화폐·채권이나 그 밖의 유가증권의 위조품·변조품 또는 모조품

19 답 ③

대만으로부터 항공기와 선박으로 수입되는 경우에 한하여 출항 전 수입신고를 할 수 있다.

20 답 ③

운임, 보험료 및 운송관련비용은 수입항 도착시까지 발생된 비용이 과세가격에 가산되며, 수입항 도착 시는 본선하역준비가 완료된 시점까지이다. 문항의 하역과정에서 발생하는 비용은 가산요소에 해당하지 않는다.

21 탑 ②

촬영된 영화용 필름은 영화 제작자가 속하는 국가를 원산지로 한다.

 관련 법령

관세법 제75조(특수물품의 원산지결정기준)

① 제74조에도 불구하고 촬영된 영화용 필름, 부속품·예비부분품 및 공구와 포장용품은 다음 각 호의 구분에 따라 원산지를 인정한다.

1. 촬영된 영화용 필름은 그 제작자가 속하는 국가

2. 기계·기구·장치 또는 차량에 사용되는 부속품·예비부분품 및 공구로서 기계·기구·장치 또는 차량과 함께 수입되어 동시에 판매되고 그 종류 및 수량으로 보아 통상 부속품·예비부분품 및 공구라고 인정되는 물품은 당해 기계·기구 또는 차량의 원산지

3. 포장용품은 그 내용물품의 원산지. 다만, 품목분류표상 포장용품과 내용품을 각각 별개의 품목번호로 하고 있는 경우에는 그러하지 아니한다.

---

22 탑 ④

• 지식재산권의 침해물품 신고사실을 통보받은 자는 통관보류를 요청할 수 있으며 해당 물품의 과세가격의 100분의 120에 상당하는 금액의 담보를 제공하여야 한다.

• 중소기업이 통관보류를 요청하는 경우 과세가격의 100분의 40에 상당하는 금액을 담보로 제공하여야 한다.

• 통관이 보류된 자가 이를 해제하고자 하는 경우 과세가격의 100분의 120에 해당하는 담보를 제공하여야 한다.

23 탑 ①

아프가니스탄은 현재 편익관세 적용대상에서 제외되었다.

24 탑 ④

보세공장 외 작업허가를 받아 지정된 장소에 반입된 외국물품은 지정된 기간까지 보세공장에 있는 것으로 본다. 지정된 기간이 경과된 경우에는 재반입을 명할 수 있고, 관세를 징수하는 경우 작업허가를 받은 때의 성질과 수량으로 관세를 부과한다.

25 탑 ④

④ Switch B/L(교체선하증권) : 화물 선적 후 선적항에서 발행된 선하증권을 다른 장소에서 내용을 변경하고 다시 발행한 선하증권이다. 송하인, 수하인, 통지처 등을 변경하며, 선박명이나 선적항, 도착지 등은 변경이 불가능하다.

① On Board B/L(본선적재선하증권) : 선박에 화물을 적재한 후 발행하는 선하증권이다.

② Surrendered B/L(포기선하증권) : 선하증권 원본을 선사에 제출하고 화물을 수화인에게 직접 교부할 것을 나타내는 선하증권이다. 수화인이 B/L원본 없이 물품을 수령할 수 있다.

③ Transshipment B/L(환적선하증권) : 목적지까지 운송하는 중간에 화물을 다른 선박으로 환적하는 내용이 포함된 선하증권이다.

01	02	03	04	05	06	07	08	09	10
②	③	③	②	②	③	①	③	④	④
11	12	13	14	15	16	17	18	19	20
④	①	②	②	②	①	②	①	②	①
21	22	23	24	25					
③	④	③	①	④					

01 답 ②

FTA특례법 제3조 제1항에 따라 이 법은 관세법에 우선하여 적용한다. 다만, 이 법에서 정하지 아니한 사항에 대해서는 관세법에서 정하는 바에 따른다.

02 답 ③

원산지증빙서류는 원산지증명서와 원산지증명서 발급을 위한 기초자료 일체를 포함한다.

 관련 법령

FTA특례법 제2조(정의)
① 이 법에서 사용하는 용어의 뜻은 다음과 같다.
1. "자유무역협정"이란 우리나라가 체약상대국(締約相對國)과 관세의 철폐, 세율의 연차적인 인하 등 무역의 자유화를 내용으로 하여 체결한 「1994년도 관세 및 무역에 관한 일반협정」 제24조에 따른 국제협정과 이에 준하는 관세의 철폐 또는 인하에 관한 조약·협정을 말한다.
2. "체약상대국"이란 우리나라와 자유무역협정(이하 "협정"이라 한다)을 체결한 국가(국가연합·경제공동체 또는 독립된 관세영역을 포함한다. 이하 같다)를 말한다.
3. "체약상대국의 관세당국"이란 체약상대국의 관세 관련 법령이나 협정(관세분야만 해당한다)의 이행을 관장하는 당국을 말한다.
4. "원산지"란 관세의 부과·징수 및 감면, 수출입물품의 통관 등을 할 때 협정에서 정하는 기준에 따라 물품의 생산·가공·제조 등이 이루어진 것으로 보는 국가를 말한다.
5. "원산지증빙서류"란 우리나라와 체약상대국 간의 수출입물품의 원산지를 증명하는 서류(이하 "원산지증명서"라 한다)와 그 밖에 원산지 확인을 위하여 필요한 서류·정보 등을 말한다.
6. "협정관세"란 협정에 따라 체약상대국을 원산지로 하는 수입물품에 대하여 관세를 철폐하거나 세율을 연차적으로 인하하여 부과하여야 할 관세를 말한다.

03 답 ③

원산지포괄확인서는 물품공급일부터 12개월을 초과하지 아니하는 범위에서 반복사용 가능한 문서로써 반드시 1월 1일부터 12월 31일까지의 기간으로 발급될 필요는 없다[FTA특례법 시행규칙(별지 제15호 서식)].

 관련 법령

FTA특례법 시행규칙 제12조(원산지확인서)
① 수출물품의 생산에 사용되는 재료 또는 최종물품을 생산하거나 공급하는 자(이하 "재료 또는 최종물품 생산자 등"이라 한다)는 생산자 또는 수출자의 요청이 있는 경우 해당 재료 또는 최종물품의 원산지를 확인하여 작성한 서류(전자문서를 포함하며, 이하 "원산지확인서"라 한다)를 생산자 또는 수출자에게 제공할 수 있다.
② 수출물품의 생산에 사용되는 재료 또는 최종물품을 동일한 생산자 또는 수출자에게 장기간 계속적·반복적으로 공급하는 재료 또는 최종물품 생산자 등은 생산자 또는 수출자의 요청이 있는 경우 물품공급일부터 12개월을 초과하지 아니하는 범위에서 최초의 원산지확인서를 반복하여 사용할 수 있는 확인서(전자문서를 포함하며, 이하 "원산지포괄확인서"라 한다)를 작성하여 제공할 수 있다.

04 답 ②

한-호주 FTA의 원산지증명서 유효기간은 2년이다. 그 외 문항의 원산지증명서 유효기간은 1년으로 동일하다.

알아두기

원산지증명서의 유효기간

구 분	유효기간
ASEAN, 인도네시아	• 발급일부터 1년 • 협정에 따라 잘못 발급된 원산지증명서를 대체하기 위하여 재발급되는 원산지증명서의 경우에는 당초 발급된 원산지증명서의 발급일부터 1년
베트남	• 발급일 다음 날부터 1년 • 베트남과의 협정에 따라 잘못 발급된 원산지증명서를 대체하기 위하여 재발급되는 원산지증명서의 경우에는 당초 발급된 원산지증명서의 발급일 다음 날부터 1년
페 루	• 서명일부터 1년 • 원산지증명서에 기재된 물품이 비당사국 관세당국의 관할 하에 일시적으로 보관된 경우에는 2년
이스라엘	• 발급일 또는 서명일부터 12개월
미 국	• 서명일부터 4년
칠레, 캐나다, 뉴질랜드	• 서명일부터 2년
호 주	• 발급일 또는 서명일부터 2년
그 외의 협정	• 발급일 또는 서명일부터 1년

05 답 ②

ㄱ. 한-칠레 FTA(2004) → ㄹ. 한-싱가포르 FTA(2006) → ㄷ. 한-인도 CEPA(2010) → ㄴ. 한-EU FTA(2015) → ㅁ. 한-중미 FTA(2021)

구 분	추진현황		
	협상 개시	서 명	발 효
칠 레	1999.12	2003.02	2004.04
싱가포르	2004.01	2005.08	2006.03
EFTA(4개국)	2005.01	2005.12	2006.09
ASEAN(10개국)	2005.02	2006.08 (상품무역협정)	2007.06 (상품무역협정)
		2007.11 (서비스협정)	2009.05 (서비스협정)
		2009.06 (투자협정)	2009.09 (투자협정)
인 도	2006.03	2009.08	2010.01
EU(27개국)	2007.05	2010.10.06	2015.12.13 전체발효
페 루	2009.03	2011.03.21	2011.08.01
미 국	2006.06	2007.06	2012.03.15
	2018.01 (개정협상)	2018.09.24 (개정협상)	2019.01.01 (개정의정서)
튀르키예	2010.04	2012.08.01 (기본협정· 상품무역협정)	2013.05.01 (기본협정· 상품무역협정)
		2015.05.26 (서비스·투자협정)	2018.08.01 (서비스·투자협정)
호 주	2009.05	2014.04.08	2014.12.12
캐나다	2005.07	2014.09.22	2015.01.01
중 국	2012.05	2015.06.01	2015.12.20
뉴질랜드	2009.06	2015.03.23	2015.12.20
베트남	2012.08	2015.05.05	2015.12.20
콜롬비아	2009.12	2013.02.21	2016.07.15
중미(5개국)	2015.06	2018.02.21	2021.03.01 전체발효
영 국	2017.02	2019.08.22	2021.01.01
RCEP	2012.11	2020.11	2022.02.01

06 답 ③

원산지관리전담자에 세무사는 포함되지 않는다.

관련 법령

FTA특례법 시행규칙 제17조(업체별 원산지인증수출자)
② 영 제7조 제1호 다목 및 같은 조 제2호 나목에서 "기획재정부령으로 정하는 원산지관리전담자"란 각각 다음 각 호의 어느 하나에 해당하는 자를 말한다. 다만, 제2호에 해당하는 자는 해당 업체의 소속직원에 한정한다.
  1. 변호사, 관세사, 공인회계사
  2. 자격기본법 제19조 제1항에 따라 공인받은 원산지 관리에 관한 자격이 있는 자, 원산지 관리에 관한 교육을 이수한 자 등 관세청장이 정하는 요건을 충족한 자

---

07 **답** ①

미합중국으로부터 수입되는 특송물품은 관세법의 규정에도 불구하고 물품가격이 미화 200달러 이하인 경우 수입신고를 생략할 수 있다.

 관련 법령

FTA특례법 시행령 제35조(통관 절차의 특례)
관세청장은 법 제29조 및 미합중국과의 협정 제7.7조에 따라 특별한 사정이 없으면 미합중국으로부터 수입되는 특송물품으로서 그 가격이 기획재정부령으로 정하는 금액 이하인 물품에 대해서는 「관세법」 제241조 제1항에 따른 수입신고를 생략하게 할 수 있다.

FTA특례법 시행규칙 제29조(특송물품 통관의 특례)
영 제35조에서 "기획재정부령으로 정하는 금액"이란 미합중국 화폐 200달러를 말한다.

---

08 **답** ③

지원사업의 범위에 원산지증명서의 발급을 위한 상담이나 교육은 포함되어 있으나 발급대행에 대한 부분은 지원사업 범위에 포함되지 않는다.

 관련 법령

FTA특례법 제13조(중소기업의 원산지증명 지원)
관세청장은 「중소기업기본법」 제2조에 따른 중소기업에 해당하는 수출자, 생산자 또는 수출물품이나 수출물품의 생산에 사용되는 재료를 공급하는 자를 대상으로 다음 각 호의 사항에 관한 지원사업을 할 수 있다.
1. 원산지결정기준에 관한 상담 및 교육
2. 원산지증명서의 작성 및 발급 등 원산지증명 절차에 관한 상담 및 교육
3. 그 밖에 원산지증명의 지원에 관한 사항으로서 대통령령으로 정하는 사항

FTA특례법 시행령 제8조(중소기업의 원산지증명 지원)
① 법 제13조 제3호에서 "대통령령으로 정하는 사항"이란 다음 각 호의 사항을 말한다.
  1. 원산지인증수출자의 인증 취득에 관한 상담 및 교육
  2. 원산지증명에 관한 전산처리시스템의 개발 및 보급
  3. 원산지증빙서류의 작성·보관방법에 관한 상담 및 교육
  4. 체약상대국의 원산지 조사에 대비한 상담 및 교육
  5. 그 밖에 중소기업이 원산지증명과 관련하여 요청하는 사항

09 **답** ④

품목별인증수출자가 수출물품에 대한 원산지증빙서류를 수취하지 않는 경우는 시정요구 사항에 포함되어
있지 않다.

 관련 법령

FTA특례법 시행규칙 제17조(업체별 원산지인증수출자)
⑨ 관세청장 또는 세관장은 업체별 원산지인증수출자가 다음의 요건 중 어느 하나의 요건을 갖추지 못한 것이
   확인되면 30일 이상의 기간을 주고 시정하도록 할 수 있다.
   가. 수출실적이 있는 물품 또는 새롭게 수출하려는 물품이 법 제7조에 따른 원산지 결정기준을 충족하는 물품
      (품목번호 6단위를 기준으로 한다)임을 증명할 수 있는 전산처리시스템을 보유하고 있거나 그 밖의 방법으
      로 증명할 능력이 있을 것
   다. 원산지증명서 작성대장을 비치·관리하고 기획재정부령으로 정하는 원산지관리전담자를 지정·운영
      할 것

FTA특례법 시행규칙 제18조(품목별 원산지인증수출자)
④ 관세청장 또는 세관장은 품목별 원산지인증수출자가 다음의 요건을 갖추지 못한 것이 확인되면 30일 이상의
   기간을 주고 시정하도록 할 수 있다.
   나. 원산지증명서 작성대장을 비치·관리하고 기획재정부령으로 정하는 원산지관리전담자를 지정·운영
      할 것

10 **답** ④

보정이나 경정의 신청을 받은 세관장은 청구를 받은 날로부터 2개월 이내에 보정이나 경정 여부를 신청인에
게 통지하여야 한다.

 관련 법령

FTA특례법 제9조(협정관세 사후적용의 신청)
① 수입신고의 수리 전까지 제8조에 따른 협정관세의 적용신청을 하지 못한 수입자는 해당 물품의 수입신고 수리
   일부터 1년 이내에 대통령령으로 정하는 바에 따라 협정관세의 적용을 신청할 수 있다.
② 수입자(제8조 및 이 조 제1항에 따라 협정관세 적용을 신청한 수입자는 제외한다)는 세관장이 수입자가 신고한
   품목분류와 다른 품목분류를 적용하여 「관세법」 제38조의3 제6항 또는 제39조 제2항에 따라 관세를 징수하는
   경우 납부고지를 받은 날부터 3개월 이내로서 대통령령으로 정하는 기간 이내에 협정관세의 사후적용을 신청
   할 수 있다.
③ 수입자는 제1항 또는 제2항에 따른 신청을 할 때에 원산지증빙서류를 제출하여야 한다. 다만, 제33조 제2항
   제4호에 따른 원산지 정보교환 시스템을 구축·운영하고 있는 체약상대국으로부터 물품을 수입하는 경우로서
   원산지증명서에 포함된 정보가 전자적으로 교환된 경우에는 원산지증빙서류 중 원산지증명서를 제출하지 아
   니할 수 있다.
④ 세관장은 원산지증명서를 제출하지 아니하는 수입자에 대하여 원산지증명서의 확인이 필요한 경우로서 대통
   령령으로 정하는 경우에는 원산지증명서의 제출을 요구할 수 있다.
⑤ 협정관세의 적용을 신청한 수입자는 대통령령으로 정하는 바에 따라 해당 물품에 대하여 이미 납부한 세액의
   경정(更正)을 청구할 수 있다. 이 경우 경정청구를 받은 세관장은 그 청구를 받은 날부터 2개월 이내에 협정관
   세의 적용 및 세액의 경정 여부를 청구인에게 통지하여야 한다.

11 답 ④

기관발급 시 원산지증명서의 원본은 1회 1부 발급을 원칙으로 한다. 원산지증명서의 분실, 훼손 등의 사유에 의해서는 재발급 신청을 하여야 하고, 기재사항 오류 등에 의해서는 정정발급을 신청하여야 한다.

12 답 ①

수출자 또는 생산자가 원산지증명서 발급을 위한 증빙서류의 오류를 발견한 경우 세관장 및 체약상대국의 수입자에게 통보하여야 한다. 체약상대국의 관세당국에 통보하는 것은 오류의 통보를 받은 세관장이 한다.

 관련 법령

> **FTA특례법 제14조(원산지증빙서류의 수정 통보)**
> ① 수출자 또는 생산자가 체약상대국의 협정관세를 적용받을 목적으로 원산지증빙서류를 작성·제출한 후 해당 물품의 원산지에 관한 내용에 오류가 있음을 알았을 때에는 협정에서 정하는 바에 따라 기획재정부령으로 정하는 기간 이내에 그 사실을 세관장 및 원산지증빙서류를 제출받은 체약상대국의 수입자에게 각각 통보하여야 한다. 이 경우 세관장은 그 사실을 관세청장이 정하는 바에 따라 체약상대국의 관세당국에 통보하여야 한다.

13 답 ②

과실로 FTA협정 및 FTA특례법에 따른 원산지증빙서류를 사실과 다르게 신청하여 발급받았거나 작성·발급한 자는 300만원 이하의 벌금에 처한다. 다만, 원산지증빙서류의 수정 통보를 한 자는 제외한다(FTA특례법 제44조 제3항).

14 답 ②

위조, 변조 등의 부정한 방법으로 협정관세를 적용한 경우 부족세액에 대하여는 100분의 40에 상당하는 가산세율을 적용한다.

 관련 법령

> **FTA특례법 제36조(가산세)**
> ① 세관장은 협정관세를 적용받은 물품에 대하여 납세의무자가 「관세법」 제9조에 따른 납부기한(이하 이 조에서 "법정납부기한"이라 한다)까지 납부하지 아니한 관세액(이하 이 조에서 "미납부세액"이라 한다)을 징수하거나 「관세법」 제38조의3 제1항 또는 제6항에 따라 부족한 관세액(이하 이 조에서 "부족세액"이라 한다)을 징수할 때에는 다음 각 호의 금액을 합한 금액을 가산세로 징수한다.
> 1. 부족세액의 100분의 10에 상당하는 금액. 다만, 수입자가 원산지증명서를 위조 또는 변조하는 등 대통령령으로 정하는 부당한 방법으로 협정관세의 적용을 신청하여 부족세액이 발생한 경우에는 해당 부족세액의 100분의 40에 상당하는 금액으로 한다.
>
> **FTA특례법 시행령 제47조(가산세)**
> ① 법 제36조 제1항 제1호에서 "원산지증명서를 위조 또는 변조하는 등 대통령령으로 정하는 부당한 방법"이란 다음 각 호의 어느 하나에 해당하는 것을 말한다.
> 1. 수입자가 원산지증명서를 거짓으로 작성하거나 위조·변조하는 것
> 2. 수입자가 관세의 과세표준 또는 세액계산의 기초가 되는 사실의 전부 또는 일부를 은폐하기 위하여 원산지증빙서류 등 세액심사에 필요한 자료를 파기하는 것
> 3. 그 밖에 협정관세를 적용받기 위하여 부정한 행위를 하는 것

15 답 ②

수입신고 수리 후 협정관세 적용의 신청은 FTA특례법에서 허용하는 정당한 절차이기 때문에 이로 인한 제재는 가해지지 않는다.

 관련 법령

FTA특례법 제35조(협정관세의 적용제한)

① 협정에서 다르게 규정한 경우를 제외하고 세관장은 다음 각 호의 어느 하나에 해당하는 경우에는 해당 수입물 품에 대하여 협정관세를 적용하지 아니할 수 있다. 이 경우 세관장은 관세법 제38조의 3 제4항 및 제39조 제2항에 따라 납부하여야 할 세액 또는 납부하여야 할 세액과 납부한 세액의 차액을 부과·징수하여야 한다.

1. 정당한 사유 없이 수입자, 체약상대국의 수출자 또는 생산자(이하 이 조 및 제37조에서 "체약상대국수출자 등"이라 한다)가 관세청장 또는 세관장이 요구한 자료를 제16조 제2항에 따른 기간 이내에 제출하지 아니하 거나 거짓으로 또는 사실과 다르게 제출한 경우. 다만, 원산지증빙서류의 기재사항을 단순한 착오로 잘못 기재한 것으로서 원산지 결정에 실질적인 영향을 미치지 아니하는 경우는 제외한다.
2. 체약상대국수출자 등이 제17조 제1항에 따른 관세청장 또는 세관장의 서면조사에 대하여 기획재정부령으로 정하는 기간 이내에 회신하지 아니한 경우 또는 제17조 제2항에 따른 관세청장 또는 세관장의 현지조사에 대한 동의 요청에 대하여 제17조 제4항에 따른 기간 이내에 동의 여부에 대한 통보를 하지 아니하거나 특별한 사유 없이 동의하지 아니하는 경우
3. 제17조 제1항에 따라 현지조사를 할 때 체약상대국수출자 등이 정당한 사유 없이 원산지증빙서류의 확인에 필요한 장부 또는 관련 자료에 대한 세관공무원의 접근을 거부하거나 협정에서 정한 원산지증빙서류를 보관하지 아니한 경우
4. 제17조에 따른 서면조사 또는 현지조사 결과 세관장에게 신고한 원산지가 실제 원산지와 다른 것으로 확인 되거나 수입자 또는 체약상대국수출자 등이 제출한 자료에 제7조에 따른 원산지의 정확성을 확인하는 데 필요한 정보가 포함되지 아니한 경우
5. 제19조 제1항에 따라 관세청장 또는 세관장이 체약상대국의 관세당국에 원산지의 확인을 요청한 사항에 대하여 체약상대국의 관세당국이 기획재정부령으로 정하는 기간 이내에 그 결과를 회신하지 아니한 경우 또는 세관장에게 신고한 원산지가 실제 원산지와 다른 것으로 확인되거나 회신 내용에 제7조에 따른 원산지 의 정확성을 확인하는 데 필요한 정보가 포함되지 아니한 경우
6. 제31조 제1항에 따른 사전심사를 신청한 수입자가 사전심사의 결과에 영향을 미칠 수 있는 자료를 고의로 제출하지 아니하였거나 거짓으로 제출한 경우 또는 사전심사서에 기재된 조건을 이행하지 아니한 경우
7. 협정에 따른 협정관세 적용의 거부·제한 사유에 해당하는 경우
8. 그 밖에 관세청장 또는 세관장이 원산지의 정확성 여부를 확인할 수 없는 경우로서 대통령령으로 정하는 사유에 해당되는 경우

16 답 ①

신청인이 허위의 자료를 제출하거나 사전심사에 필요한 자료를 제출하지 아니하여 사전심사에 중대한 착오 가 있는 경우에는 사전심사서의 내용변경 대상이다. 단, 이러한 경우 변경되는 내용은 변경일 전 수입신고 되는 내용에도 소급적용한다.

17 답 ②

Back to Back C/O는 ASEAN FTA와 RCEP협정에서 규정하고 있다.

18 **답** ①

수입자는 수입신고 수리일로부터 5년이 아닌 협정관세 적용 신청일로부터 5년간 보관하여야 한다. 통상적으로 수입신고 시 협정관세의 적용신청도 하기 때문에 수입신고 수리일과 혼동될 수 있으나, 협정관세의 적용신청은 수입신고 시 하지 못한 경우 수입신고 수리일로부터 1년 이내에도 가능하므로 서류보관기간의 기산일은 협정관세 적용 신청일로 규정하고 있다.

 관련 법령

FTA특례법 제15조(원산지증빙서류 등의 보관)
수입자·수출자 및 생산자는 협정 및 이 법에 따른 원산지의 확인, 협정관세의 적용 등에 필요한 것으로서 원산지증빙서류 등 대통령령으로 정하는 서류를 5년의 범위에서 대통령령으로 정하는 기간(협정에서 정한 기간이 5년을 초과하는 경우에는 그 기간) 동안 보관하여야 한다.

FTA특례법 시행령 제10조(보관대상 원산지증빙서류 등)
① 법 제15조에서 "원산지증빙서류 등 대통령령으로 정하는 서류"란 다음 각 호의 구분에 따른 서류를 말한다.
　1. 수입자가 보관하여야 하는 서류
　　가. 원산지증명서(전자문서를 포함한다) 사본. 다만, 협정에 따라 수입자의 증명 또는 인지에 기초하여 협정관세 적용신청을 하는 경우로서 수출자 또는 생산자로부터 원산지증명서를 발급받지 아니한 경우에는 그 수입물품이 협정관세의 적용대상임을 증명하는 서류를 말한다.
　　나. 수입신고필증
　　다. 수입거래 관련 계약서
　　라. 지식재산권 거래 관련 계약서
　　마. 수입물품의 과세가격 결정에 관한 자료
　　바. 수입물품의 국제운송 관련 서류
　　사. 법 제31조 제2항에 따른 사전심사서(이하 "사전심사서"라 한다) 사본 및 사전심사에 필요한 증빙서류(사전심사서를 받은 경우만 해당한다)
② 법 제15조에서 "대통령령으로 정하는 기간"이란 다음 각 호의 구분에 따른 기간을 말한다.
　1. 수입자 : 법 제8조 제1항 또는 제9조 제1항에 따라 협정관세의 적용을 신청한 날의 다음 날부터 5년
　2. 수출자 및 생산자 : 원산지증명서의 작성일 또는 발급일부터 5년. 다만, 체약상대국이 중국인 경우에는 중국과의 협정 제3.20조에 따라 3년으로 한다.

19 **답** ②

협정관세가 배제된다고 해서 반드시 기본세율을 적용하는 것은 아니다. 협정관세를 적용할 수 없는 경우 적용가능한 세율을 기초로 계산된 세액과의 차액에 상당하는 금액이 부과징수 대상 금액이 된다.

20 **답** ①

ASEAN FTA를 적용한 경우 원산지 조사에 대한 회신은 조사요청 접수한 날부터 2개월 이내 하여야 한다.

21 답 ③

한–튀르키예 FTA는 자율발급방식의 협정으로 수출자가 원산지증명서를 발급한다.

[협정별 원산지증명서 발급방식]

구 분	발급방식	증명기관 또는 발급자	유효기간
칠 레	자율발급	• 수출자	2년
싱가포르	기관발급	• 싱가포르 : 관세당국 • 한국 : 세관, 상공회의소 및 자유무역관리원(입주기업)	1년
EFTA	자율발급 기관발급 (스위스 치즈)	• 수출자 또는 생산자 • 스위스산 치즈에 대하여는 스위스연방농업국이 인정한 기관	1년
ASEAN	기관발급	• ASEAN : 각국 정부기관 • 한국 : 세관, 상공회의소	1년
인 도	기관발급	• 인도 : 수출검사위원회, 섬유위원회 및 수산물 수출개발원 • 한국 : 세관, 상공회의소	1년
EU	자율발급	• 수출자, 6천유로 초과 시 인증수출자만 발급가능	1년
페 루	자율발급	• 수출자 또는 생산자	1년
미합중국	자율발급	• 생산자, 수출자, 수입자	4년
튀르키예	자율발급	• 수출자	1년
콜롬비아	자율발급	• 수출자 또는 생산자	1년
호 주	자율발급 기관발급 (호주에 한함)	• 수출자 또는 생산자 • 호주에 한하여 기관발급 : 호주상공회의소, 호주산업협회	2년
캐나다	자율발급	• 수출자 또는 생산자	2년
뉴질랜드	자율발급	• 수출자 또는 생산자	2년
베트남	기관발급	• 베트남 : 산업무역부 • 한국 : 세관, 상공회의소 • 자율발급은 발효 3년 후 논의가능	1년
중 국	기관발급	• 중국 : 중국해관총서, 중국국제무역촉진위원회 • 한국 : 세관, 상공회의소	1년
중 미	자율발급	• 수출자 또는 생산자	1년
영 국	자율발급	• 수출자, 6천유로 초과 시 인증수출자만 발급 가능	1년
인도네시아	기관발급	• 인도네시아 : 인도네시아 통상부 • 한국 : 세관, 상공회의소 • 인증수출자(발효 후 2년 내), 수출자·생산자(발효 후 10년 내 이행)	1년
이스라엘	자율발급 기관발급	• 이스라엘 : 재무부 이스라엘 조세당국 관세국 • 한국 : 세관, 상공회의소 • 수출자, 1천달러 초과 시 인증수출자만 발급 가능	12개월
RCEP	자율발급 기관발급	• RCEP : 각국 정부지정기관 • 한국 : 세관, 상공회의소 • 수출자 또는 생산자* * 발효 후 10년 내 이행, 캄보디아 라오스 및 미얀마는 20년 내 이행	1년
캄보디아	자율발급 기관발급	• 캄보디아 : 캄보디아 상무부 • 한국 : 세관, 상공회의소	1년

22 탑 ④

한-ASEAN FTA에서 민감품목으로 지정한 품목의 경우 상호대응세율을 적용하도록 하여, 상대국(태국)에서 민감세율로 협정세율과 달리 적용되는 관세율을 적용하는 경우 그에 대응한 세율을 적용할 수 있다.

23 탑 ③

③ 원산지 조사에 대한 통지를 받고 그 내용에 이의가 있는 경우 30일 이내 이의제기를 할 수 있다. 이는 인도와의 CEPA협정 뿐만 아니라 다른 국가와의 FTA에도 해당되는 내용이다.

① 인도에서 우리나라의 수출자가 발행한 원산지증명서의 진위여부 조사요청을 한 경우 조사요청일이 아닌 조사요청을 접수한 날부터 3개월 이내에 그 결과를 회신하여야 한다. 이때 접수일로부터 6개월의 범위 내에서 연장 가능하다.

② 섬유 관련 물품에 대한 규정을 인도와의 CEPA협정에서는 별도로 두고 있지 않다. 본 내용은 미합중국과의 FTA협정 내용이다.

④ 세관에서 인도에 거주하는 수출자에 대한 원산지 조사를 하고자 하는 경우에는 먼저 인도의 증명서 발급기관을 통한 선 조사가 필요하고, 그 결과가 충분하지 않은 경우에 한하여 가능하다. 세관에서 현지 조사를 하는 경우 현지조사 후 인도의 증명서 발급기관에 결과통지까지 6개월 이내에 종료하여야 한다. 이때 연장에 대한 조항은 없다.

24 탑 ①

한-미국 FTA에서는 수입자도 적절한 원산지증명서 발급자이다.

25 탑 ④

보류의 해제는 보류기간이 만료된 경우와 담보를 설정하는 경우 2가지 사유에 의해서만 가능하다. 협정관세를 적용신청한 수입자가 다른 경우에는 조사대상 물품에 관하여 어떠한 영향도 미치지 않는다.

01	02	03	04	05	06	07	08	09	10
②	③	①	②	③	②	③	③	④	③
11	12	13	14	15	16	17	18	19	20
④	②	④	②	③	③	③	③	②	④
21	22	23	24	25					
①	①	④	①	①					

01 답 ②

방직용 섬유재료의 분류 시에 동일한 최대중량의 류가 있다면 최종 호에 분류한다. 방직용 섬유재료의 호를 결정하는 때에는 우선 분류된 류에서 호를 결정하며 함유된 다른 재료는 고려하지 않는다.

> **◀◀ 알아두기**
>
> **혼방섬유의 분류기준**
>
> 제50류부터 제55류까지·제5809호나 제5902호로 분류되는 물품으로서 두 가지 이상의 방직용 섬유재료로 구성된 물품은 구성하는 방직용 섬유 중 최대중량을 차지하는 것으로 된 물품으로 분류한다. 구성하는 방직용 섬유 중 최대중량을 차지하는 섬유가 없을 경우에는 동일하게 분류가 가능한 호 중에서 가장 마지막 호에 해당하는 물품으로 분류한다.
>
> 단, 분류 시 아래의 사항을 추가로 고려하여야 한다.
> • 짐프한 마모사(제5110호)와 금속드리사(제5605호)는 하나의 방직용 섬유재료로 보며, 그 중량은 이를 구성하는 중량의 합계에 따른다. 또한 직물의 분류에서는 직물의 일부를 구성하는 금속사도 방직용 섬유재료로 본다.
> • 해당 호의 결정은 우선 류를 결정한 후, 그 류에 속하는 적절한 호를 결정하여야 하며, 해당 류로 분류되지 않는 재료는 고려하지 않는다.
> • 제54류와 제55류는 그 밖의 다른 류와의 관계에서 하나의 류로 본다.
> • 동일한 류나 호에 해당하는 서로 다른 방직용 섬유재료는 그 밖의 다른 류나 호와의 관계에서 하나의 방직용 섬유재료로 본다.

02 답 ③

백색초콜릿은 함량에 관계없이 관세율표 제17류에 분류된다.

> **◀◀ 알아두기**
>
> **코코아 함량에 따른 분류(18류에서 제외되는 것)**
> • 제0403호의 요구르트와 기타 물품
> • 백색 초콜릿(제1704호)
> • 분·분쇄물·조분·전분 또는 맥아엑스의 조제식료품으로 완전히 탈지한 상태에서 측정한 코코아의 함유량이 전중량의 40% 미만의 것(제1901호)
> • 제0401호 내지 제0404호에 해당하는 물품의 조제식료품으로 완전히 탈지한 상태에서 측정한 코코아의 함유량이 전중량의 5% 미만의 것(제1901호)
> • 완전히 탈지한 상태에서 측정한 코코아를 전중량의 6% 이하로 함유하고 있는 팽창 또는 볶은 곡물(제1904호)
> • 페이스트리, 케이크, 비스킷과 기타 베이커리 제품으로서 코코아를 함유하고 있는 것(제1905호)
> • 아이스크림과 기타 식용의 얼음으로서 코코아를 함유(함유량을 불문)하고 있는 것(제2105호)

03 답 ①

희토류금속은 제15부의 비금속이 아닌 제28류에 분류된다.

04 답 ②

하나의 기계가 각종 개별기기로 구성되어 있는 경우에도 이들이 제84류나 제85류 중의 어느 호에 명백하게 규정된 기능을 함께 수행하기 위한 것일 때에는 그 전부를 그 기능에 따라 해당하는 호로 분류한다.

05 답 ③

미완성 물품의 분류는 형상이 중요한 것이 아니며 본질적인 특성이 발현되었느냐 여부가 중요하다.

> **알아두기**
>
> **통칙 2(가)**
> 각 호에 열거된 물품에는 불완전한 물품이나 미완성된 물품이 제시된 상태에서 완전한 물품이나 완성된 물품의 본질적인 특성을 지니고 있으면 그 불완전한 물품이나 미완성된 물품이 포함되는 것으로 본다. 또한 각 호에 열거된 제품에는 조립되지 않거나 분해된 상태로 제시된 물품도 완전한 물품이나 완성된 물품(이 통칙에 따라 완전한 물품이나 완성된 물품으로 분류되는 것을 포함한다)에 포함되는 것으로 본다.

06 답 ②

공중합체란 단일 단량체 단위가 구성 중합체 전 중량의 100분의 95 이상을 가지지 않은 모든 중합체를 말한다.

> **알아두기**
>
> **공중합체의 정의**
> 공중합체란 단일 단량체 단위가 구성 중합체 전 중량의 100분의 95이상의 중량비를 가지지 않은 모든 중합체를 말한다. 이 류의 공중합체와 혼합중합체는 문맥상 달리 해석되지 않는 한 최대 중량의 공단량체 단위가 해당하는 호로 분류한다. 이 경우 동일 호로 분류되는 중합체의 공단량체 단위를 단일 공중합체를 구성하는 것으로 본다. 만약 최대 중량단위의 단일 공단량체가 없을 때에는 동일하게 분류가능한 해당 호 중에서 최종 호로 분류한다.

07 답 ③

67 데시텍스 미만인 것이다.

> **알아두기**
>
> **제5501호와 제5502호(토우)의 분류기준**
> 제5501호와 제5502호는 토우의 길이와 동일한 길이의 필라멘트가 병렬로 되어 있는 인조필라멘트 토우로서 다음의 요건을 모두 갖춘 것에만 적용한다.
> - 토우의 길이가 2미터를 초과하는 것

- 1미터당 5회 미만으로 꼰 것
- 구성하는 필라멘트가 67데시텍스 미만인 것
- 합성필라멘트 토우는 늘림 처리를 한 것으로서 그 길이의 2배를 초과하여 늘리지 않은 것
- 토우의 총 측정치가 2만데시텍스를 초과하는 것. 다만, 길이가 2미터 이하인 토우는 제5503호나 제5504호로 분류한다.

08 답 ③

균질화한 혼합 조제식료품은 육류, 어류, 채소, 과실 등의 성분 중 둘 이상의 재료를 혼합하여 곱게 만든 제품으로서 순중량 250그램 이하의 것을 용기에 넣어 소매용으로 한 것을 말한다. 보존재 함유 여부는 분류에 영향을 미치지 않는다. 이들 조제품에는 눈에 보일 정도의 성분 조각이 소량 함유될 수 있다(제16류).

09 답 ④

선철의 규소 함량 한도는 100분의 8이다.

■《 알아두기

선철(銑鐵)의 정의(제72류)
"선철(銑鐵)"이란 실용상 단조에 적합하지 않은 철-탄소의 합금으로서 탄소의 함유량이 전 중량의 100분의 2를 초과하고, 다음에 열거한 하나 이상의 그 밖의 원소의 함유량이 중량비로 다음 한도 이하인 것을 말한다.
- 크로뮴 100분의 10
- 망간 100분의 6
- 인 100분의 3
- 규소 100분의 8
- 그 밖의 원소의 함유량의 합계 100분의 10

10 답 ③

문맥상 달리 해석되지 않는 한 각각 서로 다른 호로 분류되는 방직용 섬유의 의류는 소매용 세트도 각각의 해당하는 호에 분류한다.

■《 알아두기

제11부 주요 분류기준
- 제50류부터 제60류까지의 분류규정
  - 제50류부터 제55류까지와 제60류와 문맥상 달리 해석되지 않는 한 제56류부터 제59류까지는 주 제7호의 물품을 적용하지 않는다.
  - 제50류부터 제55류까지와 제60류는 제56류부터 제59류까지의 물품을 적용하지 않는다.
  - 제50류부터 제55류까지의 직물에는 방직용 섬유의 실을 평행하게 병렬한 층을 상호 예각이나 직각으로 겹쳐 만든 직물(이 층은 접착제나 열용융으로 실의 교차점에서 결합되어 있다)을 포함한다.
- 의류의 분류규정
  - 문맥상 달리 해석되지 않는 한 각각 서로 다른 호로 분류되는 방직용 섬유의 의류는 소매용 세트도 각각 해당하는 호로 분류한다.
  - 이 주에서 "방직용 섬유의 의류"란 제6101호부터 제6114호까지와 제6201호부터 제6211호까지의 의류를 말한다.

11 답 ④

제8214호에는 매니큐어나 페디큐어(pedicure) 세트와 용구(손톱줄을 포함한다)가 분류된다. 이때 제8214호에 분류되는 본 세트물품은 호의 용어에 규정되어 분류하는 것이므로 통칙 1이 적용되는 것이며, 통칙 2 이하의 규정을 적용할 여지가 없다. 다른 제시물품들은 각각의 특성을 포함한 제품이 특게된 세번이 없으므로 통칙 2 이하의 규정을 적용하는 것이며, 각 사례는 통칙 3 해설에 예시된 사례들이다.

12 답 ②

호환성 장치로서 트랙터에 부착시키도록 설계된 기계와 작업도구는 트랙터와 함께 제시된 경우에도 각각이 분류되는 호에 분류하며 트랙터와 같은 호에 분류되지 않는다(제87류).

13 답 ④

처리 중의 논리 판단에 따라 변경을 요하는 처리프로그램에 대하여 자동자료처리기계는 사람의 개입 없이 스스로 변경할 수 있어야 한다.

> **알아두기**
>
> **자동자료처리기계**
> 제8471호에서 "자동자료처리기계"란 다음을 말한다.
> • 하나 이상의 처리용 프로그램과 적어도 프로그램 실행에 바로 소요되는 자료를 기억할 수 있으며
> • 사용자의 필요에 따라 프로그램을 자유롭게 작성하고
> • 사용자가 지정한 수리 계산을 실행할 수 있으며
> • 처리 중의 논리 판단에 따라 변경을 요하는 처리프로그램을 사람의 개입 없이 스스로 변경할 수 있는 것

14 답 ②

알콜 함유량이 0.5%를 초과하지 않는 경우 제20류에 분류되는 과실주스이다.

> **알아두기**
>
> **알코올 함유음료의 분류기준**
> • 알코올을 함유한 주스의 분류(제20류)
>   과실주스 또는 채소주스 등에 알코올을 첨가한 경우 알코올 도수가 전용량의 0.5%를 초과하지 않는 경우 20류의 과실주스 또는 채소주스로 분류한다. 알코올 도수가 전용량의 0.5%를 초과하는 경우에는 제22류에 분류된다.
> • 알코올을 함유하지 않은 음료(제22류)
>   제2202호에서 "알코올을 함유하지 않은 음료"란 알코올의 용량이 전 용량의 100분의 0.5 이하인 음료를 말하며, 알코올을 함유한 음료는 제2203호부터 제2206호까지나 제2208호의 해당 호로 분류한다.

15 답 ③

악기의 연주에 사용되는 활, 채와 이와 유사한 물품으로서 적정한 수량의 범위 안에서 악기와 함께 제시되며, 명백히 악기와 함께 사용되는 것은 해당 악기와 같은 호로 분류한다. 다만, 악기와 함께 제시되는 제9209호의 카드, 디스크, 롤은 해당 악기와는 별개의 물품으로 보며, 그 악기의 일부를 구성하는 것으로 보지 않는다(제92류).

16 **답** ③

"플라스틱으로 만든 벽 피복재나 천장 피복재"는 종이 이외의 재료에 영구부착시킨 플라스틱으로 구성된다.

> 📢 **알아두기**
>
> **플라스틱 벽 피복재**
> 제3918호에서 "플라스틱으로 만든 벽 피복재나 천장 피복재"란 벽이나 천장 장식용에 적합한 폭 45센티미터 이상의 롤 모양의 제품으로서 종이 외의 재료에 영구적으로 부착시킨 플라스틱으로 구성되고, 정면 부분의 플라스틱층이 그레인(grain)장식 · 엠보싱(embossing)장식 · 착색 · 디자인인쇄나 그 밖의 장식으로 된 것을 말한다.

17 **답** ③

③ 해당하는 제품은 제8459호부터 제8461호까지에 분류한다.
①·②·④ 제8457호에 해당하는 방법으로 단일가공물(single workpiece)에 여러 가지 형태의 기계가공작업을 행할 수 있는 금속가공용 공작기계(선반과 터닝센터는 제외한다)에만 한정하여 적용한다.

18 **답** ③

③ 혼합조미료, 아이스크림, 수프용 조제품 : 제21류
① 버터, 껍질을 깐 계란 : 제4류 / 인조꿀 : 제17류 또는 제21류
② 커피, 차, 마테 : 제9류 / 볶은커피 대용물 : 제21류
④ 식초, 맥주 : 제22류 / 토마토 함량 7% 이상인 토마토주스 : 제20류

19 **답** ②

공모양으로 감은 2천데시텍스 미만의 125그램 이하 실은 소매용 실의 분류기준에 해당한다.

> 📢 **알아두기**
>
> **제11부의 소매용 실**
> 제11부에서 각 재질별로 소매용 실이란 다음 요건에 해당하는 실[단사 · 복합사(연합사) · 케이블사]을 말한다.
> • 카드 · 릴 · 튜브 또는 이와 유사한 실패에 감은 실로서 한 개의 중량(실패의 중량을 포함한다)이 다음 중량 이하인 것
>   – 견사 · 견 웨이스트사 · 인조필라멘트사는 85그램
>   – 그 밖의 실은 125그램
> • 공(ball) 모양으로 감은 실이나 타래실은 다음 중량 이하인 것
>   – 3천데시텍스 미만의 인조필라멘트사 · 견사 · 견 웨이스트사는 85그램
>   – 2천데시텍스 미만의 그 밖의 실은 125그램
>   – 그 밖의 실은 500그램
> • 간사로 분리되어 각각 독립된 몇 개의 작은 타래로 구성되어 있는 타래에 감은 실은 한 개의 작은 타래의 중량이 다음 중량 이하인 것
>   – 견사 · 견 웨이스트사 · 인조필라멘트사는 85그램
>   – 그 밖의 실은 125그램

20 답 ④

화과자가 담겨있는 장식용 도자기는 명백하게 장식용의 별도 목적을 보유하고 있는 것이므로 함께 제시되는 경우라 하더라도 각각 품목분류를 하여야 한다.

> 📢 **알아두기**
>
> **통칙 5(가)**
> 사진기케이스·악기케이스·총케이스·제도기케이스·목걸이케이스와 이와 유사한 용기는 특정한 물품이나 물품의 세트를 담을 수 있도록 특별한 모양으로 되어 있거나 알맞게 제조되어 있고, 장기간 사용하기에 적합하며, 그 내용물과 함께 제시되어 그 내용물과 함께 정상적으로 판매되는 종류의 물품인 때에는 그 내용물과 함께 분류한다.
> 다만, 용기가 전체 물품에 본질적인 특성을 부여하는 경우에는 그렇지 않다.

21 답 ①

제8509호에는 일반적으로 가정에서 사용하는 다음의 전기기기만을 분류한다.
- 바닥광택기·식품용 그라인더·식품용 믹서·과즙이나 야채즙 추출기(중량에 상관없다)
- 가목에서 규정한 전기기기 외의 것으로서 그 중량이 20킬로그램 이하인 것

다만, 팬과 팬을 결합한 환기용·순환용 후드[필터를 갖추었는지에 상관없다(제8414호)], 원심식 의류건조기(제8421호), 접시세척기(제8422호), 가정용 세탁기(제8450호), 로울기(roller machine)나 그 밖의 다림질기(제8420호나 제8451호), 재봉기(제8452호), 전기가위(제8467호), 전열기기(제8516호)는 제8509호로 분류하지 않는다.

22 답 ①

"제품으로 된 것"의 정의에 재단 형태는 정사각형이나 직사각형 외의 모양으로 재단한 물품만이 해당된다.

> 📢 **알아두기**
>
> **제품으로 된 것의 정의**
> - 정사각형이나 직사각형 외의 모양으로 재단한 물품
> - 봉제나 그 밖의 가공 없이 완제품으로 사용할 수 있는 것이나 간사를 절단함으로써 단지 분리만 하여 사용할 수 있는 것[예] 더스터(duster)·타월·탁상보·정사각형 스카프·모포]
> - 일정한 크기로 재단한 물품으로서, 최소한 하나의 가장자리를 눈에 뜨일 정도로 끝을 가늘게 하거나 압착하여 열봉합하고, 다른 가장자리들은 이 주의 그 밖의 다른 목에서 규정한 대로 처리를 한 것(열 절단이나 그 밖의 간단한 방법으로 그 절단된 가장자리가 풀리지 않도록 된 직물은 제외한다)
> - 가장자리를 접어 감치거나 단을 댄 물품이나 가장자리에 결절술을 댄 물품(직물의 절단된 가장자리를 감치거나 그 밖의 단순한 방법으로 풀리지 않도록 한 것은 제외한다)
> - 일정한 크기로 재단한 물품으로서 드로온 드레드 워크(drawn thread work)를 한 것
> - 봉제·풀칠·그 밖의 방법으로 이어붙인 물품(동종의 직물류를 두 가지 이상 끝과 끝을 이어 붙인 천과 두 가지 이상의 직물류를 적층하여 만든 천은 제외한다)
> - 특정 모양의 메리야스 편물이나 뜨개질 편물(분리된 부분이나 특정 길이의 여러 모양으로 제시되었는지에 상관없다)

23 **답** ④

경질고무로 만든 기계류의 부분품은 제16부의 기계 부분품으로 분류한다.

24 **답** ①

제57류의 양탄자의 분류 시 밑받침은 제외하여 각 재질에 따라 별도의 류에 분류하여야 한다.

> **📢 알아두기**
>
> **양탄자류의 분류기준**
> - 양탄자류와 그 밖의 방직용 섬유로 만든 바닥깔개의 정의
>   사용할 때 노출 표면이 방직용 섬유재료로 된 바닥깔개를 말하며, 방직용 섬유제 바닥깔개의 특성을 지니고
>   있으나 그 밖의 용도로 사용할 수 있는 물품을 포함한다.
> - 밑받침의 분류
>   제57류에서 바닥깔개의 밑받침은 제외한다.

25 **답** ①

백금의 함량이 100분의 2 이상인 경우의 합금은 백금의 합금으로 본다. 금의 함량이 100분의 2 이상이라
하더라도 백금의 함량이 100분의 2 이상이라면 백금으로의 분류가 우선된다.

> **📢 알아두기**
>
> **제71류 귀금속의 합금 분류기준**
> 제71류에서 귀금속을 함유한 합금(소결한 혼합물과 금속간 화합물을 포함한다) 중 귀금속의 어느 하나의 함유량이
> 전 중량의 100분의 2 이상인 것은 귀금속의 합금으로 본다. 이 경우 귀금속의 합금은 다음의 규정에 따라 분류한다.
> - 백금의 함유량이 전 중량의 100분의 2 이상인 것은 백금의 합금으로 본다.
> - 금의 함유량이 전 중량의 100분의 2 이상인 것으로서 백금을 함유하지 않은 것이나 백금이 전중량의 100분의
>   2 미만인 합금은 금의 합금으로 본다.
> - 은의 함유량이 전 중량의 100분의 2 이상인 그 밖의 합금은 은의 합금으로 본다.

01	02	03	04	05	06	07	08	09	10
④	③	③	③	①	①	③	③	④	②
11	**12**	**13**	**14**	**15**	**16**	**17**	**18**	**19**	**20**
③	②	③	③	①	②	④	④	②	①
21	**22**	**23**	**24**	**25**					
③	②	①	②	①					

01 답 ④

미국 FTA에서 순원가법은 예외적인 것으로 자동차 및 그 부분품에 한하여 허용되는 계산방법이다.

구 분	싱가포르, 인도, 중국	칠레, ASEAN, 페루, 미국, 호주, 뉴질랜드, 베트남, 콜롬비아, 중미, RCEP, 인도네시아, 캄보디아	EFTA, EU, 튀르키예, 캐나다, 영국, 이스라엘
계산방법	공제법	공제법, 집적법	MC법
예 외	–	미국, 콜롬비아는 자동차 관련 제품 순원가법 선택가능	캐나다는 자동차 관련 제품 집적법, 순원가법 선택가능

02 답 ③

콜롬비아 FTA는 CIF가격을 재료비로 계상하므로 국제운송비는 포함된다.

03 답 ③

칠레 FTA에서는 주요불인정공정을 열거하고 그 밖의 공정은 예시로 제시하고 있다.

04 답 ③

한-ASEAN FTA에서 당사국은 한국 또는 동남아시아국가연합 회원국을 말한다. 즉 당사자는 ASEAN 국가의 개별 회원국이되며 EU처럼 연합 자체가 당사자가 되지는 않는다.

05 답 ①

FTA협정 및 FTA특례법에서는 수입물품에 대한 원산지표시를 규정하고 있지는 않다. 따라서 원산지 표시는 대외무역법 및 원산지관리에 관한 고시 등에 따라 표시하여야 한다.

06 답 ①

해당 사례에서 프랑스에서 중국으로 수입 후 가공행위가 있었으므로 직접운송원칙에 위배되어 한국의 수입자가 한-EU FTA를 적용받을 수 있는 여지는 없다. 또한 한-중국 FTA를 기초로 단순 절단행위는 불충분한 공정에 해당하므로 해당 제품은 중국을 원산지로 할 수 없다. 따라서 한국의 수입자가 적용받을 수 있는 FTA는 없다.

07 답 ③

자국 영역의 수출자가 상품의 생산자가 아닌 경우, 그 수출자는 상품이 원산지자격을 갖추었다는 것을 인지하거나 생산자가 제공하는 원산지증빙자료에 기초하여 원산지증명서를 작성하고 서명할 수 있다.

08 답 ③

우리나라의 영역이라 하더라도 페루, 콜롬비아와의 FTA에서는 비당사국에 등록 또는 등기되고 해당 국가의 국기를 게양한 선박에 의해 획득된 어획물 및 그 밖의 상품은 어느 한쪽 또는 양 당사국의 영역에서 완전하게 획득되거나 생산된 것으로 간주되지 않는다.

09 답 ④

한–캐나다 FTA에서는 부가가치기준 적용 시에도 원산지를 고려하지 않는다. 소매용 용기 및 포장에 대하여 부가가치기준에서 원산지를 고려하지 않는 협정은 캐나다 협정뿐이다.

10 답 ②

"대체가능한 상품 또는 재료"라 함은 종류 및 상업적 가치가 같은 재료로서 동일한 기술적 및 물리적 특성을 지니며, 일단 최종재에 결합되면 본래의 목적상 어떤 표지에 의하여서도 서로 구별되지 아니하는 것을 말한다.

11 답 ③

역외가공위원회를 통해 역외가공지역 및 원산지 결정기준을 설정할 수 있으며, 현재는 역외가공이 운영되지 않고 있다.

12 답 ②

중국뿐만 아니라 페루와의 FTA에서도 역내산으로 판정할 수 있다. 사례의 제품은 FOB기준으로 역외산은 10%, EXW기준으로는 10.6%가 역외산이다. 세트물품의 예외를 인정하는 협정은 대부분 15%의 역외산을 허용하므로 보기의 모든 협정에서 역내산 판정이 가능하다.

구 분	EFTA, EU 튀르키예, 캐나다, 영국, 이스라엘	미 국		콜롬비아	페루, 중국, 중미	칠레, 싱가포르, ASEAN, 인도, 호주, 뉴질랜드, 베트남, RCEP, 인도네시아, 캄보디아
		일반품목	섬유류			
예외인정 여부	○	○	○	○	○	×
비원산지물품 허용한도	공장도가격의 15% 이하	조정가치의 15% 이하	관세가치의 10% 이하	조정가치의 15% 이하	FOB가격의 15% 이하	×

13 답 ③

인도, 튀르키예는 공정누적을 인정하지 않는다.

구 분	칠레, 싱가포르, 페루, 미국, 호주, 캐나다, 뉴질랜드, 콜롬비아	EFTA, ASEAN, 인도, EU, 튀르키예, 중국, 베트남, 중미, 영국, RCEP, 인도네시아, 캄보디아, 이스라엘
재료누적	○	○
공정누적	○	×

14 탑 ③

본 사례에서 세번변경기준을 충족하지 않는 원재료는 c, d로 가격의 합이 800이다. 이는 FOB가격의 10%를 초과하기 때문에 미소기준으로도 세번변경기준을 충족 시킬 수 없다.

15 탑 ①

캐나다 FTA에서 규정하는 최소허용기준은 기준가격이 공장도가격 기준이다.

16 탑 ②

한–인도 CEPA에서 중간재는 인정되지 않는다.

17 탑 ④

구 분	칠레, 싱가포르, 페루, 미국, 호주, 캐나다, 뉴질랜드, 베트남, 콜롬비아, 중미, RCEP, 인도네시아, 캄보디아	EFTA, ASEAN, 중국, 인도, EU, 튀르키예, 영국, 이스라엘
적용범위	상품, 재료	재 료

18 탑 ④

역내 생산품을 중간재로 인정하는 경우에는 자가생산품인 경우를 제외하고 국내 구매 시 원산지확인서 등을 통해 역내산임을 확인하는 것에 한하여 역내산 원재료로 간주할 수 있다.

구 분	칠레, 싱가포르	미국, 뉴질랜드	EFTA, EU, 페루, 튀르키예, 호주, 캐나다, 중국, 뉴질랜드, 베트남, 콜롬비아, 중미, 영국, RCEP, 인도네시아, 캄보디아, 이스라엘	ASEAN, 인도
중간재 인정여부	○	○	○	× (규정없음)
대상물품	자가 생산품		역내 생산품	×
중간재 지정의무	○	×	×	×

19 탑 ②

미국 FTA에서는 부가가치기준 적용 시 공구, 부속품 및 예비부품에 대하여 원산지별로 구분하여 계상하도록 하고 있다. 또한 보기에서 제시한 내용 중 송장에 상품과 함께 게시되지 않는 것에 한하여 세번변경기준 시에는 원산지 판정 시 이를 고려하지 않는다. 공구, 부속품 및 예비부품에 대한 종류 및 범위는 협정에서 별도로 규정하고 있지 않다. 다만 그 용도, 성상, 거래조건 등을 고려하여 개별적으로 판단하여야 하며 본 물품과 함께 공급되고 동일한 세번에 속하고 그 수량과 가치가 통상적인 수준의 범위여야 한다.

구 분	ASEAN, 캐나다, 베트남	칠레, 싱가포르, 인도, 페루, 미국, 호주, 중국, 뉴질랜드, 콜롬비아, 중미, RCEP, 인도네시아, 캄보디아	EFTA, EU, 튀르키예, 영국, 이스라엘
부가가치기준	고려하지 않음	원산지별로 구분 계상	제품과 일체로 간주
세번변경기준	고려하지 않음		

20 답 ①

운송을 위한 용기 등은 모든 협정에서 원산지 판정 시 고려하지 않는다.

21 답 ③

간접재료는 재료비로 간주되지 않는 경우에는 제조간접비로서 일반경비에 포함된다. 따라서 공장도가격이나 FOB가격을 구성할 때에는 포함된다. 원산지재료비 또는 비원산지재료비에 포함되지 않을 뿐이다. 따라서 세번변경기준 적용 시에는 재료로 간주되지 않는 ASEAN FTA에서는 고려할 필요가 없다.

22 답 ②

한–EU FTA에서 부가가치기준을 적용할 때에는 MC법을 사용하여야 한다. 공장도가격은 제시된 사례에서는 FOB가격에서 국내운송비를 제외하면 EXW가격이 되므로 비원산지가격의 합인 6,000원에 공장도가격 14,500원으로 계산하면 41%가 산출된다.

23 답 ①

보기는 한–칠레 FTA에 대한 협정문 내용이다. 일반품목에 대한 최소허용기준은 한–칠레 FTA를 제외하고는 대부분 10%의 기준을 설정하고 있다.

24 답 ②

본 문제는 부가가치기준에 관계 없이 품목별 기준에서 CTSH기준을 충족하여야 한다. 이때 국외산에 해당하는 원재료는 누적기준을 제외하고 판단하면 EU FTA기준으로는 역외산 재료가 B원재료밖에 없으며, 이는 세번변경이 있으므로 한–EU FTA협정은 적용이 가능하다. 이때 전제와 달리 원산지 증빙자료를 갖추지 못한 경우 해당 원재료도 세번변경이 있어야만 한다.

25 답 ①

튀르키예 FTA는 국기계양과 등록기준에 더하여 협정국 내 국민이 선박지분의 50% 이상을 소유한 경우에 한하여 원산지를 인정한다.

01	02	03	04	05	06	07	08	09	10
①	④	④	②	④	③	④	①	④	①
11	12	13	14	15	16	17	18	19	20
④	④	③	①	③	④	③	①	④	③
21	22	23	24	25					
④	④	①	③	①					

01 탭 ①

관세납부를 위한 과세요건은 과세물건, 과세표준, 납세의무자, 세율이다. 과세물건은 유체물만 해당되며 무체물은 유체물에 체화되는 경우 유체물과 함께 과세될 뿐 무체물만은 과세물건이 되지 않는다.

02 탭 ④

할당관세는 일반특혜관세보다 낮은 경우에 한하여 우선적으로 적용된다.

알아두기

관세율 적용 순위

순 위	관세율	적용상 특이사항
1	덤핑방지관세, 상계관세, 보복관세, 긴급관세, 특정국물품 긴급관세, 농림축산물에 대한 특별긴급관세, 조정관세(공중도덕 보호, 인간·동물·식물의 생명 및 건강 보호, 환경보전, 한정된 천연자원 보존 및 국제평화와 안전보장 등을 위하여 필요한 경우)	–
2	편익관세, 국제협력관세	• 3~6순위 세율보다 낮은 경우에 한하여 우선 적용
3	조정관세, 할당관세, 계절관세	• 할당관세는 4순위 세율보다 낮은 경우에 한하여 우선적용 • 조정관세에서 1순위 적용대상은 제외
4	일반특혜관세	–
5	잠정관세	• 잠정관세는 기본관세에 우선하여 적용
6	기본관세	–

03 답 ④

관세는 이미 해석이나 관행이 납세의무자에게 받아들여진 후에는 그 해석이나 관행이 정당한 것이며 새로운 해석이나 관행으로 인해 소급과세되지 않는다.

알아두기

관세의 성격

국 세	관세는 국가에서 부과하며 관세수입은 국고에 귀속된다.
간접소비세	관세는 수입자가 부담하나, 이는 유통단계에서 원가에 반영되어 최종적으로 소비자가 간접적으로 부담하게 되는 소비세이다.
보통세	관세는 목적에 따라 부과되는 목적세가 아닌 일반 조세수익을 위한 보통세이다.
대물세	관세는 개인에 부과되는 것이 아닌 수입물품에 부과하는 대물세이다.

04 답 ②

납세신고를 받은 세관장은 신고서에 기재된 사항과 관세법상 확인사항을 형식적으로만 심사하고 세액에 대하여는 수입신고 수리 후 심사하는 사후세액심사가 원칙이다.

다만, 신고한 세액에 대하여 관세채권을 확보하기가 곤란하거나 사후세액심사가 적절하지 않은 경우 수입신고 수리 전 세액심사를 할 수 있다.

알아두기

사전세액심사 대상

• 법률 또는 조약에 의하여 관세 또는 내국세를 감면받고자 하는 물품
• 관세를 분할납부하고자 하는 물품
• 관세를 체납하고 있는 자가 신고하는 물품(체납액이 10만원 미만이거나 체납기간 7일 이내에 수입신고하는 경우 제외)
• 납세자의 성실성 등을 참작하여 관세청장이 정하는 기준에 해당하는 불성실신고인이 신고하는 물품
• 물품의 가격변동이 큰 물품 또는 기타 수입신고 수리 후에 세액을 심사하는 것이 적합하지 아니하다고 인정하여 관세청장이 정하는 물품

05 답 ④

관세와 함께 부과되는 내국세에는 부가가치세, 지방소비세, 담배소비세, 지방교육세, 개별소비세, 주세, 교육세, 교통·에너지·환경세 및 농어촌특별세가 있다. 각 내국세의 과세가격은 관세의 과세가격에 관세를 더한 가격으로하며, 부가가치세는 관세의 과세가격에 관세를 더하고, 각 부과되는 내국세를 더한 가격을 과세가격으로 한다.

06 **답** ③

GATT 관세평가협정과 WTO 관세평가협정은 내용상의 큰 차이 없이 체제의 전환에 의한 것은 맞지만, 가장 두드러진 변화는 GATT와 달리 WTO 관세평가협정은 WTO회원국에게 반드시 가입하여야 한다는 구속력이 있다는 점이다.

📢 **알아두기**

관세평가협정의 발전순서와 특징

관세 및 무역에 관한 일반협정(GATT협정)	1947년 제네바 UN회의 결과에 따라 확정된 평가협정으로, 본 협정에서는 실제 가격에 대한 일반원칙의 정의가 있지만 구체적인 평가방법이 규정되어 있지 않다.
브뤼셀 평가협약(BDV)	최초 관세평가협정의 규정 이후 유럽관세동맹연구단에서 지속적인 연구를 통해 발전된 것으로 CIF기준의 관세평가방법을 규정하고 있으나, FOB를 기준으로 하는 미국, 캐나다와 같은 무역국가는 참여하지 않았다.
관세와 무역에 관한 일반협정 제7조의 이행에 관한 협정(신GATT협정)	1973년 도쿄라운드 협상을 통해 제정된 협정으로 FOB기준과 CIF기준을 선택 가능하도록 하였으나, 협정의 가입은 회원국의 선택이었기 때문에 국제적으로 관세평가방안이 통일화 되는 데는 크게 기여하지 못했다.
WTO 관세평가협정	1986년 우루과이라운드 협상을 통해 WTO체제로 변경이 되었고, WTO회원국에 게 관세평가협정을 의무적으로 가입하도록 함에 따라 관세평가방법의 국제적 확산이 이루어졌다.

07 **답** ④

확정신고는 잠정가격신고 후 2년 범위 내에서 신고한 가격을 확정하는 신고행위로서 이는 가격에 대한 신고일 뿐 관세징수권과는 관계가 없다. 확정가격신고는 수정신고의 한 분류로서 납부기한이 신고한 날의 다음날이 된다.

📢 **알아두기**

관세징수권 소멸시효의 중단사유(관세법 제23조 1항)
- 납부고지
- 경정처분
- 납부독촉
- 통고처분
- 고 발
- 특정범죄 가중처벌 등에 관한 법률 제16조에 따른 공소제기
- 교부청구
- 압 류

08 답 ①

정정신고의 경우 당초 납부기한 내에 관세 등을 납부하면 된다.

◀》 알아두기

세액 정정의 구분

구 분	대 상	신청시점	납부기한	추가금
정 정	과부족세액	세액 납부 전	당초 납부기한	없 음
보 정	부족세액 또는 세액산출의 기초가 되는 과세가격, 품목분류 등의 오류	신고납부한 날부터 6개월 이내	보정신청한 날의 다음 날	보정이자
수 정	부족세액	보정기간 이후부터 관세부과 제척기한 내	수정신고한 날의 다음 날	가산세 + 기간이자
경 정	과부족 (세관장 직권)	관세부과 제척기한 내	납부고지일부터 15일 이내	가산세 + 기간이자
경정청구	과다세액	최초 납세신고일부터 5년 이내	–	–

09 답 ④

과세물건의 확정시기는 원칙적으로 수입신고를 하는 때로 수입신고일인 6월 5일 당시 물품 성질과 수량에 따라 관세가 부과된다. 수입신고가 수리된 후 분실된 물품은 보세구역 운영인과 화주간에 해결해야 할 문제일 뿐 관세의 납부와는 관련이 없다. 즉 납세의무자는 원칙적 납세의무자인 화주가 된다.

10 답 ①

수입신고는 보세구역에 반입 후 하는 것이 원칙이지만, 예외적으로 수입 전 신고, 입항 전 신고 및 보세구역 반입 전 신고가 가능하다. 따라서 보기에서 보세구역 반입과 수입신고의 순서는 변경되어도 무방하다. 관세의 납부는 수입신고 수리 후 15일 이내 납부하는 것이 원칙이다. 다만, 관세채권의 확보를 위해 수입신고 후 관세를 납부하여야 수입신고가 수리되며, 납세보증보험증권 등 관세담보를 설정한 사후납부업체의 경우 수입신고 수리 후 15일 이내 관세를 납부한다. 문제에서 사후납부업체 등의 전제조건이 없으므로 수입신고 수리와 관세납부의 순서는 변경되어도 무방하다. 보세운송신고는 보세화물에 한하여 필요한 것이므로 수입신고가 수리된 내국물품에 대하여는 보세운송신고를 하지 않는다.

11 답 ④

위조하거나 유사한 상표를 부착하여 상표권을 침해하는 물품이다.

> 📢 알아두기
>
> **통관 또는 유치의 해제를 허용하지 않는 물품**
> • 위조하거나 유사한 상표를 부착하여 상표권을 침해하는 물품
> • 불법복제된 물품으로서 저작권 등을 침해하는 물품
> • 유사한 품종명칭을 사용하여 품종보호권을 침해하는 물품
> • 위조하거나 유사한 지리적표시를 사용하여 지리적표시권 등을 침해하는 물품
> • 특허로 설정된 발명을 사용하여 특허권을 침해하는 물품
> • 같거나 유사한 디자인을 사용하여 디자인권을 침해하는 물품

12 답 ④

세관공무원은 관세법상 직무를 집행하기 위해 필요하다고 인정될 때에는 수출입업자, 판매자 또는 그 밖의 관계자에 대하여 질문하거나 문서화(전산화)된 장부, 서류 등 관계자료 또는 물품을 조사하거나 제시 또는 제출을 요구할 수 있다. 관세법상 규정된 세관공무원의 조사권은 국내에 한정되며, 수출국의 수출자에게는 이를 요구할 수 없다.

13 답 ③

외국물품인 선박용품이나 국제무역선 안에서 판매하는 물품을 허가받은 대로 적재하지 아니하여 관세를 징수하는 물품은 하역허가를 받은 자를 납세의무자로 한다.

14 답 ①

세관공무원은 관세범 조사에 의해 발견한 물품이 범죄의 사실을 증명하기에 충분하거나 몰수하여야 하는 것으로 인정될 때에는 이를 압수할 수 있으며, 수색 및 압수를 할 때에는 관할 지방법원 판사의 영장을 받아야 한다. 압수물품은 그 편의에 따라 소지자나 시, 군, 읍, 면사무소에 보관시킬 수 있으며, 압수물품이 압수일로부터 6개월 이내 소유자 및 범인을 알 수 없는 경우 유실물로 간주하여 공고하고, 공고일부터 1년이 지나도 알 수 없는 경우 이는 국고에 귀속된다.

15 답 ③

환급청구권은 환급을 청구할 수 있는 권리로서 권리를 행사할 수 있는 날부터 5년간 행사하지 않으면 소멸시효가 완성되며, 환급청구권의 행사로 시효가 중단된다.

16 답 ④

종자를 수입하는 경우 종자수입 요건확인신청서를 제출하고 확인서류를 제출하여야 한다.

17 답 ③

관세의 감면은 수입신고 수리 전까지 신청서를 세관장에게 제출하여야 한다. 단, 예외적으로 다음의 사유가 있는 때에는 해당 사유의 기한까지 감면신청서를 제출할 수 있다.

- 과세표준, 세율, 관세의 감면 등에 관한 규정의 적용 착오 또는 그 밖의 사유로 부족관세를 징수하는 경우 : 납부고지를 받은 날부터 5일 이내
- 그 밖에 수입신고 수리 전까지 감면신청서를 제출하지 못한 경우 : 수입신고 수리일부터 15일 이내(단, 해당 물품이 보세구역에서 반출되지 아니한 경우로 한정한다)

18 답 ①

간이세율의 경우 적용가능한 대상물품이 관세법 시행령에 규정되어 있으며 수입화주가 적용받지 않을 것을 요청할 경우에는 적용하지 않을 수 있는 의무적용이 아닌 세율이다.

> **📢 알아두기**
>
> **간이세율 적용 제외대상**
> - 관세율이 무세인 물품이나 관세가 감면되는 물품
> - 수출용원재료
> - 범칙행위에 관련된 물품
> - 종량세 적용물품
> - 상업용으로 인정되는 수량의 물품이나 고가품
> - 국내산업을 저해할 우려가 있는 물품
> - 간이세율의 적용이 과세형평을 저해하는 경우의 물품
> - 화주가 수입신고 시 간이세율 적용배제 요청을 한 경우

19 답 ④

인화질 또는 폭발성 물품은 일반 보세구역에 장치가 제한된다. 단, 해당 물품을 보관하기 위한 특수설비를 한 보세구역에는 보관할 수 있다.

> **📢 알아두기**
>
> **보세구역 장치 제한대상**
> - 인화질 또는 폭발성 물품
> - 부패할 염려가 있는 물품 또는 살아있는 동물이나 식물

20 답 ③

관세법 제9조 제3항에 따라 월별납부를 하려는 사업자는 다음의 요건을 갖추어야 한다.
- 최근 2년간 법 위반으로 형사처벌 받은 사실이 없는 수출입자
- 최근 2년간 관세 등의 체납이 없는 자
  다만, 가산금을 제외한 총 체납세액이 300만원 미만인 경우는 제외하되, 신청일 기준 체납된 세액을 납부 완료한 경우에 한한다.
  * 관세법 개정으로 가산금이 납부지연가산세로 개정되었으나, 월별납부제도 운영에 관한 고시는 개정되지 않아 용어는 여전히 가산금으로 사용됨
- 최근 3년간 수입실적과 납세실적이 있는 자(중소기업기본법에 따른 중소기업은 최근 2년) 또는 담보제공 생략대상자

21 답 ④

납세의무자는 신고납부한 날로부터 6개월 이내에 신고납부한 세액이 부족하다는 것을 알게 되거나 세액산출의 기초가 되는 과세가격 또는 품목분류의 오류가 있는 것을 알게 되었을 때에는 보정을 신청할 수 있다. 보정기간이 지난 때에는 부족세액에 대하여 관세부과 제척기간이 경과하기 까지 수정신고를 할 수 있다. 지문의 경우 경과일수가 225일 경과한 시점에 부족세액을 확인하였으나 5일이 지난 시점에 세액을 정정하고자 하였으므로 총 230일이 경과한 시점이므로 보정기간이 경과되어 수정신고를 하여야 한다. 수정신고 시에는 다음의 계산에 따라 가산세를 부족세액에 더하여 납부하여야 한다.

• 부족세액의 10%
• 부족세액 × 당초 납부기한의 다음날부터 수정신고일 또는 납부고지일까지의 기간 × 이자율(1일 10만분의 22)
 – 부족세액 : 3,000,000원
 – 부족세액 10% : 300,000원
 이자(3,000,000 × 230 × 25 / 100,000) : 172,500원
 ∴ 총 3,472,500원

22 답 ④

HSK 10단위의 변화를 가져오는 것은 보수작업으로 인정되지 않는다. 단, 수출이나 반송과정에서 부패, 변질의 우려가 있는 경우 등 세관장이 타당하다고 인정하는 경우에는 그러하지 아니하다.

> 📢 **알아두기**
>
> **보수작업 허용범위**
> • 물품의 보존을 위해 필요한 작업
> • 물품의 상품성 향상을 위한 개수작업
> • 선적을 위한 준비작업
> • 단순한 조립작업
> • 기타 위와 유사한 작업

23 답 ①

국제항이 아닌 지역에 대한 출입은 허가사항이며 허가를 받고자 하는 자는 신청서를 해당 지역 관할 세관장에게 제출하여야 한다.

24 답 ③

관세징수권은 납부기한 내 납부하지 않은 관세에 대하여 징수할 수 있는 세관장의 권한이다. 문제의 사례에서 수입자는 최초 신고와 보정신청 시 납부하여야 할 관세 등을 모두 납부하였기 때문에 관세징수권은 이미 종료된 것으로 본다. 보정신청에 의한 납부관세의 징수권 소멸시효 기산일은 보정신청일의 다음날의 다음날이다. 보정신청의 납부기한은 보정신청일의 다음 날이므로 9월 26일까지 관세 등을 납부하지 않는다면 그 다음 날인 9월 27일부터 과세관청은 납부하지 않은 관세를 징수할 수 있다.

25 답 ①

정상가격보다 현저히 낮은 가격으로 수입되는 피해에 대한 관세조치는 덤핑방지관세에 대한 설명이다. 상계관세는 수출국 정부에서 지급한 보조금 등을 받아 낮은 가격으로 수입되는 물품이 국내산업에 실질적 피해를 줄 경우 지급된 보조금 이하의 관세를 추가하여 부과하는 것을 말한다.

01	02	03	04	05	06	07	08	09	10
④	①	④	③	②	①	③	④	③	③
11	12	13	14	15	16	17	18	19	20
②	③	②	②	②	②	③	①	①	③
21	22	23	24	25					
③	①	④	①	④					

01 답 ④

원산지증명서를 선적 후 발급할 경우 일반적으로 소급문구가 기재된 소급원산지증명서가 발급된다. 이는 일반 원산지증명서와 동일하게 원본 1회가 출력이 되며 소급발급이라는 문구만 추가로 기재된다.

02 답 ①

FTA특례법 시행규칙 제21조 제5항에 따라 원산지증명서의 보완기간은 5일 이상 45일 이내의 기간으로 한다.

03 답 ④

한–미 FTA는 자율발급방식을 취하며, 발급된 원산지증명서는 발급일로부터 4년간 유효하다. 또한 원산지증명서의 발급가능자는 생산자와 수출자 뿐만 아니라 수입자도 가능하도록 규정하고 있다.

04 답 ③

관세청장이 사전심사의 신청을 받은 때에는 사전심사의 신청을 받은 날부터 90일 이내에 이를 심사하여 사전심사서를 신청인에게 통지하여야 한다.

 관련 법령

FTA특례법 제31조(원산지 등에 대한 사전심사)
② 관세청장은 제1항 본문에 따른 사전심사의 신청을 받으면 대통령령으로 정하는 기간 이내에 이를 심사하여 그 결과를 기재한 서류(이하 "사전심사서"라 한다)를 신청인에게 통지하여야 한다. 다만, 제출 자료의 미비 등으로 사전심사가 곤란한 경우에는 그 사유를 신청인에게 통지하여야 한다.

FTA특례법 시행령 제37조(원산지 등에 대한 사전심사)
⑤ 법 제31조 제2항 본문에서 "대통령령으로 정하는 기간"이란 사전심사의 신청을 받은 날부터 90일을 말한다. 이 경우 제3항에 따른 보정기간은 산입하지 아니한다.

05 **답** ②

호주에서 수입되는 일시수입물품은 수리 또는 개조를 위한 물품에 한정하여 관세가 면제된다.

 관련 법령

FTA특례법 시행규칙 제30조(관세가 면제되는 일시수입물품 등)
① 법 제30조 제1항 제1호에 따라 관세가 면제되는 물품은 다음 각 호의 물품으로서 칠레·페루·미합중국·캐나다·콜롬비아·뉴질랜드 및 베트남 및 중미 공화국들과의 협정, RCEP에 따라 해당 체약상대국으로부터 수입되는 물품을 말한다. 다만, 호주와의 협정에 따라 관세가 면제되는 물품은 다음 각 호의 물품 중 제6호의 물품으로 한정하고, 중국과의 협정에 따라 관세가 면제되는 물품은 다음 각 호 중 제1호부터 제4호까지의 물품으로 한정하며, RCEP에 따라 관세가 면제되는 물품은 다음 각 호의 물품 중 제1호부터 제5호까지의 물품으로 한정한다.
  1. 언론장비, 텔레비전 방송용 장비, 소프트웨어, 방송·영화 촬영 장비 등 일시 입국하는 사람의 영업활동, 거래 또는 직업 수행에 필요한 전문장비
  2. 전시 또는 시연을 위한 물품(구성부품, 보조기구와 부속품을 포함한다)
  3. 운동경기용 물품(시범용 또는 훈련용 물품을 포함한다)
  4. 상용견품
  5. 물품 또는 용역을 판매하거나 임대하기 위하여 그 성질·작동 등을 보여주는 시연용 영상 또는 음향 기록매체. 다만, 일반대중을 위한 방송용은 제외한다.
  6. 수리 또는 개조를 위한 물품

06 **답** ①

한-중국 FTA는 기관발급 방식으로 중국에서 발급하는 기관은 '중국해관총서, 중국 국제무역촉진위원회'이고, 한국의 발급기관은 세관과 상공회의소이다.

07 **답** ③

협정관세 적용 신청 시 증빙자료 제출 면제는 협정관세와 실정관세의 차액여부와 관계가 없다.

 관련 법령

FTA특례법 시행령 제4조(협정관세의 적용신청)
③ 법 제8조 제2항 단서에서 "대통령령으로 정하는 물품"이란 다음 각 호의 어느 하나에 해당하는 물품을 말한다.
  1. 과세가격이 미화 1천달러(자유무역협정에서 금액을 달리 정하고 있는 경우에는 자유무역협정에 따른다. 이하 이 호에서 같다) 이하로서 자유무역협정(이하 "협정"이라 한다)에서 정하는 범위 내의 물품. 다만, 수입물품을 분할하여 수입하는 등 수입물품의 과세가격이 미화 1천달러를 초과하지 아니하도록 부정한 방법을 사용하여 수입하는 물품은 제외한다.
  2. 동종·동질 물품을 계속적·반복적으로 수입하는 경우로서 해당 물품의 생산공정 또는 수입거래의 특성상 원산지의 변동이 없는 물품 중 관세청장이 정하여 고시하는 물품
  3. 관세청장으로부터 원산지에 대한 법 제31조 제1항 본문에 따른 사전심사(이하 "사전심사"라 한다)를 받은 물품(사전심사를 받은 때와 동일한 조건인 경우만 해당한다)
  4. 물품의 종류·성질·형상·상표·생산국명 또는 제조자 등에 따라 원산지를 확인할 수 있는 물품으로서 관세청장이 정하여 고시하는 물품

08 답 ④

체약상대국의 조사대상자를 대상으로 현지조사를 할 때에는 해당 사실을 체약상대국 세관에 서면으로 통지하여야 한다. 이때 통지는 협정에서 정하는 경우에 한한다.

09 답 ③

중국의 잠정긴급관세 조치가능한 기간은 200일이다.

 관련 법령

FTA특례법 시행령 제28조(잠정긴급관세조치의 절차 및 기간의 범위)
③ 잠정긴급관세조치의 기간은 200일(칠레를 원산지로 하는 수입물품에 대해서는 120일을, 페루 및 인도네시아를 원산지로 하는 수입물품에 대해서는 180일을 말한다)을 초과할 수 없다.

10 답 ③

인증수출자 신청 시 제출서류의 미비시에는 5일 이상 10일 이내의 기간을 정하여 보정을 요구하거나 현지확인을 할 수 있다.

 관련 법령

FTA특례법 시행규칙 제17조(업체별 원산지인증수출자)
④ 관세청장 또는 세관장은 제출 받은 서류가 미비하거나 원산지결정기준의 충족여부를 심사하기가 곤란하다고 인정하면 5일 이상 10일 이내의 기간을 정하여 보정을 요구하거나 현지확인을 할 수 있다. 이 경우 보정기간은 심사기간에 포함하지 아니한다.

11 답 ②

콜롬비아 FTA의 조사회신기한은 조사 요청일로부터 150일이다.

구 분	협 정	기 한
조사 요청일부터	EFTA	15개월
	EU, 튀르키예, 영국, 이스라엘	10개월
	콜롬비아	150일
조사요청을 접수한 날부터	ASEAN	2개월(기산일부터 6개월 범위 연장가능)
	인도네시아	2개월
	인 도	3개월(기산일부터 6개월 범위 연장가능)
	베트남, 중국	6개월
	RCEP, 캄보디아	90일
	페루, 중미공화국들	150일

12 **답 ③**

조사대상물품 및 동종·동질 물품의 수입이 관련 산업에 현저한 피해를 주거나, 현저한 피해를 줄 것으로 우려되는 경우란 긴급관세의 적용대상에는 해당될 수 있어도 협정관세 적용 보류대상에는 포함되지 않는다.

 관련 법령

FTA특례법 시행령 제17조(협정관세의 적용 보류)
① 세관장은 다음 각 호의 어느 하나에 해당하는 경우에는 법 제21조 제1항에 따라 협정관세의 적용을 보류할 수 있다.
  1. 원산지증빙서류의 작성 또는 법 제8조 제1항, 제9조 제1항 또는 제2항에 따른 협정관세 적용의 신청에 관하여 불성실 혐의가 있다고 세관장이 인정하는 경우
  2. 원산지증빙서류를 속임수 또는 그 밖의 부정한 방법으로 작성 또는 발급받았거나 탈세 등의 혐의를 인정할 만한 자료 또는 구체적인 제보가 있는 경우
  3. 그 밖에 세관장이 수집한 증거·자료 등을 근거로 수입자, 생산자 또는 수출자의 신고 또는 신청 내용이 법 제7조에 따른 원산지결정기준을 충족하지 못한 것으로 인정하는 경우

13 **답 ②**

기관발급 원산지증명서는 원산지에 대한 판정 및 확인이 가능한 자료를 제출하여 발급신청을 하여야 하며, 제출한 자료가 미비한 경우 보정이 요구된다.

 관련 법령

FTA특례법 시행규칙 제10조(수출물품에 대한 원산지증명서의 발급절차)
① 원산지증명서의 발급을 신청하려는 자는 수출물품의 선적이 완료되기 전까지 별지 제3호서식의 원산지증명서 발급신청서에 다음 각 호의 서류를 첨부하여 증명서발급기관에 제출하여야 한다. 다만, 원산지인증수출자의 경우에는 첨부서류의 제출을 생략할 수 있다.
  1. 수출신고의 수리필증 사본(증명서발급기관이 수출사실 등을 전산으로 확인할 수 있는 경우에는 제출을 생략할 수 있다) 또는 이를 갈음하는 다음 각 목의 어느 하나에 해당하는 서류. 이 경우 수출신고가 수리되기 전에 원산지증명서의 발급을 신청한 자는 수출신고가 수리된 후에 제출할 수 있다.
    가. 자유무역지역에서 생산된 물품의 경우에는 「자유무역지역의 지정 및 운영에 관한 법률 시행령」 제19조에 따른 국외반출신고서 사본
    나. 개성공업지구에서 생산된 물품의 경우에는 「관세법 시행령」 제226조에 따른 보세운송신고서 사본
    다. 우편물·탁송품 및 별송품의 경우에는 영수증·선하증권 사본 또는 그 밖에 체약상대국으로 수출하였거나 수출할 것임을 나타내는 서류
  2. 송품장 또는 거래계약서
  3. 제12조에 따른 원산지확인서(최종물품에 대한 원산지확인서로서 해당 물품의 생산자와 수출자가 다른 경우로 한정한다)
  4. 원산지소명서(최종물품의 생산자와 수출자가 동일한 경우에는 제12조 제4항에 따라 관세청장이 인정하는 서류로 대신할 수 있다). 다만, 수출자와 생산자가 다른 경우 생산자는 원산지소명서를 증명서발급기관에 직접 제출할 수 있다.
⑦ 증명서발급기관은 위 규정에 따라 제출된 서류가 미비한 경우에는 5일 이상 10일 이내의 기간을 정하여 보정을 요구할 수 있다. 이 경우 보정기간은 원산지증명서의 발급기간에 산입하지 아니한다.

14 답 ②

수입신고의 수리 전까지 협정관세의 적용을 신청하지 못한 수입자는 해당 물품의 수입신고 수리일부터 1년 이내에 협정관세의 적용을 신청할 수 있다. 다만 그 기간에 협정관세의 적용 신청 시에는 유효기간이 만료되지 않은 원산지증명서를 제출하여야 한다. 유효기간이 만료되지 않았더라도 수입신고일로부터 1년이 경과된 경우 협정관세의 적용은 불가능하다.

 관련 법령

FTA특례법 시행령 제5조(협정관세 사후적용의 신청 등)
① 법 제9조 제1항 또는 제2항에 따라 수입신고를 수리한 이후에 협정관세의 적용을 신청하려는 자는 협정관세 적용신청서에 다음 각 호의 서류를 첨부하여 세관장에게 제출하여야 한다.
　1. 원산지증빙서류
　2. 「관세법 시행령」 제34조 제1항에 따른 경정청구서
② 수입자가 협정관세의 적용을 신청할 당시에 갖추어야 할 원산지증빙서류 중 원산지증명서는 수입신고일 또는 협정관세 적용신청일을 기준으로 유효기간 이내의 것이어야 한다. 이 경우 다음의 구분에 따른 기간은 유효기간을 계산할 때 제외한다.
　1. 유효기간이 지나기 전에 물품이 수입항에 도착한 경우 : 물품이 수입항에 도착한 날의 다음 날부터 해당 물품에 대한 협정관세 적용을 신청한 날까지의 기간
　2. 천재지변 등 불가항력에 따른 운송지연, 그 밖에 이에 준하는 사유가 발생한 경우 : 그 사유가 발생한 날의 다음 날부터 소멸된 날까지의 기간
③ 법 제9조 제2항(세관장이 수입자가 신고한 품목분류와 다른 품목분류를 적용하여 관세를 징수하는 경우 납부고지를 받은 날부터 3개월 이내로서 대통령령으로 정하는 기간 이내에 협정관세의 사후적용을 신청할 수 있다)에서 "대통령령으로 정하는 기간"이란 45일을 말한다.

15 답 ②

원산지관리전담자는 공인받은 원산지관리에 관한 자격이 있는 자, 원산지관리에 관한 교육을 이수한 자 등 관세청장이 정하는 요건을 충족한 자의 경우에만 해당 업체의 소속직원으로 한정한다.

관련 법령

FTA특례법 시행규칙 제17조(업체별 원산지인증수출자)
② 영 제7조 제1호 다목 및 같은 조 제2호 나목에서 "기획재정부령으로 정하는 원산지관리전담자"란 각각 다음 각 호의 어느 하나에 해당하는 자를 말한다. 다만, 제2호에 해당하는 자는 해당 업체의 소속직원에 한정한다.
　1. 변호사, 관세사, 공인회계사
　2. 「자격기본법」 제19조 제1항에 따라 공인받은 원산지관리에 관한 자격이 있는 자, 원산지관리에 관한 교육을 이수한 자 등 관세청장이 정하는 요건을 충족한 자

16 답 ②

수출물품에 대하여 수출자 및 생산자가 보관하는 서류의 보관기간은 원산지증명서 작성일 또는 발급일부터 5년이다.

 관련 법령

FTA특례법 시행령 제10조(보관대상 원산지증빙서류 등)
① 법 제15조에서 "원산지증빙서류 등 대통령령으로 정하는 서류"란 다음의 구분에 따른 서류를 말한다.
  1. 수입자가 보관하여야 하는 서류
    가. 원산지증명서(전자문서를 포함한다) 사본. 다만, 협정에 따라 수입자의 증명 또는 인지에 기초하여 협정 관세 적용신청을 하는 경우로서 수출자 또는 생산자로부터 원산지증명서를 발급받지 아니한 경우에는 그 수입물품이 협정관세의 적용대상임을 증명하는 서류를 말한다.
    나. 수입신고필증
    다. 수입거래 관련 계약서
    라. 지식재산권 거래 관련 계약서
    마. 수입물품의 과세가격 결정에 관한 자료
    바. 수입물품의 국제운송 관련 서류
    사. 사전심사서(이하 "사전심사서"라 한다) 사본 및 사전심사에 필요한 증빙서류(사전심사서를 받은 경우만 해당한다)
  2. 수출자가 보관하여야 하는 서류
    가. 체약상대국의 수입자에게 제공한 원산지증명서(전자문서를 포함한다) 사본 및 원산지증명서 발급 신청 서류(전자문서를 포함한다) 사본
    나. 수출신고필증
    다. 해당 물품의 생산에 사용된 원재료의 수입신고필증(수출자의 명의로 수입신고한 경우만 해당한다)
    라. 수출거래 관련 계약서
    마. 해당 물품 및 원재료의 생산 또는 구입 관련 증빙서류
    바. 원가계산서·원재료내역서 및 공정명세서
    사. 해당 물품 및 원재료의 출납·재고관리대장
    아. 생산자 또는 해당 물품의 생산에 사용된 재료를 공급하거나 생산한 자가 해당 물품의 원산지증명을 위하여 작성한 후 수출자에게 제공한 서류
  3. 생산자가 보관하여야 하는 서류
    가. 수출자 또는 체약상대국의 수입자에게 해당 물품의 원산지증명을 위하여 작성·제공한 서류
    나. 수출자와의 물품공급계약서
    다. 제2호 다목 및 마목부터 사목까지의 서류
    라. 해당 물품의 생산에 사용된 재료를 공급하거나 생산한 자가 해당 재료의 원산지증명을 위하여 작성한 후 생산자에게 제공한 서류
② 법 제15조에서 "대통령령으로 정하는 기간"이란 다음 각 호의 구분에 따른 기간을 말한다.
  1. 수입자 : 법 제8조 제1항 또는 제9조 제1항 또는 제2항에 따라 협정관세의 적용을 신청한 날의 다음 날부터 5년
  2. 수출자 및 생산자 : 원산지증명서의 작성일 또는 발급일부터 5년. 다만, 체약상대국이 중국인 경우에는 중국과의 협정 제3.20조에 따라 3년으로 한다.

17 **답** ③

관세청장 또는 세관장은 서면조사 또는 현지조사를 마치면 조사 결과와 그에 따른 결정 내용을 기획재정부령으로 정하는 기간 이내에 조사대상자(체약상대국의 조사대상자가 생산 또는 수출한 물품을 수입한 자를 포함한다) 및 체약상대국의 관세당국에 서면으로 통지하여야 한다. 여기서 "기획재정부령으로 정하는 기간"이란 협정에서 달리 정하지 않았으면 서면조사 또는 현지조사를 완료한 날부터 30일을 말한다.

 관련 법령

> **FTA특례법 시행규칙 제25조(서면조사 및 현지조사의 결과통지기간 등)**
> ① 법 제17조 제6항에서 "기획재정부령으로 정하는 기간"이란 협정에서 달리 정하지 아니하였으면 서면조사 또는 현지조사를 완료한 날부터 30일을 말한다. 이 경우 ASEAN회원국과의 협정 제15조, 인도와의 협정 제4.12조, 베트남과의 협정 제3.21조 및 중국과의 협정 제3.23조에 따른 현지조사 결과의 통지는 현지 방문일부터 6개월 이내에 완료하여야 한다.

18 **답** ①

ㄷ. 국내제조포괄확인서는 기간에 대한 포괄이다. 수출물품의 생산에 사용되는 재료를 생산자 또는 수출자에게 장기간 반복적으로 공급하는 경우 물품공급일로부터 12개월을 초과하지 않는 범위에서 반복사용할 수 있는 국내제조확인서를 발급할 수 있다.

ㄹ. 국내제조확인서는 일반적으로 재료의 생산자가 발급하지만, 완제품을 생산하여 최종 수출자에게 완제품을 공급하는 경우 완제품을 제조하는 자도 발급이 가능하다.

 관련 법령

> **FTA특례법 제13조(국내제조확인서)**
> ① 재료 또는 최종물품 생산자 등은 생산자 또는 수출자의 요청이 있는 경우 해당 재료 또는 최종물품의 국내제조 사실을 확인하여 작성한 서류(전자문서를 포함하며, 이하 "국내제조확인서"라 한다)를 생산자 또는 수출자에게 제공할 수 있다.
> ② 수출물품의 생산에 사용되는 재료 또는 최종물품을 동일한 생산자 또는 수출자에게 장기간 계속적·반복적으로 공급하는 재료 또는 최종물품 생산자 등은 생산자 또는 수출자의 요청이 있는 경우 물품공급일부터 12개월을 초과하지 않는 범위에서 최초의 국내제조확인서를 반복하여 사용할 수 있는 확인서(전자문서를 포함하며, 이하 "국내제조포괄확인서"라 한다)를 작성하여 제공할 수 있다.
> ③ 제1항 또는 제2항에 따라 재료 또는 최종물품 생산자 등으로부터 국내제조확인서 또는 국내제조포괄확인서를 제공 받은 생산자 또는 수출자는 이를 기초로 원산지증명서의 발급을 신청하거나 원산지증명서를 작성할 수 있다.

19 **답** ①

FTA는 산업을 보호하기 위한 효과보다는 오히려 특정산업은 시장개방으로 인해 구제조치가 필요해진다. 따라서 협정 양허품목에서 제외한 품목군도 있고, 쿼터를 설정하여 제한적 개방을 한 품목도 있다.

20 답 ③

원산지사전심사를 신청한 수입자가 협정관세 적용 신청 시 사전심사를 받은 물품과 다른 물품으로 신고하는 경우 사전심사서의 내용을 적용하지 않을 뿐 협정관세 적용 배제사유에는 해당하지 않는다.

 관련 법령

FTA특례법 제35조(협정관세의 적용제한)
① 협정에서 다르게 규정한 경우를 제외하고 세관장은 다음 각 호의 어느 하나에 해당하는 경우에는 해당 수입물품에 대하여 협정관세를 적용하지 아니할 수 있다. 이 경우 세관장은 관세법 제38조의 3 제6항 및 제39조 제2항에 따라 납부하여야 할 세액 또는 납부하여야 할 세액과 납부한 세액의 차액을 부과·징수하여야 한다.
   1. 정당한 사유 없이 수입자, 체약상대국의 수출자 또는 생산자(이하 이 조 및 제37조에서 "체약상대국수출자 등"이라 한다)가 관세청장 또는 세관장이 요구한 자료를 제16조 제2항에 따른 기간 이내에 제출하지 아니하거나 거짓으로 또는 사실과 다르게 제출한 경우. 다만, 원산지증빙서류의 기재사항을 단순한 착오로 잘못 기재한 것으로서 원산지 결정에 실질적인 영향을 미치지 아니하는 경우는 제외한다.
   2. 체약상대국수출자 등이 제17조 제1항에 따른 관세청장 또는 세관장의 서면조사에 대하여 기획재정부령으로 정하는 기간 이내에 회신하지 아니한 경우 또는 제17조 제2항에 따른 관세청장 또는 세관장의 현지조사에 대한 동의 요청에 대하여 제17조 제4항에 따른 기간 이내에 동의 여부에 대한 통보를 하지 아니하거나 특별한 사유 없이 동의하지 아니하는 경우
   3. 제17조 제1항에 따라 현지조사를 할 때 체약상대국수출자 등이 정당한 사유 없이 원산지증빙서류의 확인에 필요한 장부 또는 관련 자료에 대한 세관공무원의 접근을 거부하거나 협정에서 정한 원산지증빙서류를 보관하지 아니한 경우
   4. 제17조에 따른 서면조사 또는 현지조사 결과 세관장에게 신고한 원산지가 실제 원산지와 다른 것으로 확인되거나 수입자 또는 체약상대국수출자 등이 제출한 자료에 제7조에 따른 원산지의 정확성을 확인하는 데 필요한 정보가 포함되지 아니한 경우
   5. 제19조 제1항에 따라 관세청장 또는 세관장이 체약상대국의 관세당국에 원산지의 확인을 요청한 사항에 대하여 체약상대국의 관세당국이 기획재정부령으로 정하는 기간 이내에 그 결과를 회신하지 아니한 경우 또는 세관장에게 신고한 원산지가 실제 원산지와 다른 것으로 확인되거나 회신 내용에 제7조에 따른 원산지의 정확성을 확인하는 데 필요한 정보가 포함되지 아니한 경우
   6. 제31조 제1항에 따른 사전심사를 신청한 수입자가 사전심사의 결과에 영향을 미칠 수 있는 자료를 고의로 제출하지 아니하였거나 거짓으로 제출한 경우 또는 사전심사서에 기재된 조건을 이행하지 아니한 경우

21 답 ③

비밀취급자료는 특별한 사정이 없는 한 제출받은 날부터 5년간 보관하여야 한다.

22 답 ①

협정관세 적용제한자의 지정은 최근 5년간 2회 이상 반복적으로 원산지증빙서류의 주요 내용을 거짓으로 작성하거나 잘못 작성한 경우이다.

 관련 법령

FTA특례법 제37조(협정관세 적용제한자의 지정 및 지정해제)
② 세관장은 제1항에 따라 적용제한자로 지정된 자가 수출 또는 생산하는 동종동질의 물품 전체에 대하여 대통령령으로 정하는 바에 따라 5년(협정에서 정한 기간이 5년을 초과하는 경우에는 그 기간)의 범위에서 협정관세를 적용하지 아니할 수 있다.

23 답 ④

④ 비밀유지의무를 위반하여 비밀취급자료를 타인에게 누설한 경우 : 3년 이하의 징역 또는 3천만원 이하
의 벌금

① 협정 및 FTA특례법에 따른 원산지증빙서류를 속임수 또는 그 밖의 부정한 방법으로 신청하여 발급받았
거나 작성·발급한 경우 : 300만원 이하의 벌금

② 정당한 사유 없이 원산지증빙 관련 서류를 보관하지 아니한 경우 : 300만원 이하의 벌금

③ 원산지사전심사에 필요한 자료를 거짓으로 제출하거나 고의로 제출하지 아니한 경우 : 300만원 이하의
벌금

24 답 ①

이의제기, 행정소송, 심사청구, 심판청구는 모두 원산지 조사에 대한 반대의견이 있는 경우 할 수 있다.
단, 조사결과의 통지는 조사결과에 따른 처분 전에 내용을 전달한 것일 뿐 아직 조사결과에 따른 행정행위가
집행되기 전이다. 따라서 어떠한 처분이 없었기 때문에 심사청구와 심판청구는 즉시 할 수 있는 조치는
아니다(통지에 따른 이의제기가 없어 통지내용대로 처분된 경우에는 가능하다). 또한 행정소송은 심사청구
또는 심판청구의 결과에 따라 제기하는 것이므로 역시 통지내용에 따라 할 수 있는 조치는 아니다.

25 답 ④

ASEAN 회원국과의 협정 및 베트남과의 협정에 따라 현지조사를 하는 경우 그 결과의 통지까지 방문일로부
터 6개월 이내 완료하여야 한다.

관련 법령

FTA특례법 시행규칙 제25조(서면조사 및 현지조사의 결과통지기간 등)
① ASEAN회원국과의 협정 제15조, 인도와의 협정 제4.12조, 베트남과의 협정 제3.21조 및 중국과의 협정 제3.23
조에 따른 현지조사 결과의 통지는 현지 방문일부터 6개월 이내에 완료하여야 한다.

01	02	03	04	05	06	07	08	09	10
③	④	①	④	①	④	④	③	③	③
11	12	13	14	15	16	17	18	19	20
①	③	②	④	③	③	④	④	③	①
21	22	23	24	25					
①	③	③	②	②					

01 답 ③

미조립 분해물품에 대한 설명은 상품을 분해한 경우로서 제시된 상태가 완제품의 본질적 특성을 지니고 있는 경우 이를 완제품으로 분류하는 것이 통칙 2(가)의 내용이다. 이때 조립을 위한 공구는 완제품에 함께 분류되는 것이 아니라 각각의 물품으로 보아 별도의 품목분류를 하여야 한다.

🔊 **알아두기**

통칙 2(가)
각 호에 열거된 물품에는 불완전한 물품이나 미완성된 물품이 제시된 상태에서 완전한 물품이나 완성된 물품의 본질적인 특성을 지니고 있으면 그 불완전한 물품이나 미완성된 물품이 포함되는 것으로 본다. 또한 각 호에 열거된 물품에는 조립되지 않거나 분해된 상태로 제시된 물품도 완전한 물품이나 완성된 물품(이 통칙에 따라 완전한 물품이나 완성된 물품으로 분류되는 것을 포함한다)에 포함되는 것으로 본다.

02 답 ④

용기는 사용될 예정인 물품과 함께 제시하는 것(수송의 편의상 분리 포장한 것인지에 상관없다)만 함께 분류하며, 분리하여 제시하는 용기는 각각의 재질 및 특성을 고려하여 적합한 호로 별도 분류한다.

🔊 **알아두기**

통칙 5(가)의 적용
이 통칙은 다음과 같은 용기로 한정해서 적용한다.
• 특정한 모양을 가지고 있거나 특정한 물품이나 세트로 된 물품을 수용하기에 적합한 것. 즉, 이들 용기는 그들이 소용될 예정인 물품에 적합하도록 특별히 설계하였다. 어떤 용기는 그들이 수용하는 물품의 형태와 같은 모양을 하고 있다.
• 장기간 사용하기에 적합한 것(사용될 물품만큼의 내구성을 가지도록 설계) 또한 이들 용기는 사용하지 않는 물품을 보호하는데도 기여한다(예 운송 중이나 보관 중). 이 기준으로 인하여 이들 용기는 단순한 포장과 구분이 가능하다.
• 사용될 예정인 물품과 함께 제시하는 것(수송의 편의상 분리 포장한 것인지에 상관없다). 분리하여 제시하는 용기는 그들이 적합한 호로 분류한다.
• 물품과 함께 정상적으로 판매되는 것
• 전체로 보았을 때 용기가 본질적인 특성을 부여하지 않는 것

03 **답** ①

마사지크림의 경우 제33류의 화장품류에 분류되며, 질병의 개선 및 치료효과가 있는 경우에 한하여 30류에 분류된다.

📢 알아두기

제6부 화학공업 생산품의 분류

- 제30류 의료용품
  제30류에는 의료용에 사용되는 기관, 인혈, 백신, 의약품 및 의료용품이 분류된다.
- 제31류 비료
  제31류에는 보통 천연 또는 인조 비료로 사용되는 대부분의 물품이 분류된다. 다만, 토양을 비옥하게 하는 것이라기보다는 개량하기 위한 물품들은 포함하지 않는다.
- 제32류 유연용·염색용 추출물(extract), 탄닌과 이들의 유도체, 염료·안료와 그 밖의 착색제, 페인트·바니시(varnish), 퍼티(putty)와 그 밖의 매스틱(mastic), 잉크
  제32류에는 가죽류의 유연제와 탈회제를 분류한다. 또한 식물성, 동물성 또는 광물성의 착색제, 합성유기착색제 및 이러한 착색제에서 얻어지는 많은 조제품도 포함된다.
- 제33류 정유(essential oil)와 레지노이드(resinoid), 조제향료와 화장품·화장용품
  제33류에는 식물로부터 추출되는 정유, 레지노이드를 비롯해 향수와 화장품류가 분류된다. 다만 의약품에 부가적인 제33류의 기능을 가진 경우에는 제33류에 분류하지 않고 제30류의 의약품으로 분류한다.
- 제34류 비누·유기계면활성제·조제 세제·조제 윤활제·인조 왁스·조제 왁스·광택용이나 연마용 조제품·양초와 이와 유사한 물품·조형용 페이스트(paste)·치과용 왁스와 플라스터(plaster)를 기본 재료로 한 치과용 조제품
  제34류에는 주로 지(脂), 유(油) 또는 왁스(예 비누, 특정조제윤활제, 조제왁스, 특정광택제, 또는 세척제, 양초)를 공업적인 처리를 하여 얻어진 물품이 분류되며, 특정의 인조제품(예 계면활성제, 계면활성조제품 및 인조왁스)도 포함된다.
- 제35류 단백질계 물질, 변성전분, 글루(glue), 효소
  제35류에는 카세인, 알부민, 젤라틴 및 기타의 단백질이 분류된다. 효소와 따로 분류되지 않은 효소도 제35류에 분류되지만, 제2102호에 분류되는 효모나 의료용으로 쓰이는 것은 제35류에 분류되지 않는다.
- 제36류 화약류, 화공품, 성냥, 발화성 합금, 특정 가연성 조제품
  제36류에는 화약류 및 폭약류를 포함한다. 이 물품은 연소에 필요한 산소분을 함유하며 연소할 때 고온에 대량의 가스를 발생하는 것을 특징으로 한 혼합물이다. 또한 화약 및 폭약의 점화에 필요한 보조조제품(전관, 디토네이터 등)도 이 류에 분류한다. 폭발성, 발화성 또는 가연성의 조제품으로서 빛, 소리, 연기, 불꽃 또는 스파크를 내는 것을 목적으로 한 것도(예 불꽃제품, 성냥, 페로세륨 및 특정 조제연료) 이 류에 분류된다.
- 제37류 사진용이나 영화용 재료
  제37류에는 사진용이나 영화용 재료로 사용되는 각종의 필름류가 분류되며 이에 해당되는 사진용 플레이트, 필름, 지, 판지 및 직물은 단색 또는 천연색으로 재생하기 위하여 파티클(또는 핵) 방사선은 물론 광자(또는 광) 감광선 물질이 필요한 반응을 일으키는데 충분한 에너지를 가진 광선 또는 기타 방사선으로 감광되는 일층 이상의 유제층을 가지고 있다.
- 제38류 각종 화학공업 생산품
  제38류에는 별도로 분류되지 않는 화학공업 및 그 관련 공업제품이 분류된다.

04 답 ④

귀금속 및 귀금속의 합금으로 이루어진 공구 등은 제71류에 분류된다(금은 세공품 또는 귀금속제 기타 제품).

> **📢 알아두기**
>
> **제82류에 분류되는 재질**
>
> 제82류에는 다음의 재료로 만들어진 날·작용단·작용면이나 그 밖의 작용하는 부분이 있는 것만을 분류한다. 다만, 블로램프(blow lamp)·휴대용 화덕·프레임을 갖춘 그라인딩휠(grinding wheel)·매니큐어·페디큐어 (pedicure) 세트와 제8209호의 물품은 제외한다.
> - 비금속(卑金屬)
> - 금속탄화물이나 서멧(cermet)
> - 귀석이나 반귀석(천연의 것, 합성·재생한 것)으로 비금속(卑金屬)·금속탄화물·서멧(cermet)의 지지물에 부착된 것
> - 연마재료로서 비금속(卑金屬)으로 만든 지지물에 부착된 것. 다만, 비금속(卑金屬)으로 만든 절삭치(cutting teeth)·홈과 이와 유사한 것을 가지는 물품으로서 연마제를 부착한 후에도 그 동일성과 기능을 가지는 경우로 한정한다.

05 답 ①

① 제8210호에도 음식물조리용 기구가 분류된다(금속 작용면이 있는 것에 한함). 이때 분쇄기, 추출기, 그 밖의 식품가공기기는 제8509호와의 분류에 있어 수동식이냐 전기식이냐의 차이로 구분되며, 핸드 그라인더는 수동식의 분쇄기이기 때문에 제8210호에 분류하여야 한다.

② 제85류 주규정에서 특별히 언급하지 않는 얼음분쇄기는 20kg 이하의 것으로 한정하여 제8509호에 분류될 수 있다.

③·④ 바닥광택기, 채소즙 추출기는 중량에 관계없이 제8509호에 분류되는 물품이다.

> **📢 알아두기**
>
> **제8210호의 수동식 기계기구**
>
> 제8210호에는 일반적으로 손으로 조작되고 한 개의 중량이 10kg 이하의 것으로서 음식물의 조리나 제공에 사용하는 전기식이 아닌 기기를 포함한다.
> 이 호에 있어서 크랭크핸들(crank-handles), 기어링(gearing), 아르키메디안 스크루액션(archimedean screw-actions), 펌프 등과 같은 기구를 갖는 것이면 기계적인 것으로 간주한다. 그러나 간단한 레버(lever)나 플런저 (plunger) 액션을 갖춘 것에 있어서는 벽이나 그 밖의 표면에 고정하도록 제작되지 않았거나 테이블·상 등에 세워놓기 위한 베이스 플레이트(base plates)에 부착되어 있지 않은 한 이 호에 분류하는 기구의 특성을 갖는 것으로 취급되지 않는다.

06 답 ④

"소매판매"는 추가 제조·조제·재포장·다른 물품과 함께 또는 다른 물품 안에 혼합한 이후 재판매하도록 한 제품의 판매를 포함하지 않는다. 따라서 "소매용으로 하기 위하여 세트로 된 물품"이라는 용어는 개별 물품들이 함께 사용될 예정인 경우에 최종사용자에게 판매될 물품으로 구성된 세트만을 포함한다.

07 답 ④

어린이가 탈 수 있도록 설계된 바퀴달린 완구나 어린이용 자전거는 제9503호에 분류된다. 이때 어린이용이라도 이륜자전거는 제87류의 자전거에 분류됨을 유의하여야 한다.

> 📢 **알아두기**
>
> **제87류 철도용이나 궤도용 외의 차량과 그 부분품·부속품 주규정**
> - 이 류에는 궤도주행 전용으로 설계된 철도용이나 궤도용 차량을 제외한다.
> - 이 류에서 "트랙터"란 주로 다른 차량·기기·화물을 끌거나 밀기 위하여 제작된 차량을 말한다(트랙터의 주용도에 따라 공구·종자·비료나 그 밖의 물품의 수송용 보조기구를 갖추었는지에 상관없다). 호환성 장치로서 제8701호의 트랙터에 부착시키도록 설계된 기계와 작업도구는 트랙터와 함께 제시된 경우에도 각 해당 호로 분류하며 이들이 트랙터에 장착된 것인지에 상관없다.
> - 운전실이 있고 원동기를 부착한 자동차 섀시는 제8706호로 분류하지 않고 제8702호부터 제8704호까지로 분류한다.
> - 제8712호에는 각종 어린이용 이륜자전거를 포함하며, 그 밖의 어린이용 자전거는 제9503호로 분류한다.

08 답 ③

키보드, 엑스-와이 코디네이트 입력장치 및 디스크 기억장치를 포함한 입력장치 및 보조기억장치는 분리되어 제시되는 경우에도 제8471호에 분류된다.

> 📢 **알아두기**
>
> **제8471호에서 자동자료처리기계의 분류**
> 다음 물품은 분리되어 제시되는 경우 제8471호로 분류되지 않는다.
> - 프린터, 복사기, 팩시밀리(결합되었는지에 상관없다)
> - 음성, 영상이나 그 밖의 데이터를 송신하거나 수신하기 위한 기기[유선이나 무선 네트워크(예를 들어 근거리 통신망이나 원거리 통신망)에서 통신을 위한 기기를 포함한다]
> - 확성기, 마이크로폰
> - 텔레비전 카메라, 디지털 카메라, 비디오카메라레코더
> - 텔레비전 수신기기를 갖추지 않은 모니터와 프로젝터

09 답 ③

① 염장한 설육은 설육이 분류되는 제2류에 분류된다.
② 익히는 것은 조리에 해당하므로 제3류의 가공도에서 벗어나 16류에 분류된다.
④ 빵 등 베이커리 제품은 제19류에 분류된다.

10 답 ③

제54류와 제55류는 혼방섬유의 분류에 있어 하나의 류로 간주한다. 따라서 54류와 55류의 방직용 섬유재료가 제시되었다면 이들의 합을 합성섬유재료로서 제50류 내지 제53류와의 관계를 판단하여야 한다.

> **◀◞ 알아두기**
>
> **혼방섬유의 분류기준**
>
> 제50류부터 제55류까지·제5809호나 제5902호로 분류되는 물품으로서 두 가지 이상의 방직용 섬유재료로 구성된 물품은 구성하는 방직용 섬유 중 최대중량을 차지하는 것으로 된 물품으로 분류한다. 구성하는 방직용 섬유 중 최대중량을 차지하는 섬유가 없을 경우에는 동일하게 분류가 가능한 호 중에서 가장 마지막 호에 해당하는 물품으로 분류한다.
> 단, 분류 시 아래의 사항을 추가로 고려하여야 한다.
> • 짐프한마모사(제5110호)와 금속드리사(제5605호)는 하나의 방직용 섬유재료로 보며, 그 중량은 이를 구성하는 중량의 합계에 따른다. 또한 직물의 분류에서는 직물의 일부를 구성하는 금속사도 방직용 섬유재료로 본다.
> • 해당 호의 결정은 우선 류를 결정한 후, 그 류에 속하는 적절한 호를 결정하여야 하며, 해당 류로 분류되지 않는 재료는 고려하지 않는다.
> • 제54류와 제55류는 그 밖의 다른 류와의 관계에서 하나의 류로 본다.
> • 동일한 류나 호에 해당하는 서로 다른 방직용 섬유재료는 그 밖의 다른 류나 호와의 관계에서 하나의 방직용 섬유재료로 본다.

11 답 ①

② 가죽으로 된 지갑은 제42류에 분류된다.
③ 회중시계는 제91류에 분류되며 제71류의 신변장식용품에는 회중시계의 줄, 시계용 체인만이 분류된다.
④ 기념주화는 재질에 따라 분류되며 신변장식용품과 동일한 제71류에 분류되긴 하나 그렇다고 해서 기념주화가 신변장식용품의 범주에 포함되지는 않는다.

> **◀◞ 알아두기**
>
> **신변장식용품의 종류 및 구분**
>
> • 신변장식용품
>   – 각종의 소형 신변장식용품[예] 반지·팔찌·목걸이·브로치·귀걸이·시계용 체인·회중시곗줄·펜던트(pendant)·타이핀(tie-pin)·커프링크(cuff-link)·의복 장식용 단추·종교용이나 그 밖의 용도의 메달과 기장]
>   – 일반적으로 주머니·핸드백이나 신변에 휴대하여 사용하는 개인용품[예] 시가나 궐련케이스·코담배박스·구중제갑(cachou box)이나 환약갑·화장갑·돈지갑·묵주]
> 이러한 물품은 천연진주·양식진주·귀석·반귀석·합성하거나 재생한 귀석·반귀석, 거북귀갑, 진주 모패(母貝)·상아(ivory)·천연 또는 재생 호박·흑옥·산호 등과 결합되어 있거나 세트로 되어 있는 것인지에 상관없다.
> • 모조신변장식용품
> 신변장식용품(제9606호의 단추나 그 밖의 물품, 제9615호의 빗·헤어슬라이드나 이와 유사한 것·헤어핀은 제외한다)으로서 천연진주·양식진주나 귀석·반귀석(천연의 것, 합성·재생한 것)을 사용하지 않은 것과 귀금속이나 귀금속을 입힌 금속을 사용하지 않은 것(귀금속을 도금하거나 미미한 구성물로 사용한 경우는 제외한다)을 말한다.

12 답 ③

조형용 페이스트는 제34류에 분류된다(3407호). 천연의 지점토는 제25류에 분류되지만 지점토를 조형용으로 사용하기 위해서는 화학물질을 첨가하여 점성 등의 특성을 부여하는 혼합과정이 있기 때문에 화학제품으로 분류된다.

13 답 ②

② 합금은 구성비 중 최대중량의 비금속으로 분류하므로 미세하게 함유된 비금속은 그 분류에 영향을 미치지 못한다.

① 구리의 함유량이 제일 많은 경우 구리의 합금으로 보아 해당류에 분류하며 구리 및 그 제품이 분류되는 류는 제74류이다.

③ 합금의 경우 합금으로 보는 금속으로 전부 구성되어 있는 것으로 보며 그 합금으로 만든 제품의 경우 다른 류에 분류되지 않는 한 합금으로 판정한 비금속의 류에 분류한다.

④ 위 제품에 제28류의 화학적 조성이 단일한 물질을 함유한다면 합금의 합을 제28류의 물질의 중량비와 비교하여 더 높은 쪽의 류로 분류한다.

> 📢 **알아두기**
>
> **합금의 분류기준**
> 합금의 분류는 다음 각 목에서 정하는 바에 따른다[제72류와 제74류의 주에서 정의한 합금철(ferro-alloy)과 모합금(master alloy)은 제외한다].
> • 비금속(卑金屬)의 합금은 함유중량이 가장 많은 금속의 합금으로 본다.
> • 이 부의 비금속(卑金屬)과 이 부에 해당되지 않는 원소로 구성된 합금의 경우 이 부의 비금속(卑金屬)의 중량을 합계한 것이 그 밖의 원소의 중량을 합계한 것 이상이면 이 부의 비금속(卑金屬)의 합금으로 본다.
> • 이 부의 합금에는 금속 가루의 혼합물을 소결(燒結)한 것과 용융(鎔融)으로 제조한 금속의 불균질한 혼합물[서멧(cermet)은 제외한다]과 금속간 화합물이 포함된다.

14 답 ④

ㄹ. 가장자리를 접어 감치거나 단을 댄 물품이나 가장자리에 결절술을 댄 물품(직물의 절단된 가장자리를 감치거나 그 밖의 단순한 방법으로 풀리지 않도록 한 것은 제외한다)

ㅅ. 특정 모양의 메리야스 편물이나 뜨개질 편물(분리된 부분이나 특정 길이의 여러 모양으로 제시되었는지에 상관없다)

15 답 ③

거실의 장식용품은 제3926호에 분류된다. 단, 장식용 건축물[예] 플루팅(fluting)·둥근 지붕·비둘기장] 과 같은 경우에는 제3925호에 분류할 수 있다. 장식의 용도가 건축용으로 쓰이는지 보편적인 이동장식품인 지에 따라 분류가 달라진다.

🔊 알아두기

제3925호에 분류되는 물품

제3925호는 제2절에서 해당 호보다 선행하는 각 호에 해당하는 물품을 제외한 다음 각 목의 것에만 적용한다.
- 저장기·탱크(오수정화조를 포함한다)·배트(vat)와 이와 유사한 용기로서 용량이 300리터를 초과하는 것
- 마루·벽·칸막이·천장·지붕 등의 건축용 재료
- 홈통과 이들의 연결구류
- 문·창과 이들의 틀과 문지방
- 발코니·난간·울타리·대문과 이와 유사한 장벽
- 셔터·블라인드[베네치안 블라인드(venetian blind)를 포함한다]와 이와 유사한 물품, 이들의 부분품과 연결 구류
- 조립용과 영구시설용 대형선반(예] 상점용·작업장용·창고용)
- 장식용 건축물[예] 플루팅(fluting)·둥근 지붕·비둘기장]
- 건물의 문·창·계단·벽이나 그 밖의 부분의 영구시설용 연결구류와 설비품[예] 노브(knob)·손잡이·걸대· 받침걸이·수건걸이·스위치플레이트(switch plate)와 그 밖의 보호용 널판]

16 답 ③

합성고무는 황으로써 가황하여 원래상태로 회복이 불가능한 비열가소성 물질로서 섭씨 18도에서 29도 사이 의 연신/복원 기준이 다음에 해당하여야 한다.
- 원래길이의 3배로 늘여도 끊어지지 않을 것
- 원래길이의 2배로 늘린 후 5분 이내에 원래길이의 1.5배 이하로 되돌아갈 것

🔊 알아두기

제40류의 합성고무

제4001호와 제4002호에서 "합성고무"란 다음의 것을 말한다.
- 황으로써 가황하여 비열가소성 물질로 변형되어 원상태로의 회복이 불가능하게 되고, 섭씨 18도와 29도 사이의 온도에서 원래의 길이의 3배로 늘려도 끊어지지 않고, 원래의 길이의 2배로 늘린 후 5분 이내에 원래의 길이의 1.5배 이하로 되돌아가는 불포화 합성물질(이 시험에서 가황활성제나 가황촉진제와 같은 가교에 필요한 물질이 첨가될 수 있다. 단, 증량제·가소제·충전제와 같이 가교에 불필요한 물질은 첨가할 수 없다)
- 티오플라스트(thioplast)(티엠)
- 플라스틱과 그라프팅이나 혼합으로 변성된 천연고무, 해중합된 천연고무, 포화 합성고중합체와 불포화 합성물질 의 혼합물(가황·늘림·복원성에 관한 요건을 충족하는 것으로 한정한다)

17 답 ④

일반적으로 제7류의 건조한 채소류에는 원상의 것, 절단한 것, 얇게 썬 것, 부순 것, 가루모양인 것이 분류된다. 제0712호의 건조한 채소류가 분류되는 호는 제0701호부터 제0711호까지 분류되는 채소류의 것조한 것을 모두 포함하므로 제0703호에 분류되는 마늘의 건조한 가루형태는 역시 제7류에 분류된다.

> **📢 알아두기**
>
> **제0712호의 건조한 채소 및 제7류의 가공도**
> - 제0712호의 건조한 채소
>   제0712호는 제0701호부터 제0711호까지에 해당하는 채소의 건조한 것을 모두 포함하며, 다음의 것은 제외한다.
>   - 건조한 채두류(菜豆類)(꼬투리가 없는 것으로 한정한다)(제0713호)
>   - 제1102호부터 제1104호까지에 열거된 모양의 스위트콘
>   - 감자의 고운 가루·거친 가루·가루·플레이크(flake)·알갱이·펠릿(pellet)(제1105호)
>   - 제0713호의 건조한 채두류(菜豆類)의 고운 가루·거친 가루·가루(제1106호)
> - 제7류 분류물품의 가공도
>   - 신선·냉장·냉동(조리하지 않은 것 또는 물에 삶거나 쪄서 조리한 것) 또는 용액에 일시 저장처리나 건조(탈수, 증발 또는 냉동건조 포함)시킨 채소
>   - 원상의 것, 얇게 썬것, 잘게 썬 것, 조각으로 된 것, 펄프상태의 것, 부스러진 것, 탈피 또는 탈각한 것
>   - 공기조절포장에 따른 방법으로 포장된 것

18 답 ④

"선"이란 횡단면의 모양과 상관없이 전체를 통하여 균일하고 중공이 없는 코일모양의 냉간 성형제품으로서 평판압연제품의 정의에 해당하지 않는 것을 말한다.

19 답 ③

슈트의 구성부분에는 스커트나 치마바지를 포함하지만, 멜빵과 가슴받이가 모두 없는 것으로 한정한다.

> **📢 알아두기**
>
> **슈트의 정의**
> 겉감이 동일 직물로 제조된 두 부분이나 세 부분으로 구성된 세트의류로서 다음의 구성 부분으로 이루어진 것을 말한다.
> - 상반신용 슈트코트나 재킷 한 점[소매 부분 이외의 겉감이 상반신용으로 재단된 4개 이상의 단으로 되어 있고, 봉제된 조끼(앞부분은 동 세트의류를 구성하는 다른 부분의 겉감과 동일 직물로 되어 있으며, 뒷부분은 슈트코트나 재킷의 안감과 동일 직물로 된 것)가 추가로 있을 수 있다]
> - 하반신용 의류 한 점[긴 바지·짧은 바지(breeches)와 반바지(shorts)(수영복은 제외한다)·스커트나 치마바지로서 멜빵과 가슴받이가 모두 없는 것으로 한정한다]
> - 슈트의 구성 부분이 되는 의류는 직물의 조직·색채·조성이 모두 동일하여야 한다. 또한 스타일도 동일하고 치수가 서로 적합하거나 조화를 이루어야 한다. 다만, 다른 직물로 된 파이핑(piping)[솔기(seam) 모양으로 꿰매진 직물의 스트립(strip)]이 있을 수 있다. 두 가지 이상의 하반신용 의류가 함께 제시되는 경우[예] 긴 바지 두 벌, 긴 바지와 반바지(shorts), 스커트나 치마바지와 바지]에는 긴 바지 한 벌(여성용이나 소녀용은 스커트나 치마바지)을 슈트의 하반신용 구성 부분으로 보며, 그 밖의 의류는 슈트의 구성 부분으로 보지 않는다.
> - 슈트에는 위의 모든 조건에 합치하는지에 상관없이 모닝드레스, 이브닝드레스 및 디너재킷슈트를 포함한다.

20 답 ①

① 플라스틱을 도포 피복하였으나 이를 육안으로 확인할 수 없는 방직용 섬유의 직물은 제5903호의 도포, 피복 직물류에서는 제외되지만, 방직용 섬유의 재질에 따라 제50류 내지 제55류, 제58류, 제60류 중 적합한 호에 분류하므로 11부에 분류되는 물품이다.

② 털을 제거하지 않은 원피 : 제41류

③ 면 재료로 제작된 가방 : 제42류(제4202호의 케이스, 가방 등은 재질을 불문하고 분류한다)

④ 플라스틱으로 만든 모노필라멘트로 횡단면의 치수가 1밀리미터를 초과하는 것 : 제39류

21 답 ①

임산부용 벨트나 근육에 대한 지지구 같이 제품의 탄성으로 신체기관에 의도된 효과를 발생시키는 방직용 섬유의 지지구는 재질에 따라 제11부에 분류된다.

22 답 ③

향신료에 소금을 첨가한 것은 향신료의 특성을 유지하는 한 제9류에 분류된다. 보기는 소금에 향신료에 분류되는 성분이 각 1%씩 함유된 것으로 이는 향신료라고 볼 수 없고, 소금으로 분류하여야 한다. 단 1%의 함유라 하더라도 소금의 본질적 특성을 잃은 경우 제21류의 혼합향신료 또는 기타 조제식료품으로 분류될 수 있다.

> **📢 알아두기**
>
> **향신료의 분류기준**
> • 향신료간의 혼합물
> 제0902호 내지 제0910호의 혼합물 분류에 있어 같은 호에 해당하는 혼합물은 해당호에 분류하되 다른 호에 해당하는 물품의 혼합물은 제0910호에 분류한다.
> • 향신료 이외의 물질을 첨가한 경우
> 그 결과로서 생긴 혼합물이 해당 호에 해당하는 물품의 주요특성을 유지하는 한 분류에 영향을 미치지 않는다. 그렇지 않은 경우에는 제9류에 분류할 수 없고 통상 제21류에 분류한다. 본 규정은 주로 다음의 물질이 첨가된 향신료와 혼합향신료에 적용된다.

23 답 ③

인쇄회로에는 인쇄공정 중에 얻어지는 소자 외의 소자가 결합된 회로와 개별, 불연속 저항기, 축전기나 인덕턴스는 포함하지 않는다.

> **📢 알아두기**
>
> **제8534호의 인쇄회로**
> 제8534호에서 "인쇄회로"란 인쇄제판기술[예 양각·도금·식각(etching)]이나 막(膜) 회로기술로 도체소자·접속자나 그 밖의 인쇄된 구성 부분[예 인덕턴스(inductance)·저항기·축전기]을 절연기판 위에 형성하여 만든 회로를 말한다. 다만, 해당 구성 부분이 미리 정하여진 패턴에 따라 상호 접속되어 있는지에 상관없으며 전기적인 신호를 발생·정류·변조·증폭할 수 있는 소자[예 반도체소자]는 제외한다. 인쇄회로에는 인쇄공정 중에 얻어지는 소자 외의 소자가 결합된 회로와 개별·불연속 저항기, 축전기나 인덕턴스(inductance)는 포함하지 않는다. 다만, 인쇄회로에는 인쇄되지 않은 접속용 소자가 부착되어 있는 것도 있다. 동일한 기술공정에서 얻어지는 수동소자와 능동소자로 구성되는 박막회로(thin-film circuit)나 후막회로(thick-film circuit)는 제8542호로 분류한다.

24 답 ②

제8486호 분류 시 반도체 디바이스에는 감광성 반도체 디바이스는 포함된다.

> ### 📢 알아두기
>
> **반도체 디바이스와 전자집적회로**
> - 제85류의 주 제9호 가목과 나목의 "반도체디바이스"와 "전자집적회로"의 표현은 이 주와 제8486호에서도 적용된다. 다만, 이 주와 제8486호의 목적에 따라 "반도체디바이스"는 감광성 반도체디바이스와 발광다이오드(엘이디)를 포함한다.
> - 이 주와 제8486호의 목적상 "평판디스플레이의 제조"는 기판을 평판으로 제조하는 것을 포함한다. "평판디스플레이의 제조"는 유리 제조나 평판 모양인 인쇄회로기판의 조립이나 그 밖의 전자소자 조립은 포함하지 않는다. "평판디스플레이"는 음극선관 기술을 포함하지 않는다.
> - 제8486호에는 다음에 전용되거나 주로 사용되는 기계를 분류한다.
>   - 마스크와 레티클의 제조ㆍ수리
>   - 반도체디바이스나 전자집적회로의 조립
>   - 보울, 웨이퍼, 반도체디바이스, 전자집적회로와 평판디스플레이의 권양, 취급, 적하나 양하
> - 제16부의 주 제1호와 제84류의 주 제1호의 규정에 따라 적용될 호가 정하여지는 경우를 제외하고, 제8486호의 표현을 만족하는 기계는 이 표의 다른 호로 분류하지 않으며, 제8486호로 분류한다.

25 답 ②

고무를 침투, 도포, 피복하거나 적층한 방직용 섬유의 직물류로서 1제곱미터당 중량이 1,500그램 이하인 것을 제5906호에 분류한다. 다만, 중량이 1,500그램 초과인 경우에도 방직용섬유의 중량비가 100분의 50을 초과하는 경우 제5906호에 분류한다.

> ### 📢 알아두기
>
> **제5906호 고무가공을 한 방직용 섬유의 직물류**
> - 고무를 침투ㆍ도포ㆍ피복하거나 적층한 방직용 섬유의 직물류
>   - 1제곱미터당 중량이 1,500그램 이하인 것
>   - 1제곱미터당 중량이 1,500그램을 초과하며 방직용 섬유의 함유량이 전 중량의 100분의 50을 초과하는 것
> - 제5604호의 고무를 침투ㆍ도포ㆍ피복하거나 시드한 실ㆍ스트립ㆍ그 밖에 이와 유사한 것으로 만든 직물류
> - 고무로 응결시킨 방직용 섬유사를 병렬로 놓아 만든 직물류(제곱미터당 중량에 상관없다)

01	02	03	04	05	06	07	08	09	10
①	④	④	④	③	③	④	④	④	①
11	12	13	14	15	16	17	18	19	20
②	④	③	③	②	②	③	④	①	②
21	22	23	24	25					
④	①	③	②	③					

01 답 ①

한-ASEAN FTA에서 불인정공정에 해당하는 단순한 가공활동이란 그 활동을 수행하기 위하여 특별히 생산되거나 설치된 특별한 기술, 기계, 기기 또는 장비를 필요로 하지 아니하는 활동을 말한다.

◀╏◖ 알아두기

한-ASEAN FTA 불인정공정
- 운송 혹은 저장 중에 상품을 우수한 상태로 보존하기 위한 보존 공정
- 포장의 변경, 포장의 해체 및 조합
- 먼지, 산화물, 기름, 페인트 또는 그 밖의 막의 단순한 세척, 세정, 제거
- 단순한 도장 및 광택 공정
- 곡물 및 쌀의 탈각, 부분 또는 전체 표백, 연마 및 도정
- 당류 채색 또는 각설탕 공정
- 단순한 껍질 벗기기, 씨제거, 또는 탈각
- 연마, 단순한 분쇄 또는 단순한 절단
- 채질, 선별, 구분, 등급 분류, 등급화, 매칭
- 병, 캔, 플라스크, 가방, 케이스, 상자에 단순히 담기, 카드 또는 판자에 고정하기 및 모든 다른 단순한 포장 공정
- 표식, 라벨, 로고 및 상품 또는 그 포장에 식별 표지와 같은 것의 첨부 또는 인쇄
- 다른 종류간이건 아니건 생산품의 단순한 혼합
- 완전한 물품을 구성하기 위한 그 부품의 단순한 조합 또는 생산품을 부품으로 해체하기
- 단순한 실험 또는 측정
- 동물의 도축

02 답 ④

역외가공비율을 산정할 때 역내에서 가공한 반제품을 공급하는 경우 해당 제품은 역외가공비율 산정 시 제외한다.

03 답 ④

중국은 재료누적만 인정한다.

구 분	칠레, 싱가포르, 페루, 미국, 호주, 캐나다, 뉴질랜드, 콜롬비아	EFTA, ASEAN, 인도, EU, 튀르키예, 중국, 베트남, 중미, 영국, RCEP, 인도네시아, 캄보디아, 이스라엘
재료누적	○	○
공정누적	○	×

04 답 ④

완전생산기준은 1개 국가에서 제품이 모두 생산된 것을 말하는 일반적 기준이다. 통상적으로 원재료부터 최종제품까지 1개 국가에서만 생산하는 빈도가 현재는 적긴 하지만 그렇다고 해서 1차생산품만 완전생산기준을 적용할 수 있는 것은 아니다. 즉, 완전생산기준은 1개 당사국에서 재료단계부터 최종제품 생산까지 모두 이루어졌다면 이를 완전생산으로 볼 수 있다.

05 답 ③

ASEAN FTA도 제3국송장은 허용된다. 다만, 원산지증명서에 제3국송장 발행임을 체크하고 제3국송장 발행인 및 정보가 확인되어야 한다.

06 답 ③

RCEP협정에서 역내부가가치비율 계산 시 공제법과 집적법을 모두 사용할 수 있다. 이때 기준가격은 FOB가격을 기초로 한다.

07 답 ④

원산지표시 제도는 FTA와는 별개의 문제이며, 우리나라 원산지표시 제도는 대외무역법에서 다루고 있다. FTA협정에 따른 원산지 판정으로 원산지를 표시하는 것은 아니다.

08 답 ④

인도 CEPA는 제61류 내지 제63류의 의류제품에 대하여 Fabric forward 기준을 적용하기 때문에 역외산 원사로부터 생산된 의류도 원산지로 인정된다.

09 답 ④

간접재료란 제품의 생산을 위해 사용되는 필요한 요소이나 물리적, 화학적으로 결합되지 않는 재료 또는 설비 등을 말한다.
간접재료를 예로 들면 다음과 같다.
- 촉매, 연료, 공구, 주형, 작업복, 윤활유
- 상품의 시험 및 검사용 설비, 장치, 소모품
- 설비, 건물 유지보수용 부품, 재료
- 생산에 사용된 그 밖의 재료로서 합리적으로 입증될 수 있는 것

10 답 ①

최소허용기준은 대부분의 협정이 10% 이하까지 허용하고 있으나 일부 협정에서는 그렇지 않기 때문에 보기의 품목별 원산지결정기준에 역외산재료 10% 사용허가는 공통적으로는 적용될 수 없다.

11 답 ②

FTA협정 중 뉴질랜드, 중국, 베트남의 경우 섬유에 대한 최소허용기준 적용 시 HS 제50~제63류에 해당하는 섬유 및 의류제품은 중량과 가격기준 중 선택하여 사용이 가능하다. 그 외 협정에서는 섬유에 대하여 중량비율로 적용한다.

12 답 ④

④ MC법 계산 시에는 공장도가격을 기초로 하므로 공장도가격 6,500유로에서 비원산지재료비 3,000유로에 대하여 적용 시 46%가 계산된다.

① 본 사례에서 순원가는 6,500유로이다. 순원가법 적용 시 비원산지재료는 총 3,000유로이므로 산출비율은 53%가 된다. 다만, 순원가법은 자동차에 한해 적용되는 예외적 방법이므로 본 사례에는 적용될 수 없다.

③ 집적법 역시 EU FTA의 부가가치 계산법은 아니다.

13 답 ③

어떠한 사유에 의하더라도 한-뉴질랜드 FTA에서는 운송에 사용되는 용기비용은 원산지 판정 시 고려하지 않는다.

14 답 ③

ASEAN, 캐나다, 베트남과의 FTA에서는 세번변경기준 적용 시 부속품, 예비부품 및 공구에 대한 원산지를 고려하지 않는다.

15 답 ②

중국, 콜롬비아, 베트남, 뉴질랜드 FTA 모두 소매용 용기 및 포장에 대하여 부가가치기준 적용 시에는 원산지별로 구분하여 판단하되, 세번변경기준에서는 이를 고려하지 않는다.

16 답 ②

EU에서는 영해에서 취득한 어획물의 완전생산기준에 대하여 선박의 등록 및 국기게양에 대한 요건과 우리나라 소속 국민의 선박소유권이 50퍼센트 이상인 것을 추가조건으로 한다.

17 답 ③

수입원재료의 재료비 계상은 원재료 가격, 운송비를 더하여 외국원재료로 반영할 수도 있고 운송비를 제외하는 방법도 있을 수 있다. 호주 FTA의 경우 수입원재료의 기준가격을 CIF로 정하고 있으며, CIF는 수입국까지의 운임과 보험료를 모두 더한 금액이기 때문에 운임과 보험료를 포함하지 않는 FOB를 기준가격으로 하고 있는 칠레, 미국과는 규정이 다르다.

- 칠레, 미국과의 FTA : 실제지급가격에서 국제운송비를 공제하여 산출한다.
- 싱가포르 FTA : 실제지급가격에서 국제운송비를 가산하여 산출한다.
- 호주, 뉴질랜드, 콜롬비아와의 FTA : 실제지급가격을 운임보험료가 포함된 CIF가격으로 한다. 실제지급가격에 동 금액이 포함되지 않은 경우 이를 가산하여 산출한다.

18 답 ④

미소기준(최소허용기준)은 세번변경기준에만 사용되는 기준이다. 따라서 이를 통해 부가가치율을 변동시킬 수는 없다.

19 답 ①

ㄱ. 세트물품에서 기준가격은 조정가치로서 국제운임을 제외하였기 때문에 FOB와 동일한 효과의 금액이다.
ㅁ. 한-미국 FTA에서 중간재는 지정할 필요가 없다.

20 답 ②

칠레 FTA에서는 공제법과 집적법의 선택이 가능하다.

구 분	싱가포르, 인도, 중국	칠레, ASEAN, 페루, 미국, 호주, 뉴질랜드, 베트남, 콜롬비아, 중미, RCEP, 인도네시아, 캄보디아	EFTA, EU, 튀르키예, 캐나다, 영국, 이스라엘
계산방법	공제법	공제법, 집적법	MC법
예 외	-	미국, 콜롬비아는 자동차 관련 제품 순원가법 선택가능	캐나다는 자동차 관련 제품 집적법, 순원가법 선택가능

21 답 ④

한-미 FTA에서 석유화학제품의 생산에 있어서는 가공공정기준을 충족하는 경우 세번변경이 발생하지 않아도 원산지로 인정된다.

22 답 ①

EFTA FTA에서 협정의 원산지규정에서는 중간재에 대한 목차는 다루고 있지 않다. 다만 원산지규정의 2절 제5조에서는 "제조에 사용된 비원산지 재료에 수행할 작업 또는 가공을 지칭하며, 그러한 재료에 한하여 적용한다. 따라서 당사국의 동일한 공장 또는 다른 공장에서 제조되었는지 여부에 관계없이, 규정된 조건을 충족하여 원산지 지위를 획득한 상품이, 다른 상품의 제조에 재료로 사용된 경우, 그러한 다른 상품에 적용되는 조건들은 재료로 사용되는 상품에는 적용하지 아니하며, 따라서 다른 상품의 제조에 재료로 사용되는 그러한 상품에 통합된 비원산지 재료는 고려하지 아니한다"라고 규정하여 중간재에 대한 내용을 설명하고 있다.
해당 규정에서 동일한 공장 또는 다른 공장이라 범위를 지정하였기 때문에 반드시 자가생산품에 대하여만 이를 적용하는 것이 아니라 역내생산품의 경우 모두 인정되는 것으로 해석하여야 한다.

23 **답** ③

직접운송에 대한 규제가 품목에 설정되어 있는 경우도 있지만 일반적으로 협정상의 일반요건으로 규제하고 있다. 한–EU FTA도 직접운송원칙에 대한 조건을 설정하고 있는 협정으로 단일 탁송화물에만 직접운송원칙의 예외를 제한적으로 허용한다.

24 **답** ②

RCEP와의 협정에서는 재수입물품에 대한 원산지 지위를 인정하지 않는다.

25 **답** ③

한–뉴질랜드 FTA는 운송목적의 분리까지는 허용된다.

협 정	제3국 공통 허용작업	제3국 개별 허용작업
싱가포르		크레이팅, 포장, 재포장
EFTA		탁송품의 분리, 파이프라인 운송
ASEAN, 베트남		–
인 도		–
EU, 튀르키예, 영국	하역, 재선적, 상품보관작업	–
페 루		재포장
호 주		운송목적의 분리, 보관, 재포장, 재라벨링
중 국		운송목적의 분리
뉴질랜드		운송목적의 분리
콜롬비아		운송목적의 분리

01	02	03	04	05	06	07	08	09	10
①	③	④	③	③	③	①	③	④	③
11	12	13	14	15	16	17	18	19	20
③	④	②	④	④	①	③	①	②	④
21	22	23	24	25					
④	②	③	①	③					

01 답 ①

① 전기용품은 전기용품 안전인증 등을 받아야 국내로 수입할 수 있다. 다만, 개인이 사용하는 1대의 전기용품은 수입인증 등이 면제되어 요건을 받지 않고 수입이 가능하다.

② 상표권이 등록된 제품의 모조품은 지식재산권을 침해하는 물품에 해당되므로 수입을 할 수 없다. 상표권은 속지주의로 특허를 취득한 국가에서만 효력을 발휘하므로 우리나라를 제외한 국가에서 특허등록된 것이라면 우리나라에서는 효력이 없으니 유의하여야 한다. 단, 상표의 등록을 다른 국가를 포괄하여 하는 국제등록제도도 있으며, 그 근거조약인 마드리드 국제출원협정에 우리나라도 가입되어 있다.

③ 종자를 포함한 식물은 개인의 휴대수입도 금지되어 있다. 식물의 경우 식물방역법에 의해 검역증을 제출하고 농림축산검역본부의 검역절차를 받은 후 수입을 할 수 있으며, 종자의 경우 품종보호권에 의한 보호종인지 여부, 해외종자의 경우 국내 적응성 시험을 완료한 것인지 여부 등을 확인한 후 수입이 가능하다.

④ 헌법질서를 문란하게 하거나 공공의 안녕질서 또는 풍속을 해치는 음란물은 수입이 금지품목으로 규정되어 있다.

02 답 ③

관세포탈죄에 해당하는 다음의 경우 3년 이하의 징역 또는 포탈한 관세액의 5배와 물품원가 중 높은 금액 이하의 벌금을 부과한다(관세법 제270조 제1항).

• 세액결정에 영향을 미치기 위하여 과세가격 또는 관세율 등을 거짓으로 신고하거나 신고하지 아니하고 수입한 자

• 세액결정에 영향을 미치기 위하여 거짓으로 서류를 갖추어 사전심사 등을 신청한 자

• 법령에 따라 수입이 제한된 사항을 회피할 목적으로 부분품으로 수입하거나 주요 특성을 갖춘 미완성, 불완전한 물품이나 완제품을 부분품으로 분할하여 수입한 자

03 답 ④

아프가니스탄은 편익관세 적용대상 국가에서 제외되었다.

 알아두기

편익관세 적용대상 국가

아시아	부탄
중동	이란·이라크·레바논·시리아
대양주	나우루
아프리카	코모로·에디오피아·리베리아·소말리아
유럽	안도라·모나코·산마리노·바티칸·덴마크(그린란드 및 페로제도에 한정한다)

04 답 ③

도난된 보세구역 장치물품은 운영인 또는 화물관리인이 납세의무자가 된다.

⚖ **관련 법령**

관세법 제19조(납세의무자)

① 다음 각 호의 어느 하나에 해당하는 자는 관세의 납세의무자가 된다.

2. 제143조(선박용품 및 항공기용품 등의 하역 등) 제6항에 따라 관세를 징수하는 물품인 경우에는 하역허가를 받은 자

3. 제158조(보수작업) 제7항에 따라 관세를 징수하는 물품인 경우에는 보세구역 밖에서 하는 보수작업을 승인받은 자

4. 제160조(장치물품의 폐기) 제2항에 따라 관세를 징수하는 물품인 경우에는 운영인 또는 보관인

5. 제187조(보세공장 외 작업 허가) 제7항에 따라 관세를 징수하는 물품인 경우에는 보세공장 외 작업, 보세건설장 외 작업 또는 종합보세구역 외 작업을 허가받거나 신고한 자

6. 제217조(보세운송기간 경과 시의 징수)에 따라 관세를 징수하는 물품인 경우에는 보세운송을 신고하였거나 승인을 받은 자

7. 수입신고가 수리되기 전에 소비하거나 사용하는 물품인 경우에는 그 소비자 또는 사용자

8. 제253조(수입신고 전의 물품 반출) 제4항에 따라 관세를 징수하는 물품인 경우에는 해당 물품을 즉시 반출한 자

9. 우편으로 수입되는 물품인 경우에는 그 수취인

10. 도난물품이나 분실물품인 경우에는 다음 각 목에 규정된 자

　가. 보세구역의 장치물품(藏置物品) : 그 운영인 또는 화물관리인

　나. 보세운송물품 : 보세운송을 신고하거나 승인을 받은 자

　다. 그 밖의 물품 : 그 보관인 또는 취급인

11. 이 법 또는 다른 법률에 따라 따로 납세의무자로 규정된 자

12. 제1호부터 제11호까지 외의 물품인 경우에는 그 소유자 또는 점유자

05 답 ③

지식재산권의 침해가 명백한 경우에는 세관장이 직권으로 물품의 보류를 할 수 있다.

⚖️ **관련 법령**

관세법 제235조(지식재산권 보호)
③ 세관장은 다음 각 호의 어느 하나에 해당하는 물품이 제2항에 따라 신고된 지식재산권을 침해하였다고 인정될 때에는 그 지식재산권을 신고한 자에게 해당 물품의 수출입, 환적, 복합환적, 보세구역 반입, 보세운송 또는 제141조 제1호에 따른 일시양륙의 신고(이하 이 조에서 "수출입신고 등"이라 한다) 사실을 통보하여야 한다. 이 경우 통보를 받은 자는 세관장에게 담보를 제공하고 해당 물품의 통관 보류나 유치를 요청할 수 있다.
  1. 수출입신고된 물품
  2. 환적 또는 복합환적 신고된 물품
  3. 보세구역에 반입신고된 물품
  4. 보세운송신고된 물품
  5. 제141조 제1호에 따라 일시양륙이 신고된 물품

---

06 답 ③

최저 징수금액은 1만원 미만으로 한다. 다만, 1만원은 관세와 부가세 등의 내국세를 포함하여 세관장이 부과 징수하는 모든 세액의 합계액이 1만원 미만인 경우를 말한다. 따라서 관세가 1만원 미만이라고 하여 징수하지 않는 것은 아니다.

07 답 ①

- 과세물건
  - 휴대용선풍기 50대 : 75,000원
- 가산요소
  - 포장비(50대분에 한한다) : 2,500원
  - 수입항까지의 운임 : 20,000원
- 기 타
  - 보험은 부보하지 않았으므로 고려대상이 아니다.
  - 수입국 도착 후 보세구역에서 발생하는 보수작업료는 가산대상이 아니므로 고려하지 않는다.
  - 공제요소는 가격에 이미 포함된 경우에 한하여 해당 금액을 공제하여야 한다.

총 과세가격은 가산요소를 가산조정한 97,500원이고, 관세율 8%를 적용하면 관세는 7,800원이 된다.

08 답 ③

월별납부업체가 납부하는 관세는 그 납부기한이 경과한 날의 다음 날이 징수권 소멸시효의 기산일이 된다. 월별납부는 각 납부건별로 납부기한이 속하는 달의 마지막 날까지 일괄하여 납부하는 제도이므로 그 달의 마지막 날의 다음 날이 징수권 소멸시효의 기산일이 된다.

■》 알아두기

관세징수권 소멸시효의 기산일

신고납부	수입신고가 수리된 날부터 15일이 경과한 날의 다음 날
월별납부	납부기한이 경과한 날의 다음 날
보정신청	부족세액에 대한 보정신청일의 다음날의 다음 날
수정신고	수정신고일의 다음 날의 다음 날
부과고지	납부고지를 받은 날부터 15일이 경과한 날의 다음 날
수입신고 전 즉시반출	수입신고한 날부터 15일이 경과한 날의 다음 날
기타 납부고지	납부기한이 만료된 날의 다음 날

09 답 ④

종합보세구역의 지정요청자가 지정취소를 요청한 경우는 종합보세구역의 지정취소 사유에 해당한다.

■》 알아두기

종합보세구역의 지정취소 사유
• 종합보세구역의 지정요청자가 지정취소를 요청한 경우
• 종합보세구역의 지정요건이 소멸한 경우

10 답 ③

보세운송신고필증 신고에 대한 수리일로부터 보관기간은 2년이다. 정해진 보관기간을 초과하여 보관하는 것은 무방하나 법정보관기간은 2년이다.

■》 알아두기

서류의 보관기간
• 수입에 관련된 서류 등 : 해당 신고에 대한 수리일부터 5년
 – 수입신고필증
 – 수입거래관련 계약서 또는 이에 갈음하는 서류
 – 지식재산권의 거래에 관련된 계약서 또는 이에 갈음하는 서류
 – 수입물품 가격결정에 관한 자료
• 수출에 관련된 서류 등 : 해당 신고에 대한 수리일부터 3년
 – 수출신고필증
 – 반송신고필증
 – 수출물품・반송물품 가격결정에 관한 자료
 – 수출거래・반송거래 관련 계약서 또는 이에 갈음하는 서류

- 기타 화물관련 서류 : 해당 신고에 대한 수리일부터 2년
  - 보세화물반출입에 관한 자료
  - 적재화물목록에 관한 자료
  - 보세운송에 관한 자료

11 **답** ③

가공무역에 사용되는 무상의 원·부자재는 일반 수출입신고 대상이다.

> **📢 알아두기**
>
> **간이세율 적용대상**
> - 여행자 또는 외국을 오가는 운송수단의 승무원이 휴대하여 수입하는 물품
> - 우편물. 다만, 수입신고를 하여야 하는 것은 제외한다.
> - 탁송품 또는 별송품
>
> **수입신고를 하여야 하는 우편물**
> - 법령에 따라 수출입이 제한되거나 금지되는 물품
> - 관세법 제226조에 따라 세관장의 확인이 필요한 물품
> - 판매를 목적으로 반입하는 물품 또는 대가를 지급하였거나 지급하여야 할 물품
> - 가공무역을 위하여 우리나라와 외국 간에 무상으로 수출입하는 물품 및 그 물품의 원·부자재
> - 그 밖에 수출입신고가 필요하다고 인정되는 물품으로서 관세청장이 정하는 금액을 초과하는 물품

12 **답** ④

1평가방법을 적용할 수 없는 경우 중 사후귀속이익은 해당금액을 적절히 조정하여 1평가방법을 적용할 수 있다.

> **📢 알아두기**
>
> **평가방법을 적용할 수 없는 경우(관세법 제30조 제3항 관련)**
> - 처분 또는 사용상의 제한이 있는 경우
>   - 전시용·자선용·교육용 등 해당 물품을 특정용도로 사용하도록 하는 제한
>   - 해당 물품을 특정인에게만 판매 또는 임대하도록 하는 제한
>   - 기타 해당 물품의 가격에 실질적으로 영향을 미치는 제한
> - 금액으로 계산할 수 없는 조건 또는 사정이 있는 경우
>   - 구매자가 판매자로부터 특정수량의 다른 물품을 구매하는 조건으로 해당 물품의 가격이 결정되는 경우
>   - 구매자가 판매자에게 판매하는 다른 물품의 가격에 따라 해당 물품의 가격이 결정되는 경우
>   - 판매자가 반제품을 구매자에게 공급하고 그 대가로 그 완제품의 일정수량을 받는 조건으로 해당 물품의 가격이 결정되는 경우
> - 사후귀속이익이 있는 경우
>   수입한 후에 전매·처분 또는 사용하여 생긴 수익의 일부가 판매자에게 직접 또는 간접으로 귀속되는 경우 1평가방법을 적용할 수 없다. 단, 사후귀속이익을 적절히 조정할 수 있는 경우에는 이를 조정하여 1평가방법을 적용한다.

- 특수관계가 가격에 영향을 미친 경우
구매자와 판매자 간에 특수관계가 있어 그 특수관계가 해당 물품의 가격에 영향을 미친 경우 1평가방법을 적용할 수 없다.

13 답 ②

보세공장 원료과세의 신청은 사용신고 전까지 하여야 한다.

📢 알아두기

보세공장물품의 과세유형

- 제품과세
외국물품만으로 또는 외국물품과 내국물품을 원재료로 하여 제품을 생산한 경우 제품가격 전체를 과세가격으로 한다. 단, 혼용승인을 받은 경우 제품가격 중 외국원료가 차지하는 비율만큼을 과세가격으로 한다.
- 원료과세
사용신고 전에 미리 세관장에게 해당 물품의 원료인 외국물품에 대한 과세의 적용을 신청한 경우에는 사용신고를 할 때의 그 원료의 성질 및 수량에 따라 관세를 부과한다.

14 답 ④

납세의무자는 납세신고한 세액을 납부하기 전에 그 세액이 과부족하다는 것을 알게 되었을 때에는 납세신고한 세액을 정정할 수 있다. 또한 신고납부한 세액이 부족한 경우에는 보정기간이 지난 날부터 관세부과제척기간이 경과하기 전까지 수정신고를 할 수 있다.

📢 알아두기

세액 정정의 구분

구 분	대 상	신청시점	납부기한	추가금
정 정	과부족세액	세액 납부 전	당초 납부기한	없 음
보 정	부족세액 또는 세액산출의 기초가 되는 과세가격, 품목분류 등의 오류	신고납부한 날부터 6개월 이내	보정신청한 날의 다음날	보정이자
수 정	부족세액	보정기간 이후부터 관세부과 제척기간 내	수정신고한 날의 다음날	가산세 + 기간이자
경 정	과부족 (세관장 직권)	관세부과 제척기간 내	납부고지일부터 15일 이내	가산세 + 기간이자
경정청구	과다세액	최초 납세신고일부터 5년 이내	-	-

15 **답** ④

보세운송의 기간연장은 재해나 기타 부득이한 사유로 필요하다고 인정될 때만 할 수 있다. 또한 보세운송의 신청은 화물관리번호별로 신청하기 때문에 화물관리번호가 다른 둘 이상의 화물이 혼적될 수는 없다. 보세운송의 기간이 경과된 때에는 신고를 하거나 승인한 때의 성질과 수량으로 신고를 하거나 승인을 받은 자에게 관세를 징수한다. 이때 화물이 재해나 기타 부득이한 사유로 망실되어 세관장의 승인을 받아 물품을 폐기하였을 때에는 관세를 징수하지 않는다.

16 **답** ①

관세의 납부기한이 지난날부터 체납된 관세에 대하여는 100분의 3에 상당하는 납부지연 가산세를 징수한다. 또한 경과일수 대비 1일당 체납된 관세의 10만분의 22에 상당하는 이자를 합산하여 징수한다. 이때 가산세를 징수하지 않는 대상에는 국가, 지방자치단체가 직접 수입하는 물품과 국가 또는 지방자치단체에 기증되는 물품, 우편물(수입신고를 해야 하는 것은 제외한다)이 있다.

17 **답** ③

보세공장 외 작업에 대하여는 관할지 세관장에게 허가를 받아야 한다. 보세공장 외 허가를 한 경우 세관공무원은 물품이 반출될 때 필요한 경우 물품의 검사를 할 수 있다. 보세공장 외 작업장에서 사용할 물품 역시 보세공장처럼 사용할 물품을 공장 외 작업장에 직접 반입할 수 있다. 보세공장 외 작업기간이 경과된 경우 아직 작업장에 외국물품이나 제품이 있는 경우 작업허가를 받은 보세공장의 운영인(보세공장 외 작업의 허가를 받은 물품을 기간 내 재반입하지 않아 관세를 징수하는 경우에는 작업의 허가를 받은 자로부터 관세 등을 징수한다. 이때 허가는 보세공장 운영인이 신청하게 되므로 본 설명에서는 작업허가를 받은 운영인이라 서술하였다)으로부터 관세를 즉시 징수한다.

18 **답** ①

이의신청은 선택적 절차로서 납세의무자가 신청하지 않고자 한다면 바로 심사청구 또는 심판청구를 하는 것이 가능하다.

> **📢 알아두기**
>
> **불복청구의 구분**
> - 이의신청
>   관세청장이 조사결정한 처분 또는 처리하였거나 처리하였어야 하는 처분인 경우를 제외하고는 그 처분에 대하여 심사청구 또는 심판청구에 앞서 이 절에 따른 이의신청을 할 수 있다.
> - 심사청구
>   심사청구는 불복하는 사유를 심사청구서에 적어 해당 처분을 하였거나 하였어야 하는 세관장을 거쳐 관세청장에게 하여야 한다. 심사청구는 그 처분을 한 것을 안 날(처분의 통지를 받았을 때에는 그 통지를 받은 날)부터 90일 이내에 하여야 한다.
> - 심판청구
>   심판청구는 국세기본법의 규정을 준용하여 처분에 대한 불복신청을 하는 것으로 그 처분을 한 것을 안 날(처분의 통지를 받았을 때에는 그 통지를 받은 날)부터 90일 이내에 하여야 한다. 동일한 처분에 대하여는 심사청구와 심판청구를 중복하여 제기할 수 없다.
> - 행정소송
>   심사청구 또는 심판청구의 결과를 인정하지 않는 경우 그 결정을 통지받은 날부터 90일 이내에 처분청을 당사자로 행정소송을 제기할 수 있다.

19 답 ②

보세건설장의 경우 건설공사 완료보고일과 특허기간 만료일 중 먼저 도래한 날의 다음 날이 제척기간이
된다.

20 답 ④

21 답 ④

수입신고 전 즉시반출신고를 한 경우에는 즉시반출을 한 자로부터 즉시반출된 때의 성질과 수량으로 관세
를 부과한다.

22 답 ②

수정신고에 의한 가산세는 부족세액의 10%와 경과일수 1일당 10만분의 22에 해당하는 이자를 납부하여야
한다.

23 답 ③

수입물품에 대한 관세는 수입신고 수리일로부터 15일 이내에 납부하여야 한다. 이때 초일은 산입하지 않으
므로 일자에 그대로 15를 더하면 쉽게 납부기한을 계산할 수 있다. 사례의 수입신고 수리일은 6일이므로
15일을 더한 21일까지 관세를 납부하면 된다. 관세를 납부하기 전 정정신청 하는 것은 당초의 납부기한까지
관세를 납부하면 되므로 본 문제에서 정정은 고려할 필요가 없다. 납부기한이 공휴일(근로자의 날을 포함한
다), 토요일, 일요일에 해당한다면 그 다음 근무일까지 납부기한이 연장된다.

24 답 ①

수출신고가 수리된 물품은 보세구역 외 장치할 수 있는 물품에 해당하기는 하지만 별도의 허가가 필요하지는 않다. 수출신고는 수출자의 제조장소 등 보관하고 있는 장소에서도 신고할 수 있기 때문에 그러하다.

> **📢 알아두기**
>
> **보세구역 외 장소에 장치할 수 있는 물품**
> - 수출신고가 수리된 물품
> - 크기 또는 무게의 과다나 그 밖의 사유로 보세구역에 장치하기 곤란하거나 부적당한 물품
> - 재해나 그 밖의 부득이한 사유로 임시로 장치한 물품
> - 검역물품
> - 압수물품
> - 우편물품
>
> 크기 또는 무게의 과다나 그 밖의 사유로 보세구역에 장치하기 곤란하거나 부적당한 물품에 대하여는 세관장의 허가를 받아야 하며 세관장은 보세구역 외 보관물품의 관세 등에 상당하는 담보를 요구하고 보관을 위한 시설설치를 명할 수 있다.

25 답 ③

③ CFR(Cost and FReight) : 운임포함인도라 하며, Incoterms 2020에서 해상운송과 내수로운송에 사용 가능한 규칙이다. 수출자가 물품을 지정된 선박에 적재하거나 조달하는 경우 인도되는 것으로 보는 조건이다. 인도시점에 구매자에게 위험은 이전되지만, 판매자가 합의된 목적지까지 운송비용을 부담하므로 비용의 이전시점은 인도시점과 다르다.

① EXW(EX Works) : 공장인도조건이라 하며, 단일 또는 복수의 운송방식에 사용 가능한 조건이다. 판매자가 물품을 지정장소에서 구매자의 처분 하에 두는 때 인도가 이루어지고, 위험과 비용이 구매자에게 이전되는 것으로 보는 조건으로 11가지 규칙 중 판매자의 의무가 가장 작은 조건이다.

② FCA(Free Carrier) : 운송인인도라 하며, 단일 또는 복수의 운송방식에 사용 가능한 조건이다. 인도를 위한 지정장소가 판매자의 영업장 내인 경우 물품이 운송수단에 적재된 때 또는 인도를 위한 지정장소가 판매자의 영업장이 아닌 경우 물품이 구매자가 지정한 운송인이나 제3자의 처분하에 놓인 때 인도된 것으로 보아 구매자에게 위험과 비용이 이전되는 조건이다.

④ CIP(Carriage and Insurance Paid to) : 운송비·보험료지급인도라 하며, 단일 또는 복수의 운송방식에 사용 가능한 조건이다. 판매자가 자신이 계약을 체결한 운송인에게 물품을 전달하는 경우 인도된 것으로 보는 조건이다. 인도시점에 구매자에게 위험은 이전되지만, 판매자가 합의된 목적지까지 운송비용 및 보험료를 부담하므로 비용의 이전시점은 인도시점과 다르다. 보험의 부보는 협회적하약관(ICC)-A 또는 그와 유사한 범위의 위험이 담보가 되어야 한다.

제1과목　FTA협정 및 법령

01	02	03	04	05	06	07	08	09	10
④	①	④	②	②	①	③	④	④	②
11	12	13	14	15	16	17	18	19	20
④	④	③	①	④	③	③	④	②	②
21	22	23	24	25					
④	①	①	④	③					

01　답 ④

FTA는 WTO체제와는 반대되는 운영방식으로 WTO에서는 FTA협정으로 인해 기존의 무역장벽보다도 높은 장벽이 설치되지 않는 것과 협정당사국 이외의 국가와 무역원활화를 저해하지 않을 것을 조건으로 FTA에 대한 최혜국대우 예외를 인정하고 있다. 즉, FTA는 최혜국대우와 내국민대우 같은 WTO체제의 기본 원칙을 반영하지 않는다.

02　답 ①

원산지확인서는 세번변경기준인지 부가가치기준인지를 특별히 구분하지 않고 납품하는 물품이 원산지 기준을 충족하는지 여부에 대하여 판단하는 서류이다.

 관련 법령

FTA특례법 시행규칙 제12조(원산지확인서)

① 수출물품의 생산에 사용되는 재료 또는 최종물품을 생산하거나 공급하는 자(이하 "재료 또는 최종물품 생산자 등"이라 한다)는 생산자 또는 수출자의 요청이 있는 경우 해당 재료 또는 최종물품의 원산지를 확인하여 작성한 서류(전자문서를 포함하며, 이하 "원산지확인서"라 한다)를 생산자 또는 수출자에게 제공할 수 있다.

② 수출물품의 생산에 사용되는 재료 또는 최종물품을 동일한 생산자 또는 수출자에게 장기간 계속적·반복적으로 공급하는 재료 또는 최종물품 생산자 등은 생산자 또는 수출자의 요청이 있는 경우 물품공급일부터 12개월을 초과하지 아니하는 범위에서 최초의 원산지확인서를 반복하여 사용할 수 있는 확인서(전자문서를 포함하며, 이하 "원산지포괄확인서"라 한다)를 작성하여 제공할 수 있다.

⑥ 재료 또는 최종물품 생산자 등으로부터 원산지확인서 또는 원산지포괄확인서를 제공 받은 생산자 또는 수출자는 이를 기초로 원산지증명서의 발급을 신청하거나 원산지증명서를 작성할 수 있다.

---

03 답 ④

인증수출자는 업체별, 품목별 모두 5년 동안 인증기간이 유효하다.

 관련 법령

> **FTA특례법 시행규칙 제17조(업체별 원산지인증수출자)**
> ⑦ 업체별 원산지인증수출자의 인증유효기간은 5년으로 한다.
>
> **FTA특례법 시행규칙 제18조(품목별 원산지인증수출자)**
> ⑥ 품목별 원산지인증수출자의 인증유효기간은 5년으로 한다. 다만, 최근 2년간 원산지 조사를 거부한 사실이 있거나, 최근 2년간 서류 보관의무를 위반한 사실이 있는 자에 대해서는 관세청장이 정하는 바에 따라 인증유효기간을 달리 할 수 있다.

04 답 ②

수입자가 체약상대국으로부터 원산지증명서를 발급받아 협정세율을 적용했으나, 수입신고 수리 후 원산지 증빙서류 내용에 오류가 있음을 통보받은 경우 오류에 따른 부족세액의 정정, 보정 또는 수정신고를 통보받은 날부터 30일 이내에 하여야 한다.

05 답 ②

인도 CEPA에서는 선적 후 발급신청 시 선적일을 포함한 7근무일 이내인 경우 소급발급의 표시를 하지 않는다.

 관련 법령

> **자유무역협정의 이행을 위한 관세법의 특례에 관한 법률 사무처리에 관한 고시 제28조(원산지증명서 선적 후 발급)**
> ② 제1항에도 불구하고 다음 각 호의 경우에는 선적 후 발급 스탬프를 날인하지 아니한다.
> 1. ASEAN회원국과의 협정 : 선적일로부터 3근무일(선적일을 포함한다) 이내에 발급하는 경우
> 2. 인도와의 협정 : 선적일로부터 근무일수 7일(선적일을 포함한다) 이내에 발급하는 경우
> 3. 베트남과의 협정 : 선적일로부터 3근무일(선적일을 포함한다) 이내에 발급하는 경우
> 4. 중국과의 협정 : 선적일 후 7근무일(선적일을 포함하지 아니한다) 이내에 발급하는 경우
> 5. 인도네시아와의 협정 : 선적일 후 7일(선적일을 포함한다)이내에 발급하는 경우
> 6. 이스라엘과의 협정 : 선적일 후 7근무일 이내에 발급하는 경우

06 답 ①

원산지 증빙서류의 보관은 협정에서 5년을 초과한 기간을 정한 경우 해당 기간 동안 보관하여야 한다.

 관련 법령

FTA특례법 제15조(원산지증빙서류 등의 보관)
수입자·수출자 및 생산자는 협정 및 이 법에 따른 원산지의 확인, 협정관세의 적용 등에 필요한 것으로서 원산지
증빙서류 등 대통령령으로 정하는 서류를 5년의 범위에서 대통령령으로 정하는 기간(협정에서 정한 기간이 5년을
초과하는 경우에는 그 기간) 동안 보관하여야 한다.

07 답 ③

세관장이 보정 또는 경정청구 심사결과 타당하다고 인정하는 때에 환급하는 세액은 당초 납부세액과 보정
또는 경정으로 인해 적용하는 협정세율에 의한 세액의 차액을 환급한다.

 관련 법령

FTA특례법 제9조(협정관세 사후적용의 신청)
① 수입신고의 수리 전까지 제8조에 따른 협정관세의 적용신청을 하지 못한 수입자는 해당 물품의 수입신고 수리
   일부터 1년 이내에 대통령령으로 정하는 바에 따라 협정관세의 적용을 신청할 수 있다.
② 수입자(제8조 및 이 조 제1항에 따라 협정관세 적용을 신청한 수입자는 제외한다)는 세관장이 수입자가 신고한
   품목분류와 다른 품목분류를 적용하여 「관세법」 제38조의3 제6항 또는 제39조 제2항에 따라 관세를 징수하는
   경우 납부고지를 받은 날부터 3개월 이내로서 대통령령으로 정하는 기간 이내에 협정관세의 사후적용을 신청
   할 수 있다.
③ 수입자는 제1항 또는 제2항에 따른 신청을 할 때에 원산지증빙서류를 제출하여야 한다. 다만, 제33조 제2항
   제4호에 따른 원산지 정보교환 시스템을 구축·운영하고 있는 체약상대국으로부터 물품을 수입하는 경우로서
   원산지증명서에 포함된 정보가 전자적으로 교환된 경우에는 원산지증빙서류 중 원산지증명서를 제출하지 아
   니할 수 있다.
④ 세관장은 원산지증명서를 제출하지 아니하는 수입자에 대하여 원산지증명서의 확인이 필요한 경우로서 대통
   령령으로 정하는 경우에는 원산지증명서의 제출을 요구할 수 있다.
⑤ 협정관세의 적용을 신청한 수입자는 대통령령으로 정하는 바에 따라 해당 물품에 대하여 이미 납부한 세액의
   경정(更正)을 청구할 수 있다. 이 경우 경정청구를 받은 세관장은 그 청구를 받은 날부터 2개월 이내에 협정관
   세의 적용 및 세액의 경정 여부를 청구인에게 통지하여야 한다.

08 답 ④

상공회의소는 현지확인에 대한 실사권한이 없다. 따라서 원산지증명서 발급을 위한 현지확인이 필요한 때에는 확인에 대한 사항을 세관장에게 요청하고 세관에서 현지확인을 한다.

관련 법령

FTA특례법 시행규칙 제10조(수출물품에 대한 원산지증명서의 발급절차)
④ 증명서발급기관은 다음 각 호의 어느 하나에 해당하는 경우 원산지증명서를 발급하기 위하여 관세청장이 정하는 바에 따라 신청인의 주소·거소·공장 또는 사업장 등을 방문하여 원산지의 적정여부를 확인(이하 "현지확인"이라 한다)할 수 있다. 다만, 원산지인증수출자의 경우에는 그 확인을 생략할 수 있다.
  1. 국내 생산시설이 없는 자가 원산지증명서 발급을 최초로 신청한 경우
  2. 해당 물품을 직접 생산하지 아니하는 자가 원산지증명서 발급을 최초로 신청한 경우
  3. 원산지증명서 신청 오류의 빈도, 협정·법·영 및 이 규칙의 준수도, 생산공장의 유무, 제조공정 및 물품의 생산특성 등을 고려하여 관세청장이 정하여 고시하는 현지확인의 기준에 해당하는 자가 신청한 경우
  4. 속임수 또는 부정한 방법으로 원산지증명서의 발급을 신청한 것으로 의심되는 경우
  5. 체약상대국의 관세당국으로부터 원산지의 조사를 요청받은 수출자 또는 생산자가 신청한 경우
  6. 그 밖에 신청자가 제출한 서류만으로 원산지를 확인하기 곤란하다고 인정하는 경우
⑤ 상공회의소 및 대한상공회의소(이하 "대한상공회의소"라 한다)의 장은 원산지증명서 발급을 위하여 현지확인이 필요할 때에는 관세청장이 정하는 바에 따라 세관장에게 현지확인을 요청하여야 한다. 이 경우 요청을 받은 세관장은 그 요청받은 날부터 7일(공휴일·토요일 및 근로자의 날을 제외한다) 이내에 현지확인을 완료하고 그 결과를 대한상공회의소의 장에게 통보하여야 한다.

09 답 ④

원산지증명서의 발급이 잘못된 경우에는 인증수출자에 대한 시정요구사항은 아니지만, 원산지기준을 다시 적용하여 원산지증명서의 수정발급 및 통지를 하여야 한다.

관련 법령

FTA특례법 시행규칙 제17조(업체별 원산지인증수출자)
⑨ 관세청장 또는 세관장은 업체별 원산지인증수출자가 다음의 요건 중 어느 하나의 요건을 갖추지 못한 것이 확인되면 30일 이상의 기간을 주고 시정하도록 할 수 있다.
  가. 수출실적이 있는 물품 또는 새롭게 수출하려는 물품이 법 제7조에 따른 원산지 결정기준을 충족하는 물품(품목번호 6단위를 기준으로 한다)임을 증명할 수 있는 전산처리시스템을 보유하고 있거나 그 밖의 방법으로 증명할 능력이 있을 것
  다. 원산지증명서 작성대장을 비치·관리하고 기획재정부령으로 정하는 원산지관리전담자를 지정·운영할 것

FTA특례법 시행규칙 제18조(품목별 원산지인증수출자)
④ 관세청장 또는 세관장은 품목별 원산지인증수출자가 다음의 요건을 갖추지 못한 것이 확인되면 30일 이상의 기간을 주고 시정하도록 할 수 있다.
  나. 원산지증명서 작성대장을 비치·관리하고 기획재정부령으로 정하는 원산지관리전담자를 지정·운영할 것

10 **답** ②

미합중국 : 50개의 주(州), 콜럼비아 특별구와 푸에르토리코를 포함한 미합중국의 관세영역, 미합중국과 푸에르토리코에 위치하는 대외 무역지대 및 국제법과 미합중국의 국내법에 따라 미합중국이 해저 및 하부 토양과 그 천연자원에 대하여 주권적 권리를 행사할 수 있는 미합중국 영해 밖의 지역

 관련 법령

FTA특례법 시행규칙 제2조(정의)

이 규칙에서 사용하는 용어의 뜻은 다음과 같다.

1. "영역"이란 다음 각 목의 구분에 따른 지역을 말한다.
   가. 대한민국 : 대한민국의 주권이 미치는 영토·영해 및 영공과 국제법 및 국내법에 따라 주권적 권리 또는 관할권이 행사되는 영해의 외측한계선에 인접하거나 외측한계선 밖(협정에서 정하는 경우만 해당한다)의 해저·해저층을 포함한 해양지역
   나. 칠레 : 칠레의 주권이 미치는 영토·영해·영공 및 국제법과 칠레의 국내법에 따라 칠레의 주권적 권리 또는 관할권이 행사되는 배타적 경제수역과 대륙붕지역
   다. 싱가포르 : 싱가포르의 주권이 미치는 영토·영해(내륙수로를 포함한다) 및 영공과 영해 밖의 해양지역(해저 및 해저층을 포함한다) 중 천연자원의 탐사 및 개발을 위하여 국제법 및 싱가포르의 국내법에 따라 싱가포르가 주권적 권리 또는 관할권을 행사하는 지역
   라. 유럽자유무역연합 회원국 : 아이슬란드공화국, 리히텐슈타인공국, 노르웨이왕국 및 스위스연방(이하 "유럽자유무역연합 회원국"이라 한다)의 주권이 미치는 영토·영해 및 영공과 국제법 및 유럽자유무역연합 회원국의 각 국내법에 따라 주권적 권리 또는 관할권이 행사되는 영해의 외측한계선에 인접하거나 외측한계선 밖의 해저·해저층을 포함한 해양지역
   마. 인도 : 인도의 주권이 미치는 영토·영해·영공 및 국제법과 인도의 국내법에 따라 인도의 주권적 권리 또는 관할권을 행사하는 대륙붕과 배타적 경제수역을 포함한 해양지역
   바. 페루 : 페루의 국내법과 국제법에 따라 페루의 주권, 주권적 권리 또는 관할권이 행사되는 본토영역·도서(島嶼)·해양수역 및 그 상공
   사. 미합중국 : 50개의 주(州), 콜럼비아 특별구와 푸에르토리코를 포함하는 미합중국의 관세영역, 미합중국과 푸에르토리코에 위치하는 대외 무역지대 및 국제법과 미합중국의 국내법에 따라 미합중국이 해저 및 하부 토양과 그 천연자원에 대하여 주권적 권리를 행사할 수 있는 미합중국 영해 밖의 지역
   아. 튀르키예 : 튀르키예의 주권이 미치는 영토·영해·영공 및 국제법에 따라 생물 또는 무생물 천연자원의 탐사, 개발 및 보전을 목적으로 튀르키예가 주권적 권리 또는 관할권을 갖고 있는 해양지역
   자. 콜롬비아 : 콜롬비아의 주권이 미치는 영토·영해·영공 및 콜롬비아의 국내법과 국제법에 따라 콜롬비아의 주권, 주권적 권리 또는 관할권이 행사되는 그 밖의 지역
   차. 호주 : 호주의 주권이 미치는 영역[노퍽 섬, 크리스마스 섬, 코코스(킬링) 제도, 애쉬모어·카르티에 제도, 허드 섬·맥도널드 제도 및 코랄시 제도를 포함한다]과 국제법에 따라 호주가 주권적 권리 또는 관할권을 행사하는 영해, 접속수역, 배타적 경제수역 및 대륙붕
   카. 캐나다 : 캐나다의 주권이 미치는 영토·영공·내수 및 영해, 국제법과 캐나다의 국내법에 따른 배타적 경제수역 및 대륙붕

타. 뉴질랜드 : 뉴질랜드의 주권이 미치는 영역(토켈라우는 제외한다)과 국제법에 따라 천연자원과 관련하여 주권적 권리를 행사하는 배타적 경제수역, 해저 및 하층토

파. 베트남 : 국내법과 국제법에 따라 베트남이 주권, 주권적 권리 또는 관할권을 행사하는 본토와 섬을 포함한 영토·내수·영해 및 영역 위의 상공, 대륙붕, 배타적 경제수역 및 대륙붕과 배타적 경제수역의 천연자원을 포함한 영해 밖에 있는 해양지역

하. 중국 : 육지·내수·영해 및 상공을 포함한 중국의 전체 관세영역과 중국이 그 안에서 국제법과 그 국내법에 따라 주권적 권리 또는 관할권을 행사할 수 있는 중국의 영해 밖의 모든 지역

거. 중미 공화국들 : 코스타리카·니카라과의 국내법과 국제법에 따른 영역과 엘살바도르·온두라스·파나마의 주권이 미치는 영토·영해·영공, 엘살바도르·온두라스·파나마의 국내법과 국제법에 따라 엘살바도르·온두라스·파나마의 주권적 권리 또는 관할권이 행사되는 배타적 경제수역 및 대륙붕

너. 인도네시아 : 영토·영해(내수, 군도수역, 해저 및 하부토양을 포함한다)·영공 및 국제법과 인도네시아의 국내법에 따라 주권, 주권적 권리 또는 관할권이 행사되는 배타적 경제수역과 대륙붕

더. 이스라엘 : 이스라엘의 영역

러. 캄보디아 : 캄보디아왕국의 영역과 캄보디아왕국이 국제법에 따라 주권적 권리 또는 관할권을 행사하는 영해의 외측 한계에 인접한 해저 및 하층토를 포함한 해양지역 및 상공

11 답 ④

인증수출자의 신청은 법인 또는 사업장의 주소지를 관할하는 세관장에게 인증을 신청하여야 한다.

 관련 법령

자유무역협정 원산지인증수출자 운영에 관한 고시 제5조(인증신청 및 관할세관)
① 인증신청자는 별표 1에 따라 법인 또는 사업장의 주소지를 관할하는 세관장(이하 "관할세관장"이라 한다)에게 인증을 신청해야 한다. 다만, 인증신청자가 다수의 사업장을 보유하고 있는 때에는 주된 사업장 소재지의 관할세관장에게 일괄하여 인증을 신청할 수 있다.
② 제1항에도 불구하고 인증신청자는 생산자 또는 생산공장 주소지가 다른 세관의 관할지에 소재하고 있는 경우에는 해당 소재지의 관할세관장에게 인증을 신청할 수 있다. 이 경우 인증신청자는 별지 제4호 서식의 관할세관 변경신청(승인)서로 인증신청자의 관할세관장에게 변경신청을 해야 한다.
③ 제2항에 따라 관할세관 변경신청을 접수한 세관장은 특별한 사유가 없으면 신청인에게 관할세관 변경승인서를 교부하고 변경된 관할세관장에게 신청인의 인증심사 자료를 지체 없이 인계해야 한다.

FTA특례법 시행령 제7조(원산지인증수출자의 인증요건)
법 제12조 제1항에서 "수출물품에 대한 원산지증명능력 등 대통령령으로 정하는 요건을 충족하는 수출자"란 다음 각 호의 구분에 따른 수출자를 말한다.
1. 업체별 원산지인증수출자 : 다음 각 목의 요건을 모두 갖춘 수출자 또는 생산자
   가. 수출실적이 있는 물품 또는 새롭게 수출하려는 물품이 법 제7조에 따른 원산지 결정기준을 충족하는 물품(품목번호 6단위를 기준으로 한다)임을 증명할 수 있는 전산처리시스템을 보유하고 있거나 그 밖의 방법으로 증명할 능력이 있을 것
   나. 원산지인증수출자 인증신청일 이전 최근 2년간 서면조사 또는 현지조사를 거부한 사실이 없을 것
   다. 원산지증명서 작성대장을 비치·관리하고 기획재정부령으로 정하는 원산지관리전담자를 지정·운영할 것
   라. 원산지인증수출자 인증신청일 이전 최근 2년간 서류의 보관의무를 위반한 사실이 없을 것
   마. 원산지인증수출자 인증신청일 이전 최근 2년간 속임수 또는 부정한 방법으로 원산지증명서를 발급신청하거나 작성·발급한 사실이 없을 것

12 답 ④

위법협의가 있어 조사대상으로 선정되었으나 현지조사결과 협정관세의 신청인이 이를 소명하는 경우에는 반드시 처벌 등으로 이어지지 않는다.

 관련 법령

FTA특례법 제35조(협정관세의 적용제한)

① 협정에서 다르게 규정한 경우를 제외하고 세관장은 다음 각 호의 어느 하나에 해당하는 경우에는 해당 수입물품에 대하여 협정관세를 적용하지 아니할 수 있다. 이 경우 세관장은 관세법 제38조의 3 제4항 및 제39조 제2항에 따라 납부하여야 할 세액 또는 납부하여야 할 세액과 납부한 세액의 차액을 부과·징수하여야 한다.

1. 정당한 사유 없이 수입자, 체약상대국의 수출자 또는 생산자(이하 이 조 및 제37조에서 "체약상대국수출자 등"이라 한다)가 관세청장 또는 세관장이 요구한 자료를 제16조 제2항에 따른 기간 이내에 제출하지 아니하거나 거짓으로 또는 사실과 다르게 제출한 경우. 다만, 원산지증빙서류의 기재사항을 단순한 착오로 잘못 기재한 것으로서 원산지 결정에 실질적인 영향을 미치지 아니하는 경우는 제외한다.

2. 체약상대국수출자 등이 제17조 제1항에 따른 관세청장 또는 세관장의 서면조사에 대하여 기획재정부령으로 정하는 기간 이내에 회신하지 아니한 경우 또는 제17조 제2항에 따른 관세청장 또는 세관장의 현지조사에 대한 동의 요청에 대하여 제17조 제4항에 따른 기간 이내에 동의 여부에 대한 통보를 하지 아니하거나 특별한 사유 없이 동의하지 아니하는 경우

3. 제17조 제1항에 따라 현지조사를 할 때 체약상대국수출자 등이 정당한 사유 없이 원산지증빙서류의 확인에 필요한 장부 또는 관련 자료에 대한 세관공무원의 접근을 거부하거나 협정에서 정한 원산지증빙서류를 보관하지 아니한 경우

4. 제17조에 따른 서면조사 또는 현지조사 결과 세관장에게 신고한 원산지가 실제 원산지와 다른 것으로 확인되거나 수입자 또는 체약상대국수출자 등이 제출한 자료에 제7조에 따른 원산지의 정확성을 확인하는 데 필요한 정보가 포함되지 아니한 경우

5. 제19조 제1항에 따라 관세청장 또는 세관장이 체약상대국의 관세당국에 원산지의 확인을 요청한 사항에 대하여 체약상대국의 관세당국이 기획재정부령으로 정하는 기간 이내에 그 결과를 회신하지 아니한 경우 또는 세관장에게 신고한 원산지가 실제 원산지와 다른 것으로 확인되거나 회신 내용에 제7조에 따른 원산지의 정확성을 확인하는 데 필요한 정보가 포함되지 아니한 경우

6. 제31조 제1항에 따른 사전심사를 신청한 수입자가 사전심사의 결과에 영향을 미칠 수 있는 자료를 고의로 제출하지 아니하였거나 거짓으로 제출한 경우 또는 사전심사서에 기재된 조건을 이행하지 아니한 경우

13 답 ③

긴급관세조치는 잠정조치기간을 포함하여 각 협정별로 설정된 기간을 초과할 수 없다. 튀르키예의 경우 총 2년을 초과할 수 없다.

 관련 법령

FTA특례법 시행령 제23조(긴급관세조치 과도기간 및 적용기간의 범위)

협 정	과도기간	적용기간	재심사 연장 총 부과기간
싱가포르	–	2년	4년
EFTA	–	1년	3년
ASEAN	협정발효일부터 각 물품에 대한 관세철폐가 이루어진 날 또는 마지막 단계의 세율인하가 이루어진 날 이후 7년이 되는 날까지	3년	4년

인 도	협정발효일부터 각 물품에 대한 관세철폐가 이루어진 날 또는 마지막 단계의 세율인하가 이루어진 날 이후 10년이 되는 날까지	2년	4년
EU, 영국	협정발효일부터 각 물품에 대한 관세철폐가 이루어진 날 또는 마지막 단계의 세율인하가 이루어진 날 이후 10년이 되는 날까지	2년	4년
페 루	협정발효일의 다음날부터 10년. 다만, 협정발효일의 다음날부터 관세철폐가 이루어진 날까지의 기간이 10년 이상인 물품은 관세철폐 이후 5년이 되는 날까지	2년	4년
미 국	• 섬유 관련 물품 및 자동차를 제외한 물품 협정발효일부터 10년. 다만, 협정발효일부터 관세철폐가 이루어진 날까지의 기간이 10년 이상인 물품은 관세철폐일까지 • 섬유 관련 물품 / 자동차 협정발효일부터 관세철폐가 이루어지는 날 이후 10년이 되는 날까지	2년	• 관련 3년 • 관련 4년
튀르키예	협정발효일부터 10년이 되는 날까지	2년	3년
콜롬비아	협정발효일날부터 10년. 다만, 협정발효일부터 관세철폐가 이루어진 날까지의 기간이 10년 이상인 물품은 관세철폐일까지	2년	3년
호 주	협정발효일부터 각 물품에 대한 관세철폐가 이루어진 날 또는 마지막 단계의 세율인하가 이루어진 날 이후 5년이 되는 날까지	2년	3년
캐나다	협정발효일날부터 각 물품에 대한 관세철폐가 이루어진 날 이후 10년이 되는 날 또는 협정발효일 이후 15년이 되는 날 중 먼저 도달한 날까지	2년	4년
뉴질랜드	협정발효일부터 각 물품에 대한 관세철폐가 이루어진 날 또는 마지막 단계의 세율 인하가 이루어진 날 이후 5년이 되는 날까지	2년	3년
베트남	협정발효일부터 10년이 되는 날 또는 물품의 관세철폐기간이 10년을 초과하는 경우 협정 발효일부터 그 물품의 관세철폐가 이루어지는 날까지	2년	3년
중 국	협정발효일부터 10년이 되는 날 또는 물품의 관세철폐기간이 10년을 초과하는 경우 협정 발효일부터 그 물품의 관세철폐가 이루어지는 날까지	2년	4년
중 미	협정 발효일의 다음 날부터 10년이 되는 날까지를 말한다. 다만, 협정 발효일의 다음 날부터 관세철폐가 이루어진 날까지의 기간이 10년 이상인 물품의 경우에는 협정 발효일의 다음 날부터 해당 관세철폐가 이루어진 날 이후 3년이 되는 날 까지	2년	4년
영 국	협정 발효일부터 각 물품에 대한 관세철폐가 이루어진 날 또는 마지막 단계의 세율인하가 이루어진 날 이후 10년이 되는 날까지	2년	4년
인도네시아	협정 발효일 후 10년이 되는 날 또는 물품의 관세철폐기간이 10년을 초과하는 경우 협정발효일부터 그 물품의 관세철폐가 이루어지는 날까지	2년	3년
이스라엘	협정 발효일부터 관세 인하 또는 관세철폐 완료일 이후 5년이 되는 날까지	2년	3년
RCEP	협정 발효일부터 관세의 인하 또는 철폐의 완료일 이후 8년이 되는 날까지	3년	4년
캄보디아	협정 발효일부터 관세의 인하 또는 철폐의 완료일 이후 3년이 되는 날까지	2년	3년

14 **답** ①

관세청장 또는 세관장은 서면조사 또는 현지조사를 마치면 조사 결과와 그에 따른 결정 내용을 기획재정부령으로 정하는 기간 이내에 조사대상자(체약상대국의 조사대상자가 생산 또는 수출한 물품을 수입한 자를 포함한다) 및 체약상대국의 관세당국에 서면으로 통지하여야 한다. 여기서 "기획재정부령으로 정하는 기간"이란 협정에서 달리 정하지 않았으면 서면조사 또는 현지조사를 완료한 날부터 30일을 말한다. 이 경우 ASEAN회원국과의 협정 제15조, 인도와의 협정 제4.12조, 베트남과의 협정 제3.21조 및 중국과의 협정 제3.23조에 따른 현지조사 결과의 통지는 현지 방문일부터 6개월 이내에 완료해야 한다.

15 **답** ④

심사청구 또는 심판청구의 결과를 인정하지 않는 경우 그 결정을 통지 받은 날부터 90일 이내 처분청을 당사자로 행정소송을 제기할 수 있다.

 관련 법령

FTA특례법 제39조(불복의 신청)
대통령령으로 정하는 체약상대국의 수출자 또는 생산자는 다음에 관련되는 처분에 대하여 위법 또는 부당한 처분을 받거나 필요한 처분을 받지 못함으로써 권리 또는 이익의 침해를 당한 경우에는 「관세법」 제119조에 따라 심사청구 또는 심판청구를 할 수 있다.
1. 제17조에 따른 원산지에 관한 조사
2. 제31조에 따른 원산지 등에 대한 사전심사

관세법 제39조(불복의 신청)
③ 심사청구는 그 처분을 한 것을 안 날(처분의 통지를 받았을 때에는 그 통지를 받은 날을 말한다)부터 90일 이내에 하여야 한다.

16 **답** ③

적용제한자로 지정된 경우라 하더라도 수입신고되는 물품별로 원산지 등 협정관세의 적용요건을 심사하여 충족함이 확인되는 경우 협정관세를 적용할 수 있다.

 관련 법령

FTA특례법 제37조(협정관세 적용제한자의 지정 및 지정해제)
② 세관장은 제1항에 따라 적용제한자로 지정된 자가 수출 또는 생산하는 동종동질의 물품 전체에 대하여 대통령령으로 정하는 바에 따라 5년(협정에서 정한 기간이 5년을 초과하는 경우에는 그 기간)의 범위에서 협정관세를 적용하지 아니할 수 있다.
③ 제2항에도 불구하고 세관장은 수입신고되는 물품별로 원산지 등 협정관세의 적용요건을 심사하여 그 요건을 충족하는 경우에는 협정관세를 적용할 수 있다.

17 ③

사전심사를 위하여 제출된 서류만으로 심사하기 곤란한 경우 보정을 위한 기간은 20일 이내의 기간으로 한다.

 관련 법령

FTA특례법 시행령 제37조(원산지 등에 대한 사전심사)
③ 관세청장은 제2항에 따라 제출된 서류가 미비하여 원산지결정기준의 충족 여부 등의 신청사항을 사전심사하기가 곤란하다고 인정될 때에는 20일 이내의 기간을 정하여 보정을 요구할 수 있다.

18 ④

원산지증빙서류의 오류통지를 받은 경우 통지를 받은 날로부터 30일 이내에 세액정정, 보정신청 또는 수정 신고를 하여야 한다.

 관련 법령

FTA특례법 제14조(원산지증빙서류의 수정 통보)
① 수출자 또는 생산자가 체약상대국의 협정관세를 적용받을 목적으로 원산지증빙서류를 작성·제출한 후 해당 물품의 원산지에 관한 내용에 오류가 있음을 알았을 때에는 협정에서 정하는 바에 따라 기획재정부령으로 정하는 기간 이내에 그 사실을 세관장 및 원산지증빙서류를 제출받은 체약상대국의 수입자에게 각각 통보하여야 한다. 이 경우 세관장은 그 사실을 관세청장이 정하는 바에 따라 체약상대국의 관세당국에 통보하여야 한다.
② 수입자는 체약상대국의 물품에 대한 원산지증빙서류를 작성한 자나 해당 물품에 대한 수입신고를 수리한 세관장으로부터 원산지증빙서류의 내용에 오류가 있음을 통보받은 경우로서 그 오류로 인하여 납세신고한 세액 또는 신고납부한 세액에 부족이 있을 때에는 기획재정부령으로 정하는 기간 이내에 세액정정·세액보정 신청 또는 수정신고를 하여야 한다.

19 ②

현지조사 시 조사의 동의는 조사를 받는 대상자로부터 받아야 한다. 수출자 이외의 생산자 또는 재료공급자에 대한 조사 동의는 역시 생산자 또는 재료공급자로부터 각각 받아야 한다.

 관련 법령

FTA특례법 제17조(원산지에 관한 조사)
② 관세청장 또는 세관장은 제1항에 따라 체약상대국에 거주하는 수출자·생산자 또는 제1항 제4호에 해당하는 자(그 밖에 원산지 또는 협정관세 적용의 적정여부를 확인하기 위해 필요한 자) 중 체약상대국에 거주하는 자를 대상으로 현지조사를 하는 경우에는 그 조사를 시작하기 전에 체약상대국의 조사대상자에게 조사 사유, 조사 예정기간 등을 통지하여 동의를 받아야 한다.

20 답 ②

호주는 직접검증과 간접검증 모두 선택가능한 반면 다른 협정은 직접검증방식만을 취하고 있다.

구 분	검증방법
칠레, 싱가포르, 캐나다, 뉴질랜드	직접검증
ASEAN, 인도, 중국, 베트남, 인도네시아, 이스라엘, RCEP, 캄보디아	간접검증 후 필요한 경우 직접검증
EFTA, EU, 튀르키예, 영국	간접검증 / 공무원 등의 참관 허용
페루, 호주, 콜롬비아, 중미	간접검증과 직접검증 방식 중 선택 가능
미합중국	직접검증(섬유 관련 물품은 간접검증)

21 답 ④

관세가 면제되는 수리 또는 개조의 범위에는 미완성 상태의 물품을 완성품으로 생산 또는 조립하는 작업이나 과정은 제외한다.

⚖ **관련 법령**

FTA특례법 시행규칙 제30조(관세가 면제되는 일시수입물품 등)
④ 법 제30조 제1항 제2호에 따라 관세가 면제되는 물품은 칠레·페루·미합중국·호주·캐나다·콜롬비아·뉴질랜드 및 베트남과의 협정에 따라 수리 또는 개조를 위하여 해당 체약상대국으로 수출하였다가 다시 수입하는 물품으로 한다.
⑤ 제1항 제6호 및 제4항에서 "수리 또는 개조"의 범위에는 다음 각 호의 어느 하나에 해당하는 경우를 제외한다.
  1. 물품의 본질적인 특성을 파괴하거나 새로운 물품 또는 상업적으로 다른 물품을 생산하는 작업이나 과정
  2. 미완성 상태의 물품을 완성품으로 생산 또는 조립하는 작업이나 과정

---

22 답 ①

콜롬비아 FTA는 원산지증명서의 서명일로부터 1년간 유효하다.

 알아두기

원산지증명서의 유효기간

구 분	유효기간
ASEAN, 인도네시아	• 발급일부터 1년 • 협정에 따라 잘못 발급된 원산지증명서를 대체하기 위하여 재발급되는 원산지증명서의 경우에는 당초 발급된 원산지증명서의 발급일부터 1년
베트남	• 발급일 다음 날부터 1년 • 베트남과의 협정에 따라 잘못 발급된 원산지증명서를 대체하기 위하여 재발급되는 원산지증명서의 경우에는 당초 발급된 원산지증명서의 발급일 다음 날부터 1년
페 루	• 서명일부터 1년 • 원산지증명서에 기재된 물품이 비당사국 관세당국의 관할 하에 일시적으로 보관된 경우에는 2년
이스라엘	• 발급일 또는 서명일부터 12개월
미 국	• 서명일부터 4년
칠레, 캐나다, 뉴질랜드	• 서명일부터 2년
호 주	• 발급일 또는 서명일부터 2년
그 외의 협정	• 발급일 또는 서명일부터 1년

23 답 ①

협정관세의 적용보류는 협정관세 적용신청에 대한 불성실 혐의 등이 있는 사유에 해당하는 때에 한하며, 보류대상은 조사대상 물품의 동일한 수출자 또는 생산자로부터 수입하는 물품에 한정한다.

 관련 법령

FTA특례법 제21조(원산지 조사 기간 중 협정관세의 적용 보류)
① 세관장은 제17조에 따른 원산지 조사를 하는 경우 또는 제19조에 따른 원산지 확인 요청을 한 경우에는 기획재정부령으로 정하는 기간 동안 조사대상자가 추가로 수입하는 동종동질(同種同質)의 물품에 대하여 대통령령으로 정하는 바에 따라 협정관세의 적용을 보류할 수 있다. 이 경우 그 보류 대상은 해당 조사대상 물품의 동일한 수출자 또는 생산자로부터 수입하는 물품으로 한정한다.

FTA특례법 시행령 제17조(협정관세의 적용 보류)
① 세관장은 다음 각 호의 어느 하나에 해당하는 경우에는 법 제21조 제1항에 따라 협정관세의 적용을 보류할 수 있다.
　1. 원산지증빙서류의 작성 또는 법 제8조 제1항에 따른 협정관세 적용의 신청에 관하여 불성실 혐의가 있다고 세관장이 인정하는 경우
　2. 원산지증빙서류를 속임수 또는 그 밖의 부정한 방법으로 작성 또는 발급받았거나 탈세 등의 혐의를 인정할 만한 자료 또는 구체적인 제보가 있는 경우
　3. 그 밖에 세관장이 수집한 증거·자료 등을 근거로 수입자, 생산자 또는 수출자의 신고 또는 신청 내용이 법 제7조에 따른 원산지결정기준을 충족하지 못한 것으로 인정하는 경우

24 답 ④

협정관세 적용 보류 통지서에는 다음의 사항이 포함되어야 한다(FTA특례법 시행령 제17조 제3항 참조).
• 협정관세의 적용 보류 대상 수입자
• 대상물품의 품명·규격·모델·품목번호 및 원산지
• 협정관세의 적용 보류기간 및 그 법적 근거
• 대상물품의 수출자 또는 생산자

25 답 ③

관세청장 또는 세관장이 서면조사 또는 현지조사를 시행하는 경우 그 조사를 거부하거나 방해 또는 기피한 자는 1천만원 이하의 과태료를 부과한다.

01	02	03	04	05	06	07	08	09	10
④	④	③	③	③	③	②	④	③	④
11	12	13	14	15	16	17	18	19	20
④	②	④	①	②	③	③	③	③	④
21	22	23	24	25					
②	③	④	③	③					

01 답 ④

제39류의 플라스틱에는 벌커나이즈드 파이버를 포함한다.

알아두기

플라스틱의 정의

이 표에서 "플라스틱"이란 성형·주조·압출·압연이나 그 밖의 외부작용(보통 가열이나 가압을 말하며, 필요한 때에는 용제나 가소제를 가할 수 있다)에 따라 중합할 때나 그 다음 단계에서 변형하고, 외부작용을 배제하여도 그 형태를 유지하고자 하는 성질을 지닌 제3901호부터 제3914호까지에 해당하는 물질을 말한다. 또한 이 표의 플라스틱에는 벌커나이즈드 파이버(vulcanised fibre)를 포함한다. 다만, 제11부의 방직용 섬유재료로 보는 것은 제외한다.

02 답 ④

자물쇠, 열쇠 및 걸쇠와 걸쇠가 붙은 프레임 및 금고 중 금고를 제외한 나머지는 모두 범용성 부분품이다.

알아두기

범용성 부분품의 범위

- 제7307호·제7312호·제7315호·제7317호·제7318호의 물품과 비금속(卑金屬)으로 만든 이와 유사한 물품
  - 제7307호 : 철강으로 만든 관(管) 연결구류[예 커플링·엘보·슬리브]
  - 제7312호 : 철강으로 만든 연선·로프·케이블·엮은 밴드·사슬 등
  - 제7315호 : 철강으로 만든 체인
  - 제7317호 : 철강으로 만든 못·압정·제도용 핀·물결 모양 못·스테이플 등
  - 제7318호 : 철강으로 만든 스크루·볼트·너트 등
  - 비금속으로 만든 제7307호·제7312호·제7315호·제7317호·제7318호와 유사한 물품
- 비금속(卑金屬)으로 만든 스프링과 스프링판(제9114호의 시계용 스프링은 제외한다)
- 제8301호·제8302호·제8308호·제8310호의 물품과 제8306호의 비금속(卑金屬)으로 만든 틀과 거울
  - 제8301호 : 비금속으로 만든 자물쇠, 열쇠 및 걸쇠와 걸쇠가 붙은 프레임 등
  - 제8302호 : 비금속으로 만든 장착구와 부착구류
  - 제8308호 : 비금속으로 만든 버클, 훅, 아이릿, 구슬, 스팽글 등
  - 제8310호 : 비금속으로 만든 사인판, 명판, 주소판 등
  - 제8406호의 비금속으로 만든 틀과 거울

03 **답** ③

혼방섬유의 분류 시 최대중량의 방직용 섬유에 따라 분류한다. 최대중량의 섬유가 둘 이상인 경우에는 둘 이상의 방직용섬유 중 최종 호에 분류한다. 면사는 제52류, 나일론사와 비스코스레이온사는 모두 제55류에 분류된다. 제11부 혼방섬유 분류 주 규정에 따라 동일 류에 분류되는 섬유는 합산하므로 가장 마지막 호에 해당하는 제55류로 분류한다.

> **◀))∷ 알아두기**
>
> **혼방섬유의 분류기준**
> 제50류부터 제55류까지 · 제5809호나 제5902호로 분류되는 물품으로서 두 가지 이상의 방직용 섬유재료로 구성된 물품은 구성하는 방직용 섬유 중 최대중량을 차지하는 것으로 된 물품으로 분류한다. 구성하는 방직용 섬유 중 최대중량을 차지하는 섬유가 없을 경우에는 동일하게 분류가 가능한 호 중에서 가장 마지막 호에 해당하는 물품으로 분류한다.
> 단, 분류시 아래의 사항을 추가로 고려하여야 한다.
> • 짐프한 마모사(제5110호)와 금속드리사(제5605호)는 하나의 방직용 섬유재료로 보며, 그 중량은 이를 구성하는 중량의 합계에 따른다. 또한 직물의 분류에서는 직물의 일부를 구성하는 금속사도 방직용 섬유재료로 본다.
> • 해당 호의 결정은 우선 류를 결정한 후, 그 류에 속하는 적절한 호를 결정하여야 하며, 해당 류로 분류되지 않는 재료는 고려하지 않는다.
> • 제54류와 제55류는 그 밖의 다른 류와의 관계에서 하나의 류로 본다.
> • 동일한 류나 호에 해당하는 서로 다른 방직용 섬유재료는 그 밖의 다른 류나 호와의 관계에서 하나의 방직용 섬유재료로 본다.

04 **답** ③

호박은 제96류에 해당하는 물품으로 제71류 귀석 및 반귀석의 범위에 포함되지 않는다.

> **◀))∷ 알아두기**
>
> **제71류에 분류되는 물품 및 제96류의 분류기준**
> • 귀금속이란 은 · 금 · 백금을 말한다.
> • 백금이란 플라티늄(platinum) · 이리듐(iridium) · 오스뮴(osmium) · 팔라듐(palladium) · 로듐(rhodium) · 루테늄(ruthenium)을 말한다.
> • 귀석 · 반귀석에는 제96류의 주 제2호 나목의 물품을 포함하지 않는다.
> • 제9602호에서 식물성이나 광물성 조각용 재료란 다음 각 목의 물품을 말한다.
>   호박 · 해포석(meerschaum) · 응결시킨 호박과 응결시킨 해포석(meerschaum) · 흑옥과 광물성 흑옥 대용품

05 답 ③

건조한 채두류는 제0712호에 분류되지는 않지만 제0713호에 특게된 호가 있어 제7류에 분류된다. 감자의 분말은 제1105호에 분류되며 고추류의 건조한 것은 제0904호에 분류된다.

> **📣 알아두기**
>
> **제0712호의 건조한 채소의 범위**
>
> 제0712호의 건조한 채소에는 제0701호부터 제0711호까지에 해당하는 채소의 건조한 것을 모두 포함하며, 다음의 것은 제외한다.
> • 건조한 채두류(菜豆類)(꼬투리가 없는 것으로 한정한다)(제0713호)
> • 제1102호부터 제1104호까지에 열거된 모양의 스위트콘
> • 감자의 고운 가루·거친 가루·가루·플레이크·알갱이·펠릿(제1105호)
> • 제0713호의 건조한 채두류(菜豆類)의 고운 가루·거친 가루·가루(제1106호)
> • 건조하거나 부수거나 잘게 부순 고추류[캡시컴(Capsicum)속]의 열매나 피멘타(Pimenta)속의 열매(제0904호)

06 답 ③

전중량에서 철의 함량이 4% 이상이고, 망간의 함유량이 100분의 30을 초과하는 것은 페로얼로이의 정의에 부합된다.

> **📣 알아두기**
>
> **합금철의 정의(ferro-alloy)**
>
> "합금철(ferro-alloy)"이란 피그(pig)·블록(block)·럼프(lump)나 이와 유사한 일차제품(primary form) 형태인 합금, 연속주조법으로 제조한 모양인 합금, 알갱이 모양이나 가루 모양인 합금으로서(응결된 것인지에 상관없다), 통상 그 밖의 합금 제조시에 첨가제로 사용되거나 철을 야금(冶金)할 때에 탈산제·탈황제나 이와 유사한 용도로 사용되고, 보통 실용상 단조(鍛造)에는 적합하지 않고, 철의 함유량이 전 중량의 100분의 4 이상이며, 다음에 열거한 원소의 하나 이상의 함유량이 중량비로 다음 비율을 초과하는 것을 말한다.
> • 크로뮴 100분의 10
> • 망간 100분의 30
> • 인 100분의 3
> • 규소 100분의 8
> • 그 밖의 원소의 함유량의 합계 100분의 10(탄소를 제외하고, 구리는 최대의 함유량을 전 중량의 100분의 10으로 한다)

07 답 ②

선(線)은 평판압연제품의 정의에 해당하지 않는다.

> **📣 알아두기**
>
> **선(線)의 정의**
>
> "선(線)"이란 그 횡단면(횡단면의 모양은 상관없다)이 전체를 통하여 균일하고 중공(中空)이 없는 코일 모양의 냉간(冷間)성형제품으로서 평판압연제품의 정의에 해당하지 않는 것을 말한다.

08 답 ④

호는 류에서 보다 세분화된 분류로 4단위의 분류번호로 구성되어 있다. 호의 용어는 분류 통칙 1에 의거 법적인 구속력을 가지며 최우선적인 품목분류의 기준이 된다. 품목분류를 하다보면 주규정과 호의 용어가 종종 일치하지 않는 경우가 발생한다. 호의 용어는 모든 경우의 수를 포괄할 수 없기 때문에 각 주규정에서는 해당 호에서 제외되는 물품과 분류 가능한 물품을 세분화하여 규정하는 것이다. 다만, 통상적으로 주규정이 그렇게 적용된다 하여 호의 용어와 주규정이 상충되는 경우 주규정을 우선적용하도록 한다는 정의는 없다.

09 답 ③

고무사로 만든 직물류로서 플라스틱을 침투, 도포, 피복하거나 시드한 것은 제5903호에 분류한다.

> **📢 알아두기**
>
> **플라스틱 피복직물의 분류**
> 제5903호에는 다음의 것을 포함한다.
> • 플라스틱을 침투·도포·피복하거나 적층한 방직용 섬유직물[1제곱미터당 중량이나 플라스틱 재료의 성질(콤팩트 또는 셀룰러)인지에 상관없다]로서 다음에 해당되지 않는 것
>   – 침투·도포하거나 피복한 것을 육안으로 판별할 수 없는 직물류(일반적으로 제50류부터 제55류까지·제58류·제60류로 분류하며, 이 경우 색채의 변화를 고려하지 않는다)
>   – 섭씨 15도부터 30도까지의 온도에서 지름 7밀리미터의 원통 둘레에 꺾지 않고는 손으로 감을 수 없는 물품(보통 제39류)
>   – 방직용 섬유의 직물을 플라스틱으로 완전히 덮었거나 이러한 물질로 양면을 완전히 도포·피복한 물품. 다만, 이러한 도포하거나 피복한 것을 육안으로 볼 수 있어야 하며, 이 경우 색채의 변화를 고려하지 않는다(제39류).
>   – 플라스틱을 부분적으로 도포하거나 피복한 그림 모양을 나타낸 직물류(일반적으로 제50류부터 제55류까지·제58류·제60류로 분류한다)
>   – 방직용 섬유의 직물과 결합한 셀룰러 플라스틱으로 만든 판·시트(sheet)·스트립(strip)(방직용 섬유의 직물은 보강용으로 한정한다)(제39류)
>   – 제5811호의 방직용 섬유제품
> • 제5604호의 플라스틱을 침투·도포·피복하거나 시드한(sheathed) 실·스트립(strip)·그 밖에 이와 유사한 것으로 만든 직물류

10 답 ④

제1902호의 속을 채운 물품의 경우 설육, 어류 등의 배합물 총량이 전 중량의 100분의 20을 초과하더라도 제1902호에 분류한다.

> **📢 알아두기**
>
> **제16류 조제식료품 분류**
> 제16류에 해당하는 조제 식료품은 소시지·육·설육(屑肉)·피·어류나 갑각류·연체동물·그 밖의 수생무척추동물이나 이들 배합물의 함유량이 전 중량의 100분의 20을 초과하는 것으로 한정하며, 위에 열거한 물품을 두 가지 이상 함유하는 조제 식료품인 경우에는 중량이 큰 성분에 따라 제16류의 해당 호로 분류한다.
> 다만, 제1902호의 속을 채운 물품, 제2103호나 제2104호의 조제품에는 이 규정을 적용하지 않는다.

11 답 ④

ㄱ. 가장 구체적으로 표현된 호가 일반적으로 표현된 호에 우선한다.
ㄷ. 물품명으로 열거하는 것은 종류로 열거하는 것보다 더 한정적인 의미를 지니고 있다.

> 📢 알아두기
>
> **통칙 3(가)**
> 가장 구체적으로 표현된 호가 일반적으로 표현된 호에 우선한다. 다만, 둘 이상의 호가 혼합물이나 복합물에 포함된 재료나 물질의 일부에 대해서만 각각 규정하거나 소매용으로 하기 위하여 세트로 된 물품의 일부에 대해서만 각각 규정하는 경우에는 그 중 하나의 호가 다른 호보다 그 물품에 대하여 더 완전하거나 상세하게 표현하고 있다 할지라도 각각의 호를 그 물품에 대하여 동일하게 구체적으로 표현된 호로 본다.
>
> **통칙 3(나)**
> 혼합물, 서로 다른 재료로 구성되거나 서로 다른 구성요소로 이루어진 복합물과 소매용으로 하기 위하여 세트로 된 물품으로서 통칙 3(가)에 따라 분류할 수 없는 것은 가능한 한 이들 물품에 본질적인 특성을 부여하는 재료나 구성요소로 이루어진 물품으로 보아 분류한다.
>
> **통칙 3(다)**
> 통칙 3(가), (나)에 따라 분류할 수 없는 물품은 동일하게 분류가 가능한 호 중에서 그 순서상 가장 마지막 호로 분류한다.

12 답 ②

아이스크림의 경우 코코아 함유량에 관계없이 제21류에 분류된다.

> 📢 알아두기
>
> **코코아 함량에 따른 분류(제18류에서 제외되는 것)**
> • 제0403호의 요구르트와 기타 물품
> • 백색 초콜릿(제1704호)
> • 분·분쇄물·조분·전분 또는 맥아엑스의 조제식료품으로 완전히 탈지한 상태에서 측정한 코코아의 함유량이 전중량의 40% 미만의 것(제1901호)
> • 제0401호 내지 제0404호에 해당하는 물품의 조제식료품으로 완전히 탈지한 상태에서 측정한 코코아의 함유량이 전중량의 5% 미만의 것(제1901호)
> • 완전히 탈지한 상태에서 측정한 코코아를 전중량의 6% 이하로 함유하고 있는 팽창 또는 볶은 곡물(제1904호)
> • 페이스트리, 케이크, 비스킷과 기타 베이커리 제품으로서 코코아를 함유하고 있는 것(제1905호)
> • 아이스크림과 기타 식용의 얼음으로서 코코아를 함유(함유량을 불문)하고 있는 것(제2105호)
> • 비알코올성 또는 알코올성의 음료로서 코코아를 함유하고 있고 즉시 식용에 공할 수 있는 것(제22류)
> • 의약품(제3003호 또는 제3004호).
> • 코코아에서 추출한 알카로이드인 테오브로민은 제외된다(제2939호).

13 답 ④

제8424호에는 분사, 살포기기가 분류된다. 이때 잉크젯 방식의 인쇄기가 잉크의 분사방식에 의하므로 제8424호에 분류될 것 같지만 인쇄용 기기는 제8443호에 분류된다.

> **■)< 알아두기**
>
> **제84류 기계의 분류**
> 제16부의 주 제3호나 이 류의 주 제9호에 따라 적용될 호가 정하여지는 경우를 제외하고는 제8401호부터 제8424호까지와 제8486호의 하나 이상의 호에 해당하는 기기가 동시에 제8425호부터 제8480호까지의 하나 이상의 호에도 해당되는 경우, 이 기기는 제8401호부터 제8424호까지의 적합한 호로 분류하거나 경우에 따라 제8486호로 분류하고, 제8425호부터 제8480호까지에는 분류하지 않는다.
>
> 다만, 제8419호에서 다음 각 목의 것은 제외한다.
> • 발아용 기기·부란기·양육기(제8436호)
> • 곡물 가습기(제8437호)
> • 당즙 추출용 침출기(제8438호)
> • 방직용 섬유사·직물류나 그 제품의 열처리용 기계(제8451호)
> • 기계적 작동을 하도록 설계된 기계류·설비·실험실장비로서 온도의 변화가 그 작동에 있어서는 필수적이라 할지라도 그 기능에서는 종속적인 것
>
> 제8422호에서 다음 각 목의 것은 제외한다.
> • 자루나 이와 유사한 용기를 봉합하는 재봉기(제8452호)
> • 제8472호의 사무용 기기
>
> 제8424호에서 다음 각 목의 것은 제외한다.
> • 잉크젯방식 인쇄기(제8443호)
> • 워터제트 절단기(제8456호)

14 답 ①

공중합체란 단일 단량체 단위가 구성 중합체 전 중량의 100분의 95 이상의 중량비를 가지지 않은 모든 중중합체를 말한다. 단일 단량체만으로 구성되었거나 100분의 95 이상의 중량비를 가진 경우 화학적으로 단일한 물질로 제39류에 분류될 수 없다.

> **■)< 알아두기**
>
> **공중합체의 정의**
> 공중합체란 단일 단량체 단위가 구성 중합체 전 중량의 100분의 95 이상의 중량비를 가지지 않은 모든 중합체를 말한다. 제39류의 공중합체와 혼합중합체는 문맥상 달리 해석되지 않는 한 최대 중량의 공단량체 단위가 해당하는 호로 분류한다. 이때 공단량체의 중량기준에 따라 분류 시 동일 호로 분류되는 중합체의 공단량체 단위는 단일 공중합체를 구성하는 것으로 본다.
> 만약 최대 중량단위의 단일 공단량체가 없을 때에는 동일하게 분류가능한 해당 호 중에서 최종 호로 분류한다.

15 답 ②

ㄷ・ㅂ 증기로 찐 것과 볶은 것은 조리에 해당되어 제16류 또는 제21류에 분류된다.

> **◀■ 알아두기**
>
> **제2류의 가공도**
> - 제2류에 분류될 수 있는 가공도
>   - 신선한 것(수송 중 일반적인 저장을 목적으로 소금을 사용하여 포장된 것 포함)
>   - 냉장한 것(동결되지 않고 대략 0℃ 정도로 온도가 강하된 상태의 것)
>   - 냉동한 것(전체적으로 동결될 때까지 제품의 온도를 그 빙점 아래로 냉각시키는 것)
>   - 염장・염수장・건조 또는 훈제한 것
>   - 설탕 또는 설탕물을 약간 뿌린 것
>   - 단백질 분해효소(예 papain)로 유연처리하거나 또는 절단・다진 것(분쇄한 것)
>   - 제2류의 각기 다른 호에 해당하는 물품의 혼합물과 복합물(예 제0209호의 돼지비계를 입힌 제0207호의 가금의 육)
> - 제2류에서 제외되는 가공도
>   - 소시지와 이와 유사한 것(조리한 것인지의 여부를 불문)(제1601호)
>   - 조리(끓이거나, 증기로 찌거나, 석쇠로 굽거나, 후라이하거나 또는 볶는 것)된 것
>   - 기타 조제되거나 저장처리된 육과 설육(단순히 배터(batter)또는 빵가루를 입힌 것을 포함한다), 송로(松露)를 첨가하거나 조미(예 후추와 염으로 조미)된 것

16 답 ③

보울, 웨이퍼, 반도체디바이스, 전자집적회로와 평판디스플레이의 권양, 취급, 적하나 양하에 전용되는 기계는 반도체 제조용 장비로 보아 제8486호에 분류한다.

> **◀■ 알아두기**
>
> **반도체 디바이스와 전자집적회로**
> - 제85류의 주 제8호가목과 나목의 "반도체디바이스"와 "전자집적회로"의 표현은 이 주와 제8486호에서도 적용된다. 다만, 이 주와 제8486호의 목적에 따라 "반도체디바이스"는 감광성 반도체디바이스와 발광다이오드(엘이디)를 포함한다.
> - 이 주와 제8486호의 목적상 "평판디스플레이의 제조"는 기판을 평판으로 제조하는 것을 포함한다. "평판디스플레이의 제조"는 유리 제조나 평판 모양인 인쇄회로기판의 조립이나 그 밖의 전자소자 조립은 포함하지 않는다. "평판디스플레이"는 음극선관 기술을 포함하지 않는다.
> - 제8486호에는 다음에 전용되거나 주로 사용되는 기계를 분류한다.
>   - 마스크와 레티클(reticle)의 제조・수리
>   - 반도체디바이스나 전자집적회로의 조립
>   - 보울(boule), 웨이퍼(wafer), 반도체디바이스, 전자집적회로와 평판디스플레이의 권양(捲揚), 취급, 적하(積荷)나 양하(揚荷)
> - 제16부의 주 제1호와 제84류의 주 제1호의 규정에 따라 적용될 호가 정하여지는 경우를 제외하고, 제8486호의 표현을 만족하는 기계는 이 표의 다른 호로 분류하지 않으며, 제8486호로 분류한다.

17 답 ③

남성용과 여성용 의류 판단 시에는 최우선 고려하는 것이 재단법이다. 재단법에 의해 판단이 불가능한 경우 전면부분의 왼편이 오른편 위로 잠기도록 디자인된 물품은 남성·소년용, 반대인 경우 여성·소녀용 의류로 분류한다. 단, 위 기준으로 판별이 불가능한 경우 여성·소녀용 의류로 분류한다.

📢 알아두기

의류의 성별분류기준

제61류(또는 제62류)의 의류로서 전면 부분이 왼편이 오른편 위로 잠기도록 디자인되어 있는 물품은 남성용이나 소년용 의류로 보며, 오른편이 왼편 위로 잠기도록 디자인되어 있는 물품은 여성용이나 소녀용 의류로 본다. 해당 의류의 재단법이 남성용이나 여성용으로 디자인되어 있음을 명백히 가리킬 경우에는 이 규정을 적용하지 않는다. 남성용이나 소년용 의류인지, 여성용이나 소녀용 의류인지를 판별할 수 없는 의류는 여성용이나 소녀용 의류에 해당하는 호로 분류한다.

18 답 ③

전열기기는 가정용의 기준을 충족한다 하더라도 제8509호에 분류되지 않고 제8516호에 분류된다.

📢 알아두기

제8509호의 전기기기

제8509호에는 일반적으로 가정에서 사용하는 다음 각 목의 전기기기만을 분류한다.
• 바닥광택기·식품용 그라인더·식품용 믹서·과즙이나 야채즙 추출기(중량에 상관없다)
• 가목에서 규정한 전기기기 외의 것으로서 그 중량이 20킬로그램 이하인 것
다만, 팬과 팬을 결합한 환기용·순환용 후드[필터를 갖추었는지에 상관없다(제8414호)], 원심식 의류건조기(제8421호), 접시세척기(제8422호), 가정용 세탁기(제8450호), 로울기(roller machine)나 그 밖의 다림질기(제8420호나 제8451호), 재봉기(제8452호), 전기가위(제8467호), 전열기기(제8516호)는 제8509호로 분류하지 않는다.

19 답 ③

두 가지 이상의 보조기능이나 선택기능을 수행할 수 있도록 디자인된 기계는 다기능기기로서 특게된 호가 있다면 해당 호에 분류하되, 명백히 분류되는 호가 없는 경우 주된 기능을 수행하는 기계로서 분류한다. 만약 그 해당 기능에 따라 분류할 수 없는 경우에는 기타의 기계류로 분류되는 제8479호에 분류될 수 있다.

📢 알아두기

복합기계와 다기능기계의 분류
두 가지 이상의 기계가 함께 결합되어 하나의 완전한 기계를 구성하는 복합기계와 그 밖의 두 가지 이상의 보조기능이나 선택기능을 수행할 수 있도록 디자인된 기계는 문맥상 달리 해석되지 않는 한 이들 요소로 구성된 단일의 기계로 분류하거나 주된 기능을 수행하는 기계로 분류한다.

20 **답** ④

음성, 영상이나 그 밖의 데이터를 송신하거나 수신하기 위한 기기는 분리되어 제시되는 경우에는 제8471호에 분류하지 않는다.

> **■ 알아두기**
>
> **자동자료처리기계의 정의 및 분류기준**
> - 제8471호에서 "자동자료처리기계"란 다음을 말한다.
>   - 하나 이상의 처리용 프로그램과 적어도 프로그램 실행에 바로 소요되는 자료를 기억할 수 있으며
>   - 사용자의 필요에 따라 프로그램을 자유롭게 작성하고
>   - 사용자가 지정한 수리 계산을 실행할 수 있으며
>   - 처리 중의 논리 판단에 따라 변경을 요하는 처리프로그램을 사람의 개입 없이 스스로 변경할 수 있는 것
> - 자동자료처리기계는 여러 개의 독립된 기기로 구성된 시스템의 형태를 갖춘 경우도 있다.
> - 아래 라목이나 마목의 것은 제외하고 다음 요건을 모두 충족하는 기기는 자동자료처리시스템의 일부로 본다.
>   - 자동자료처리시스템에 전용되거나 주로 사용되는 것으로서
>   - 중앙처리장치에 직접적으로 접속되거나 한 개 이상의 다른 단위기기를 통하여 접속될 수 있는 것이며,
>   - 해당 시스템에서 사용하는 부호나 신호의 형식으로 자료를 받아들이거나 전송할 수 있는 것
>   자동자료처리기계의 단위기기들이 분리되어 제시되는 경우에는 제8471호로 분류한다. 그러나, 다목 2)와 3)의 조건을 충족하는 키보드, 엑스-와이 코디네이트(X-Y co-ordinate) 입력장치, 디스크 기억장치는 어떠한 경우라도 제8471호로 분류한다.
> - 다음 물품은 분리되어 제시되는 경우 위의 주 제5호 다목의 모든 요건을 충족하더라도 제8471호로 분류되지 않는다.
>   - 프린터, 복사기, 팩시밀리(결합되었는지에 상관없다)
>   - 음성, 영상이나 그 밖의 데이터를 송신하거나 수신하기 위한 기기[유선이나 무선 네트워크(예를 들어 근거리 통신망이나 원거리 통신망)에서 통신을 위한 기기를 포함한다]
>   - 확성기, 마이크로폰
>   - 텔레비전 카메라, 디지털 카메라, 비디오카메라레코더
>   - 텔레비전 수신기기를 갖추지 않은 모니터와 프로젝터
> - 자동자료처리기계와 결합되거나 연결되어 자료처리 외의 특정한 기능을 수행하는 기계는 각각의 고유한 기능에 따라 해당 호로 분류하며, 그 기능에 따라 분류되는 호가 없는 경우에는 잔여 호로 분류한다.

21 **답** ②

조립방법의 복잡성은 고려하지 않지만, 완성된 상태로 만들기 위해 구성요소가 더 이상의 작업을 거칠 필요가 없어야 한다.

> **■ 알아두기**
>
> **통칙 2(가)의 적용 해설**
> 통칙 2(가)의 두번째 부분은 조립되지 않거나 분해하여 제시하는 완전한 물품이나 완성한 물품도 조립한 물품과 같은 호에 분류하도록 규정하고 있다. 물품이 이러한 상태로 제시하는 경우는 보통 포장·취급이나 운송 상의 요구·편의 같은 이유 때문이다.
> 또한 이 통칙은 이 통칙의 첫째 부분에 의하여 완전한 물품이나 완성한 물품으로 취급되는 것인 한, 조립되지 않거나 분해하여 제시하는 불완전한 물품이나 미완성물품에도 적용한다.

이 통칙에서 "조립되지 않거나 분해한 상태로 제시된 물품"은 조립작업만이 연관됨을 전제로 하여 그 구성요소의 고정 장치(나사·너트·볼트 등)나, 예를 들면, 리벳팅이나 용접에 의하여 조립되는 물품을 말한다. 이때 조립방법의 복잡성은 고려하지 않는다.

다만, 완성된 상태로 만들기 위해 구성요소가 더 이상의 작업을 거칠 필요가 없어야 한다.

완성되었을 때 그 물품이 필요로 하는 수를 초과하는 어떤 물품의 조립되지 않은 구성요소는 별도로 분류하여야 한다. 제1부부터 제6부까지의 각 호의 범위에 있어서, 통칙의 이 부분은 이들 부의 물품에는 적용되지 않는다.

22 답 ③

액상의 합성폴리올레핀의 경우 섭씨 300도에서 유출되는 용량이 100분의 60 이상인 것에 한하여 제27류에 분류된다.

📢 알아두기

석유와 역청유

제2710호의 "석유와 역청유"에는 이들 뿐만 아니라 이와 유사한 오일과 혼합 불포화탄화수소를 주성분으로 하는 오일로서 그 제조방법과 관계없이 비방향족 성분의 중량이 방향족 성분의 중량을 초과하는 것도 포함된다. 다만, 액체 상태의 합성폴리올레핀의 경우에는 섭씨 300도(감압증류법으로 증류한 경우에는 1,013밀리바로 환산한 온도)에서 유출된 용량이 전 용량의 100분의 60 미만인 것은 이 규정에서 제외하여 39류에 분류한다.

23 답 ④

앙상블이란 소매용으로 판매하는 동일 직물의 여러 단으로 만든 세트의류를 말하는 것으로서(제6107호·제6108호·제6109호의 슈트와 제품은 제외한다) 다음의 구성부분으로 이루어진 것을 말한다.

- 상반신용 의류 한 점
  (두 점이 한 세트가 되는 경우에는 두번째의 상반신용 의류가 되는 풀오버와 조끼는 제외한다)
- 한 종류나 두 종류의 하반신용 의류
  [긴 바지·가슴받이와 멜빵이 있는 바지·짧은 바지와 반바지(수영복은 제외한다)·스커트나 치마바지]

📢 알아두기

슈트와 앙상블의 정의

- 슈트의 정의
  겉감이 동일 직물로 제조된 두 부분이나 세 부분으로 구성된 세트의류로서 다음의 구성 부분으로 이루어진 것
  - 상반신용 슈트코트나 재킷 한 점[소매 부분 이외의 겉감이 상반신용으로 재단된 4개 이상의 단으로 되어 있고, 봉제된 조끼(앞부분은 동 세트의류를 구성하는 다른 부분의 겉감과 동일 직물로 되어 있으며, 뒷부분은 슈트코트나 재킷의 안감과 동일 직물로 된 것)가 추가로 있을 수 있다]
  - 하반신용 의류 한 점[긴 바지·짧은 바지와 반바지(수영복은 제외한다)·스커트나 치마바지로서 멜빵과 가슴받이가 모두 없는 것으로 한정한다]
  슈트의 구성 부분이 되는 의류는 직물의 조직·색채·조성이 모두 동일하여야 한다. 또한 스타일도 동일하고 치수가 서로 적합하거나 조화를 이루어야 한다. 다만, 다른 직물로 된 파이핑[솔기모양으로 꿰매진 직물의 스트립]이 있을 수 있다.
  두 가지 이상의 하반신용 의류가 함께 제시되는 경우(예 긴 바지 두 벌, 긴 바지와 반바지, 스커트나 치마바지와 바지)에는 긴 바지 한 벌(여성용이나 소녀용은 스커트나 치마바지)을 슈트의 하반신용 구성 부분으로 보며, 그 밖의 의류는 슈트의 구성 부분으로 보지 않는다.
  슈트에는 다음의 세트의류를 포함하며, 위의 모든 조건에 합치하는지에 상관없다.

- 모닝드레스[등으로부터 상당히 아래까지 둥근 밑단이 있는 플레인재킷(커터웨이)과 줄무늬가 있는 긴 바지로 구성된 것]
- 이브닝드레스(테일코트)(일반적으로 검은 천으로 만들어졌으며 재킷의 정면 부분이 비교적 짧고 닫히지 않으며, 뒤에는 히프 부분 중간이 절단되고 늘어진 폭이 좁은 스커트 부분이 있는 것)
- 디너재킷슈트(재킷의 형태는 앞섶이 많이 벌어진 것도 있으나 일반적으로 재킷과 유사하며, 광택이 있는 견이나 인조견 옷깃이 있는 것)

• 앙상블의 정의
  소매용으로 판매하는 동일 직물의 여러 단으로 만든 세트의류를 말하는 것으로서(제6107호 · 제6108호 · 제6109호의 슈트와 제품은 제외한다) 다음의 구성부분으로 이루어진 것을 말한다.
  - 상반신용 의류 한 점(두 점이 한 세트가 되는 경우에는 두번째의 상반신용 의류가 되는 풀오버와 조끼는 제외한다)
  - 한 종류나 두 종류의 하반신용 의류[긴 바지 · 가슴받이와 멜빵이 있는 바지 · 짧은 바지와 반바지(수영복은 제외한다) · 스커트나 치마바지]
  앙상블의 구성 부분이 되는 의류는 직물의 조직 · 스타일 · 색채 · 조성이 모두 동일하여야 하고, 치수가 서로 적합하거나 조화를 이루어야 한다. 앙상블에는 제6112호에 해당하는 트랙슈트나 스키슈트를 포함하지 않는다.

• 유아용 의류의 분류
  - 유아용 의류와 부속품이란 신장이 86센티미터 이하인 어린이용을 말한다.
  - 제6111호와 이 류의 그 밖의 다른 호로 동시에 분류될 수 있는 물품은 제6111호로 분류한다.

• 손수건과 스카프의 분류
  정사각형이나 거의 정사각형인 스카프와 이와 유사한 물품 중 각 변의 길이가 60센티미터 이하인 것은 손수건(제6213호)으로 분류하며, 어느 한 변의 길이가 60센티미터를 초과하는 것은 숄, 스카프, 머플러, 만틸라, 베일 및 기타 이와 유사한 제품(제6214호)으로 분류한다.

24 답 ③

접착성의 쉬트나 테이프는 제3919호에 분류된다. 제3918호에는 벽피복재가 분류된다.

📢 **알아두기**

제3918호 플라스틱 벽피복재 및 천장피복재의 정의

제3918호에서 "플라스틱으로 만든 벽 피복재나 천장 피복재"란 벽이나 천장 장식용에 적합한 폭 45센티미터 이상의 롤 모양의 제품으로서 종이 외의 재료에 영구적으로 부착시킨 플라스틱으로 구성되고, 정면 부분의 플라스틱층이 그레인(grain)장식 · 엠보싱(embossing)장식 · 착색 · 디자인인쇄나 그 밖의 장식으로 된 것을 말한다.

25 답 ③

"펠릿(pellet)"이란 직접 압축하거나 전 중량의 100분의 3 이하의 점결제를 첨가하여 응결시킨 물품을 말한다. 위 내용은 제2부 및 제4부의 주규정으로 각 부에서만 효력이 있고 관세율표 전체에 효력이 있지는 않다. 주 규정에서 "이 표에서"라고 언급하는 경우에는 해당 부 또는 류 주에서 규정되지만 전체 관세율표에서 해석이 적용되는 효과가 있다.

01	02	03	04	05	06	07	08	09	10
④	④	①	③	④	①	②	①	②	②

11	12	13	14	15	16	17	18	19	20
④	④	③	①	①	④	③	①	②	①

21	22	23	24	25
③	③	③	④	③

01 답 ④

튀르키예와의 협정에서는 산 동물에서 획득한 물품에 대하여 체약국에서 출생되고 사육된 후 그로부터 획득된 것에 한하여만 완전생산품으로 인정하고 있다.

02 답 ④

미국 FTA에서는 불인정공정이 일반기준에는 규정되어 있지 않다. 다만 품목별 기준에서 일부 불인정공정을 규정하고 있다.

03 답 ①

다국누적은 협정의 어느 일방 또는 양당사자가 여러 국가로 구성된 경우에 협정상의 다국가간 누적을 인정하는 것이다. EFTA, ASEAN, EU, 중미 FTA, RCEP협정은 다국누적을 인정한다.
EFTA FTA에서는 재료에 대한 누적을 인정하고는 있지만 상대국 원산지재료를 사용하여 최종물품을 생산한 체약당사국에서 불인정공정 이상의 공정을 거치는 경우에 한하여 이를 인정한다.

04 답 ③

우리나라와 체결된 모든 FTA협정은 운송에 사용되는 용기, 포장에 대하여는 본 물품의 원산지 결정 시 고려하지 않는다. EFTA, EU, 튀르키예의 경우 협정문에 본 내용이 규정화되어 있지는 않지만 FTA특례법에 따라 다른 FTA와 같은 내용으로 규정하고 있다.

05 답 ④

중국 FTA에서는 수입 재료비에 대하여 수입 시 실제지급가격에 운임, 보험료가 포함된 금액을 재료비로 계상한다. 수입된 비원산지재료의 경우, 비원산지재료가치는 수입시 재료의 운임보험료 포함가격이다.

06 답 ①

조합기준이란 and 조건을 의미한다. 협정에서 "다음 각 호의 어느 하나"라고 표현하는 것은 선택기준이라 제시된 기준 중 1가지 이상만 충족하면 된다. 하지만 and 조건의 경우 2가지 조건을 모두 충족해야 하는 조건으로 한–인도 CEPA에서 많이 볼 수 있다.

07 답 ②

단일탁송화물만 제3국 경유를 허용하고 있는 협정은 튀르키예만 해당된다. 뉴질랜드는 운송목적의 분리작업을 허용하고 있다. 또한 모든 협정 공통적으로 하역, 재선적, 상품보관작업을 허용한다.

08 답 ①

역외가공을 허용하지 않는 협정은 EU, 미국, 튀르키예, 호주, 캐나다, 뉴질랜드 FTA가 있다.

09 답 ②

중미 FTA에서 역내가치포함비율(RVC) 산정 시에는 비원산지재료의 가치를 기초로 한 공제법과 원산지재료의 가치를 기초로 한 집적법 두 가지를 모두 사용할 수 있다. RVC 산정시 기준이 되는 가격은 본선인도가격(FOB)이다.

10 답 ②

싱가포르 FTA는 부가가치비율 산정시 공제법만을 적용한다.

구 분	싱가포르, 인도, 중국	칠레, ASEAN, 페루, 미국, 호주, 뉴질랜드, 베트남, 콜롬비아, 중미, RCEP, 인도네시아, 캄보디아	EFTA, EU, 튀르키예, 캐나다, 영국, 이스라엘
계산방법	공제법	공제법, 집적법	MC법
예 외	–	미국, 콜롬비아는 자동차 관련 제품 순원가법 선택가능	캐나다는 자동차 관련 제품 집적법, 순원가법 선택가능

11 답 ④

재고관리기법은 개별법, 선입선출법, 후입선출법, 평균법 등이 있으며 평균법이 가장 널리 사용된다. 대상 물품의 생산자가 한 가지 재고관리기법을 선택하면 해당 회계연도에는 계속하여 동일한 기법을 적용하여야 한다.

12 답 ④

역내 부가가치 계산시 물품의 기준가격은 한-ASEAN FTA의 경우 FOB가격을 적용한다.

13 답 ③

자체생산재료는 중간재를 의미한다. 이는 생산제반비용에 이윤을 포함한 가격을 재료비로 계상한다.

14 답 ①

누적기준은 역내국 간의 물품이동에 대한 것으로 범위는 협정국 간으로 한정된다. 역외국으로 재료가 나가는 경우 이는 역외산으로 간주된다.

15 답 ①

섬유제품에 대한 최소허용기준으로 7%를 규정하는 협정은 미국과 인도이다.

16 답 ④

한-EFTA도 운송에 사용되는 용기비용은 원산지 판정 시 고려하지 않는다. 본 협정 외에도 모든 협정에서 운송에 사용되는 용기 및 기타 관련 비용은 고려되지 않는다.

17 답 ③

미국으로 수출하는 경우 부가가치기준을 적용할 때에는 케이스의 원산지 판정을 고려하여야 한다. 상품이 역내가치포함비율 요건의 적용대상이 되는 경우, 포장재료 및 용기의 가치는 그 상품의 역내가치포 함비율의 산정에 있어서 각 경우에 맞게 원산지 또는 비원산지 재료로 고려된다.

18 답 ①

한-미 FTA 섬유에 대하여 엄격하게 원산지 판정을 하는 협정이다. 원사기준(yarn forward rule)은 원사부터 이후 모든 공정이 역내에서 이루어져야 한다.

19 답 ②

칠레 FTA는 간접재료를 재료로서 간주한다.

구 분	싱가포르, EFTA, ASEAN, 인도, EU, 페루, 미국, 튀르키예, 캐나다, 중국, 베트남, 콜롬비아, 중미, 영국, 인도네시아, 캄보디아, 이스라엘	RCEP, 칠레, 호주, 뉴질랜드
간접재료 규정	고려하지 않음	재료로 간주

20 답 ①

한-중국 FTA 적용 시 중국산 원재료는 누적기준에 의해 비원산지재료의 합은 2,000원이다. 또한 중국은 공제법만 사용하므로 총 산출비율은 81%가 된다.

21 답 ③

한-인도 CEPA는 부가가치기준 적용 시 공제법만 적용한다. 공제법 계산 시 기준가격인 FOB금액에서 비원 산지재료비를 제외하고 40%이므로 부가가치기준도 충족한다.

22 답 ③

본 사례에서는 부가가치기준 계산법이 아래와 같다.
- 집적법 : 350 / 770 × 100 = 45.45
- 공제법 : (770-300) / 770 × 100 = 61.03
중국 FTA에서는 부가가치기준 계산 시 공제법을 택하고 있으므로 50%기준의 부가가치기준은 충족한다.

23 답 ③

한-칠레 FTA에서 공구, 부속품 및 예비부품에 대하여 세번변경기준 적용 시에는 원산지 판정 시 세번변경 여부를 판단하지 않는다.

24 답 ④

튀르키예 FTA에서 최소허용기준 적용 시 적용되는 기준가격은 공장도가격(EXW)이다.

적용협정	가격기준 허용비율			제50~63류 섬유제품 중량기준
	기준가격	일반물품	농수산물	
칠 레	조정가격	8%	1~24류는 CTSH 충족 시 적용가능	8% 이하
싱가포르	조정가격	10%	1~14류는 적용제외, 15~24류는 CTSH 충족 시 적용가능	8% 이하
EFTA	공장도가격	10%	1~24류는 CTSH 충족 시 적용가능	10% 이하
ASEAN	FOB가격	10%	10%	10% 이하
인 도	FOB가격	10%	1~14류는 적용제외	7% 이하
EU, 영국	공장도가격	10%	10%	8~30% 이하
페 루	FOB가격	10%	1~14류는 적용제외	10% 이하
미 국	조정가치	10%	1~24류는 CTSH 충족 시 적용가능	7% 이하
튀르키예	공장도가격	10%	10%	8~30% 이하
호 주	조정가치	10%	1~14류는 CTSH 충족 시 적용가능 (일부 호는 무조건 적용제외)	10% 이하
캐나다	공장도가격	10%	1~21류는 CTSH 충족 시 적용가능	10% 이하
중 국	FOB가격	10%	15~24류는 CTSH 충족 시 적용가능	10% 이하
뉴질랜드	FOB가격	10%	1류~24류는 비원산지 재료가 다른 상품의 생산에 사용 또는 소비되고 그 과정이 단순한 혼합을 초과하는 경우에 한함	10% 이하
베트남	FOB가격	10%	10%	10% 이하
콜롬비아	조정가치	10%	1~24류는 CTSH 충족 시 적용가능 (일부 호는 무조건 적용제외)	10% 이하
중 미	FOB가격	10%	1~14류는 적용제외, 15~24류는 CTSH 충족 시 적용가능	10% 이하
RCEP	FOB가격	10%	10%	10%
인도네시아	FOB가격	10%	10%	10%
캄보디아	FOB가격	10%	10%	10%
이스라엘	공장도가격	10%	1~14류는 적용제외, CTSH 충족시 적용가능	10%

25 답 ③

한-미국 FTA에서는 자동차에 대하여 공제법과 집적법 이외에도 순원가법을 선택할 수 있도록 하고 있다.
순원가법에 의하면 순원가 1000에서 비원산지재료 500을 고려하여 총 50%의 비율이 산출된다.
공제법과 집적법 적용 시 조정가격을 기초로 하는데, 조정가격은 WTO평가협정상의 관세평가가격을 사용
하도록 하여 미국의 경우 FOB를 채택하고 있다. 따라서 미국까지의 운송비는 고려대상이 아니다.
• 공제법 : (1100-500) / 1100 × 100 = 54.5%
• 집적법 : 300 / 1100 × 100 = 27.2%
MC법은 한-미국 FTA에서는 적용되지 않는다.

01	02	03	04	05	06	07	08	09	10
②	②	①	①	②	②	②	②	③	④
11	12	13	14	15	16	17	18	19	20
②	③	②	③	②	③	④	③	①	①
21	22	23	24	25					
④	①	③	①	④					

01 답 ②

통상적으로 보세창고에 보관되는 물품으로서 수입신고가 수리된 내국물품은 별도의 내국물품 보관 신고 없이 6개월의 범위 내에서 보관이 가능하다. 단, 관세청장은 CY 등 일정 보세구역에 대하여 화물의 체화방지를 위해 수입신고 수리일로부터 15일 이내에 보세구역에서 반출하도록 할 수 있다. 즉, 모든 물품이 수입신고 수리 후 6개월의 범위 내에서 보관이 가능한 것은 아니다.

02 답 ②

신고지연 가산세의 경우 원래 신고를 해야 하는 시점과 실제 신고하는 시점의 차이 기간에 해당하는 가산세 구간의 율이 적용된다. 또한 80일을 초과하는 경우 과세가격의 1천분의 20이라는 한도와 총 부과금액 500만원에 대한 한도만 설정되어 있을 뿐 부과기간 60개월은 적용되지 않는다.

📢 **알아두기**

수입, 반송 신고지연 가산세

수입 또는 반송을 하고자 하는 물품을 지정장치장 또는 보세창고에 반입하거나 보세구역이 아닌 장소에 장치한 자는 그 반입일 또는 장치일부터 30일 이내 수입 또는 반송의 신고를 하여야 하나 기한을 경과한 경우 가산세를 부과한다. 단, 보세화물 관리에 관한 고시 별표에서 규정한 보세구역에 한한다.

신고지연 가산세율

당초 신고하여야 하는 기간에서 아래의 경과된 기간에 따라 가산세율을 100분의 2의 범위내에서 부과한다.

20일 이내 신고하는 경우	과세가격의 1천분의 5
50일 이내 신고하는 경우	과세가격의 1천분의 10
80일 이내 신고하는 경우	과세가격의 1천분의 15
그 이외의 경우	과세가격의 1천분의 20

단, 총 500만원을 초과할 수 없다.

03 답 ①

해외임가공물품 등의 감면은 무조건 감면세에 해당한다.

감면의 구분

무조건 감면세	조건부 감면세
• 외교관용 물품 등의 면세	• 세율불균형 물품의 면세
• 정부용품 등의 면세	• 학술연구용품의 감면
• 소액물품 등의 면세	• 종교용품, 자선용품, 장애인용품 등의 면세
• 여행자 휴대품·이사물품 등의 감면	• 특정물품의 면세
• 재수입 면세	• 환경오염방지 물품 등에 대한 감면
• 손상물품에 대한 감면	• 재수출 면세
• 해외임가공물품 등의 감면	• 재수출 감면

04 답 ①

관세부과의 제척기간은 수입신고한 날의 다음 날부터 기산한다.

알아두기

관세부과 제척기간의 기산일
- 수입신고한 날의 다음 날
- 과세물건 확정시기의 예외에 해당되는 경우, 그 사실이 발생한 날의 다음 날
- 의무불이행 등의 사유로 감면된 관세를 징수하는 경우, 그 사유가 발생한 날의 다음 날
- 보세건설장에 반입된 외국물품의 경우, 건설공사완료 보고일과 특허기간 만료일 중 먼저 도래한 날의 다음 날
- 과다환급 또는 부정환급 등의 사유로 관세를 징수하는 경우, 환급한 날의 다음 날
- 잠정가격을 신고한 후 확정된 가격을 신고한 경우, 확정된 가격을 신고한 날의 다음 날
단, 확정된 가격을 신고하지 아니하는 경우에는 확정가격신고를 하여야 하는 기간의 만료일의 다음 날

05 답 ②

징수유예는 해당 기간 동안 소멸시효가 정지될 뿐 중단되는 것이 아니다.

관련 법령

관세법 제23조(시효의 중단 및 정지)
① 관세징수권의 소멸시효는 다음 각 호의 어느 하나에 해당하는 사유로 중단된다.
1. 납부고지
2. 경정처분
3. 납부독촉
4. 통고처분
5. 고 발
6. 「특정범죄 가중처벌 등에 관한 법률」 제16조에 따른 공소제기
7. 교부청구
8. 압 류

06 답 ②

외국물품이란 다음의 어느 하나에 해당하는 물품을 말한다.
- 외국으로부터 우리나라에 도착한 물품[외국의 선박 등이 공해(公海, 외국의 영해가 아닌 경제수역을 포함한다)에서 채집하거나 포획한 수산물 등을 포함한다]으로서 수입의 신고가 수리되기 전의 것
- 수출의 신고가 수리된 물품

07 답 ②

사례와 같이 보세구역에서 폐기승인을 받아 폐기한 경우에는 잔존물에 대하여만 관세를 부과한다. 폐기후 잔존수량인 100박스만이 과세물건이 되며, 적용되는 관세율은 기본관세보다 우선순위인 계절관세 15%가 적용된다. 유의해야 할 점은 한-EU FTA 세율이 제시되었고, 수출국이 노르웨이이긴 하지만 노르웨이는 한-EU FTA에서 당사자의 범위에 속하지 않으며 EU국가에도 포함되지 않는다.

08 답 ②

여행자 휴대품 미신고 가산세는 납부할 세액의 100분의 40이다. 또한 반복적으로 자진신고를 하지 아니하는 경우 100분의 60의 가산세를 징수할 수 있다.

📢 알아두기

가산세 항목별 가산세율

가산세 항목	가산세율
신고납부 불성실 가산세	• 다음을 합한 금액 – 부족세액의 100분의 10 – 부족세액에 납부기한 경과일수 × 1일 10만분의 22의 이자율을 곱한 금액
재수출불이행 가산세	• 제세액의 100분의 20
수입, 반송지연 가산세	• 과세가격의 100분의 2의 범위 내에서 기간경과 후 – 20일 이내 신고시 과세가격의 1천분의 5 – 50일 이내 신고시 과세가격의 1천분의 10 – 80일 이내 신고시 과세가격의 1천분의 15 • 그 이외의 경우 과세가격의 1천분의 20
휴대품, 이사물품 신고 불이행 가산세	• 휴대품 – 납부할 세액의 100분의 40 • 이사물품 – 납부할 세액의 100분의 20
즉시반출물품 수입신고 불이행 가산세	• 관세의 100분의 20

09 답 ③

수입물품의 과세표준은 수입물품의 관세산출을 위한 가격 또는 수량을 말한다.

10 답 ④

보수작업의 범위에 있어 HSK 10단위의 변화를 가져오는 보수작업은 인정되지 않는다. 개별물품의 경우 각각의 물품에 HSK가 부여되지만, 세트로 구성되는 물품은 본질적 특성을 나타내는 물품으로 품목분류가 되며, 분류가 불가능한 경우 가장 마지막 세번으로 분류하는 등 HSK의 변화가 발생한다. 보수작업이 허용되는 포장의 변경은 단순작업에 한한다.

> ### 📢 알아두기
>
> **보수작업 허용범위**
> - 물품의 보존을 위해 필요한 작업(부패, 손상 등을 방지하기 위한 보존 작업 등)
> - 물품의 상품성 향상을 위한 개수작업(포장개선, 라벨표시, 단순절단 등)
> - 선적을 위한 준비작업(선별, 분류, 용기변경 등)
> - 단순한 조립작업(간단한 세팅, 완제품의 특성을 가진 구성요소의 조립 등)
> - 기타 유사한 작업

11 답 ②

2평가방법과 3평가방법은 순차적으로 적용된다. 즉 2평가방법의 동종동질물품으로 과세가격을 결정할 수 없는 경우에만 3평가방법이 적용된다. 4평가방법과 5평가방법은 납세의무자의 요청에 의해 5평가방법을 4평가방법보다 우선 적용할 수 있다.

12 답 ③

> ### 📢 알아두기
>
> **탁송품의 통관**
> - 목록통관
>   국내거주자가 수취하는 자가사용물품 또는 면세되는 상업용견본품으로 미화 150달러 이하의 물품에 대하여 특송업체가 통관목록을 제출하는 경우 수입신고를 생략한다.
> - 간이신고
>   미화 150달러 초과 2,000달러 이하의 물품은 수입신고 시 신고하는 항목의 일부를 생략하고 첨부서류 없이 전자서류로 수입신고한다.
> - 일반 수입신고
>   기준금액 미화 2,000달러를 초과하는 탁송품은 일반 수입물품과 동일하게 통관절차를 거친다.

13 **답** ②

할당관세는 특정 수입물품에 대한 일정수량의 쿼터를 설정하고 해당 수량 이내로 수입되는 것에는 낮은 세율을, 그 이상 수입되는 것에 높은 세율을 적용하는 것을 말한다.

> **◀》 알아두기**
>
> **관세의 종류**
> - 덤핑방지관세
>   덤핑방지관세는 정상적인 가격보다 낮은 가격으로 수입(덤핑수입)되어 동종상품을 생산하는 국내산업에 실질적인 피해가 발생하였음이 판명되는 경우로서 국내산업의 보호 필요성이 있는 경우 정상가격과 덤핑가격의 차액에 상당하는 금액 이하를 실정관세에 추가하여 부과하는 관세이다.
> - 상계관세
>   수입물품이 수출국 정부에서 지급한 보조금 등을 받아 낮은가격으로 수입됨으로써 국내산업이 실질적인 피해를 받거나 받을 우려가 있는 경우 또는 국내 산업의 발전이 실질적으로 지연된 경우 보조금 등의 금액 이하의 관세를 추가하여 부과할 수 있다.
> - 보복관세
>   보복관세란 교역상대국이 우리나라의 수출물품 등에 대하여 불리한 대우를 함으로써 우리나라의 무역이익이 침해되는 경우 상대국가로부터 수입되는 물품에 피해상당액의 범위에서 부과하는 관세이다.
> - 긴급관세
>   긴급관세는 특정물품의 수입증가로 인하여 동종물품 또는 직접적인 경쟁관계에 있는 물품을 생산하는 국내산업이 심각한 피해를 받거나 받을 우려가 있는 경우 해당 물품에 대하여 필요한 범위에서 추가하여 부과하는 관세이다.
> - 특정국물품 긴급관세
>   국제조약 또는 일반적인 국제법규에 따라 허용되는 한도에서 대통령령이 정하는 특정국가를 원산지로 하는 물품에 대하여 피해를 구제하거나 방지하기 위하여 필요한 범위에서 관세를 추가하여 부과할 수 있다.
> - 농림축산물에 대한 특별긴급관세
>   국제협력관세의 규정에 의하여 국내외 가격차에 상당한 율로 양허한 농림축산물의 수입물량이 급증하거나 수입가격이 하락하는 때에는 양허한 세율을 초과하여 관세를 부과할 수 있다.
> - 조정관세
>   조정관세는 정부의 수입자유화 정책의 시행에 따라 발생할 수 있는 국내산업 피해 등 부작용을 보완·방지하기 위해 시행된 것으로 수입제한 승인품목의 축소에 따라 해당물품의 수입이 급격히 증가하거나 저가수입되는 경우 관세율을 높여 부과할 수 있도록 한 제도이다.
> - 할당관세
>   할당관세는 특정 수입물품에 대한 일정수량의 쿼터를 설정하고 해당 수량 이내로 수입되는 것에는 낮은 세율을, 그 이상 수입되는 것에 높은 세율을 적용하는 것을 말한다.
> - 계절관세
>   계절에 따라 가격의 차이가 심한 물품으로서 동종물품·유사물품 또는 대체물품의 수입으로 인하여 국내시장이 교란되거나 생산 기반이 붕괴될 우려가 있을 때 계절에 따라 관세율을 조정 부과하는 것을 계절관세라 한다.
> - 편익관세
>   관세에 관한 협약 등에 따른 편익을 받지 못하는 국가로부터 수입되는 물품에 대하여 이미 체결된 외국과의 조약에 의한 편익의 한도 내에서 관세에 관한 편익을 부여하는 것을 편익관세라 한다.

14 답 ③

보복관세는 상대국과의 협의와 관계없이 국내산업의 피해 등이 입증되면 피해의 범위 내에서 부과할 수 있다.

> **알아두기**
>
> **보복관세의 부과대상**
> • 관세 또는 무역에 관한 국제협정이나 양자 간의 협정 등에 규정된 우리나라의 권익을 부인하거나 제한하는 경우
> • 그 밖에 우리나라에 대하여 부당하거나 차별적인 조치를 하는 경우

15 답 ②

지방자치단체에 납품(일반판매)을 하는 경우는 가산세 부과제외대상에 해당하지 않는다. 단, 무상기증의 경우에는 제외될 수 있다.

> **알아두기**
>
> **가산세가 부과되지 않는 경우**
> • 국가나 지방자치단체가 직접 수입하는 물품
> • 국가나 지방자치단체에 기증되는 물품
> • 우편물(수입신고를 하여야 하는 우편물 제외)

16 답 ③

③ 필요한 경우 견본품 반출을 할 수는 있으나, 견본품 반출허가는 수입신고 전 물품을 판매하기 위한 목적으로는 불가능하다.
① 소가죽에서 유래한 젤라틴 성분은 동물성 성분이므로 동물검역을 받아야 하며, 지정검역장소로 이동하여 검역을 받아야 한다.
② 건강기능식품은 식품의약품안전처의 식품수입신고를 받아야 수입신고가 가능하다.
④ 국내에서 판매되는 제품은 소비자에게 제품에 대한 정보를 제공하기 위한 한글표시를 하여야 하므로 이를 위한 보수작업은 허용된다.

17 답 ④

수입물품에 대한 담보는 반드시 설정되어야 하는 것은 아니며, 사후납부 등의 관세채권 확보를 위해 필요한 경우에만 설정한다. 수입신고 수리 전 관세를 납부하는 경우 별도의 담보 없이 수입이 가능하다.

> **알아두기**
>
> **통관의 보류**
> • 수출·수입 또는 반송에 관한 신고서의 기재사항에 보완이 필요한 경우
> • 제출서류 등이 갖추어지지 아니하여 보완이 필요한 경우
> • 관세법에 따른 의무사항을 위반하거나 국민보건 등을 해칠 우려가 있는 경우
> • 안전성 검사가 필요한 경우
> • 「국세징수법」 제30조의 2에 따라 세관장에게 체납처분이 위탁된 해당 체납자가 수입하는 경우
> • 그 밖에 관세법에 따라 필요한 사항을 확인할 필요가 있다고 인정하여 대통령령으로 정하는 경우

18 답 ③

납세의무자는 신고납부한 세액이 과다한 것을 알게 되었을 때에는 최초로 납세신고를 한 날부터 5년 이내에 대통령령으로 정하는 바에 따라 신고한 세액의 경정을 세관장에게 청구할 수 있다.

경정의 청구를 받은 세관장은 그 청구를 받은 날부터 2개월 이내에 세액을 경정하거나 경정하여야 할 이유가 없다는 뜻을 청구한 자에게 통지하여야 한다.

19 답 ①

편익관세는 2순위 적용세율이다.

■◀)- 알아두기

1순위 적용세율
- 덤핑방지관세
- 상계관세
- 보복관세
- 긴급관세
- 특정국물품 긴급관세
- 농림축산물에 대한 특별긴급관세
- 공중도덕 보호, 인간·동물·식물의 생명 및 건강 보호, 환경보전, 한정된 천연자원 보존 및 국제평화와 안전보장 등을 위하여 필요한 경우의 조정관세

20 답 ①

마약의 경우 제한적 수입허가 품목일 뿐 수입금지대상은 아니다. 몰수의 대상은 다음과 같다.
- 수출입 금지물품을 수입한 경우 해당물품
- 미신고된 밀수품
- 밀수전용운반기구

21 답 ④

가격신고가 생략되는 가격기준은 미화 1만불 이하인 물품이다.

■◀)- 알아두기

가격신고가 생략되는 물품
- 정부 또는 지방자치단체가 수입하는 물품
- 정부조달물품
- 「공공기관의 운영에 관한 법률」 제4조에 따른 공공기관이 수입하는 물품
- 관세 및 내국세등이 부과되지 아니하는 물품
- 방위산업용 기계와 그 부분품 및 원재료로 수입하는 물품. 다만, 해당 물품과 관련된 중앙행정기관의 장의 수입확인 또는 수입추천을 받은 물품에 한한다.
- 수출용 원재료
- 「특정연구기관 육성법」의 규정에 의한 특정연구기관이 수입하는 물품
- 과세가격이 미화 1만불 이하인 물품으로 관세청장이 정하는 물품
- 그 밖에 과세가격의 결정에 문제가 없다고 관세청장이 인정하는 물품

22 답 ①

외국물품의 보관기간은 1년의 범위에서 정하며, 처음 1년의 범위 내에서 연장이 가능하여 최대 1년간 수입물품을 보관할 수 있다.

> **🔊 알아두기**
>
> **보세창고 장치기간**
> - 외국물품 : 1년의 범위에서 관세청장이 정하는 기간. 다만, 세관장이 필요하다고 인정하는 경우에는 1년의 범위에서 그 기간을 연장할 수 있다.
> - 내국물품 : 1년의 범위에서 관세청장이 정하는 기간
> - 정부비축용물품, 정부와의 계약이행을 위하여 비축하는 방위산업용물품, 장기간 비축이 필요한 수출용원재료와 수출품보수용 물품으로서 세관장이 인정하는 물품, 국제물류의 촉진을 위하여 관세청장이 정하는 물품 : 비축에 필요한 기간

23 답 ③

관세의 체납 시 납부의무는 관세 등과 강제징수비까지를 포함한다. 따라서 담보물을 처분하고 체납을 충당하는데 발생한 기타비용이 있다면 납세의무자의 납부의무는 강제징수비까지를 포함한 것이고 이 금액이 완납되지 않은 경우 납세의무가 소멸되지 않는다.

24 답 ①

우편물의 과세물건 확정시기는 통관우체국에 도착한 때이다. 우편물의 경우 일반수입신고를 하여야 하는 대상을 제외하고는 간이세율을 적용할 수 있으며, 관세 등을 납부하여야 하는 우편물은 부과고지를 한다. 통관우체국에서는 관세 등이 납부되지 않은 우편물은 수신인에게 교부하여서는 안된다.

25 답 ④

법령에 따라 수입이 제한된 사항을 회피할 목적으로 부분품으로 수입하거나 주요 특성을 갖춘 미완성, 불완전한 물품이나 완제품을 부분품으로 분할하여 수입한 자는 관세포탈죄에 해당한다. 이 경우 3년 이하의 징역 또는 포탈한 관세액의 5배와 물품원가 중 높은 금액 이하의 벌금을 부과한다.

> **🔊 알아두기**
>
> **관세포탈죄에 해당하는 경우**
> - 세액결정에 영향을 미치기 위하여 과세가격 또는 관세율 등을 거짓으로 신고하거나 신고하지 아니하고 수입한 자
> - 세액결정에 영향을 미치기 위하여 거짓으로 서류를 갖추어 사전심사·재심사 등을 신청한 자
> - 법령에 따라 수입이 제한된 사항을 회피할 목적으로 부분품으로 수입하거나 주요 특성을 갖춘 미완성, 불완전한 물품이나 완제품을 부분품으로 분할하여 수입한 자

참고법령

구 분	시 행	
관세법	법	2022.09.18
	시행령	2023.01.05
	시행규칙 (관련 고시 포함)	2022.09.18
관세율표-부류목록 (UI-ULS-0201-002Q)	한 국	2022.01.01
자유무역협정의 이행을 위한 관세법의 특례에 관한 법률 (FTA특례법)	법	2022.01.01
	시행령	2022.07.05
	시행규칙	2022.08.01
자유무역협정 원산지인증수출자 운영에 관한 고시	고 시	2022.01.01
자유무역협정의 이행을 위한 관세법의 특례에 관한 법률 사무처리에 관한 고시	고 시	2022.05.10

※ 본 교재는 FTA 분야 원산지관리 실무 및 학습을 위한 참고 도서로서, 자격시험의 출제범위는 원칙적으로 시험공고일의 법령 및 협정을 기준으로 출제됩니다.

※ 관련 법은 지속적으로 개정되니 시험을 준비하는 분들은 국가법령정보센터(www.law.go.kr)에서 개정내용을 확인하시기 바랍니다.

좋은 책을 만드는 길
독자님과 함께하겠습니다.

도서나 동영상에 궁금한 점, 아쉬운 점, 만족스러운 점이
있으시다면 어떤 의견이라도 말씀해 주세요.
SD에듀는 독자님의 의견을 모아 더 좋은 책으로 보답하겠습니다.

www.sdedu.co.kr

2023 합격자 원산지관리사 최종모의고사

개정4판1쇄 발행	2023년 01월 05일 (인쇄 2022년 11월 22일)
초 판 발 행	2018년 10월 05일 (인쇄 2018년 08월 24일)
발 행 인	박영일
책 임 편 집	이해욱
저 자	김성표
편 집 진 행	김은영 · 방혜은
표 지 디 자 인	박수영
편 집 디 자 인	최미란 · 곽은슬
발 행 처	(주)시대고시기획
출 판 등 록	제10-1521호
주 소	서울시 마포구 큰우물로 75 [도화동 538 성지 B/D] 9F
전 화	1600-3600
팩 스	02-701-8823
홈 페 이 지	www.sdedu.co.kr
I S B N	979-11-383-3727-4 (13320)
정 가	23,000원

합격의 자신감을 심어주는
합격자 무역영어 시리즈!

기본서

무역영어 1급 한권으로 끝내기 + 무료동영상(기출)

무역영어 3급 한권으로 끝내기

기출문제집

무역영어 1급 기출이 답이다

무역영어 2급 기출이 답이다

무역영어 3급 기출이 답이다

단기완성

Win-Q 무역영어 1급 · 2급 단기완성

Win-Q 무역영어 3급 단기완성

※ 도서의 구성 및 이미지는 변경될 수 있습니다.

합격에 자신있는 무역시리즈
합격자 ROAD MAP

관세사

관세사 1차 한권으로 끝내기

- [1권]+[2권]+[3권] 분권구성
- 출제경향을 반영한 과목별 핵심이론
- 최신기출문제+상세한 해설 수록
- 출제예상문제 및 OX문제 수록

관세사 1차 3개년 기출문제집

- 기출문제 학습을 통한 실전대비서
- 과목별 분리 편집구성
- 최신기출문제+상세한 해설 수록

관세사 2차 논술답안백서

- [1권]+[2권] 분권구성
- 핵심이론 및 최신기출문제 수록
- 모의문제 및 고득점 비법 수록
- 최신 개정내용 추가 수록

보세사

보세사 한권으로 끝내기

- 현직 관세사 저자의 최신 개정법령 반영
- 파트별 출제예상문제 + 최종모의고사
- 2022년 기출문제 + 상세한 해설
- 소책자 핵심요약집 + 오디오북 제공

보세사 기출이 답이다

- 2017 ~ 2022년(6개년) 기출문제해설
- 현직 관세사 저자의 상세한 해설 수록
- 2023년 대비 최신 개정법령 완벽 반영
- 2022년 기출 출제경향분석 수록

보세사 최종모의고사

- 5회분 최종모의고사 + 상세한 해설 수록
- 2018 ~ 2022년(5개년) 기출유형 반영
- 최신 개정법령 및 출제경향 반영

원산지관리사 · 국제무역사

원산지관리사 한권으로 끝내기

- 최신 출제경향을 반영한 핵심이론
- 과목별 기출유형문제 2회분 수록
- 현직 관세사 저자의 최신 개정법령 반영
- 2022년 기출 출제경향분석 수록

원산지관리사 최종모의고사

- 최종합격을 위한 마무리 모의고사
- 5회분 최종모의고사 + 상세한 해설 수록
- 최신 개정법령 및 출제경향 반영

국제무역사 1급 한권으로 끝내기

- 출제경향을 완벽 반영한 핵심이론
- 과목별 100문제 + 최종모의고사
- 무역이론 핵심요약노트 + 오디오북

※ 도서의 구성 및 이미지는 변경될 수 있습니다.

나는 이렇게 합격했다

여러분의 힘든 노력이 기억될 수 있도록
당신의 합격 스토리를 들려주세요.

합격생 인터뷰
상품권 증정

추첨을 통해
선물 증정

베스트 리뷰자 1등
아이패드 증정

베스트 리뷰자 2등
에어팟 증정

SD에듀 합격생이 전하는 합격 노하우

"기초 없는 저도 합격했어요
여러분도 가능해요."

검정고시 합격생 이*주

"불안하시다고요?
SD에듀와 나 자신을 믿으세요."

소방직 합격생 이*화

"강의를 듣다 보니
자연스럽게 합격했어요."

사회복지직 합격생 곽*수

"선생님 감사합니다.
제 인생의 최고의 선생님입니다."

G-TELP 합격생 김*진

"시험에 꼭 필요한 것만 딱딱!
SD에듀 인강 추천합니다."

물류관리사 합격생 이*환

"시작과 끝은 SD에듀와 함께!
SD에듀를 선택한 건 최고의 선택 "

경비지도사 합격생 박*익

합격을 진심으로 축하드립니다!

합격수기 작성 / 인터뷰 신청

QR코드 스캔하고 ▷ ▷ ▷ ▶
이벤트 참여하여 푸짐한 경품받자!

합격의 공식
SD에듀